Franz Klenger
Ellen Falk-Kalms

Kostenstellenrechnung mit SAP® R/3®

Franz Klenger
Ellen Falk-Kalms

Kostenstellenrechnung mit SAP® R/3®

Mit Testbeispiel und Customizing für Studenten und Praktiker

2. Auflage

vieweg

1. Auflage 1998
2. Auflage 1999

Der Verlag Vieweg ist ein Unternehmen der Bertelsmann Fachinformation GmbH.

http://www.vieweg.de

Höchste inhaltliche und technische Qualität unserer Produkte ist unser Ziel. Bei der Produktion und Auslieferung unserer Bücher wollen wir die Umwelt schonen: Dieses Buch ist auf säurefreiem und chlorfrei gebleichtem Papier gedruckt. Die Einschweißfolie besteht aus Polyäthylen und damit aus organischen Grundstoffen, die weder bei der Herstellung noch bei der Verbrennung Schadstoffe freisetzen.

Konzeption und Layout des Umschlags: Ulrike Weigel, www.CorporateDesignGroup.de
Druck- und buchbinderische Verarbeitung: Hubert & Co., Göttingen
Gedruckt auf säurefreiem Papier
Printed in Germany

ISBN 3-528-15676-7

Inhalt (Kurzfassung)

Inhalt

Vorwort zur 2. Auflage

„...ist dieses Buch mit seinen ausführlichen Schritt-für-Schritt-Anleitungen eine hervorragende Möglichkeit, sich dem komplexen R/3-System zu nähern“, so hieß es in einer Leser-Rezension. Jedenfalls macht die freundliche Aufnahme des Buches eine weitere Auflage nötig.

Dortmund, im März 1999

Franz Klenger Ellen Falk-Kalms

Vorwort

Es sollte **ein leichtes Buch werden**. Es sollte etwas von **der Begeisterung und dem Frust** der ersten Schritte wiedergeben. Und es sollte etwas vom Lachen über die ersten **Irrwege** erhalten bleiben.

Zielgruppe
Das Buch richtet sich an alle diejenigen, die den Einstieg in die "SAP-Welt" suchen, seien es Studenten und Dozenten an **Hochschulen** und anderen Bildungseinrichtungen, seien es **SAP-Einsteiger** in Unternehmen und Unternehmensberatungen, kurz all jene, die zunächst eine Annäherung an das komplexe Gebilde der SAP-Software im **Selbststudium** suchen.

Machen und Reflektieren
Die Methode ist eine Gratwanderung: **mehr als** nur auf "auf **Wolke 7**" (Visionen, Überblicke, Stichworte, Perspektiven), aber auch **nicht nur blindes "Hacken" ins System**, obwohl ein ausführlicher Tastenteil dazugehört.

Dreifacher Nutzen
- **Einführung in die Kostenstellenrechnung** (an einem Komplettbeispiel) (unabhängig von einer Kostenrechnungsvorlesung zu lesen, aber auch gut als Ergänzung geeignet)
- **Durchblättern** (unabhängig vom System), um einen **Eindruck von der Implementierung** zu gewinnen
- **Durchtasten am System**

Customizing
Das Anpassen an die kundenspezifischen Anforderungen (SAP-Begriff: Customizing) ist nicht wie in so vielen "Musterfirmen" weggelassen, sondern **wesentlicher Bestandteil.**
Am Anfang steht ein Erfahrungsbericht (allgemein, ohne Bezug zur Kostenrechnung) über den **Einsatz der SAP-Software in der Lehre** mit vielen Tips.

Empfehlung zum Einsatz des Testbeispiels
Mit dem Testbeispiel liegt eine sorgfältig ausgearbeitete Unterlage vor, die aufgrund langjährigen praktischen Einsatzes in mehr als 15 Seminarveranstaltungen immer weiter ausgefeilt wurde.

Das Testbeispiel umfaßt - bezogen auf die Kostenstellenrechnung - den gesamten Controlling-Zyklus von Planung bis Soll-/Ist-Vergleich. Die betriebswirtschaftlichen

Besonderheiten (z. B. parallele Voll- und Teilkostenrechnung, mehrere Bezugsgrößen) sind in Punkt 2.2 "Nutzen des Testbeispiels" zusammengestellt.

Für Seminarleiter, die das Testbeispiel in Veranstaltungen einsetzen wollen, bzw. für Einzelpersonen und Kleingruppen, die es in Eigeninitiative am System durchtasten wollen, sind in Punkt 2.4 "Vorbereitung des Systems" entsprechende Hinweise gegeben.

Tabellenkalkulation
Das Testbeispiel wurde auch als Tabellenkalkulation durchgerechnet (4.2 Anhang: Testbeispiel als Tabellenkalkulations-Vorlage), was kein schlechter Test für die Stimmigkeit einer betriebswirtschaftlichen Konzeption ist. Der Leser kann sich in der Tabellenkalkulation schnell über den betriebswirtschaftlichen Inhalt des Testbeispiels informieren. Die betriebswirtschaftliche Standardsoftware – in unserem Fall SAP R/3 – hat aber im Gegensatz zur Tabellenkalkulation nicht primär ein Rechenexempel, sondern ein Organisationsproblem zu lösen. Worin der Unterschied besteht, dürfte durch die vorliegende Arbeit deutlich werden.

Die Arbeit ist von der Intention her wohlwollend, aber - wie es sich für eine Hochschule gehört - **nicht völlig unkritisch** gegenüber SAP.

Danksagungen
Uwe Durchfeld, Armin Gladysch und Thomas Wellner haben sich als Diplomanden ("die drei Musketiere") völlig selbständig durch das R/2-System - inzwischen schon historisch - gekämpft und Grundlagen gelegt. Günter Brinkmann kümmert sich klaglos und ohne Aufhebens um die Infrastruktur (puts, release-Wechsel). Markus Sippel und Martina Richter haben als studentische Betreuer neben Tastenvirtuosität auch Beiträge zur didaktischen Verbesserung beigesteuert. Mathias Hartmann und Jens Katzenberg haben sich bei der Zusammenführung der heterogenen Textbausteine verdient gemacht.
Nicolas hat das Projekt mit verständigem Wohlwollen begleitet.

Dortmund 1998

Franz Klenger Ellen Falk-Kalms

1 Einsatz von Standardsoftware in der Lehre

1.1 Die Rolle zeitgemäßer Technologien in den Hochschulen

1.2 Dualismus von make und buy in Praxis und Lehre

1.3 Einordnung in Studium und DV-Ausbildung

1.4 Personalprofile

1.5 Alternativen des Einsatzes

1.6 Phasenschema

1.7 Prinzipien des SAP-Einsatzes in der Lehre

1.8 Seminarstile

1.9 Seminarorganisation

1.10 Relativierung als Beitrag einer Hochschule

1.11 Wie geht es nach dem Einstieg weiter?

1.12 Stärken-Schwächen-Diskussion der SAP-Software

1. Einsatz von Standardsoftware in der Lehre

Dieses Kapitel dürfte größtenteils nicht nur für den Anwender an Hochschulen von Interesse sein, sondern auch für die SAP-Einsteiger außerhalb (Unternehmen, Unternehmensberatungen). Nur in Punkt 1.3 Einbettung in Studium und DV-Ausbildung wird speziell auf die Integration des Softwareeinsatzes in die Studienorganisation einer Hochschule eingegangen.

1.1 Die Rolle zeitgemäßer Technologien in den Hochschulen

Die **traditionelle Arbeitsteilung** zwischen Hochschule und "Leben" lautet: die Hochschule vermittelt die theoretischen Grundlagen, die Praxis vermittelt selber das nötige Praxis-Know-How, wozu unter anderem der Umgang mit konkreten technologischen Produkten gehört.

Zu dieser Rollenverteilung gehören auch die regelmäßigen **Vorwürfe** der Praxis an die Hochschule, daß die Ausbildung der Studenten nicht praxisgerecht sei. Diese Vorwürfe werden ebenso litaneihaft von der Hochschule **gekontert**, die auf ihr Selbstverständnis und auf die Kurzlebigkeit der Praxisprodukte und -moden verweist und demgegenüber die Vermittlung grundsätzlicher Arbeitsweisen betont.

In diesen Ritualen spielt auf beiden Seiten eine gehörige Portion **Heuchelei** mit. Für die Hochschule ist es bequem, sich auf die "ewigen Wahrheiten" zurückzuziehen und sich von den Niederungen der Praxis fernzuhalten. Die Praktiker versuchen davon abzulenken, daß sie außer einer instant-Verwertbarkeit der Absolventen über keinerlei strategisches Konzept der Hochschulausbildung verfügen.

Dabei wäre es so einfach, sich von den Primitivformeln und -vorwürfen zu verabschieden und auf eine Durchlässigkeit zwischen Theorie und Praxis zu einigen. Das Motto lautet: **Transfer in beiden Richtungen zwischen Theorie und Praxis.**

Theorie oder Praxis: Transfer in beiden Richtungen

Im Fall der Standard-Software ist allerdings der Transfer zunächst wohl eher einseitig: von der Praxis in die Hochschule. Das was sich in der Standard-Software an Wissen über Ablauforganisation aufgehäuft hat, ist von der Betriebswirtschaftslehre so gut wie nicht zur Kenntnis genommen worden. Das Stichwort Ablauforganisation (neue Etiketten sind Softwareengineering, Geschäftsprozeßmodellierung) ist abgesehen von ein paar Leerformeln kaum präsent. Daher ist zunächst ein Rückstand aufzuarbeiten.

Es besteht kein Zweifel daran, daß es unerläßlich ist, **wesentliche Softwaretechnologien** an einer Hochschule konkret verfügbar zu machen, an denen die Studenten **exemplarisch lernen** können.

Dazu gehört auch die **Standardsoftware von SAP**, die zur Zeit im oberen Preis- und Leistungsbereich in Deutschland führend ist.

Die Hochschulen sind zurecht auf ihre **Unabhängigkeit** bedacht, wozu auch die Unabhängigkeit von Technologiefirmen mit Quasi-Monopolstellung wie SAP, Microsoft, Oracle, Novell gehört. Berührungsängste bestehen gleichwohl nicht.

Die **Ausbildung von Experten des jeweiligen Produktes** ist **weder beabsichtigt noch möglich** (aber vielleicht Starthilfe für diejenigen, die das Basis-Know-How ausbauen wollen). Andererseits kann man die Standards, die durch innovative und durchsetzungsstarke Hersteller gesetzt werden, nicht einfach ignorieren. Die Hochschule wird allerdings die Lösungen eines Softwareherstellers immer an allgemeinen betriebswirtschaftlichen Konzepten spiegeln und damit relativieren.

Keine Ausbildung von Produktspezialisten,
aber vielleicht Starthilfe ...

Deutlich sei aber allen Verbalphilosophen unter den Betriebswirten (nicht eben wenige) ins Stammbuch geschrieben: Im Konflikt zwischen Praxisabhängigkeit und Praxisferne kann die Anwort jedenfalls nicht lauten, sich auf die "ewigen Wahrheiten" der Betriebswirtschaftslehre zurückzuziehen und an Bleistift und Papier als einziger Technologie festzuhalten.

Während die Ingenieurwissenschaften in diesem Sinne weniger Berührungsängste haben, tut sich die Betriebswirtschaftslehre hier schwerer. Sie wird - durchaus ehrenhaft - in einer Hochschule zu den "Geisteswissenschaften" gezählt und als weniger erfreuliche Folge entsprechend spärlich mit Computern und Mittelbau-Personal ausgestattet.

An SAP exemplarisch lernen, heißt das Motto.

SAP ist für die Hochschule beispielhaft im Sinn von "ein Beispiel", aber nicht im Sinn von "in jeder Hinsicht vorbildlich".

Am Beispiel SAP lernen

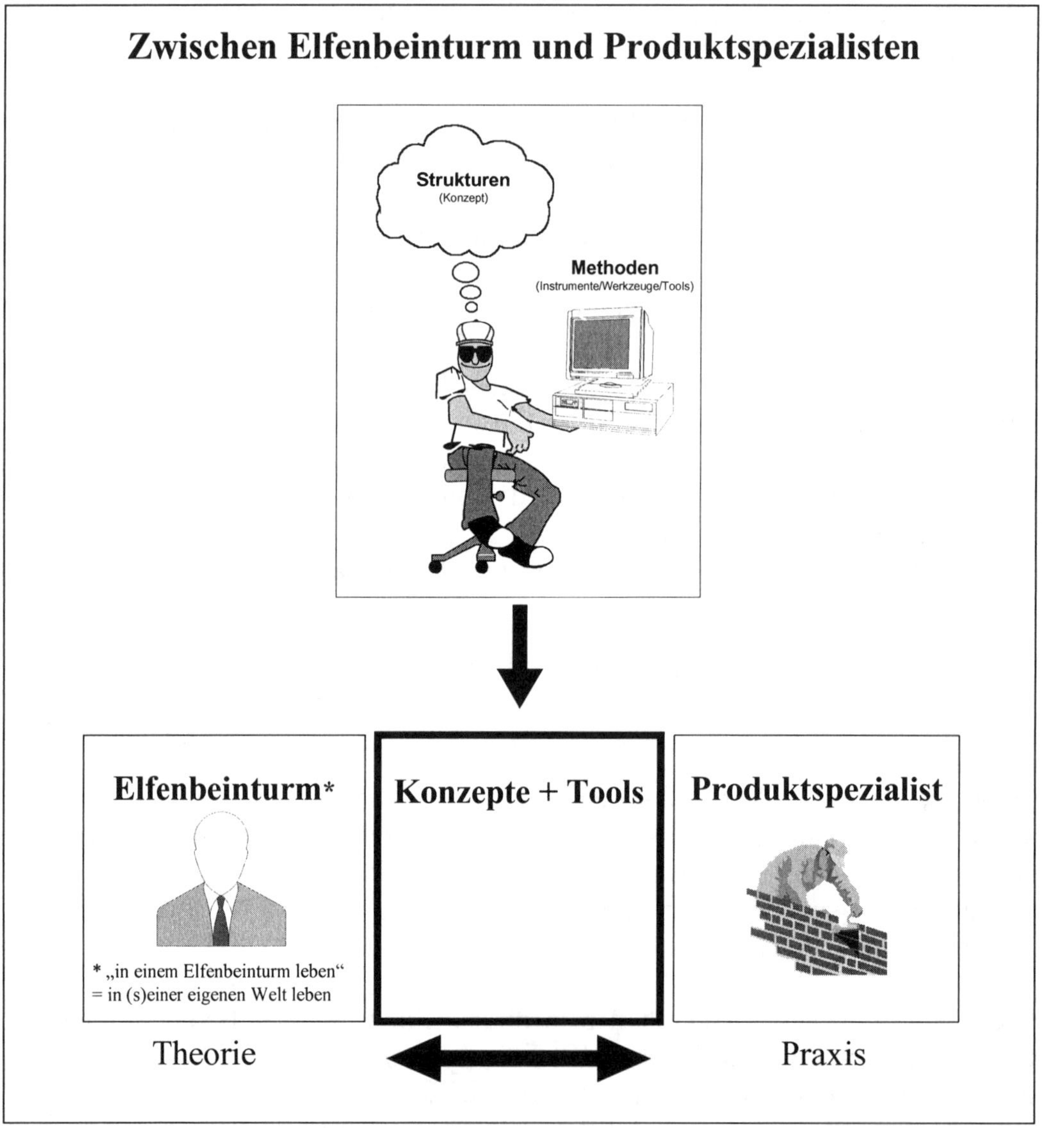

Bild 1.1/1: Zwischen Elfenbeinturm und Produktspezialisten

Die **positiven Rückwirkungen** auf die Lehre durch **Beschäftigung mit einer zeitgemäßen Technologie** sind potentiell folgende:

- Heranführung an die **Komplexität der Praxissysteme**

- Zwang zur stärkeren **Operationalisierung** der theoretischen Konzepte

- stärkere Beschäftigung mit dem **Datenmodell** oder mindestens den **Datenbedarfen**

- Bekanntschaft mit **organisatorischen Voraussetzungen**, die für eine Umsetzung erforderlich sind, die aber von der Theorie wegen vorgeblicher Banalität übergangen werden (Beispiel: Nummernkreise für Belege)

1.2 Dualismus von make und buy in Praxis und Lehre

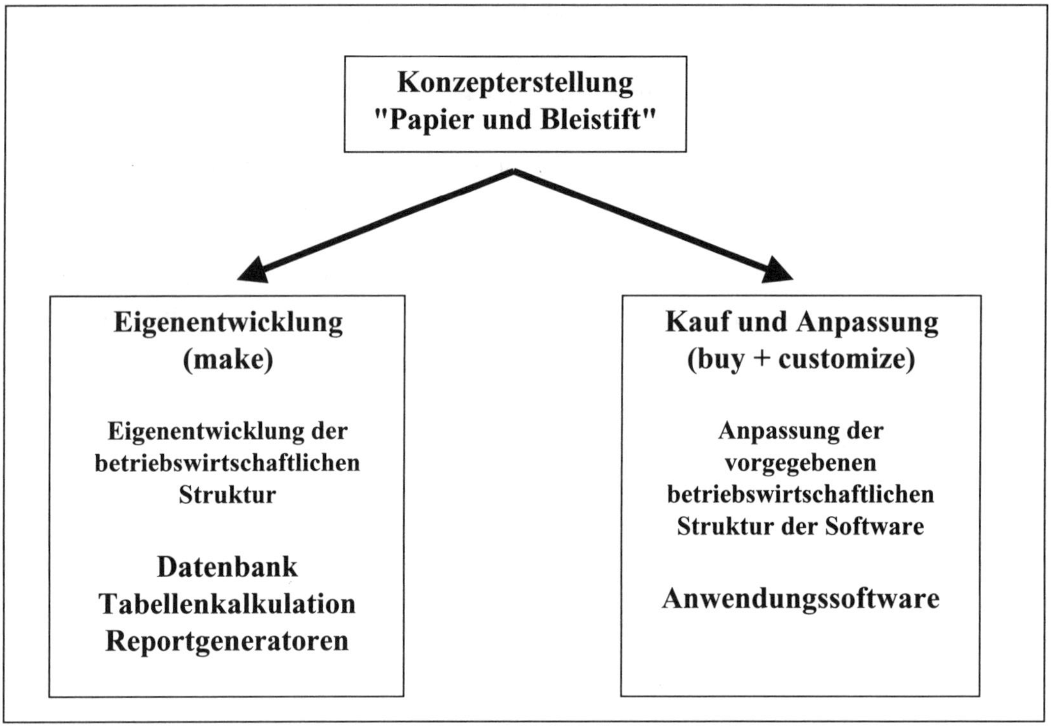

Bild 1.2/1: Make-or-buy im Softwareeinsatz

Die Forderung nach einer DV-Orientierung der Betriebswirtschaftslehre ist inzwischen schon nicht mehr ganz neu. Wenn man aber die Umsetzung betrachtet, bleibt noch viel zu tun. Das liegt daran, daß das Konzept einer DV-orientierten Betriebswirtschaftslehre nicht evident ist.

Pendeln zwischen Eigenentwicklung (make) und Kauf von Standardsoftware (buy)

Lange Zeit folgte man dem Selbstverständnis der (Wirtschafts-)Informatik, die als Ziel die **Softwareentwicklung** hatte. Daher wurden die verfügbaren Techniken auch dem Betriebswirt nahegebracht einschließlich gewisser Programmierkenntnisse. Nach dem Phasenschema war dem Betriebswirt ohnehin eine (undankbare) Rolle zugedacht, nämlich bei der Entwicklung des Pflichtenheftes mitzuwirken. Aus heutiger Sicht sind dies die unvermeidlichen zeitgenössischen Irrtümer gewesen, aber es wäre billig, sie zu belächeln. Vielmehr kann man davon ausgehen, daß - einer Pendelbewegung folgend - die Eigenentwicklung nicht völlig obsolet ist, sondern irgendwann in neuen Erscheinungsformen auch für den Betriebswirt wieder aktuell sein wird, z. B als Eigenentwicklung, die nicht bei Null beginnt, sondern auf einer Umgebung, z. B. einer Standardsoftware-Umgebung aufbaut.

Die **Ineffizienz der Eigenentwicklung** von Software hat die Firmen dazu geführt, diese Tätigkeit "outzusourcen", sobald ein Softwareanbieter halbwegs glaubwürdig behaupten konnte, das Problem der Ablauforganisation zu lösen.

Geschickt wurde dabei überspielt, daß die Standardsoftware ein schwerwiegendes Handicap hat, den **misfit zwischen Standardlösung und Aufgabenstellung des Unternehmens**. Die Anworten auf dieses Problem reichen hier von

- **Ignorierung des Problems** (oder besonders zynisch: die Firma muß sich der Software anpassen, wenn schon die Software es nicht kann) über

- **customizing** (SAP-Sprachgebrauch für die parametrische Auswahl aus vorgedachten Lösungsalternativen),

- Eigenentwicklung in der Standardsoftwareumgebung (in der SAP-Sprache: ABAP-Eigenentwicklung in der SAP-Umgebung) oder

- **Download auf den PC** und Auswertung in der vertrauten PC-Umgebung.

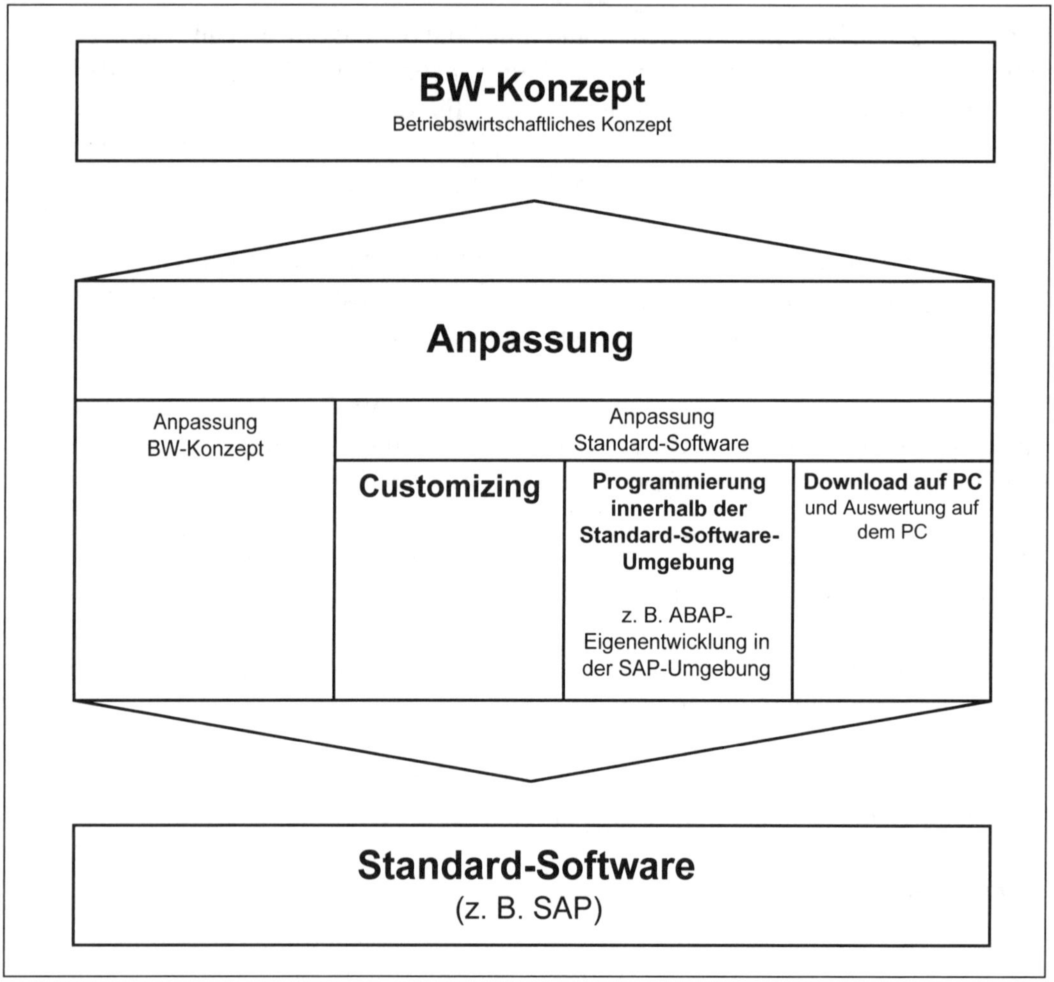

Bild 1.2/2: Anpassung zwischen BW-Konzept und Standard-Software

Wenn man sich als Hochschule zum Prinzip macht, bei aller Praxisnähe doch nicht zu kurzatmig den jeweiligen Trends und jeder Pseudoinnovation der Praxis zu folgen, so ist ein **Dualismus zwischen Eigenentwicklung und Standardsoftware** für die Lehre an Hochschulen angezeigt. Auch wenn vordergründig betrachtet viele Unternehmen in der make-or-buy-Entscheidung zur Zeit den buy-Weg gehen (und daneben aber viele make-Aktivitäten entwickeln müssen, weil das Kaufprodukt eben nicht paßt). Aber was bedeutet das schon außer, daß es der zeitgenössische Irrtum ist, der sich - man erinnere sich der Pendelbewegung - wieder umkehren kann, ohne damit zum Ausgangspunkt zurückzukehren. Zur totalen Eigenentwicklung werden wir nicht zurückkehren, jedenfalls nicht mit den ineffzienten Instrumenten der Vergangenheit (COBOL als abschreckendes Beispiel, das zu seiner Zeit ein Fortschritt war gegenüber Assembler).

Dualismus von make und buy im Softwareeinsatz

Bei genauerer Betrachtung stimmt es gar nicht, daß vorwiegend Standardsoftware eingesetzt würde. Zunächst ist der Terminus zu klären:

Es ist zu unterscheiden zwischen Standardsoftware

- **mit betriebswirtschaftlicher Struktur** und solcher

- **ohne betriebswirtschaftliche Struktur**

(in Anlehnung an Mennenöh)

Um ein Praxisproblem zu lösen, braucht man immer ein Stück Software, insofern ist immer eine Software zu kaufen (buy-Komponente). Die wesentliche Frage lautet: **wird die betriebswirtschaftliche Struktur gekauft oder selbstgemacht**.

Es hat sich eine Segmentierung der Softwareanwendung ergeben: Berichtswesensysteme verwenden Reportgeneratoren (auch Datenbanksysteme und Tabellenkalkulations- und OLAP-Instrumente wie den Spreadsheet-Connector), in die die betriebswirtschaftliche Struktur erst noch "hineinverdrahtet" werden muß (buy + make). Man tut dies, um die spezifischen Belange des Unternehmens maßgeschneidert zu treffen.

Bei den dispositiven Systemen auf Transaktionsbasis ("der einzelne Geschäftsvorfall") (Kostenrechnung, Finanzbuchhaltung, Materialwirtschaft) ist man der Meinung, daß man Systeme mit vorgefertigter Struktur kaufen sollte, die man anpaßt (buy + customize).

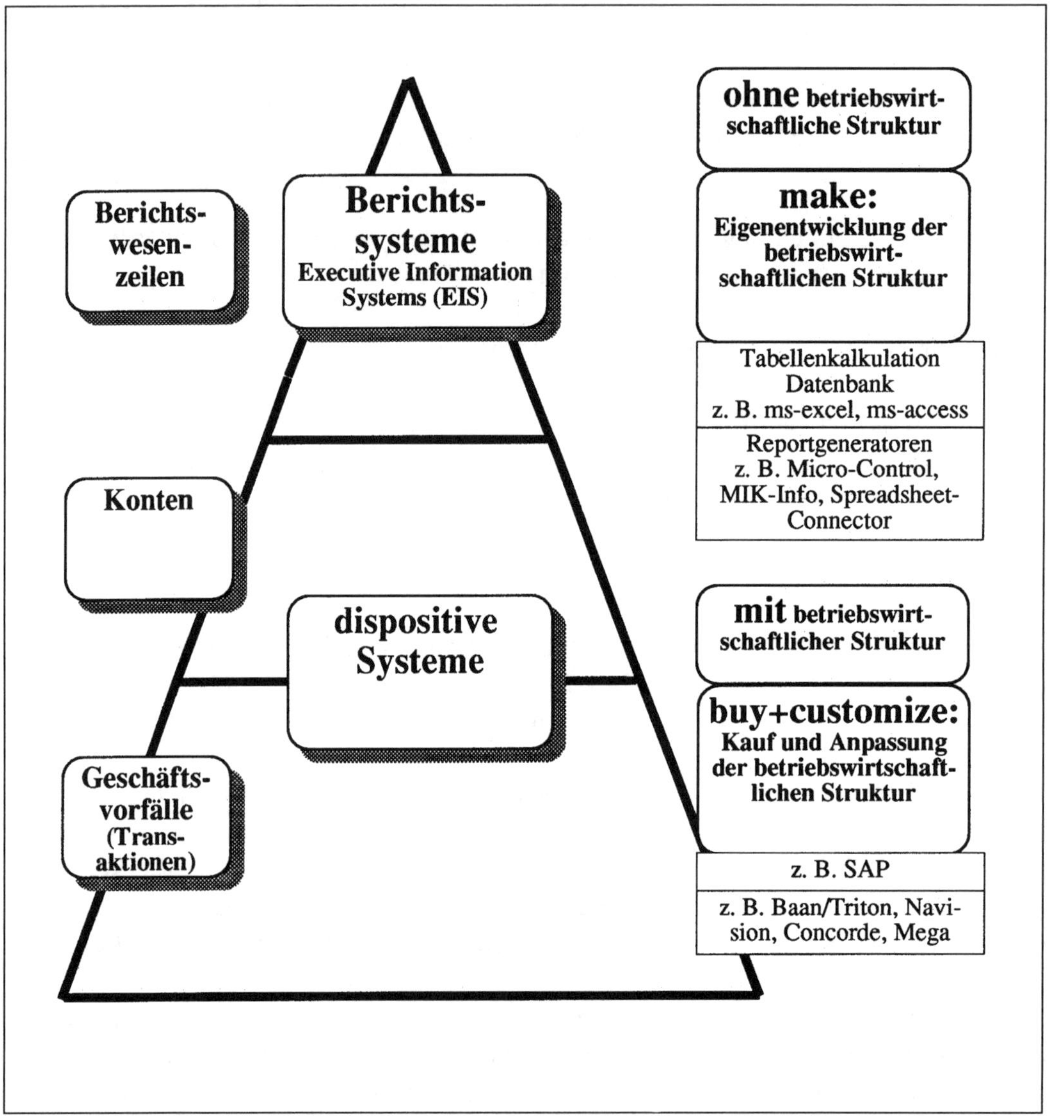

Bild 1.2/3: DV-Werkzeugkasten des Controllers (Quelle: Klenger, DV für Controller, Seite 924)

Was bedeutet dieser Dualismus konkret ?

Zunächst ist als Basis für die DV-Orientierung die Theorieleitung als **Konzepterstellung mit "Papier und Bleistift" nicht überflüssig geworden**.

Sie könnte ergänzt werden durch ein Beschäftigung mit dem **Datenmodell** oder **mindestens mit den Datenbedarfen**.

Sodann sollte man mindestens ein Instrument des **make** kennenlernen, mit dem eine betriebswirtschaftliche Struktur maßgeschneidert selbst entwickelt wird, z. B. eine Datenbank, mit der ein Berichtssystem verwirklicht wird.

Außerdem sollte man - unser Thema - exemplarisch eine **Standardsoftware mit vorgefertigter betriebswirtschaftlicher Struktur** kennenlernen, die man anpaßt und anwendet (**buy + customize**), z. B. die SAP-Software.

Etwas detaillierter betrachtet, kann man vier Arbeitsweisen unterscheiden, von denen je zwei dem "buy" bzw. "make" zuzuordnen sind:

- Kauf der betriebswirtschaftlichen Struktur und **Anwendung**

- Kauf der betriebswirtschaftlichen Struktur und **Anpassung/Customizing**, danach **Anwendung**

- **Eigenentwicklung** der betriebswirtschaftlichen Struktur, aber **innerhalb der Standardsoftwareumgebung**, so daß man nicht von null beginnt. Insbesondere wird das Datenmodell der Standardsoftware genutzt und gegebenenfalls ergänzt

- **Eigenentwicklung** der betriebswirtschaftlichen Struktur, **losgelöst**

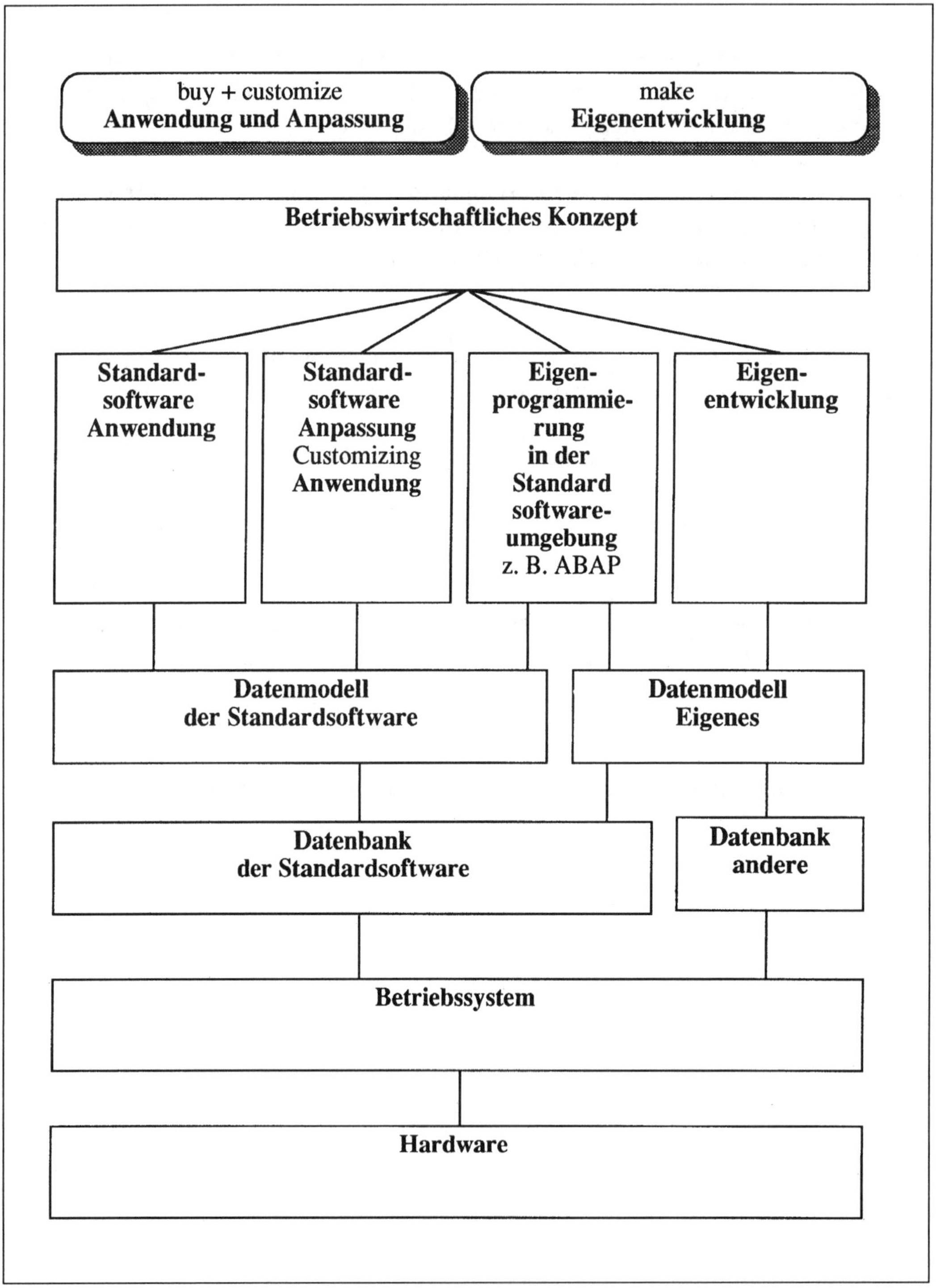

Bild 1.2/4: Vier Arbeitsweisen

1.3 Einordnung in Studium und DV-Ausbildung

Dieser Abschnitt bezieht sich speziell auf die Integration des Softwareeinsatzes in die Studienorganisation einer Hochschule und kann daher von Zielgruppen außerhalb der Hochschulen ohne weiteres überschlagen werden.

Wie soll die Standardsoftware in das Studium und speziell die DV-Ausbildung eingebettet werden ? Das **Prinzip** lautet, daß sich der Einsatz der SAP-Software in die Zielsetzung eines Fachbereichs und in die DV-Ausbildung des Studium **einordnet**. Es wird nicht angestrebt, quasi losgelöst von den Studienschwerpunkten eine Ausbildung von SAP-Experten zu leisten.

Inhaltliche Fragen
Als Ausgangspunkt sei der Einsatz von Software in der Praxis betrachtet. Vielleicht unterscheidet man hier zweckmäßigerweise zwischen **persönlichem und unternehmensweitem Einsatz von Software**. Das Unterscheidungskriterium ist hierbei, ob die persönliche Arbeit organisiert oder ob Unternehmensprobleme gelöst werden sollen.

Zu den "Kulturtechniken" gehören heutzutage die auf dem PC verfügbaren **persönlichen Arbeitsmittel** wie Textverarbeitung, Tabellenkalkulation, Datenbanksystem, Präsentationsgraphik, Businessgraphik, Kommunikation in den Netzen. Beim unternehmensweiten Einsatz stoßen diese sehr schnell an prinzipielle sowie Performancegrenzen.

Als Vertreter dieser Softwareklasse sei das Office-Paket von Microsoft genannt.

Für die Lösung von **Unternehmensproblemen** stehen eine Reihe von Softwarepaketen zur Verfügung. Es handelt sich um Softwarepakete für folgende Gebiete:

- Datenbanksysteme
- Standardanwendungssoftware
- Operations Research
- Statistik (Marktforschung, Qualitätskontrolle)

Die Pakete sind so umfangreich, daß eine erschöpfende Behandlung auch nicht annähernd in Frage kommt; vielmehr geht es - wie schon wiederholt gesagt - um den exemplarischen Einsatz und um das Verständnis, daß Praxisprobleme andere Lösungen verlangen als die Organisation der persönlichen Arbeit auf dem PC.

Auch hier seien als Vertreter ihrer Klasse einige Markennamen genannt: Datenbanksystem: Oracle; Standardsoftware: SAP, Baan; Operations Research: SAS, GPSS; Statistik: SPSS, SAS.

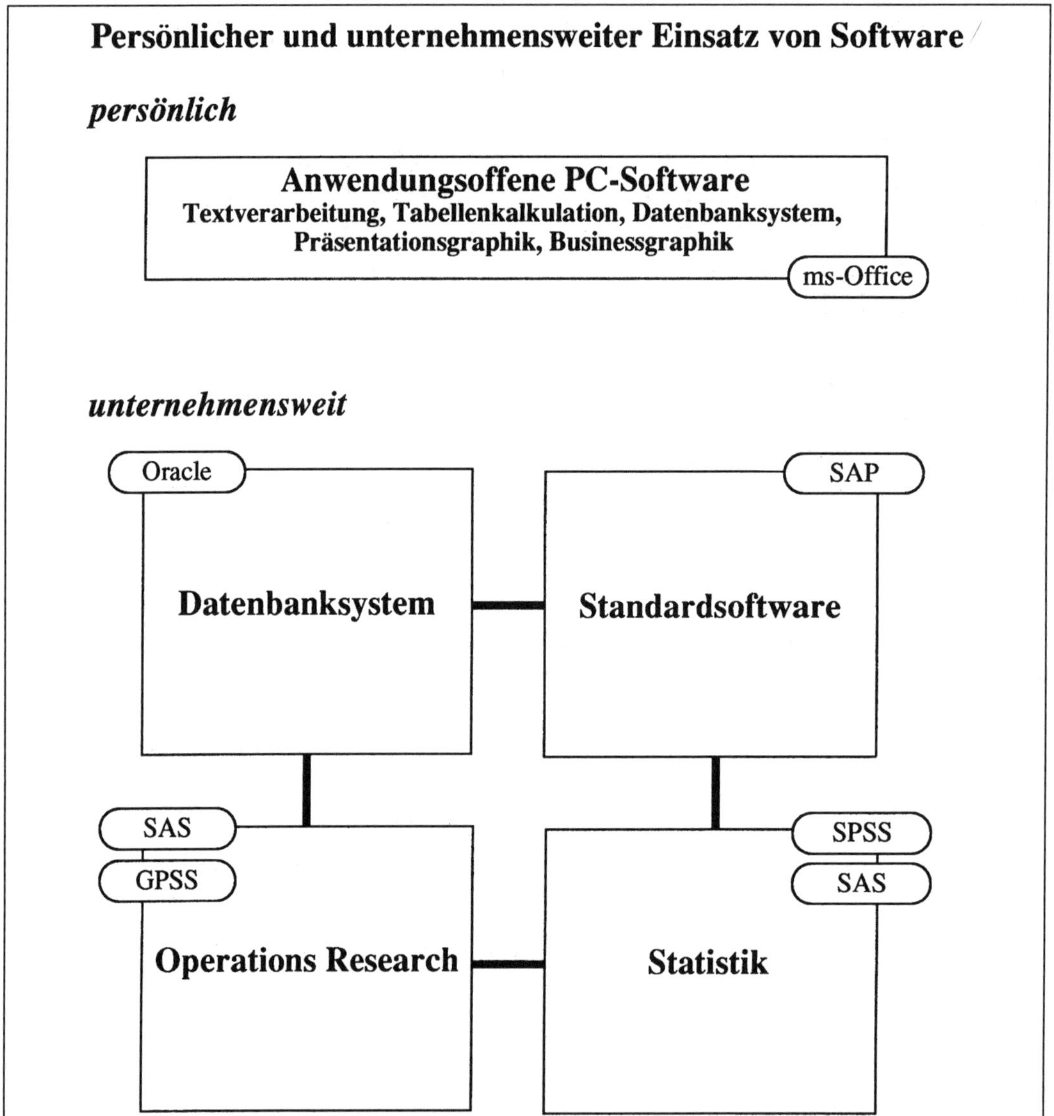

Bild 1.3/1: Persönlicher und unternehmensweiter Einsatz von Software

Idealerweise verfügen die Hochschulen über eine genügend flexible Struktur, die es ermöglicht, neue Inhalte kontinuierlich und leicht zu integrieren. Hier liegen die Verhältnisse durch die Autonomie der Hochschulen besser als in den Schulen. Die Hochschule bestimmt über die Lehrinhalte selbst und es gibt keine vorgeschriebenen Lehrpläne und das ist gut so (die ministerielle Superstruktur mag anderer Meinung sein, aber das ist hier nicht Thema). Die Studienordnung steht - wenn richtig gehandhabt - einer kontinuierlichen Erneuerung der Lehrinhalte nicht im Wege.

Es wird hier von dem häufig vorkommenden Modell der Ausdifferenzierung des Hauptstudiums eines Fachbereichs Wirtschaft in Studienschwerpunkten ausgegangen.

Grundstudium	**Hauptstudium**
Gemeinsames Grundstudium	Gemeinsames Hauptstudium
	Differenzierung in Schwerpunkten
	Controlling
	Logistik
	Marketing
	Rechnungswesen
DV-Orientierung Grundlagen Datenmodell "Kulturtechniken": Tabellenkalkulation Datenbanksystem Einführung in Standard-Anwendungssoftware Programmierung	*DV-Orientierung* "Träger sind die Schwerpunkte" Standard-Anwendungssoftware (buy+customize) Berichtssysteme (make)

Bild 1.3/2: Schwerpunktstruktur des Betriebswirtschaftsstudiums

Im Grundstudium werden üblicherweise "Kulturtechniken" vermittelt oder - soweit schon vorhanden - vertieft, wie Tabellenkalkulation, Datenbanksystem und eine Progammiersprache. Dies geschieht üblicherweise durch die DV-Servicebereiche.

Aus dem Theorie-Arsenal der (Wirtschafts-)Informatik ist hauptsächlich das **Datenmodell** (relationales Modell) als für den Betriebswirt geeignet zu nennen. Dies müßte ergänzt werden um das Funktionsmodell und das Prozeßmodell, die aber theoretisch und methodisch schwächer fundiert sind, so daß es hier auf die Vermittlung von Problembewußtsein hinausläuft. Wie ist ein DV-Problem zu strukturieren (Funktionsmodell bzw. Menübaum) ? Wie ist die Ablaufstruktur abzubilden (Prozeßmodell bzw. Ereignissteuerung/Triggerung) ?

Im Grundstudium kann bereits mit der Einführung in die größeren Standardsoftwarepakete wie SAP begonnen werden, und zwar entweder parallel zur Vermittlung der fachlichen Inhalte wie auch in ergänzenden Veranstaltungen (siehe unten).

Im Hauptstudium sind die **Studienschwerpunkte** (d. h. die betriebswirtschaftlichen Vertiefungsrichtungen, weniger die DV-Servicebereiche) die **Träger der Vermittlung von Software-Know-How**. Wenn man dem Gedanken des Dualismus von Eigenentwicklung (make) und Verwendung vorgefertigter betriebswirtschaftlicher Strukturen (buy) folgt, so könnte z. B. ein Datenbanksystem wie Oracle für die Realisierung einer selbst zu entwickelnden betriebswirtschaftlichen Struktur stehen und SAP für den Einsatz einer vorgefertigten (und anzupassenden) betriebswirtschaftlichen Struktur.

Kapazitätsfragen

Die im folgenden angegebenen Beispiele spiegeln durchweg eine Unterbringung von Konzeptphase (Theorie/"Papier und Bleistift") und DV-Umsetzung in nominal (und meist auch real) getrennten Veranstaltungen wider. Die Frage der Verzahnung wird aber experimenteller Erprobung überlassen: Soll ein Buchhaltungskurs neben der unerläßlichen Kontierung auf T-Konten ("Bleistift und Papier") auch gleich den Betrieb einer Buchhaltungssoftware mitumfassen, und zwar nach dem "Reißverschluß-Prinzip" ? Oder sollen es zwei getrennte Veranstaltungen sein. In den "Personalprofilen" wird noch ausgeführt, daß Konzeption und Umsetzung in Zukunft aber eher *personell* in einer Hand gesehen werden und die Delegation der Umsetzung an einen fachfremden DV-Dienstleister die Ausnahme ist.

Die Beschäftigung mit der Software fordert neben der unverzichtbaren Konzeption ihren zeitlichen Tribut. Letztlich muß das Mehr an Softwaretechnologie irgendwo anders eingespart werden.

Aus den angeführten Beispielen geht hervor:
Das maximale Zeitbudget für eine Anwendungssoftware wie SAP beträgt je Schwerpunkt zur Zeit 2 SWS (Semesterwochenstunden), ausbaubar vielleicht auf 4 SWS, bei Kombination der SAP-Anteile von zwei Schwerpunkten 4-8 SWS. Damit wird im Vergleich zu beispielsweise insgesamt 140 SWS im Gesamtstudium und 44 SWS im Hauptstudium die Relation deutlich. Eine Intensivierung ist durch SAP-bezogene Projekte und Diplomarbeiten möglich.

Zeitplan
Die Erfahrung zeigt, daß "jede Woche Dienstag nachmittag 2x45 min" nicht unbedingt die optimale Form für die Durchführung von SAP-Seminaren ist. Der vorliegende Kurs ist in sehr konzentrierter Arbeit in einer Woche (Durchlaufzeit), organisiert als 5 Halbtage (Bearbeitungszeit) (während der vorlesungsfreien Zeit) zu bewältigen. Mit dem "Jobben" der Studenten in den Ferien ist das bei rechtzeitiger Ankündigung nicht in Kollision.

Und die Prüfungsfrage
Unter der Zielsetzung, das Studium zu verkürzen, ist dem politischen Überbau der Hochschulen vor allem eingefallen, die Leistungsanforderungen zu reduzieren. So gibt es in den Studienordnungen genügend Veranstaltungen, die außer Anwesenheit nichts erfordern. Ausnahmsweise braucht dies in einem Selbststudienkurs kein Nachteil zu sein. Die Teilnehmer fänden in einem Selbststudienkurs eine relativ streßfreie Oase vor, wenn nicht die Software schon von ganz alleine für genügend Frust sorgen würde. Den Arbeitsrhythmus bestimmen die Teilnehmer selber. Ganz von selbst stellt sich der Ehrgeiz ein, das Testbeispiel irgendwann bewältigt zu haben. Prüfungen á la "Was bedeutet die F1-Taste" wären ohnehin unsinnig. In der Durchsprache ("Kreuzweg") kann der "Moderator" die Teilnehmer schon gehörig aus dem Schneckenhaus hervorlocken.

Letztlich ist es der Name SAP und die Berufsaussichten, die eine erhebliche Anziehung erzeugen, so daß der Kurs nicht einmal zur Pflicht gemacht werden braucht. Alternativen ohne die SAP-Software sind möglich. SAP ist ein Kann, kein Muß.

Wird das ganze als Projekt durchgeführt, ist eine Bewertung und damit Differenzierung schon wichtiger. Sie ist anhand der Präsentationen möglich. Selbst pathologische Studienordnungen, die explizit keine Projektbewertung kennen, bieten neben der Klausur in der Regel die Hausarbeit/schriftliche Ausarbeitung als Ausweg. Die Pseudoobjektivität von "Mickey-Mouse-Fragen" in der Klausur ist allerdings bei Projektbewertung nicht gegeben. Im Gesamtmix der Prüfungsformen sind Projektbewertungen erforderlich, weil Projekte im Studienmix erforderlich sind.

Im folgenden sind Beispiele gegeben für die DV-Ausbildung in Grund- und Hauptstudium eines wirtschaftwissenschaftlichen Fachbereichs.

Beispiel: DV-Ausbildung im Gesamtstudium

Zielsetzung der Pädagogik: relativ besser werden
Zielsetzung einer Hochschule: im Laufe des Hauptstudiums den Stand der Technik erreichen (absolut)

Im **Grundstudium** werden in dem Fach Wirtschaftsinformatik (mit z. B. 8 Semester-Wochenstunden) Grundlagen und Basistechniken vermittelt:

- Einführung in die Wirtschaftsinformatik
- Tabellenkalkulation
- Datenbanken
- Programmierung

Im **Hauptstudium** besteht insbesondere **in den Schwerpunkten**

- Controlling
- Logistik
- Rechnungswesen
- Wirtschaftsinformatik
- Wirtschaftsstatistik/Operations Research

die Gelegenheit zu einer vertieften DV-Durchdringung der betriebswirtschaftlichen Inhalte und Konzepte. Die betriebswirtschaftliche **Anwendung steht** dabei **im Vordergrund**.

Projekte und Diplomarbeiten geben die Möglichkeit, anspruchsvollere Fragestellungen konzeptionell zu lösen und DV-technisch umzusetzen.

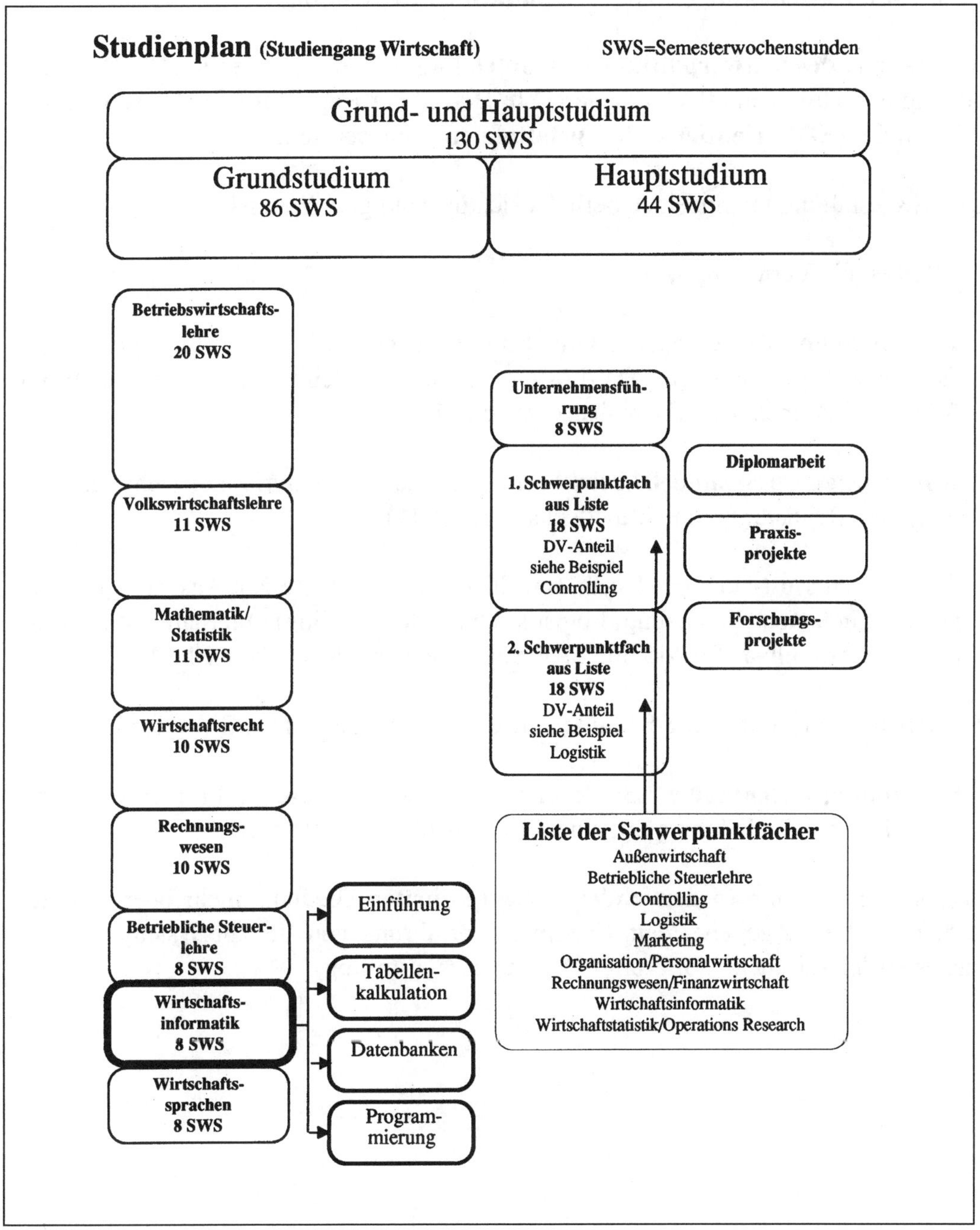

Bild 1.3/3: Studienplan (Beispiel)

Beispiel: DV-Ausbildung im Schwerpunktfach Controlling

Am **Beispiel des Schwerpunktfachs Controlling** wird die Konzeption der DV-Ausbildung im Schwerpunktfach erläutert. **Ein Drittel** der Kapazität von 18 SWS, d. h. 6 SWS sind für **DV-orientierte Veranstaltungen** fest reserviert.

Die Ausgestaltung im einzelnen befindet sich in ständigem Wandel.

Zur Zeit ist die Verteilung wie folgt:

- **Datenbanken**: Vertiefung der Grundstudiumskenntnisse, Erarbeitung und Realisierung einer geschlossenen DV-Lösung mit Datenmodell und Funktionsmodell für "einfache" Fallbeispiele (Datenbanksystem: MS-Access)

- **Konzernsteuerungsmodell**: betriebswirtschaftliche Strukturierung steht im Vordergrund, Realisierung mit Tabellenkalkulation (MS-Excel)

- **Anwendungssoftware (SAP)** für verschiedene Teilgebiete zur Auswahl (Finanzbuchhaltung, Kostenrechnung, Logistik, Umweltcontrolling) (alternativ ist Projektcontrolling wählbar; Prinzip: die SAP-Software ist ein Kann, kein Muß)

Zusätzlich ist im Controlling-Seminar eine der Optionen ebenfalls DV-orientiert:

- **Controlling-Datenmodell**: Strukturierung eines komplexeren Problems, Datenmodellierung, Realisierung mit einem Datenbanksystem (Oracle)

Darüber hinaus kann **in den anderen Lehreinheiten** ebenfalls mehr oder weniger starker DV-Bezug gegeben sein (Beispiel: Vorführung von Berichtssystemen in der ansonsten "klassischen Vorlesung" Operatives Controlling).

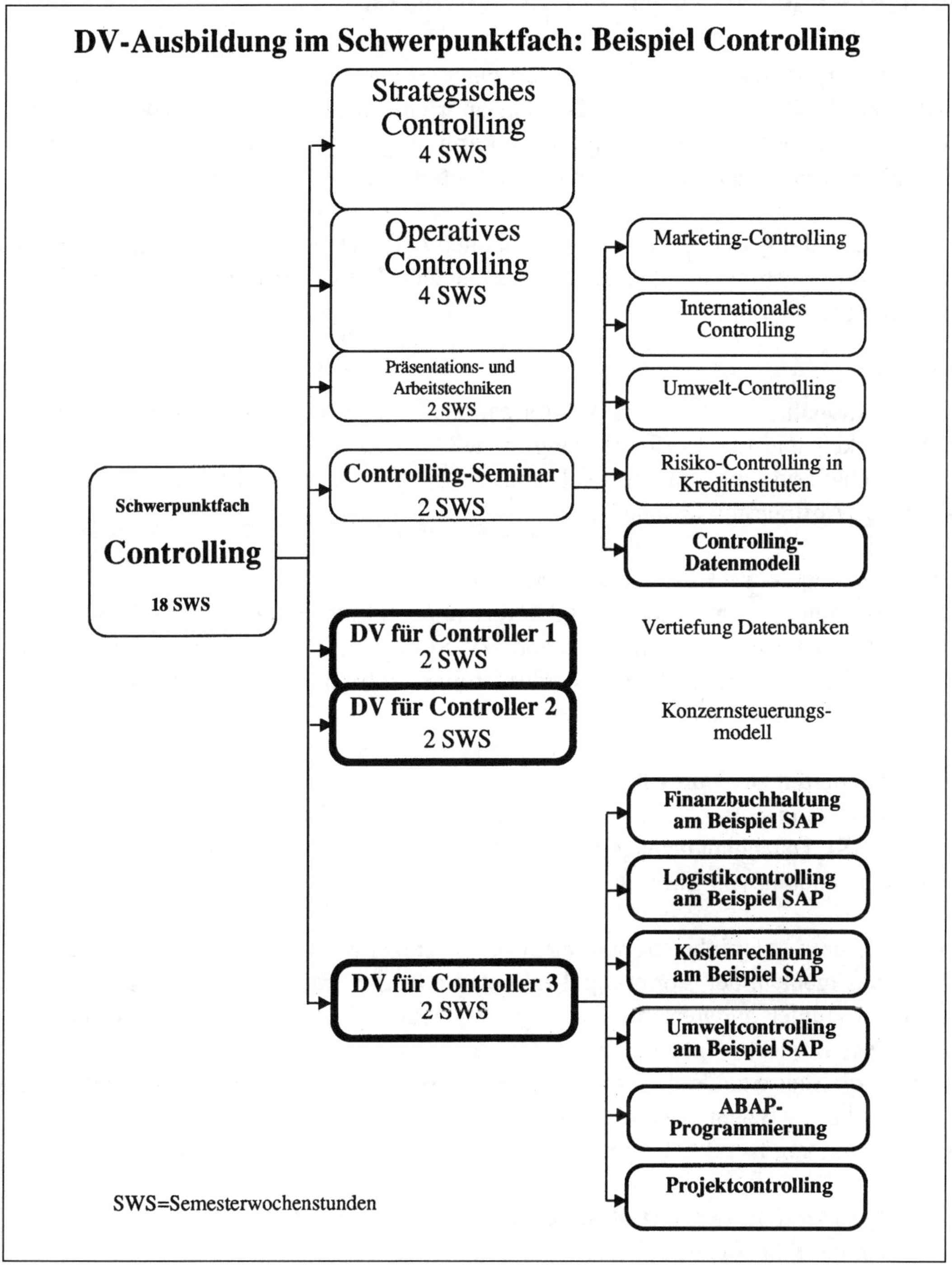

Bild 1.3/4: DV-Ausbildung im Schwerpunktfach: Beispiel Controlling

Beispiel: DV-Ausbildung im Schwerpunktfach Logistik

Das Schwerpunktfach Logistik erfordert einen Studienumfang von 18 SWS, gleichmäßig aufgeteilt in die Bereiche Beschaffungswirtschaft, Lager- und Transportwirtschaft sowie Fertigungswirtschaft. Hier **kann** insgesamt **ein Drittel**, also 6 SWS durch Veranstaltungen **mit starker DV-Orientierung** absolviert werden.

Die Ausgestaltung der einzelnen Lehreinheiten befindet sich entsprechend den industriellen Anforderungen im ständigen Wandel. Zur Zeit ist der Inhalt dieser drei Veranstaltungen wie folgt:

DV in der Fertigung
Die Funktionalitäten von Logistik-Informations-Systemen, PPS und CIM, relationale Datenbanken und der Normalisierungsprozeß, Erläuterung eines integrierten Materialwirtschaftssystems am Beispiel von SAP R/3: Materialwirtschaft, Bestellabwicklung, Auftragsabwicklung.

DV in der Lager- und Transportwirtschaft
Die Abstimmung von Material- und Informationsflüssen in der logistischen Kette, Projektmanagement zur Einführung von DV-Systemen, Projektmanagement mit der Software MS-Project, Gestaltung der Ablauforganisation mit dem Aris-Toolset (als Grundlage des SAP-Customizing).

Projektarbeiten zur Logistik
Lager- und Transportoptimierung mit Simulations- und Optimierungssoftware (Taylor, GAMS), Datenbankmanagement mit Informix oder Access, Informationslogistik unter Verwendung von Internet.

In den anderen Lehreinheiten wird mehr oder weniger stark auf die DV zurückgegriffen (etwas mehr in der Vorlesung **Technologie in der Lager- und Transportwirtschaft**, wo unter anderem auf Barcodeeinsatz und elektronischen Datenaustausch eingegangen wird). Tabellenkalkulation und Datenbankhandling werden jedoch grundsätzlich als Standard-Instrumente betrachtet (Excel und MS-Access nach dem Grundstudium). Beispielsweise werden ABC-Analysen und Nutzwertanalysen unter Verwendung von Excel durchgeführt, Kennzahlensysteme mit Hilfe von MS-Access.

Eine Intensivierung der SAP-Kenntnisse ist durch logistische Projekte und Diplomarbeiten mit SAP-Bezug möglich.

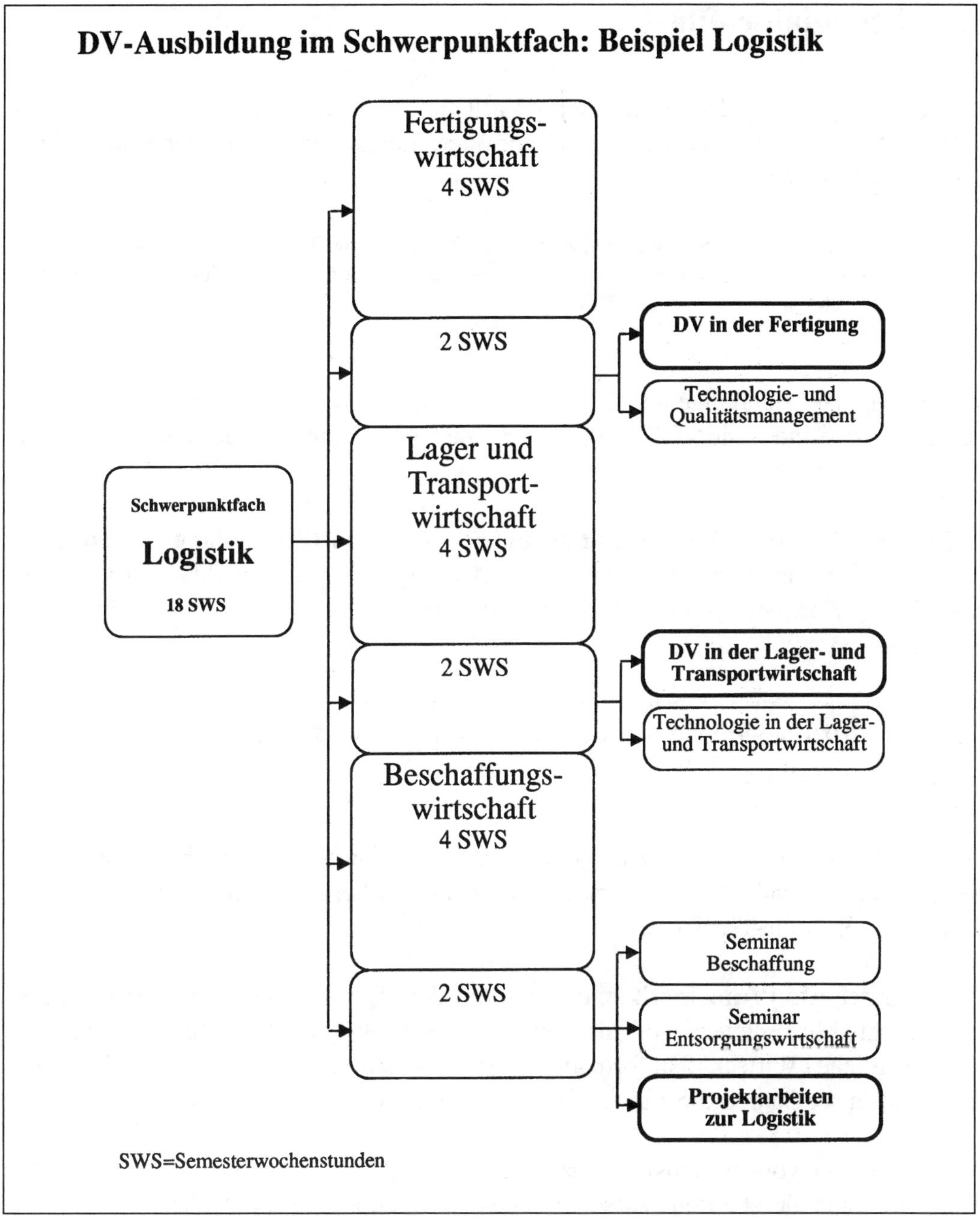

Bild 1.3/5: DV-Ausbildung im Schwerpunktfach: Beispiel Logistik

1.4 Personalprofile

Soll die Vermittlung der betriebswirtschaftlichen Standard-Software durch den betriebswirtschaftlichen Fachvertreter (Controller, Logistiker usw.) oder durch einen DV-Spezialisten erfolgen ?

In der Praxis ist die Unterscheidung zwischen Fachabteilung und DV-Abteilung eingebürgert (als ob die DV-Abteilung nicht vom Fach wäre). Zwischen beiden besteht oft ein Gegensatz (schönfärberisch: ein fruchtbares Spannungsverhältnis).

Diese Frage läßt sich lange und kontrovers diskutieren, was aber nicht nötig ist. Ohne auf Einzel- und Sonderfälle sowie Übergangsphasen einzugehen: Die Antwort ist recht klar:

Träger der DV-Orientierung sind die betriebswirtschaftlichen Fachvertreter. Sie müssen sich so emanzipieren, daß sie in der Lage sind, neben dem betriebswirtschaftlichen Konzept auch die DV-Umsetzung konzeptionell und tastenmäßig zu beherrschen.

Neues Profil des betriebswirtschaftlichen Fachvertreters:
"nicht mehr ohne tool"

Die DV-Ausbildung ist zur Zeit in den betriebswirtschaftlichen Fachbereichen überwiegend die Aufgabe von Informatikern, Mathematikern, Physikern, Programmierern, d. h. von Nicht-Betriebswirten.

Die **(Wirtschafts-) Informatiker** tun sich mit dem Einsatz einer Standard-Software in der Lehre eher schwer, weil ihr Weltbild von der **Eigenentwicklung** geprägt ist. Fortschrittliche Wirtschaftsinformatiker haben allerdings erkannt, daß Sie ihren "Hobbys" in der Standard-Software-Umgebung weiter nachgehen können.

Die Integration von betriebswirtschaftlicher Standard-Software in die Lehre bleibt damit Aufgabe der betriebswirtschaftlichen Anwender wie Controller, Logistiker, Rechnungswesen- und Personalleute.

Wegen des blackbox-Charakters der Standard-Software ist die Aufgabenstellung auch **für einen Betriebswirt zunächst nicht begeisternd und attraktiv**. Schließlich ist es - wie schon wiederholt gesagt - nicht das Selbstverständnis einer Hochschule, Produktspezialisten auszubilden. Wer will sich schon mit dem Schicksal eines Softwareherstellers verbinden, der zur Zeit zwar glänzend dasteht, der aber erfahrungsgemäß auch sehr schnell an das Ende seines Lebenszyklus gelangen kann.

Frustrierend ist vor allem die Notwendigkeit der Einarbeitung in fremde Gedankenwelten statt der Ausbreitung der eigenen. Das Rätselraten, was sich der Software-Entwickler bei seiner Konzeption gedacht hat, ist aber typisch für die Standard-Software, denn die betriebswirtschaftliche Struktur ist ja einschließlich auszuwählender Varianten definitionsgemäß vorgegeben. Leider gibt es **"keinen Königsweg"** zur näheren Bekanntschaft mit der Software, vor allem keine top-down-Vorgehensweise, sondern einen Dschungel von aufgehäuftem Know-how, in den man nur mühsam eindringt und über den man kaum einen Überblick mit hinreichendem Tiefgang erlangt, jedenfalls nicht in endlicher Zeit.

Statt dessen ist man einerseits auf eine vieltausendseitige **Dokumentation** höchst heterogener Qualität angewiesen.

Wenn man es ironisch pointieren dürfte: Die Dokumentation ist ein Beispiel für ein nicht-gelungenes Management by Delegation. Dem Entwickler der Software gelingt es regelmäßig, sich vor der Dokumentationsaufgabe zu drücken (keine Zeit, hat wichtigeres zu tun). Die Dokumentation wird daraufhin so lange delegiert, bis auf unterster Ebene eine Hilfskraft ("Lehrling") gefunden ist, die die Aufgabe nicht mehr ablehnen kann. Geschrieben wird die Dokumentation von Leuten, die die Software nicht ausreichend kennen, vor allem nicht die zugrundeliegenden Prinzipien. Der Dokumentar ist in derselben Situation wie der Kunde, er kennt das System nicht und ist - im besten Fall - auf trial-and-error-Routinen angewiesen. Beispiel: Man lese die Dokumentation zur Organisationsstruktur des SAP-Systems, d. h. zu den Begriffen Mandant, Buchungskreis usw.

Andererseits trifft man auf nichtssagende **Verkaufsprospekte** auf Managementniveau (schöne Überblicksfolien mit Schlagworten im SAP-Jargon).

Die **Literatur**, die in dieser Lücke entsteht, ist **oft nur ein Derivat** aus SAP-Dokumentation und SAP-Verkaufsprospekten ohne eigene Durcharbeitung. Nebenbemerkung: der Test auf eigenständige Durcharbeit ist die SAP-Sprache: Werden die Begriffe der SAP ohne Übersetzung übernommen, weiß man daß "ein Ragout von anderer Schmaus" vorliegt und nur abgeschrieben bzw. neu kombiniert wurde (Beispiel aus der Kostenrechnung: in der SAP-Welt spricht man von Leistungsart, wenn man Bezugsgröße meint).

Die **Experten** - so man sie überhaupt im Zugriff hat - verfügen **nur in einem kleinen Bereich** über eine tiefergehende Kenntnis.

Obwohl es sicherlich vehement bestritten wird, kann man sich nicht des Eindrucks erwehren, daß der Hersteller SAP und die ihm verbundenen Berater ihr Know-how schützen wollen und **an Transparenz gar nicht interessiert** sind. Schließlich wird die Schulung als lukratives Geschäftsfeld betrieben.

Diese Punkte sind hier nur aufgezählt, um einige Widerstände zu verstehen, die zu überwinden sind, wenn eine Hochschule sich dem SAP-Komplex nähert und wie selbstverständlich nicht über die Mittel verfügt, um sich zunächst eine halbjährige Schulung in Walldorf zukommen zu lassen.

Hilfen sind in dieser Situation

- Mitarbeiter, die gewohnt sind, im **Versuch-und-Irrtums-Verfahren** monatelang vor dem System zu hocken und dessen oft unerwartete Reaktionen zu erforschen (meist keine Betriebswirte, sondern die laut Idealprofil gar nicht vorgesehenen Informatiker, Mathematiker, Physiker, Theologen und sonstige)

- **Studenten**, denen man - z. B. in Projekten oder Diplomarbeiten - die Härte von **Pionieren** zumuten kann

- gelegentliche Kurse, die die SAP dem **"SAP-Arbeitskreis Hochschulen"** zukommen läßt

- inzwischen auch die **Selbsthilfe der Hochschulen** durch Weitergabe des Know-hows im Schneeballsystem

Verlassen wir den frustrierenden Ist-Zustand und wenden uns nochmals dem Idealprofil zu:

Idealbild ist der betriebswirtschaftliche Anwender, der sein System durch selbständiges Customizing anpassen kann.

Warum wird der betriebswirtschaftliche Fachvertreter als der Wegbereiter in die schöne SAP-Welt gesehen ?

Aus eigener Erfahrung sei angemerkt:

Der Schwerpunkt der Arbeit beim Einsatz der Standard-Software in der betriebswirtschaftlichen Ausbildung besteht nicht nur in der Vermittlung des unerläßlichen Tasten-Know-hows, sondern in der **vertieften Durchdringung der aus der Theorie "im Prinzip bekannten Konzepte"**. In diesen Details ist ein Informatiker oder sonstiger Fachfremder, der es gewohnt war, das Pflichtenheft vom auftraggebenden Betriebswirt vorgegeben zu bekommen (oder mit ihm gemeinsam zu entwickeln) meist nicht hinreichend sattelfest (Ironische Seitenbemerkung: Wenn er es aber ist, wird er hiermit zum Betriebswirt erklärt, denn es kommt nicht auf die formale, sondern auf die inhaltliche Qualifikation an).

Dabei ist u. a. die **Übersetzung der SAP-Begriffe** in allgemeine BWL-Begriffe zu leisten (SAPsch - Deutsch und umgekehrt).

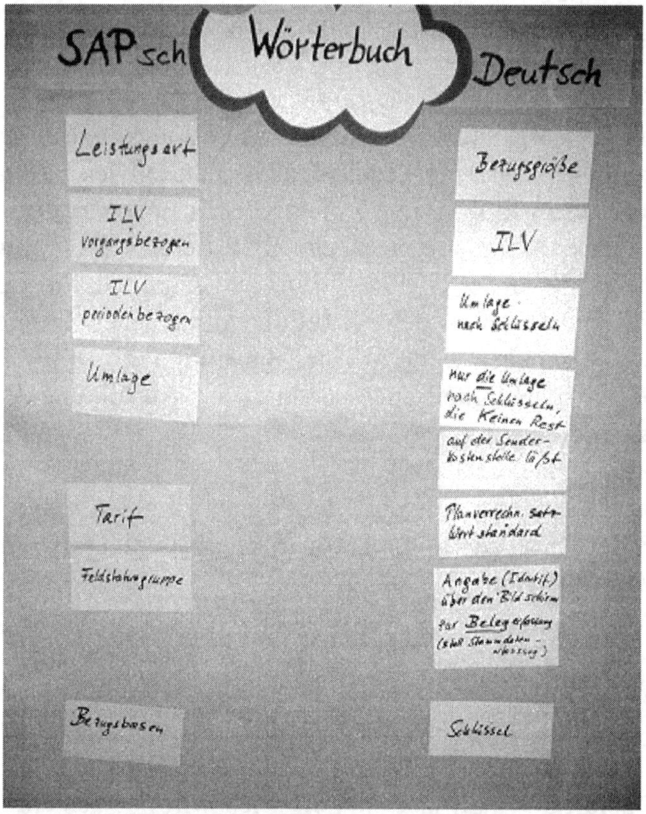

Bild 1.4/1: Übersetzung von SAP-Begriffen

Es heißt nicht, die Leistung der SAP zu kritisieren (was sich bei einem Monopolisten ohnehin verbietet), wenn man anmerkt, daß die Begriffsbildungen der SAP und die Begriffsbildungen der betriebswirtschaftlichen Theorie wenig bis nichts miteinander zu tun haben. Die Entwickler waren augenscheinlich fachfremde Spezialisten (Nicht-Betriebswirte), die daher auch betriebswirtschaftliche Konzepte nur bei ihren jeweiligen Pilotkunden aufgenommen haben und nicht aus einer allgemeinen Theorie ableiten konnten (die im übrigen kaum operational und detailfreudig genug gewesen wäre).

Würde diese Übersetzung der SAP-Betriebswirtschaftslehre in die Allgemeine Betriebswirtschaftslehre nicht geleistet, würde sich genau der Zustand einstellen, mit dem sich eine Hochschule nicht begnügen sollte: unreflektiertes Nebeneinander von allgemeiner Theorie und konkreter Umsetzung in einem Produkt.

Es könnte noch den **Einwand** geben, daß die technologisch vorgebildeten Betriebswirte als Dozenten gar nicht zu finden sind und daß mit Hinweis auf die arbeitsteilige Praxis auch entsprechend technologisch qualifizierte Studenten nicht erforderlich sind.

Aber die arbeitsteilige Vorgehensweise der Praxis (für alles und jedes gibt es einen Spezialisten) ist kein Gegenargument und wird zur Zeit teilweise zurückgebildet. Sicherlich wirken sehr oft in Einführungsprojekten einer neuen Software betriebswirtschaftliche Fachvertreter, der unvermeidliche SAP-Berater als Kenner der "Haken und Ösen" des Customizing der SAP-Software und Experten für die Schnittstellen des Datenim- und export von/zu den weiterhin vorhandenen Fremdsystemen mit. Diese Vorgehensweise hat auch weiterhin ihre Berechtigung. Sie bedeutet aber nicht, daß diese extreme Arbeitsteiligkeit auch schon in der Ausbildung simuliert werden müßte, eher im Gegenteil.

Die Hochschule hat gerade die Aufgabe, die Arbeitsteiligkeit, den extremen Taylorismus zu überwinden, weniger aus missionarischem Impetus heraus, sondern um **Zusammenhänge herzustellen**.

Kurzschlüssig: Wenn die Praxis arbeitsteilig ist, muß es auch die Hochschule sein.
Strategisch: Wenn die Praxis arbeitsteilig ist, muß die Hochschule gerade nicht arbeitsteilig sein.

Die Tatsache, daß derartige Qualifikationen (Betriebswirt mit Tastenerfahrung) in der Praxis nur selten anzutreffen sind und damit die Rekrutierung von geeigneten Dozenten erschweren, zieht deswegen nicht, weil es immer um den Bedarf der nahen und mittleren Zukunft geht und nicht um die Fortschreibung der Pathologien des Ist-Zustandes.

Umgekehrt gilt:
Folgt man der Maxime, daß technologisch aufgerüstete Betriebswirte die Träger des Standard-Softwareeinsatzes sein sollten, ergeben sich **Konsequenzen für die anstehenden Ersatzbeschaffungen von Dozenten**.

Die Informatiker werden deswegen nicht arbeitslos, es findet lediglich in einigen Bereichen eine Umprofilierung und Neusegmentierung statt. Danach arbeitet der Betriebswirt anwendungsnah und der Informatiker systemnah. Zweifellos wachsen damit auch die Anforderungen an beide Berufsbilder.

Auch die Meinung, daß die arbeitsteilige Praxis gar nicht den technologisch bewanderten Betriebswirt braucht, weil es für die Technik Experten gibt, ist vielleicht nur eine "gedankenlose" Fortschreibung des Ist-Zustands.

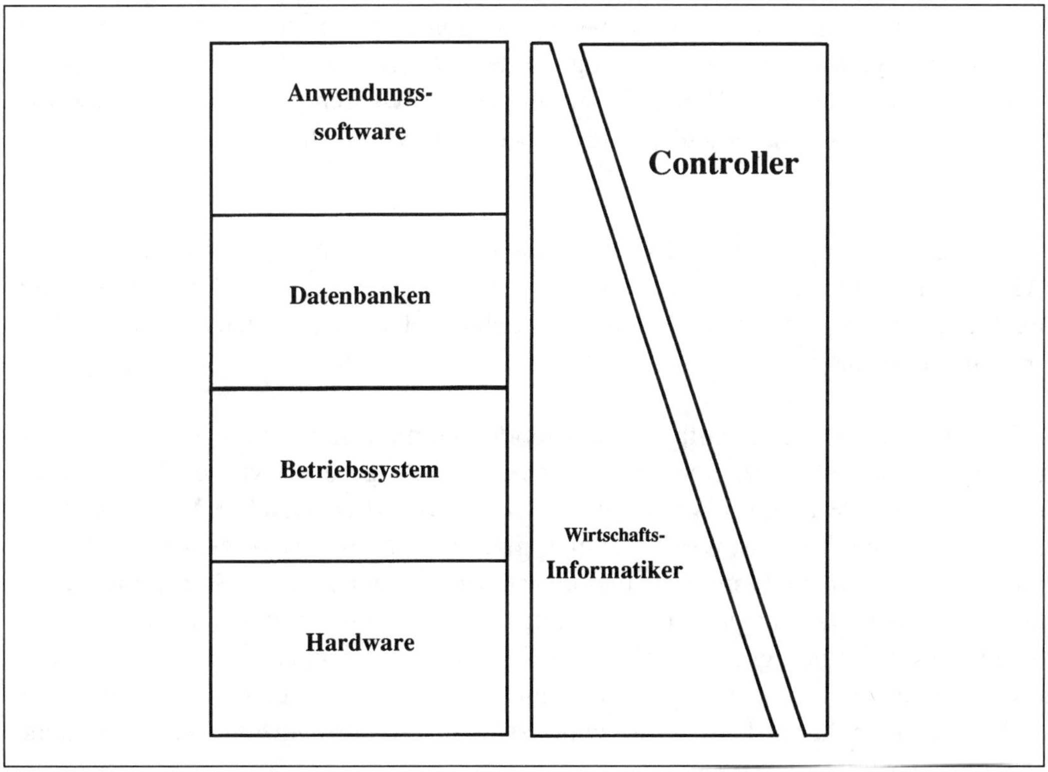

Bild 1.4/2: Arbeitsteilung zwischen Controller und Wirtschaftsinformatiker

1.5 Alternativen des Einsatzes

Abschied von den Träumen

Die SAP-Software ist bekanntermaßen integriert. Sollte man das nicht als Chance sehen, ein integriertes Beispiel durch alle betriebswirtschaftlichen Funktionen (Verkauf, Logistik, Controlling/Rechnungswesen) hindurch als studienbegleitende Fallstudie und Modellfirma und als den **"großen Integrator"** zu nutzen. In der ersten Euphorie ist ein derartiger Gedanke naheliegend und insofern entschuldbar. Einer näheren Prüfung hält er nicht stand. Aber spinnen wir ihn zunächst noch ein bißchen weiter. Alle Fachvertreter einer Hochschule verwenden in ihren Veranstaltungen dasselbe Fallbeispiel, für die Studenten ergibt sich im Laufe ihre Studiums allmählich ein Gesamtbild der ablaufmäßigen Zusammenhänge im Unternehmen.

So weit so schön. So eingängig diese Idee auch ist, es sind nicht nur die unvermeidlichen organisatorischen Hemmnisse, die sich einer Verwirklichung entgegenstellen. Denn es bedürfte ja einer intensiven Koordination des Riesenbeispiels, so daß die Zusammenhänge auch wirklich stimmig werden. Die Überwindung derartiger operativer Hemmnisse kann als Herausforderung gesehen werden bzw. die Nichtbewältigung dieser Aufgabe zu erneuten und so beliebten Vorwürfen an die Hochschulen umgemünzt werden.

Ein wenig Nachdenken führt allerdings schnell zur Ernüchterung. Schließlich ist die SAP-Software ein Hilfsmittel zur Bewältigung der Ablauforganisation. Da hat sie ihre Funktion. Die betriebswirtschaftliche Lehre hat diesen Gegenstand bisher sicherlich vernachlässigt.

Andererseits würden aber einfach die Proportionen nicht mehr stimmen, wenn alles nur noch primär unter ablauforganisatorischem Aspekt gesehen würde. Die **Lehrgegenstände der BWL** sind überwiegend **entscheidungstheoretischer Natur** (soll eine Investition durchgeführt werden ?) und **nicht nur abwicklungsorientiert** (ablauf-/transaktionsorientiert) (wie wird die Investition abgewickelt ?). Selbst im Rechnungswesen bzw. im operativen Controlling sind die Entscheidungsfragen wichtiger als die Abwicklungsfragen (wie sind die Kosten im Kostenmanagement zu senken statt nur: wie sind sie in der Kostenrechnung ingeniös zu verteilen). Die Gewichte werden sich hier durch den Einsatz einer Standardsoftware verschieben, aber nicht gänzlich ändern.

Und es sprechen auch didaktische Gründe gegen die studienbegleitende Großfallstudie: statt Integrationserlebnisse zu vermitteln könnte dieser Rekurs auf das ewig gleiche Beispiel auch der **"große Langweiler"** werden.

Großer Integrator oder großer Langweiler?

Ein Gesichtspunkt, der noch wiederholt zur Sprache kommen wird: soll nur ein fertig eingerichtetes System betrieben werden oder soll mit mindestens gleichem Gewicht auch die Einrichtung des Systems gezeigt werden ? (in der SAP-Sprache: soll ge-customized werden oder nicht ?)

Fazit: Es sprechen die Studienorganisation, das Selbstverständnis einer Hochschule sowie didaktische Gründe dagegen, das ganze Studium um die SAP-Software herum zu gestalten.

Man kann es nur ironisch beschreiben: in jedem Projekt muß diese Phase überstanden werden: bisher hatten wir überhaupt keine Ablauforganisation als Lehrgegenstand (denn mehr ist SAP nicht), jetzt soll auf einmal alles nur noch Ablauforganisation sein.

Ohne die gerade getroffene Aussage zu relativieren: Auch wenn man eine Idee für den Einsatz der SAP-Software in einer Hochschule als nicht geeignet verwirft, heißt das nicht, daß in Einzelfällen weitgehende und erfolgreiche Versuche in dieser Richtung realisiert werden können.

Live AG

Diese Musterfirma im Rahmen der SAP-Software wird eingesetzt, um Schulungen von Sachbearbeitern durchzuführen. Insbesondere bei Qualifizierungsmaßnahmen im Zusammenhang mit Umschulungen wird die Software zur Simulation eines Unternehmens (und bei einem Verbund von beteiligten Unternehmen sogar mit Außenbeziehungen) eingesetzt. Die Arbeitsweise ist so, daß arbeitstäglich Geschäftsvorfälle erzeugt werden, die "live" über Tage und Monate weiter bearbeitet werden. Eine hervorragende Möglichkeit für die Schulung von Interessenten, die nicht über den Background "ihres" Unternehmens verfügen oder die zunächst in einer simulierten Umgebung eine Übungsmöglichkeit erhalten sollen. Interessant sind die in die Live AG integrierten kleinen Fallstudien.

Näheres bei AK Vulcan/Uni Würzburg

Wegen der anders gelagerten Situation einer Hochschulausbildung scheidet auch diese Alternative jedenfalls als Normalfall aus.

IDES

Um ihre Schulungen zu unterstützen, hat die SAP seit neuestem eine eigene Musterfirma zur Demonstration ihrer Software entwickelt. Deren Stärke besteht vor allem in den reichhaltigen Beispielen zur Produktionssteuerung (Serienfertigung, Prozeßsteuerung...).

Drei Probleme gibt es:

- Für die Musterfirma **IDES** (**I**nternational **D**emonstration and **E**ducation **S**ystem) ist ein **eigenes System** einzurichten (nicht nur ein eigener Mandant, sondern ein eigenes System). Die IDES-Firma hat immer einen anderen (leicht nachlaufenden) Releasestand als die reale Software (angekündigt ist: gleicher Releasestand zwischen IDES und Produktivsystem).

  Wenn daher eine Hochschule aus guten Gründen den Ehrgeiz hat, immer über den aktuellen Releasestand zu verfügen, ist daneben noch einmal eine Systeminstallation erforderlich mit der IDES-Musterfirma, was auch eine Ressourcenfrage ist.

- Der Releasewechsel wird beim IDES-System **nicht über "puts"** realisiert, **sondern** durch eine neue **Komplettauslieferung**, so daß alles bisher eingegebene überschrieben wird (durch die puts hingegen werden Neuerungen in den 0-er Mandanten geschrieben, die Tabellen in den Produktivmandaten hingegen nicht automatisch überschrieben).

- Der dritte Gesichtspunkt ist wieder die Frage: customizen oder nicht. Die IDES-firma ist zur Demonstration von Geschäftsvorfällen in einem voll eingerichteten System vorgesehen. Die Einrichtung (Customizing) dieses Systems ist nicht Gegenstand dieses Modellbeispiels. Trotzdem könnte man zusätzlich etwas einrichten.

Die Dokumentation der Musterfirma ist online, was als Vorteil gilt und sicherlich auch ist. Die ausgedruckte Information, auch die Seminarunterlagen haben zum gegenwärtigen Stand den Charakter eines Verkaufsprospekts: es wird gesagt, was alles möglich ist.

Leider gibt dies **keinen Einblick in die betriebswirtschaftlichen Inhalte vom Endergebnis her**, jedenfalls nicht auf leichte Weise, sozusagen top-down, sondern nur durch mühsames Suchen und Rätselraten im System.

Die Einarbeitung in ein fremdes Beispiel erspart die Entwicklung eines eigenen, braucht anderseits eine lange Zeit, bis man mit den Haken und Ösen vertraut ist (was hat der Entwickler sich gedacht ?).

Fazit: **IDES ist als Zweitsystem** (mit nachhinkendem Releasestand) zur Information geeignet, um sich Lösungen anzusehen (wie ist es in IDES gelöst ?), wenn man schon über gehöriges Know-how verfügt. Customizing ist nicht vorgesehen.

Customizing Ansatz

Wie schon im bisherigen Verlauf der Erörterungen angedeutet, ist eine wesentliche Vorentscheidung für den Einsatz der SAP-Software in der Lehre, ob man ein fertig eingerichtetes Beispiel betreiben will (Stammdaten für Sachkonten anlegen) oder ob man die Beispielfirma auch selber einrichten will (Bildschirme für das Erfassen der Stammdaten mit Kann- und Mußfeldern usw. einrichten): SAP-Sprache: Customizen oder nur anwenden.

Es sei von vornherein verraten, daß dies der bevorzugte Ansatz für eine Hochschule zu sein scheint.

Customizing unverzichtbar

Es ist zwar zutreffend, daß vordergründig betrachtet die Customizing-Aktivität sich auf die Einführungsphase einer Software zu beschränken scheint und dort von spezialisierten Experten erledigt werden kann. Selbst wenn man primär nicht das Ziel hätte, in die Welt derartiger Experten einzuführen und sich mit dem Anwenderstatus begnügen würde (warum eigentlich ?), so ist zu bedenken, daß das Customizing eher ein nie endender Prozeß ist, weil Auswertungswünsche immer neu entstehen und daher eine Kenntnis dessen, was das System über die gerade eingestellte Variante hinaus noch kann, auch für den Anwender wünschenswert ist.

Hinzu kommt der Vorteil eines selbstaufgebauten Beispiels, so daß erstens der entwickelnde Dozent sein Beispiel hundertprozentig kennt und nicht auf Rätselraten über die Absichten eines Fremdbeispiels angewiesen ist. Zweitens gilt dies auch für die Studenten: Läßt man sie das Beispiel von der betriebswirtschaftlichen Konzeption her über das Customizing bis zur fertigen Anwendung selbständig durchführen, statt ein vorgefertigtes immer nur nachzuvollziehen, ergibt sich der Vorteil, daß die Teilnehmer zu hundert Prozent "im Film" sind.

Man gewinnt so übrigens auch einen Eindruck davon, wie die SAP sich den **Anpassungsprozeß zwischen BW-Problem und Software** vorstellt. Man erinnere sich: es besteht ein misfit zwischen den Anforderungen der Betriebswirtschaft und den vorgedachten Lösungen der Software. Wie gedenkt der Softwarehersteller dieses Problem zu lösen ? Schon der Eindruck von den Problemen der Anpassung und der Lösungsversuche, ist es wert, sich mit dem Customizing zu beschäftigen.

Der Student gewinnt auch einen Eindruck, ob nicht gerade die Systemeinstellung/das Customizing später einmal "seine Welt" werden könnte, in der er sich bevorzugt bewegt. Nicht der Betrieb der Anwendung ist das Ziel, sondern **die Konfigurierung** als intensive Maßnahme bei der Einführung aber auch als Dauerbrenner während des Lifecycle eines Softwareproduktes **könnte das ausgewählte Geschäftsfeld eines Betriebswirts werden**.

Fazit: der **Customizing-Ansatz** hat den Vorteil, daß auch die Einrichtung des Systems als parametrische Auswahl Gegenstand der Ausbildung ist.

1.6 Phasenschema

Für die Softwareentwicklung wird - eine der wenigen methodischen Handreichungen der Wirtschaftsinformatik außer dem Erlernen einer Programmiersprache - das Phasenschema empfohlen. Ohne dies hier zu wiederholen, fragt sich, was vom Phasenschema bleibt, wenn die Software angeblich fertig gekauft wird, d. h. mit betriebswirtschaftlicher Struktur.

Es werden drei Schritte vorgeschlagen:

- BW-Konzept
- Systemanpassung (Customizing)
- Systembetrieb (Anwendung)

1. Schritt: BW-Konzept (Betriebswirtschaftliches Konzept)

Hier ist zu lernen, daß im Gegensatz zu einer Vorlesung, wo über alles und jedes gesprochen wird, jetzt eine **situative Auswahl** zu treffen ist.
Beispiel: es gibt folgende Umlageverfahren: Stufenleiter, Anbau, Gleichungssystem usw. Welches soll aber jetzt im Unternehmen realisiert werden.
Beispiel: Kostenrechnungssysteme: es gibt Vollkosten, Teilkosten, Istkosten, Normalkosten und Plankosten. Was soll aber jetzt im Unternehmen angewendet werden. Die Antwort: das beste und teuerste, d. h. Grenzplankostenrechnung, ist als blinde Forderung ohne Bezug zum organisatorischen Untergrund und zu den verfügbaren Ressourcen oft nicht mehr als Phantasterei.

Außerdem sind viele Fragen in einem **operationalen Detail** zu beantworten, wie sie vielleicht in der Theorie nie behandelt wurden oder wie sie vielleicht nur nicht mehr erinnert werden.
Beispiel: sollen die Umlagen in der sendenden Kostenstelle nach variabel und fix getrennt geführt werden. Wenn ja, sollen sie in der empfangenden Kostenstelle als variabel und fix oder nur als fix eingeordnet werden ?

Um sich betriebswirtschaftlich darüber klar zu werden, was man eigentlich will, ist die Durchrechnung als **Tabellenkalkulation kein schlechter Test**.
(siehe Anhang: Testbeispiel als Tabellenkalkulations-Vorlage)

2. Schritt: Systemanpassung (Customizing)

Prüfen, ob das betriebswirtschaftliche Konzept umsetzbar ist, d. h. ob es durch parametrische Anpassung der Software (SAP-Begriff: Customizen) oder durch Zusatzprogrammierung (SAP-Begriff: ABAP-Programmierung) realisiert werden kann.
Wenn ja, customizen (und wenn nötig programmieren).

3. Schritt: Systembetrieb (Anwendung)

In das eingerichtete (ge-customizte) System die Periodendaten eingeben: Planung, Isterfassung.

In dem Testbeispiel werden Customizing und Anwendung im Wechsel durchgeführt.

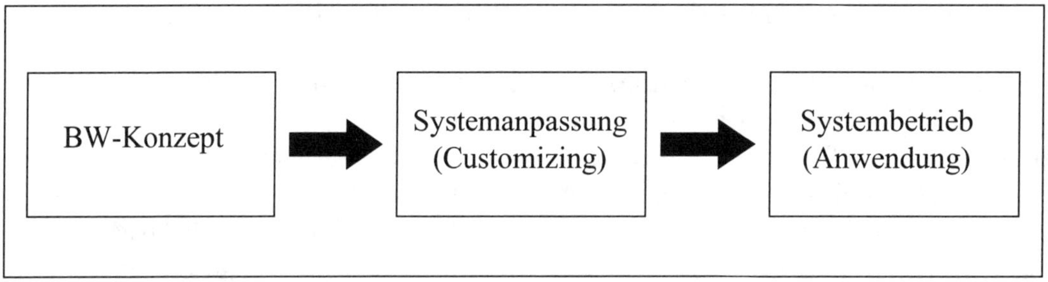

Bild 1.6/1: Phasenschema Einsatz Standard-Software

1.7 Prinzipien des SAP-Einsatzes in der Lehre

Beim Einsatz der SAP-Standardsoftware in der Lehre sind vorab **einige Fragen** zu beantworten:

- nur Anwendung oder auch Customizing

- Totalmodell mit Integrationsanspruch oder abgegrenztes Teilgebiet mit Schnittstellen

- flächendeckend oder "Dschungelpfad"

- nachvollziehen oder selbermachen

- von Null an oder auf Vorarbeiten aufbauend

- eigenes Arbeitsergebnis jeder Kleingruppe (2-er-Team) oder nur gemeinsames Arbeitsergebnis der Projektgruppe

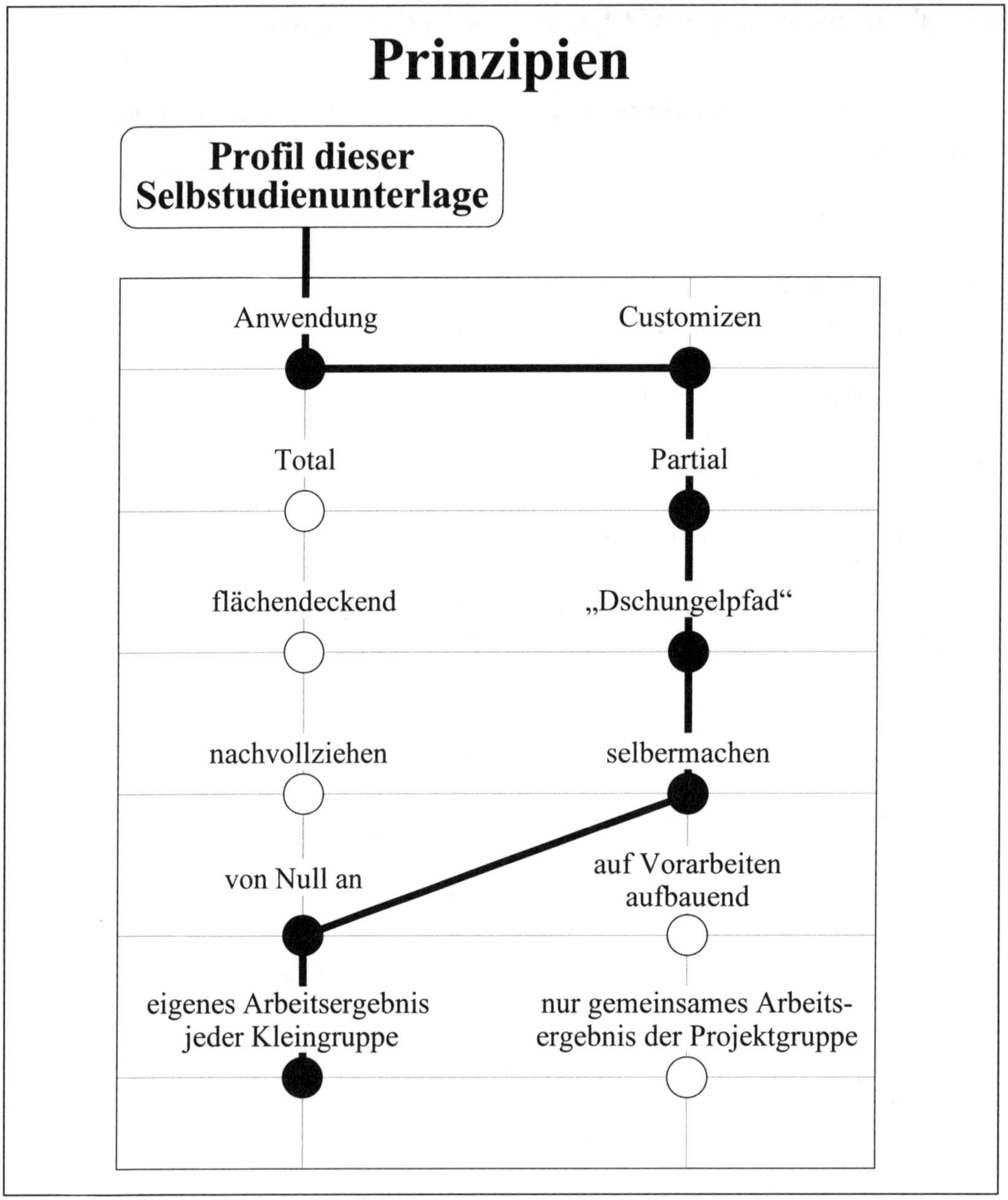

Bild 1.7/1: Prinzipien

Bei der Beantwortung dieser Fragen kommt es auf die Zielsetzung und die verfügbare Zeit an.

- Wenn die Zielsetzung lautet: an SAP exemplarisch zu lernen, so fällt die Antwort vielleicht anders aus, als wenn ein SAP-Spezialist ausgebildet werden soll

- Wenn das Zeitbudget eher nach Tagen statt nach Monaten (Bearbeitungszeit, nicht Durchlaufzeit) bemessen ist, so ergeben sich gewisse Beschränkungen

Hier ein Beispiel dafür, wie man die Fragen beantworten kann. Man vermeidet dadurch einige naheliegende Fallgruben.

Nur anwenden oder auch customizen ?
Antwort: unbedingt auch customizen

Die Anpassung der Standardsoftware über Parameter an das gewünschte betriebswirtschaftliche Konzept ist Wesensmerkmal der SAP-Software. Der Anpassungsprozeß - das Customizing - erscheint als Stärke und Schwäche des ganzen Produktes:

- einerseits hohe Flexibilität,

- andererseits ein Riesenaufwand, um viele Optionen, die man gar nicht benötigt, im Prozeß des Customizing auszuschließen

Wenn es um exemplarisches Lernen geht, so ist es für einen Betriebswirt unerläßlich, **einen Eindruck vom Customizing** zu **gewinnen**.

In der vielberufenen Praxis ist das Customizing nicht auf die Einführungsphase zu beschränken, da ständig an Konzeptverbesserungen gearbeitet wird, die laufend ins SAP-System hinein-"verdrahtet" werden müssen.

Wenn man an der Emanzipation der Anwender festhält, so sollten diese in gewissem Umfang zum Customizen in der Lage sein.

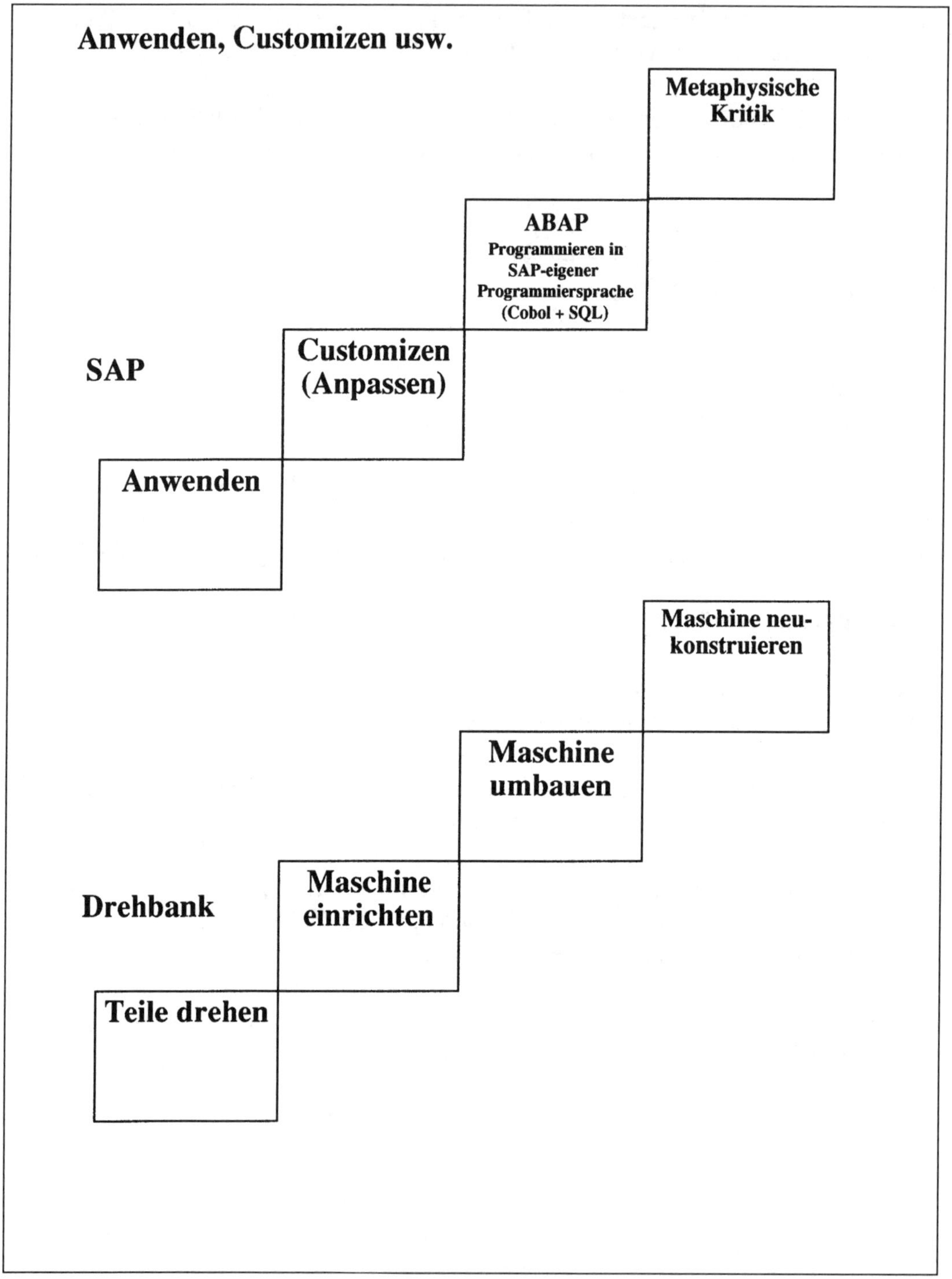

Bild 1.7/2: Anwenden, Customizen usw.

Totalmodell mit Integrationsanspruch oder abgegrenztes Teilgebiet mit Schnittstellen ?
Antwort: auch an einem Teilgebiet läßt sich alles exemplarisch zeigen

Es liegt nahe, von der total integrierten Musterfirma zu träumen, so daß sogar die unterschiedlichen Fachvertreter einer Hochschule in demselben Modell arbeiten. Aber im Hinblick auf die begrenzte Zeit und die Organisation der Lehrveranstaltungen sind Abstriche zu machen.

Die Realisierung eines **abgegrenzten Teilmodells** hat den **Vorteil**, daß alles wesentliche auch hieran gezeigt werden kann, auch der integrierte Charakter der SAP-Lösung. Durch ein Teilmodell bleibt man insgesamt flexibler und kommt **in endlicher Zeit zu Erfolgserlebnissen**.

Flächendeckend oder "Dschungelpfad" ?
Antwort: "Dschungelpfad"

Auch wenn man ein abgegrenztes Teilgebiet behandelt, stellt sich die Frage, ob man dieses Gebiet "erschöpfend", sozusagen unter Durchsprache aller Unterpunkte des SAP-Menüs behandelt oder ob man anders vorgehen soll. Statt einen Vollständigkeitsanspruch - wenn auch nur in einem Teilgebiet - zu verfolgen, kann man sich auch damit begnügen, durch den "SAP-Urwald" zunächst nur einen "Dschungelpfad" zu schlagen. Die Vollständigkeit wäre vordergründig bei der Ausbildung von SAP-Experten angemessen. In Wirklichkeit stellt sich **vollkommener Überblick nur** auf einem Teilgebiet und **als Folge eines Jahre dauernden Arbeitsprozesses** ein.

Nachvollziehen oder selbermachen ?
Anwort: selbermachen

Die Großprojektion (beamer) ist technologisch noch überaus schwach (lichtschwach, so daß abgedunkelt werden muß; unscharf: in der letzten Reihe nicht erkennbar; Lichtzeiger sind nicht kontrastreich usw.). Irgendwann wird sich dies verbessern. Was aber schwerer wiegt: Die Synchronisation zwischen Dozent (der weiß was er will) und Zuschauer (der es noch nicht weiß und durch die vielen im Moment unwesentlichen Details der Bildschirmprojektion verwirrt ist) ist eine hohe Kunst, die nur wenige beherrschen und die schnell ihre Grenzen in der Ermüdung der passiv Aufnehmenden erfährt. Das Nachvollziehen vor dem eigenen Bildschirm vermeidet die technologischen Schwächen der Großprojektion, dafür fehlt jetzt aber die Anleitung.

In diesem Dilemma ist es natürlich effizienter, seine eigenen Beispiele aufzubauen ("selbermachen"), wozu allerdings wieder eine Selbstudienunterlage erforderlich ist (siehe Seminarstile).

Von Null an oder auf Vorarbeiten aufbauend ?
Antwort: von Null an

Die Arbeit mit Riesenbeispielen ist natürlich gar nicht ohne Vorarbeit möglich, Wenn man sich jedoch beschränkt, ist es möglich, alle wesentlichen Schritte von null an von den Kleingruppen (2-er-Teams haben sich bewährt) selber aufbauen zu lassen. Da sich das, was man selber gemacht hat, besser einprägt, verfügt man nachher eher über ein Verständnis des Gesamtzusammenhangs.

Eigenes Arbeitsergebnis jeder Kleingruppe (2-er-Team) oder nur gemeinsames Arbeitsergebnis der Projektgruppe ?
Antwort: in Einführungskursen eigenes Arbeitsergebnis jeder Kleingruppe

Wenn jede (Klein-) Gruppe ihre Arbeitsergebnisse erzielen kann, besteht der Vorteil, daß alle Schritte selber gemacht werden können. Damit stellt sich automatisch ein Gesamtbild ein. Damit ist es gerade umgekehrt wie in der Praxis, wo extrem arbeitsteilig gearbeitet wird und kaum jemand den Überblick hat.

Praxisorientierung einer Hochschule bedeutet entgegen dem Primitivverständnis gerade nicht, daß in jedem Fall und immer die Praxis imitiert werden muß. Wenn sich Zusammenhänge ohne arbeitsteilige Vorgehensweise besser erkennen lassen, hat eine entsprechende Vorgehensweise ihre hohe Berechtigung.

Damit ist nichts gegen die Berechtigung und Notwendigkeit von Projektarbeit in der Hochschule gesagt. Natürlich ist es nicht nur von Reiz, sondern unerläßlich auch unter Projektbedingungen zu arbeiten und zu erleben, daß es unter arbeitsteiligen Bedingungen extremer Anstrengungen bedarf, die Projektteilnehmer zu koordinieren. Einen Gesamtüberblick gibt es für den Projektleiter und die Teilnehmer dabei nur in verdichteter Form, weil die Koordination nicht durch Detailinformation über das Gesamtsystem erfolgt, sondern durch Sicherstellung der Schnittstelleninformation (siehe auch Seminarstile).

1.8 Seminarstile

Die Vermittlung einer komplexen Technologie kann auf unterschiedliche Art erfolgen. Die im folgenden skizzierten Seminarstile haben auch bei der Einführung in die SAP-Software ihre jeweiligen Vor- und Nachteile:

- **Selbststudium:**
  - Der Teilnehmer erarbeitet sich den Stoff anhand einer **sorgfältig vorbereiteten Unterlage**
  - Betreuung: stand-by
  - Wiederholte Durchsprache

- **Traditionelle Vorführung:**
  Der Dozent führt vor, die Teilnehmer vollziehen nach

- **Sprung ins kalte Wasser:**
  In einem trial-and-error-Prozeß werden im wesentlichen durch Ausprobieren am System Erfahrungen gesammelt

Seminarstile

	Selbst-studium	**Vorführung**	**Sprung ins kalte Wasser**
Merkmal	- Teilnehmer-bestimmt - Teilnehmer arbeiten nach Selbststudienunterlage, - Betreuung, - Durchsprache	- Dozenten-bestimmt - Dozent ist der Star, -Teilnehmer vollziehen nach, - "Show"	- trial and error (Versuch und Irrtum) - Ausprobieren, - "Rätselraten"
Spruch	"uncle Sam wants you"	"I am the greatest"	"survival of the fittest"
Effizienz	hoch	mittel	gering
Vorbereitungs-aufwand (Dozent)	hoch	gering - mittel	gering
Härtegrad (für Teilnehmer)	1	2	3
Zeitaufwand (für Teilnehmer)	Tage	Monate	Jahre
geeignet für	Einstieg	Überblick	Projekte Diplomarbeiten
Strategie	"Dschungel-pfad"	Schweifen	Schwimmen
Bemerkung		von SAP praktiziert	that´s life
was man braucht	gute Laune	Geduld, Sitzfleisch	eiserne Härte

Bild 1.8/1: Seminarstile

Selbststudium

Der erste Erfolgsfaktor ist die Unterlage: die **Hauptarbeit** muß in diesem Fall ***vor* dem Seminar** geleistet werden und zwar durch Schaffung einer **sorgfältig ausgearbeiteten und ausgetesteten Unterlage,** die wegen der häufigen Release-Wechsel auch ständig aktualisiert werden muß. Die Qualität dieser Unterlage ist entscheidend; sie unterscheidet sich wesentlich von gängigen Schulungsunterlagen und den üblichen Handbüchern. Der Teilnehmer kann anhand dieser Unterlage **vollkommen selbständig arbeiten**. Schrittweise wird der Teilnehmer anhand der Unterlage sowohl durch die betriebswirtschaftliche Konzeption (konkret, im Detail) und die Handhabung des Systems geführt. Hierbei **bestimmt er seinen Arbeitsrhythmus selbst**.

Die Unterlage ist in Module eingeteilt (Etappenziele, Erfolgserlebnisse !).

Der zweite Erfolgsfaktor ist die **Betreuung auf Anforderung.** Auch bei der besten Unterlage lassen sich gelegentliche Mißverständnisse nicht gänzlich vermeiden. Außerdem gehören Systemabstürze, Fehlbedienungen usw. ebenfalls zur real existierenden DV.

Der dritte Erfolgsfaktor ist die phasenweise Begleitung, insbesondere durch wiederholte **Durchsprache der abgeschlossenen Module** ("zurückgelegte Stationen des Kreuzwegs"), **um den Zusammenhang herzustellen.** Metaplantafeln lassen sich hierbei hervorragend einsetzen.

In dieser Phase bietet sich auch die Gelegenheit, eine **Brücke zwischen "Allgemeiner Betriebswirtschaftslehre" und "SAP-Betriebswirtschaftslehre"** zu schlagen.

Der beschriebene Seminarstil ist zwar von der Vorbereitung her extrem arbeitsaufwendig, er hat aber den Vorteil **hoher Effizienz** und **großer Benutzerfreundlichkeit**.

(Dieser Seminarstil wird in dieser Arbeit dokumentiert.)

Bild 1.8/2 (1): Seminarstil: Selbststudium

Seminarstil: Selbststudium

2) Modularisierung

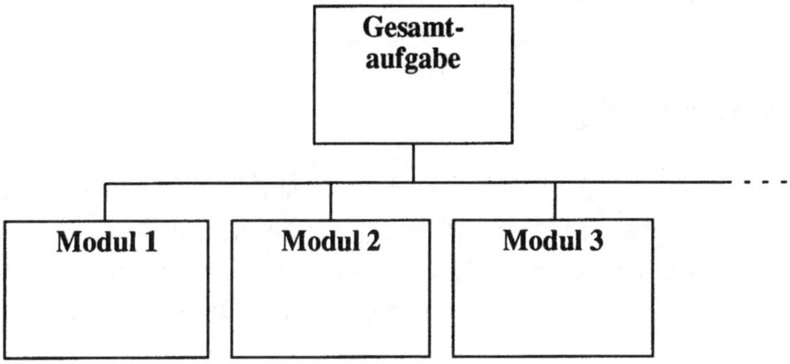

3) Phasen (je Modul)

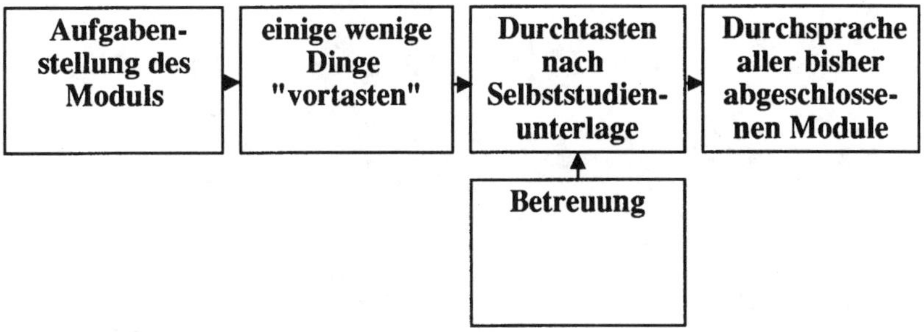

Bild 1.8/2 (2): Seminarstil: Selbststudium

Traditionelle Vorführung

Der Dozent führt vor, die Teilnehmer vollziehen nach. Dieses allgemein bekannte und weitverbreitete Verfahren (die SAP praktiziert es in ihrem Geschäftsfeld Schulung, ebenso die Hochschulen in ihren Vorlesungen) hält von Effizienz und Vorbereitungsaufwand her eine Mittelposition.

Sprung ins kalte Wasser

Von einem Seminarstil kann man hier eigentlich nicht sprechen. Die Teilnehmer sind auf sich gestellt, sie probieren im trial-and-error-Verfahren die Reaktionen des Systems aus, ziehen die Dokumentation zu Rate und kämpfen sich irgendwie durch. Das gängige Verfahren in Pioniersituationen, bei Projekten und Diplomarbeiten.

1.9 Seminarorganisation

Die "SAP-Betriebswirtschaftslehre" kennt die Begriffe Mandant (logisches System) und Buchungskreis (selbständig bilanzierende Einheit), die im Verhältnis 1:n stehen.

Am wenigsten Probleme mit der Voreinstellung der Software hat man, wenn man **an einem SAP-Projekt** von Semester zu Semester und von Studentengeneration zu Studentengeneration **weiterarbeitet.** Das Projekt kann in einem Mandanten und in einem Buchungskreis arbeiten.

Parallele Gruppen (z. B. Zweier-Teams) sind etwas schwieriger zu organisieren, insbesondere wenn sie customizen sollen. Die naheliegende Lösung, jeder Gruppe einen Mandanten zuzuweisen, in der sie auch customizen könnte (das customizen spielt sich zu wesentlichen Teilen auf Mandantenebene ab) ist nicht praktikabel, da die Mandantenkopie zu speicherplatzintensiv ist.

Der Ausweg besteht darin, die **Gruppen in jeweils eigenen Buchungskreisen** desselben Mandanten arbeiten zu lassen und die Customizingarbeiten durch eine angehängte Gruppennummer zu unterscheiden. Der Vorteil dieser Lösung ist, daß jede Gruppe alles machen kann, insbesondere auch customizen, und ihr eigenes Arbeitsergebnis erzielt.

Wenn **alle Gruppen in demselben Buchungskreis** (desselben Mandanten) arbeiten, so muß die Gruppenarbeit insbesondere beim Customizen abgestimmt werden, wenn ein gemeinsames konsistentes Arbeitsergebnis erzielt werden soll. Vorteil der arbeitsteiligen Vorgehensweise: Koordinationsnotwendigkeit wird erlebt. Nachteil: nicht jeder darf alles machen.
Diese Schwierigkeiten führen meistens dazu, daß bei dieser Organisation auf Customizing verzichtet wird.

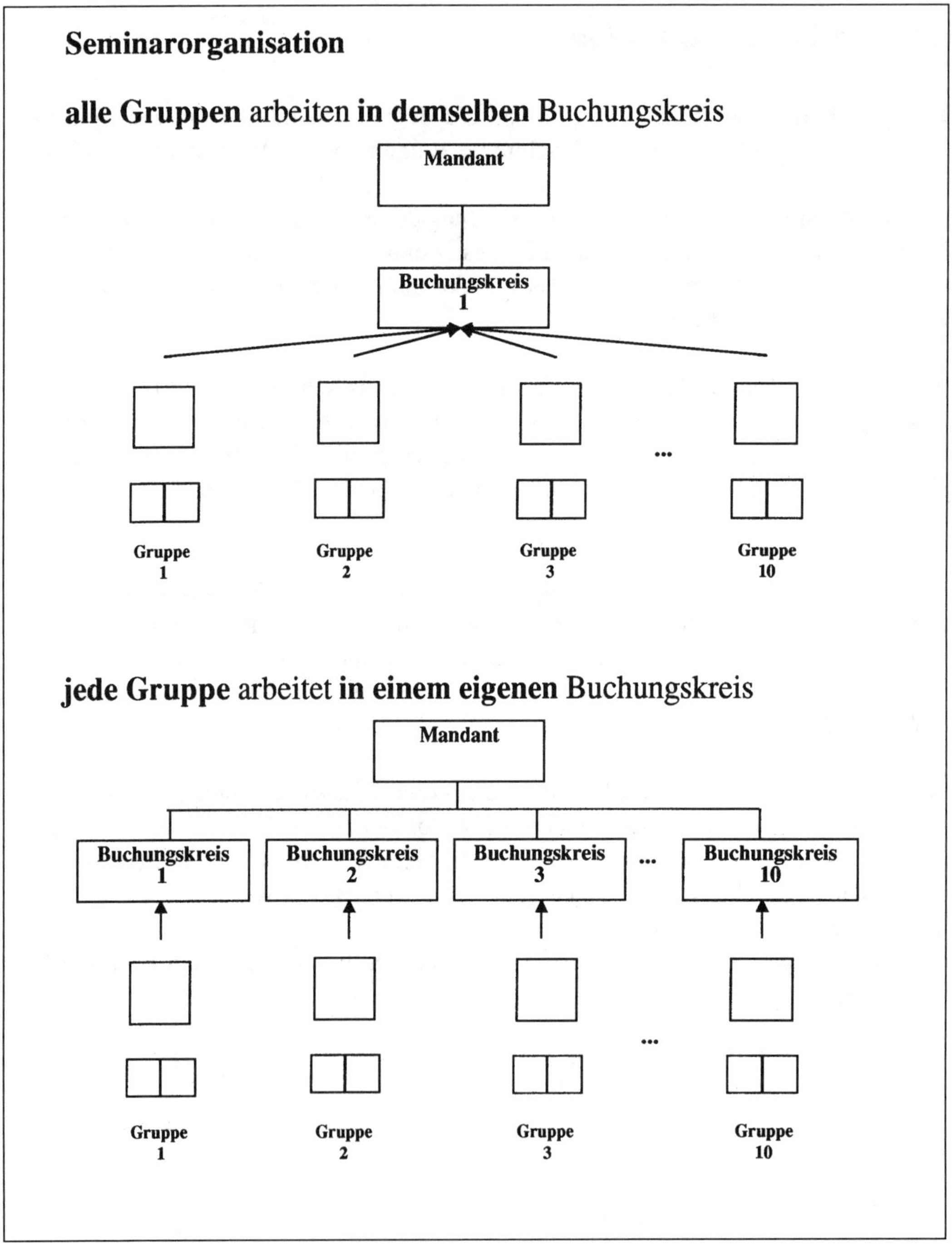

Bild 1.9/1: Seminarorganisation

Für Einstiegsveranstaltungen kann es wünschenswert sein, das System in einen Ausgangszustand (zurück) zu versetzen. Das Löschen ist allerdings sehr mühsam, weil es bei SAP kein kaskadierendes Löschen gibt. Daher empfiehlt es sich, eine Masterkopie des Mandanten anzulegen, von der immer wieder die Ausgangssituation reproduziert werden kann.

Als Beispiel dafür, daß es statt nur eines Mandanten schnell eine ganze Reihe von Mandanten geben kann, siehe das folgende Bild, das sämtliche Mandanten des Schulungssystems eines wirtschaftswissenschaftlichen Fachbereichs zeigt.

Tabelle	T000	Datum	25.03.98
Kurzbeschreibung	Mandanten		
Anzahl Einträge	23		

Man-dant	Bezeichnung	Ort	Std. Wäh-rung
000	SAP AG	Walldorf	DEM
001	Auslieferungsmandant R11	Kundstadt	DEM
041	Kopie v.082 20.01.98	Sem.Kore 1	DEM
050	Kopie v.001 13.03.97	Sem.Ergebn.-Contr.	DEM
051	Kopie v.000 28.10.97	Dipl.Arb.Contr.1	DEM
060	Kopie v.000 02.09.96	Sem. Investionsman.	DEM
066	EarlyWatch	Walldorf	DEM
070	Kopie v.000 6.8.96	Dipl./Proj.-Arb. HR	DEM
071	Kopie v.070 10.2.98	Arbeitsman. HR	DEM
080	Kopie v.000 3.8.96	Master Umw.Contr.(UC)	DEM
081	Kopie v.082 20.01.98	Sem.Kore 2	DEM
082	Kopie v.000 8.8.96	Master Kore	DEM
083	Kopie v.081 28.5.97	Dipl.Arb.Contr.2	DEM
084	Kopie v.080 18.03.97	Sem. Umw.Contr.	DEM
085	Kopie v.080 29.8.96	Dipl./Proj.-Arb.UC1	DEM
086	Kopie v.080 30.8.96	Dipl./Proj.-Arb.UC2	DEM
087	Kopie v 080 4.9.96	Dipl./Proj. UC3-ABAP	DEM
088	Kopie v.000 27.11.97	Dipl-Arb. UC4	DEM
090	Kopie v.000 10.3.98	Sem. Logistik	DEM
091	Kopie v 092 17.3.98	Sem.Rewe+ABAP, LBA	DEM
092	Modif.Kop.091,09.97	Master Sem. LBA	DEM
095	Kopie v.090 13.3.97	Proj.-Arb.Logistik	DEM

Bild 1.9/2: Mandanten eines Schulungssystems (Beispiel) – Einträge der SAP-Tabelle T000

1.10 Relativierung als Beitrag einer Hochschule

Was ist in einer **Hochschule anders** als in einer SAP-Ausbildung in Walldorf ?

Ironische Nebenbemerkung:
Die Kirche duldet keine Ketzer, jedenfalls nicht oder nur widerwillig in ihren eigenen Reihen. Außenstehenden kann sie nicht beikommen. Ein Außen gibt es aber nur in säkularisierten Gesellschaften.

In unserer Wirtschaft überwiegen die Quasimonopole. Die Erfahrungskurve, die eine Theorie der Monopole liefert, lehrt, daß die Marktführer durch ihren Kostenvorteil einen uneinholbaren Vorsprung haben, bis sie durch die Innovation eines Wettbewerbers überholt werden.

Wenn es - wie im Fall SAP - nur eine Kirche gibt, gibt es auch kein Außenstehen und damit müssen sich Kritiker zurückhalten.

Eine Hochschule kann zwar nicht durch den Entzug von Anzeigen abgestraft werden, wie eine Zeitschrift, die im redaktionellen Teil unliebsame Kritik übt. Trotzdem bestehen Abhängigkeiten. Die **Distanzierungs- und Abstinenzstrategie von den Marktführern** ist aber **nicht gangbar**, da das Wesen der Wirtschaft in temporären Monopolen besteht (manchmal auch sehr dauerhaften) und man sich des Zugangs zu zeitgemäßen Technologien berauben würde.

Man wird den Monopolisten **in homöopathischen Dosen an eine kritische Auseinandersetzung** mit seinem überragenden Produkt **gewöhnen** müssen. Es muß einer Hochschule z. B. erlaubt sein, am Ende eines jeden SAP-Kurses routinemäßig eine Stärken-Schwächen-Analyse des Produktes anzuschließen.

Böll (rheinischer Schriftsteller) sagt durch eine seiner Figuren: wer biblischen Ernst beweist, darf sich auch biblischen Humor erlauben. Hoffentlich sieht das die Kirche auch so. Übertragen auf SAP heißt dies: wenn sich die **Hochschulen** schon intensiv und ernst mit einem Produkt beschäftigen, wird man ihnen die **kritische Auseinandersetzung nicht verbieten** können.

Manchmal ergeben sich **Sternstunden**, wenn ein Vorstandsmitglied selber etwas außer Verkaufsförderung zu seinem Produkt sagt. Darauf kann man sich dann beziehen.

Der stellvertretende Vorstandsvorsitzende der SAP sagt: "Ich habe bis vor einem Jahr behauptet, wir müssen nur die unendlich vielen Organisationsmuster der Firmen solange übereinanderlegen, bis wir ein Muster erkennen. Dann können wir daraus eine Standardsoftware entwickeln. Heute sage ich, das ist falsch, **ich widerrufe**. Auch wenn man eine Standardsoftware verwendet, muß man spezielle Angebote haben, zum Beispiel für den Ladenverkauf, für Telefonverkauf, für Internet-Verkauf und für Vertreterverkauf. Wir tun den Menschen keinen Gefallen, wenn wir ihnen nur die **Einheitslösung** anbieten." (Quelle: Spiegel-Interview, Heft 13/97 vom 24. 3. 97)

Standardsoftware entsteht nicht in einem Abstraktionsakt, sondern **indem die konkreten Probleme des (der) Pilotkunden gelöst werden** und dies dann zum Standard erklärt wird. Je weniger deckungsgleich die Probleme der Pilotkunden sind oder je weniger die Gemeinsamkeiten erkannt werden, desto geringer ist der kleinste gemeinsame Nenner. In diesem Fall muß der Anbieter zum kleinsten gemeinsamen Nenner additiv alle spezifischen Lösungen der Pilotkunden hinzufügen ("die Umhüllende"). Der so zum Standard erklärte Umfang enthält schon bei den Pilotkunden außer der eigenen Lösung einen Overhead an nicht Benötigtem. Je mehr Pilotkunden berücksichtigt werden, desto größer ist dieser Overhead.

Bei einem neuen Kunden, der nicht zum Kreis der Pilotkunden gehörte, kann man ziemlich sicher vorhersagen, daß nur ein Teil der Anforderungen abgedeckt wird, der fehlende Rest muß durch Anpassung ("einen kleinen ABAP schreiben") hinzugefügt werden.

Prinzip der Standard-Software

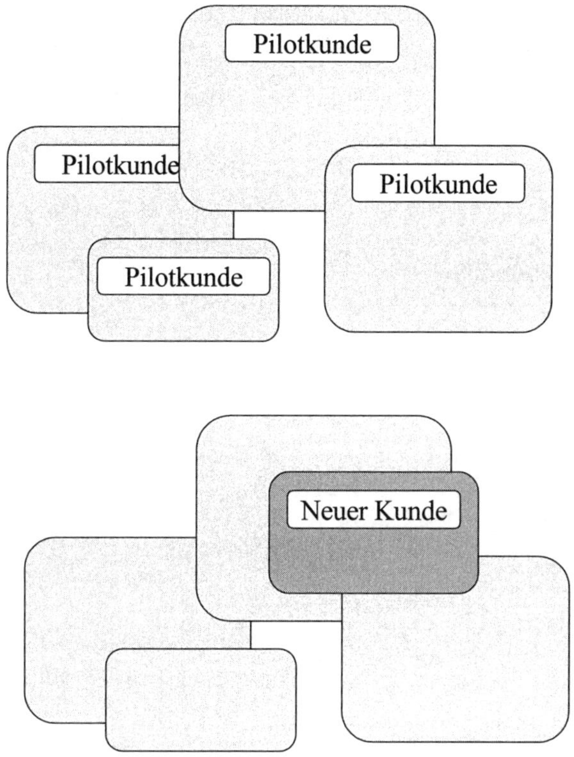

- die Software wird nach den Anforderungen einer Anzahl von Pilotkunden entwickelt, die zum Standard erklärt werden

- je weniger Gemeinsamkeiten bestehen bzw. je weniger sie erkannt werden, um so umfangreicher wird die Software, um alle Anforderungen der Pilotkunden abzudecken

- der neue Kunde findet seine Anforderungen mehr oder weniger abgedeckt: er wählt aus dem Vorhandenen aus (Customizing) und ergänzt das Fehlende (z. B. ABAP)

- gleichzeitig wird ein Overhead von nicht Benötigtem mitgeschleppt

Bild 1.10/1: Prinzip der Standard-Software

Das Ballastproblem der Standard-Software

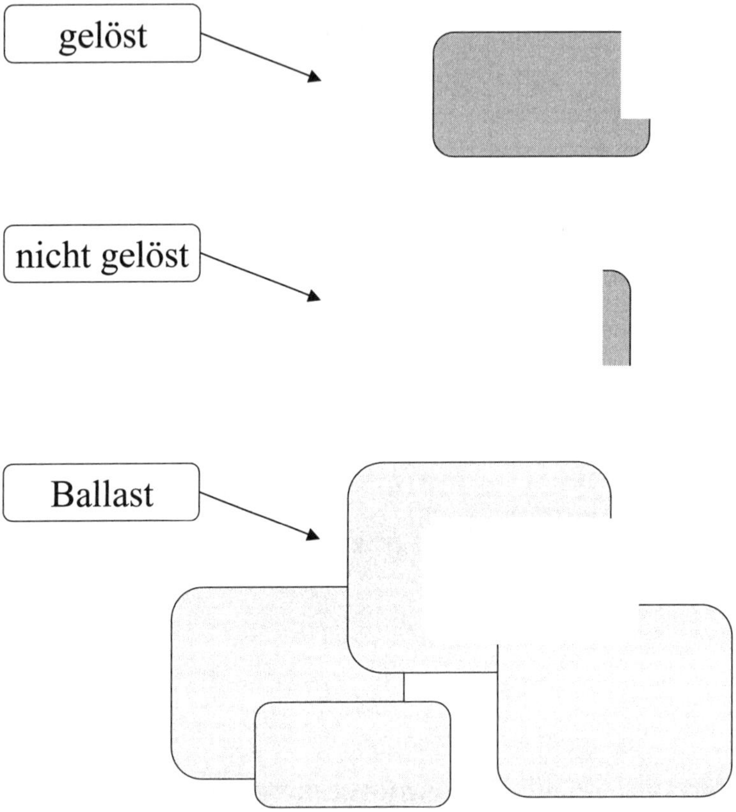

- aus Sicht des (neuen) Anwenders ist ein "riesiger" Ballast von Unbenötigtem mitzuschleppen
- was schlimmer ist: dieser Ballast ist gleichwohl durchzuprüfen

Bild 1.10/2: Ballastproblem der Standard-Software

Zunächst einmal muß aber der Neukunde das Riesengebäude der vorhandenen Lösungen daraufhin durchprüfen, ob die von ihm benötigte Lösung nicht doch irgendwo vorhanden ist. Es ist einfach ein **großer Aufwand** zu treiben, nur **um die Mehrzahl der Lösungen als nicht benötigt abzuwählen**.

Gelöst, nicht gelöst, Ballast

Was wären die Alternativen?

Branchenlösungen
Die SAP ist bereits auf dem Weg zu einer stärkeren Segmentierung in Branchenlösungen (Automobilzulieferer, Handel usw.).

Durch immer neue Erweiterungen der Einheitslösung und durch immer neue Branchenlösungen entsteht allmählich eine Riesen-Bibiliothek von Standardlösungen, für die man "nur" noch einen guten Bibliothekar benötigt ("der SAP-Berater als Bibliothekar"), der einem sagen kann, ob es zum gewünschten Thema etwas gibt und wenn ja, wie es anzupassen ist. Aber ist die Bibliothek außer für Bibliophile wirklich eine begeisternde Aussicht ?

Bild 1.10/3: Bibliothek von Standardlösungen

I have a dream

Ich träume nicht von der SAP-Software (auch nicht von einer anderen), sondern von einem Datenbanksystem mit einem wirklich guten **Auswertungstool**, selbstverständlich weder COBOL noch SQL. Dieses Instrument sollte ohne neu zu lernenden Syntaxballast auskommen, sondern statt dessen über eine intuitiv verständlichen graphische Oberfläche verfügen (Anklicken und Verbindungen ziehen).

Der Hersteller von Standard-Software ist auch hierbei unentbehrlich, weil die Entwicklung eines konsistenten **Datenmodells** ein hochspezialisiertes Know-how erfordert. Man könnte sich um das Datenmodell einen Kern von wenigen Standardauswertungen vorstellen, die durch eigenentwickelte Auswertungen ergänzt werden. Am Dualismus von Standardsoftware und Eigenentwicklung wäre festzuhalten.

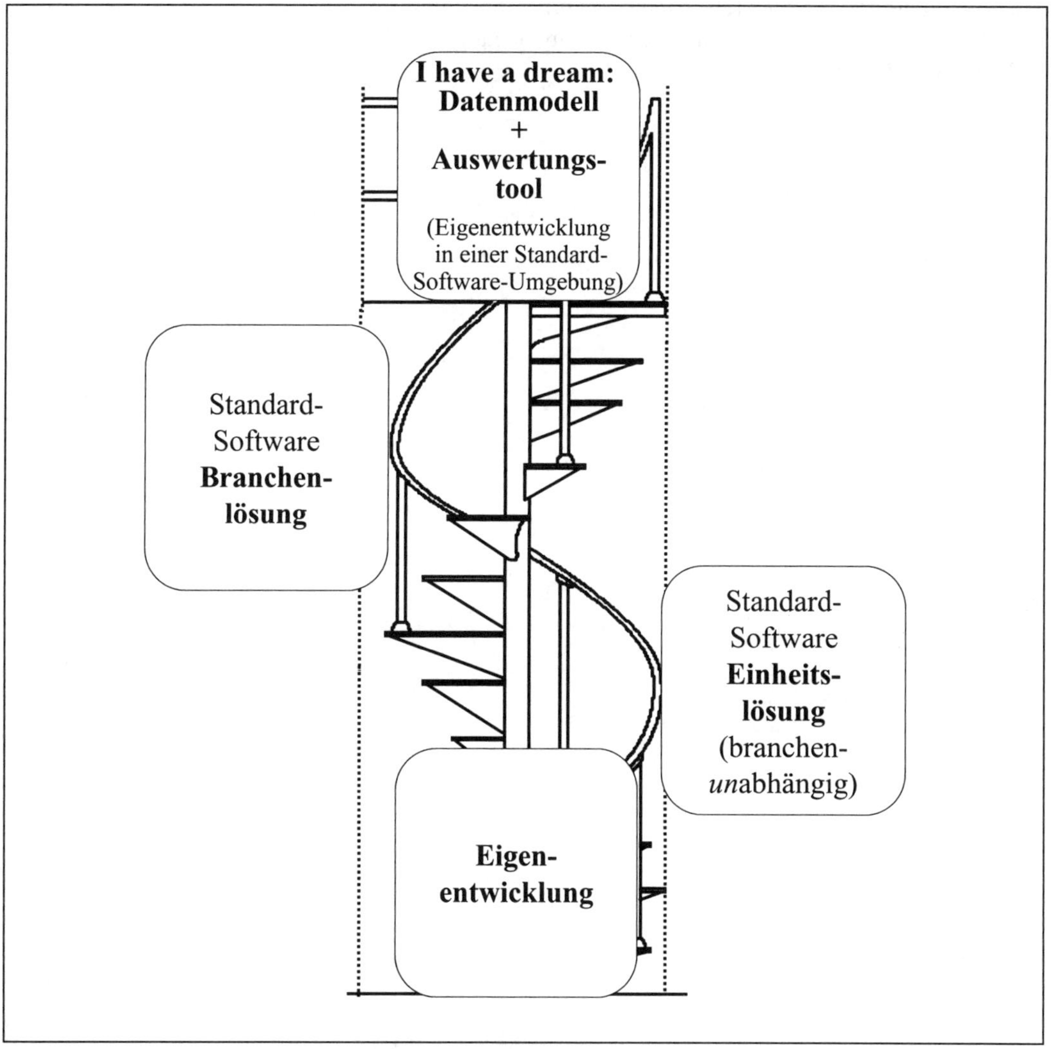

Bild 1.10/4: Fortschritt als Spirale?

Fazit: Die Aufarbeitung des Know-hows, das in Standard-Software gespeichert ist, könnte die Hochschule als Chance zur Systematisierung und kritischen Auseinandersetzung mit dem zugrundeliegenden Lösungsmodell des misfit-Problems nutzen (misfit zwischen Standard-Software und Organisationsproblem).

Als post scriptum: Der Verweis auf die Mutigen, die das SAP-Monopol anzugreifen versuchen, ist gut gemeint, hilft leider aber nicht viel weiter. Bisher hat sich die Hochschule überhaupt nicht um das Thema Ablauforganisation gekümmert, jetzt kommen die Wohlmeinenden, die gleichwohl nicht die Arbeit machen, und bauen neue Hindernisse auf, indem sie fordern, neben dem Marktführer noch mindestens drei me-toos (Nachahmer) in die Betrachtung einzubeziehen. Ironisch: Wir danken für diesen Hinweis und werden ihn in unsere Überlegungen einbeziehen. Mögen sich die Ratgeber um die me-toos kümmern.

1.11 Wie geht es nach dem Einstieg weiter?

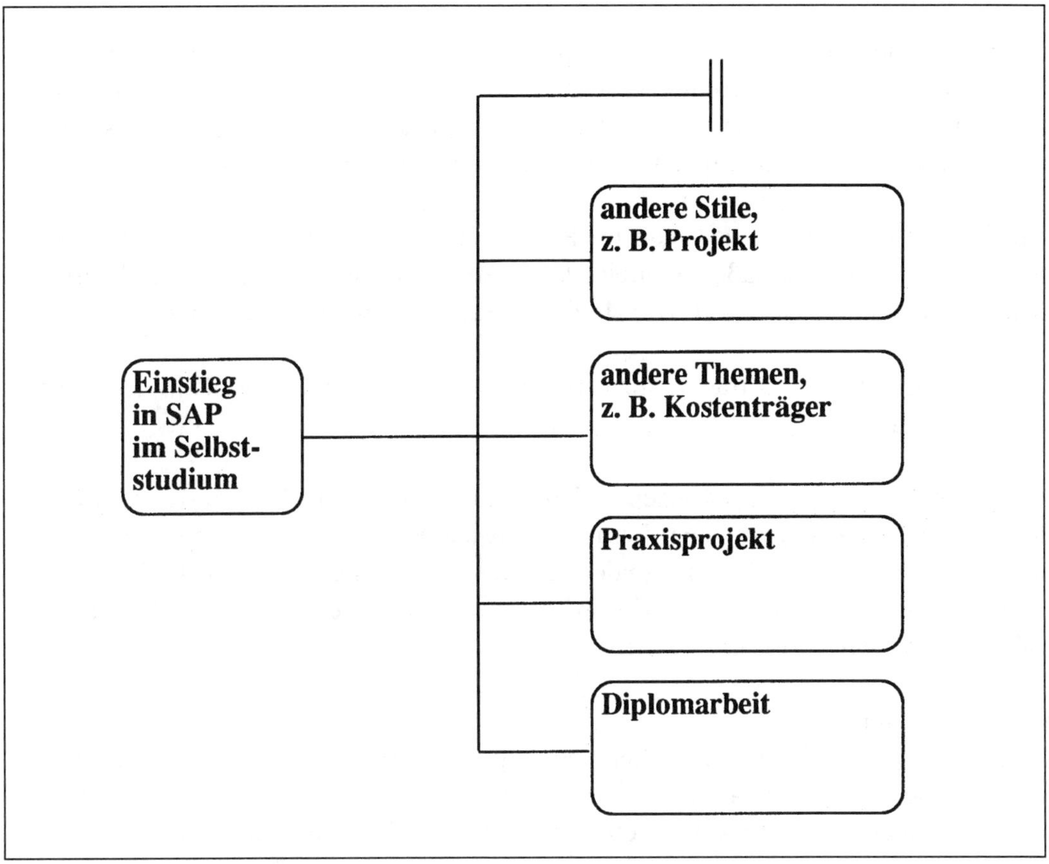

Bild 1.11/1: Wie geht es nach dem Einstieg weiter?

Nach einem Kurs wie diesem, in dem man das Thema Kostenstellenrechnung mit Hilfe einer Selbststudienunterlage durchgearbeitet hat, kann man sein erworbenes Know-How auf verschiedene Wegen ausbauen:
Beginnen wir mit der Negativvariante, um dann zu den positiven Fortführungen überzugehen:

Nicht weiterverfolgen
Eine ehrenwerte Konsequenz nach dem SAP-Einstieg ist auch: Es war sehr interessant, die SAP-Welt einmal kennenzulernen. Diese Erfahrung möchte man keinesfalls missen. Aber man wird dies nicht weiterverfolgen.

Andere Stile
Man könnte ein **Projektseminar** anschließen, in dem die Organisation und die Infrastruktur anders sind als im abgeschlossenen Seminar.

Im Projekt macht man zwar nur Teilaufgaben, aber man erlebt die Notwendigkeit, die einzelnen Teams zu koordinieren, sich - wenn auch verdichtet - über das Gesamtprojekt zu informieren, selber über den Stand des eigenen Teilprojektes zu informieren, zeitliche Abhängigkeiten zwischen den Teams zu beachten.

Manche behaupten auch, daß man im Projekt zu einem sozialen Menschen werden kann, wenn man erlebt, daß man alleine kaum etwas in endlicher Zeit zustande bringt, sondern daß man ein Netzwerk von Helfern braucht, das man pflegen muß.

Im Projekt ist auch die Infrastruktur vergleichsweise viel schlechter als in der Selbststudienunterlage.

Das betriebswirtschaftliche Konzept existiert nur als Überschrift, z. B. Kostenträgerrechnung. Was das SAP-System betrifft, steht natürlich keine Unterlage mit tastenweiser Führung zur Verfügung, sondern die SAP-Dokumentation mit ihrer bekanntlich höchst heterogenen Qualität. Gefordert ist wochenlanges geduldiges Arbeiten im trial-und error-Verfahren am System.

Andere Themen
Nach dem Testbeispiel Kostenstellenrechnung kann man die Kostenstellenrechnung vertiefen oder sich einem anderen Controlling-nahen Thema wie **Kostenträgerrechnung** zuwenden. Spätestens bei diesem Thema wird die Integration als Notwendigkeit verstanden, aber auch, daß die Kostenrechnung immer erst "am Schluß" möglich ist, wenn eine aussagefähige Materialwirtschaft und Stücklisten und Arbeitspläne schon vorhanden sind. Bei einem Logistik-Thema kann ebenfalls der Integrationsaspekt sehr gut studiert werden.

Es hängt von der Persönlichkeit und der Kapazität ab, ob man sich sehr schnell zu einem Experten für ein enges Gebiet entwickelt, oder ob man sich mehr generalistisch (wir meinen nicht schwafelnd) in einem breiteren Spektrum von Anwendungen mit hinreichender aber nicht letzter Tiefe bewegt.

Praxisprojekte
Man suche sich ein Firma, die SAP anwendet und frage nach, ob eine Teilnahme an einem Projekt möglich ist. Man stelle sich auf einen Begleitzyklus von ca. einem Jahr

ein, jedenfalls deutlich mehr als die nach wenigen Monaten rechnende Kernzeit der Diplomarbeit.

Diplomarbeit
Aus den oben genannten Praxisprojekten läßt sich ohne weiteres ein Diplomarbeitsthema gewinnen. Diplomarbeitsfähig sind die meisten SAP-Bereiche, wenn man sich klarmacht, daß es immer um die betriebswirtschaftliche und DV-technische Konzeption geht und nicht nur um blindes Tasten-Hacken.

1.12 Stärken-Schwächen-Diskussion der SAP-Software

Es empfiehlt sich, *nachdem* man das Testbeispiel durchgearbeitet und konkret mit dem System gearbeitet hat, eine Stärken-Schwächen-Diskussion anzuschließen, z. B. in Form eines brainstormings mit Metaplantechnik.

Tip:
Grüne Kärtchen für Stärken und rote für Schwächen, manchmal ambivalent, dann zwei Karten schreiben; beim Clustern der Karten läßt der Moderator die Stichworte auf den Karten erläutern - ein Moderator, der sein Handwerk versteht, läßt die Teilnehmer reden und protokolliert, ohne zu allem und jedem "seinen Senf" dazuzugeben!

Ein paar Gesichtspunkte, die häufig zur Sprache kommen, seien hier gelistet. Dramaturgisch beginnt man mit den Schwächen, um mit den Stärken das Seminar zu beenden.

- **Die Anpassung als Customizing**:
  ambivalent:
  einerseits große Flexibilität,
  andererseits ein Riesenaufwand, um Optionen zu prüfen, nur um sie größtenteils zu verwerfen.
  Mitschleppen eines Ballastes, den man selbst gar nicht benötigt

- **Customizing der Bildschirme**:
  wer sagt mir, was die einzelnen Optionen bedeuten. Wieder Eindruck des riesigen Ballastes, den man durcharbeiten muß

- **Datenerfassung**:
  umständlich, in dieser Form ergonomisch nicht geeignet,
  Beispiel: Buchungen
  (viele Kunden lassen sich eigene Erfassungsprogramme schreiben oder erfassen in besser geeigneten Vorsystemen)

- **SAP-Sprache:**
  Übersetzung erforderlich, Wörterbuch SAPsch-Deutsch und umgekehrt.
  Für die Berater ist die Geheimsprache natürlich ein Segen. Wenn alles etwas anderes bedeutet, als gesagt wird, ist eine hohe Hürde für den Einsteiger aufgebaut

- **Dokumentation**:
  ambivalent
  sie ist nur dort gut, wo Beispiele angeführt sind, ansonsten sehr oft schlicht unverständlich, Rätselraten.
  Kein Dokumentar hat sich jemals die Mühe gemacht, Begründungen zu geben; es wird nur mitgeteilt (so ist es - aber warum ist es so),
  (was ist eigentlich die Motivation für einen Dokumentar, andere schlau zu machen, wenn alle anderen alles daran setzen, ihr Know-how zu schützen)

- **F1-Taste und Hilfetexte**:
  oft nichtssagend
  (das Totschlag-Argument: "könnten Sie es besser ?", gilt nicht)

- **Fehlermeldungen**:
  wie F1-Taste

- **Hotline**:
  ist so gut wie der/die, an den/die man gerät
  manchmal bekommt man nur Auszüge aus der Doku zur Antwort, die man schon besser kennt als der/die Wachhabende an der Hotline

- **Auswertungen**:
  sind umständlich: statt vieler vorgefertigter Berichte lieber ein leicht zu bedienendes Auswertungstool,
  es muß doch möglich sein, die Daten, die man bei der DV abgegeben hat, leicht wiederzugewinnen

- **Fragmentierung**:
  keine instant-Lösungen möglich, sondern weitgehendes Vordenken nötig,
  Beispiel: man möchte Stammdaten eingeben, dafür ist zunächst der Bildschirm zu customizen, dafür ist zunächst die Kontengruppe anzulegen,
  ("von Pontius zu Pilatus", wie in Bürokratien üblich, keine Spontanaktionen)

Im Entwicklungsprozeß ersteht das - wie man weiß - nacheinander, indem immer mehr Schritte ausgelagert werden, um sie wiederholt nutzen zu können. Der Anwender steht leider nur vor dem fertigen Gebäude und findet nur schwer Zugang

Aber: Durchschaut man ein grobes Vorgehensmuster, ist man auch in anderen Modulen nicht verloren ("Was Hänschen gelernt hat, vergißt Hans nimmermehr") (Lüers/Schulze)

- Teilweise Technologie der "siebziger Jahre":

  die Software ist ein **Konglomerat unterschiedlicher Technologiestände**. Wie in einem Flickenteppich/patchwork ("vereinigte Hüttenwerke") ist immer wieder ein Stück angeflickt worden. Die Flicken spiegeln den Stand der jeweiligen Technologie des Entstehungszeitpunkts. Da man nicht ständig das Riesengebäude auf dem Stand der Technik halten kann, stehen einerseits hochmoderne Gebäudeteile neben Altbauten, die man dringend renovieren müßte.
  Beispiel: Zuschlagsschema: man möchte auf irgendeine Basis 30 % rechnen, in der Tabellenkalkulation wäre das eine Sache von Sekunden. Bei SAP hat es den Charme einer Lösung in COBOL aus den siebziger Jahren. Gleichzeitig ein Beispiel für alle anderen SAP-Unarten: Fragmentierung, unverständliche Sprache

- **Komplexität**:

  heilsames Erstaunen über die Komplexität
  "daß etwas so einfaches wie Kostenrechnung so kompliziert sein kann"
  (sagt jemand, der bisher nur Mickey-mouse-Beispiele (Berechnen Sie die Sollkosten) kennengelernt hat, ohne sich jemals mit der Umsetzung auseinanderzusetzen)

- **Integration der Anwendungen**:

  Stärke
  Beispiel: Daten aus der Finanzbuchhaltung stehen auch in der Kostenrechnung zur Verfügung

- **real-time-Prinzip**:

  wenn man gebucht hat, ist es auch gleich auf dem Summenkonto verfügbar, nicht erst nach einem Batchlauf oder wenn der Operator so gnädig ist

- **graphische Oberfläche**:

  Stärke
  sagen die, die noch den zeilenorientierten Bildschirm gekannt haben

- **eindrucksvoller Hilfsapparat**:

  weniger die F1-Taste mit nichtssagenden Texten, sondern das "Zoomen" ("drill down") auf den Beleg

- **Eingabehilfe**:
  Stärke
  daß man sich die Optionen anzeigen lassen kann, die für Eingabe in Frage kommen

- **Download** zur Tabellenkalkulation:
  Stärke

- **Zugang zu den Daten**:
  Stärke
  als Ansatzpunkt für ABAP-Auswertungen

- **ABAP-Programmierungen**:
  Stärke
  daß sie überhaupt möglich sind, aber noch weit entfernt von einem brauchbaren Auswertungstool

- **Verwendung von Vorlagen; Musterkonten** usw. zur Rationalisierung der Arbeit:
  Stärke

- **Unentbehrlichkeit der Know-how-Träger (SAP-Berater):**
  ambivalent:
  gut, wenn man einer ist, schlecht wenn man einen braucht

Als Überleitung zum Testbeispiel:
"Der Worte sind genug gewechselt, laßt mich nun endlich Ta(s)ten sehen."

2 Kostenstellenrechnung: Vorbereitung des Testbeispiels

2. Kostenstellenrechnung: Vorbereitung des Testbeispiels

2.1 Betriebswirtschaftliches Konzept im Überblick

Gegenstand der Arbeit ist eine **Kostenstellenrechnung** (Betriebsabrechnungsbogen) im Plan und im Ist, einschließlich Soll-Ist-Vergleich.

Im Anhang 4.2 befindet sich ein Beispiel zur Kostenstellenrechnung, das als Tabellenkalkulation komplett ausgeführt ist und das im Tastenteil (Kapitel 3) als Testbeispiel dient.

Kostenstellenrechnung im Gesamtzusammenhang der Kostenrechnung

Die Kostenrechnung wird traditionell in Kostenarten-, Kostenstellen- und Kostenträgerrechnung gegliedert entsprechend der zugeordneten Fragen:

- **welche** Kosten sind angefallen (Beispiel: Material, Personal, Energie, ...)
- **wo**, d. h. in welchen Verantwortungsbereichen sind Kosten angefallen (Beispiel: Produktion, Vertrieb, Verwaltung, ...)
- **wofür**, d. h. für welche verkaufsfähigen Produkte sind Kosten angefallen?

Diese drei Bestandteile werden jedoch zu **zwei Auswertungen** kombiniert:

- zur **Kostenstellenrechnung** (Kostenarten - Kostenstellen)

- zur **Kostenträgerrechnung** (Kalkulationszeilen - Kostenträger)
  Die Kalkulationszeilen stellen, soweit sie Einzelkosten sind, Kostenarten dar, soweit sie Gemeinkosten sind, Kostenstellenkosten.

Die Kostenstellenrechnung wird einerseits als Zwischenschritt und Vorbedingung für die Kostenträgerrechnung gebraucht, andererseits hat sie eine selbständige Bedeutung, nämlich als Kontrollinstrument für die Gemeinkosten.

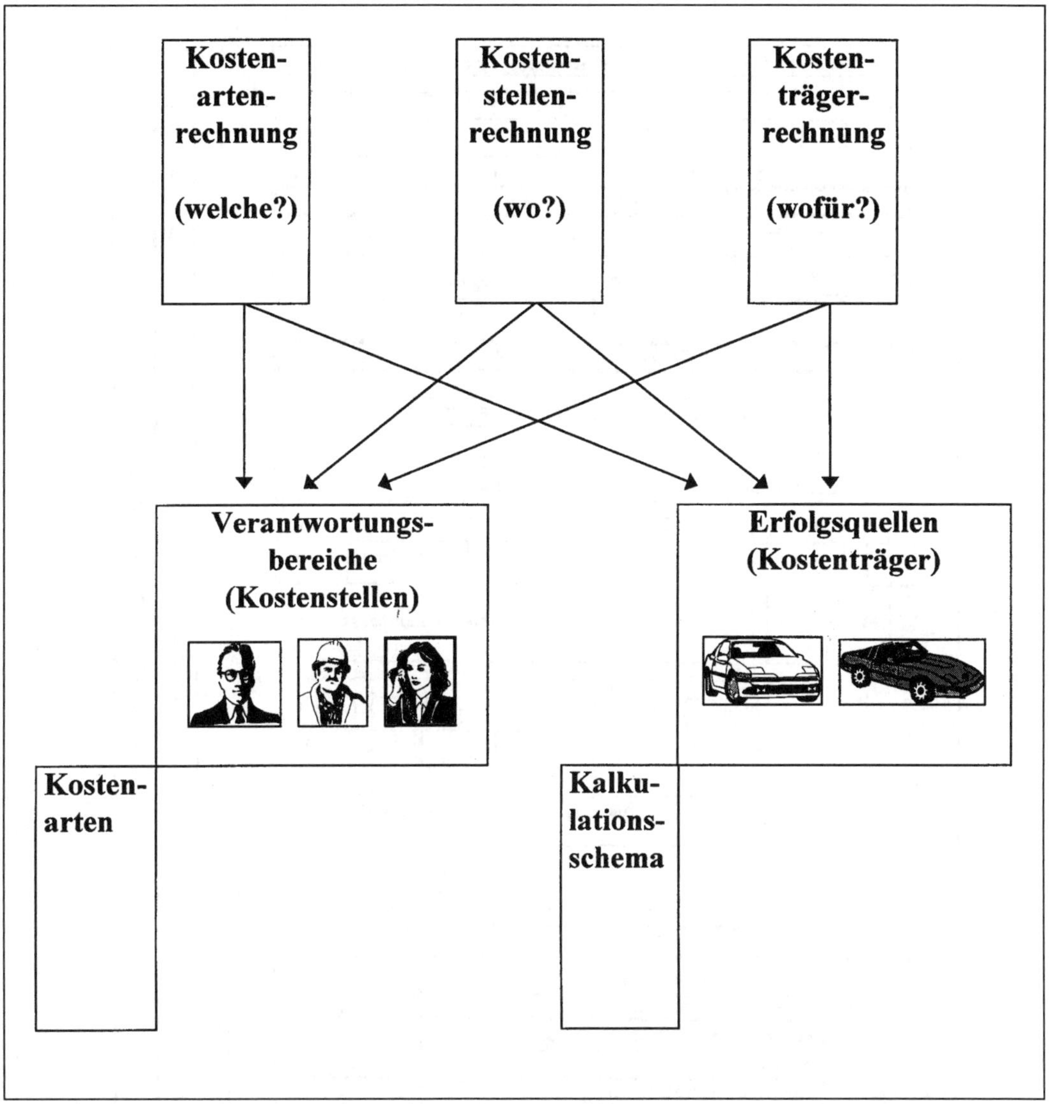

Bild 2.1/1: Bestandteile der Kostenrechnung (Quelle: Klenger, Operatives Controlling, S. 195)

Die Kostenstellenrechnung stellt bei einer Realisierung der Kostenrechnung gewöhnlich den ersten Schritt dar. Die organisatorischen Voraussetzungen sind nicht so hoch wie bei der Kostenträgerrechnung. Daher wird sie als relativ leicht realisierbares Etappenziel auf dem Weg zu einer umfassenden Kostenrechnung gesehen.

In etwas größerem Detail stellen sich die **Zusammenhänge zwischen Kostenarten-, Kostenstellen- und Kostenträgerrechnung** wie folgt dar.

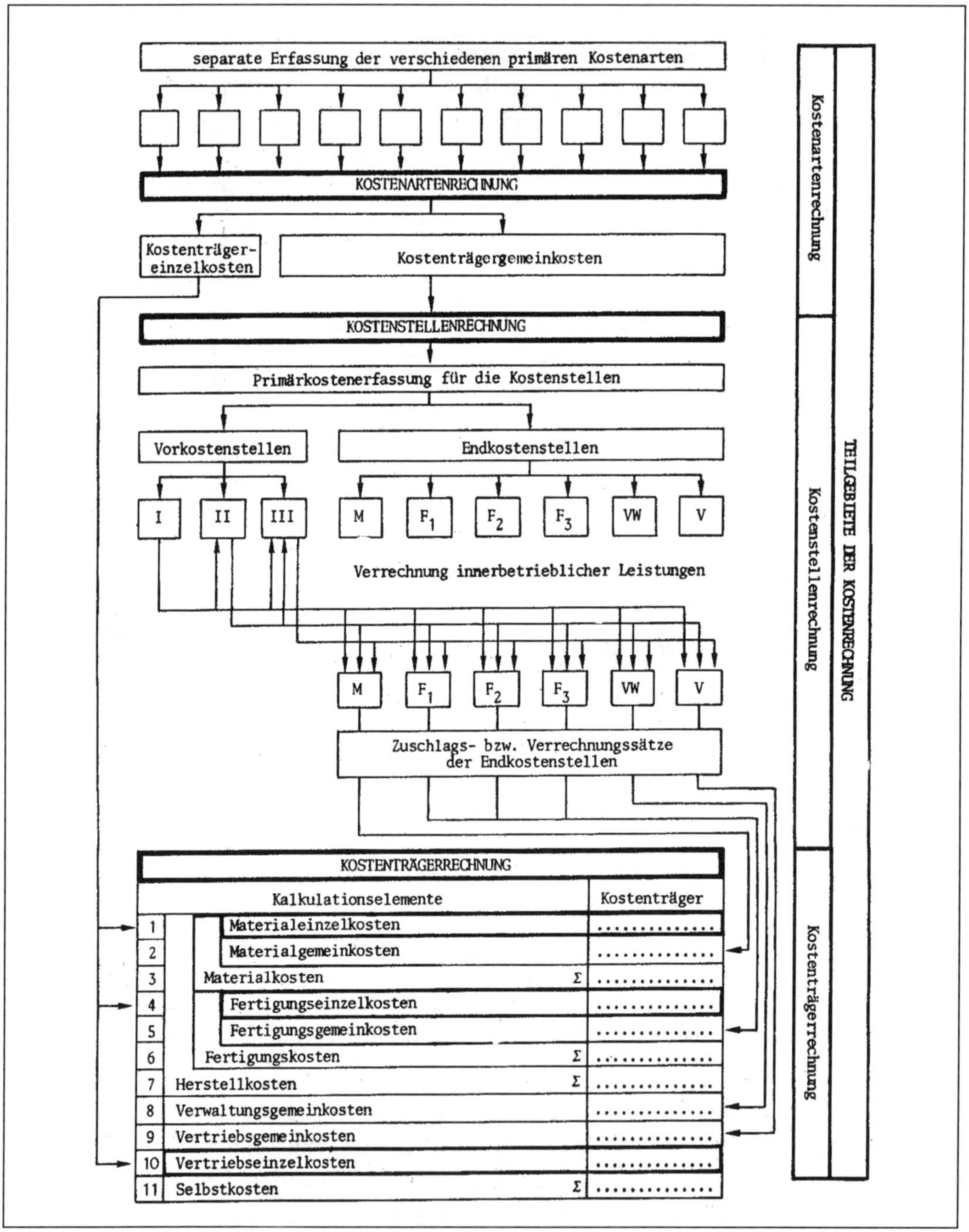

Bild 2.1/2: Überleitung vom Betriebsergebnis zur Kostenträgerrechnung (Istkostenrechnung) (Quelle: Hummel/Männel, Kostenrechnung 1, S. 130)

Die Kostenarten werden aufgeteilt in Einzelkosten und Gemeinkosten.

Einzelkosten sind Kosten, die dem Kostenträger (Produkt) direkt zurechenbar sind (auf das Produkt kontierbar sind). Beispiele für Einzelkosten sind Fertigungsmaterial und Fertigungslohn. Da sie dem Kostenträger direkt zurechenbar sind, können sie direkt in die Kostenträgerrechnung übernommen werden und brauchen nicht durch die Kostenstellenrechnung gezogen werden.

Gemeinkosten sind hingegen Kosten, die dem Kostenträger nicht zurechenbar sind und daher wenigstens in der Kostenstellenrechnung nach Kostenstellen getrennt erfaßt werden. Beispiele sind Gehaltskosten und Abschreibungen.

Merke:

Einzelkosten:	auf Kostenträger kontierbar
Gemeinkosten:	nicht auf Kostenträger kontierbar, aber auf Kostenstelle kontierbar

Im nächsten Schritt werden die **Vorkostenstellen (Hilfskostenstellen) auf Hauptkostenstellen umgelegt.** Vorkostenstellen sind Kostenstellen, die nicht direkt, sondern nur indirekt an der Leistungserstellung (Kostenträger/Produkte) beteiligt sind. Beispiel: Der Fuhrpark erbringt seine Leistung (gefahrene km) für andere Kostenstellen. Diese Leistungserbringung kann verursachungsgerecht erfaßt werden. Dagegen wäre es völlig unklar, wie man die Fuhrparkkosten im Kalkulationsschema unterbringen sollte, weil es nicht erfaßbar ist, wieviel km für einzelne Produkte gefahren wurden.

Man kann daher auch sagen: als Hauptkostenstellen dürfen nur *die* Kostenstellen übrig bleiben, für die eine Zeile im Kalkulationsschema existiert. Dafür ist wiederum Voraussetzung, daß zwischen den Kosten in der Kalkulationszeile und dem Kostenträger ein nachvollziehbarer Zusammenhang besteht oder wenigstens plausibel angenommen werden kann. Umgekehrt, wenn ein Zusammenhang zwischen Kostenstelle und Kostenträger nicht unterstellt werden kann, ist die Kostenstelle als Vorkostenstelle aufzufassen und auf Hauptkostenstellen vorab umzulegen, bevor die Hauptkostenstelle ihre Leistungen ins Kalkulationsschema (d. h. auf Kostenträger) abgibt.

Bei der Aufstellung der Kostenstellenstruktur ist das "Schielen" auf das Kalkulationsschema daher mindestens ebenso wichtig wie die Orientierung an den Verantwortungsbereichen laut Organigramm.

Vollständigkeitskontrolle:
Alle Hauptkostenstellen müssen eine Entsprechung als Zeile im Kalkulationsschema haben.

Da letztlich alle Kosten durch Marktpreise zu decken sind, müssen auch die Gemeinkosten in irgendeiner Form Eingang in die Kostenträgerrechnung finden, denn nur in der Kostenträgerrechnung erfolgt die Gegenüberstellung der Produktkosten zu Produktumsätzen (Produkt meint hier ein marktfähige Leistung, Produkt in diesem Sinne könnte auch eine Dienstleistung sein). Das Dilemma, daß Gemeinkosten nicht auf Kostenträger kontierbar sind, gleichwohl aber in der Kostenträgerrechnung/Kalkulation berücksichtigt werden müssen, versucht man auf unterschiedliche Weise aufzulösen. In der Vollkostenrechnung durch Vollkosten-Stundensätze und -Zuschlagssätze, in der Teilkostenrechnung durch Teilkosten-Stundensätze und Zuschlagssätze. Siehe unten Kostenrechnungssysteme.

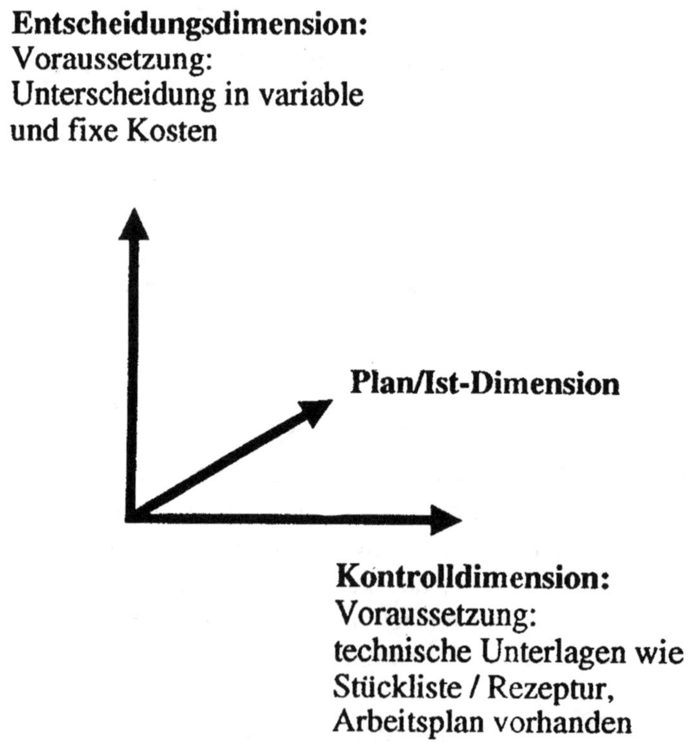

Bild 2.1/3 (1): Kostenrechnungssysteme (Quelle: Klenger, Operatives Controlling, S. 258)

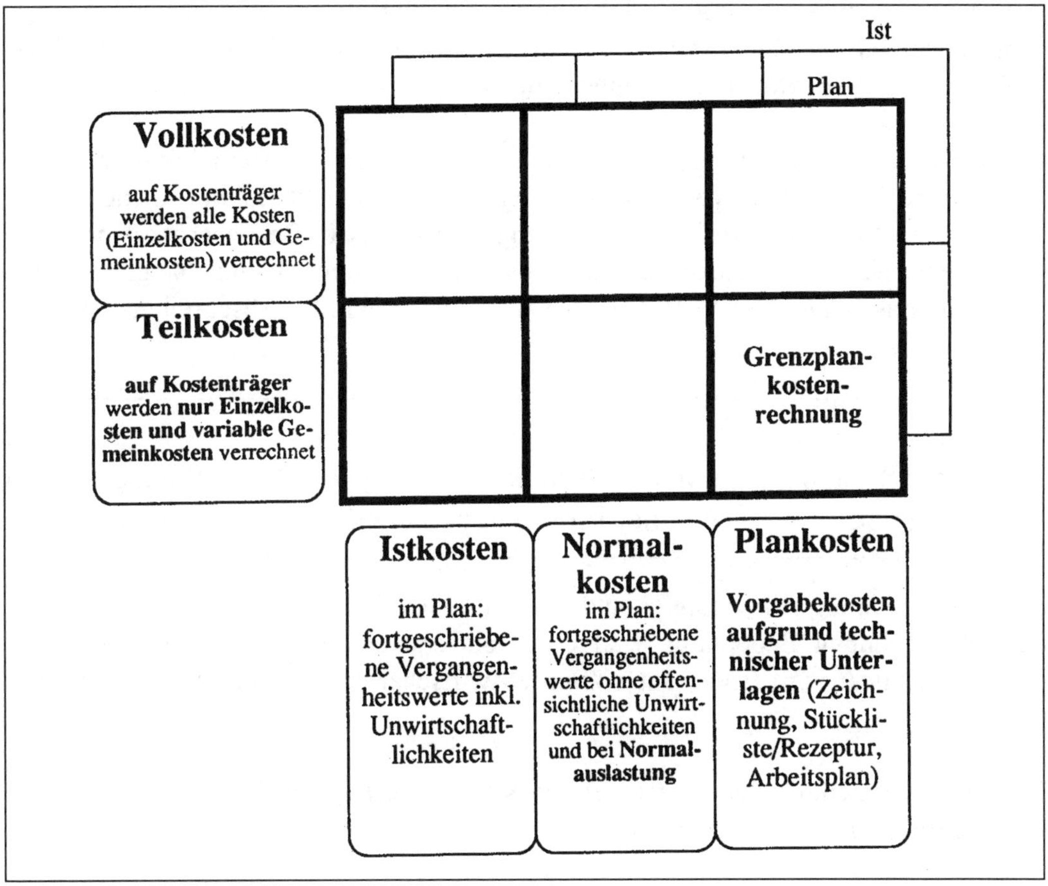

Bild 2.1/3 (2): Kostenrechnungssysteme (Quelle: Klenger, Operatives Controlling, S. 259)

Da der Aufbau der Kostenstellenrechnung auch vom realisierten Kostenrechnungssystem berührt wird, wird hier kurz auf die verschiedenen Kostenrechnungssysteme eingegangen.

Die Einteilung erfolgt einmal nach dem **Umfang der Verrechnung auf Kostenträger**:

- **Vollkosten**: auf Kostenträger werden *alle* Kosten verrechnet. Bei den Einzelkosten fällt es nicht schwer, weil sie auf Kostenträger kontierbar sind. Bei den Gemeinkosten behilft man sich mit Stundensätzen und Zuschlagssätzen auf die Einzelkosten, die die Gemeinkosten abdecken sollen.

- **Teilkosten**: auf Kostenträger werden nur Einzelkosten verrechnet, manchmal auch noch variable Gemeinkosten, weil man hier Proportionalität zwischen variablen Kosten und Produktionsmenge unterstellen kann.

  Für die Teilkostenrechnung typisch ist eine Aufteilung der Gemeinkosten in variable und fixe Anteile. Variabel sind Kosten, die mit der Produktionsmenge (Ausbringung, "Beschäftigung", Leistungsmenge, Leistungsart, Bezugsgröße) variieren, z. B. ein Teil der Energiekosten. Fixe Kosten sind Kosten, die unabhängig von der Produktionsmenge sind, z. B. Gehälter der Führungskräfte, Abschreibungen, Zinsen.

Merke:

Variable Kosten:	von der Produktionsmenge (Output) abhängig
Fixe Kosten:	von der Produktionsmenge (Output) *un*abhängig

Die Unterscheidung von variablen und fixen Anteilen der Kosten hat auch in der Kostenstellenrechnung Bedeutung, weil durch sie erst ein brauchbarer Soll-/Ist-Vergleich ermöglicht wird (siehe unter "Betriebswirtschaftliches Konzept: Soll/Ist-Vergleich").

Die weitere Einteilung der Kostenrechnungssysteme erfolgt nach dem **Ausmaß der Verwendung von Vorgabekosten**:

- **Istkosten**
- **Normalkosten**
- **Plankosten (Vorgabekosten)**

Da diese Unterscheidung auf die Kostenstellenrechnung eher geringe Auswirkungen hat, braucht hierauf nicht weiter eingegangen zu werden.

Schließlich **kann in jedem Kostenrechnungssystem geplant werden**, also ist immer zu unterscheiden zwischen

- **Plan** und
- **Ist**

In der Istkostenrechnung wird ein Plan aufgrund einer Mischung aus vergangenen Istkosten und Zukunftsinformationen entwickelt. Eine Isolierung der Unwirtschaftlichkeiten ist mangels Vorgaben in diesem System nicht systematisch möglich, worauf aber hier auch nicht weiter eingegangen werden soll.

Zusammenfassend: das vorzustellende Testbeispiel wird im System der Teilkostenrechnung erstellt, so daß ein brauchbarer Soll-/Ist-Vergleich in der Kostenstelle möglich wird.

Kostenrechnung im Datenzusammenhang

Die Kostenrechnung befindet sich datenmäßig in einem Abhängigkeitsverhältnis: sie ist auf die Zulieferung von Daten aus anderen Systemen als Vorbedingung angewiesen.

In besonderem Maß gilt dies für die Kostenträgerrechnung, aber auch die Kostenstellenrechnung ist auf **"Vorlieferanten"** angewiesen.

Daten	Quelle
Sachkontenbuchungen	Finanzbuchhaltung
Lohn und Gehalt	Lohn- und Gehaltsabrechnung
kalk. Abschreibung, kalk. Zinsen	Anlagenbuchhaltung
Materialverbräuche, Fertigmeldungen	Materialwirtschaft
Zeitverbräuche	Produktions-Planungs- und Steuerungs-System (PPS)/ Betriebsdatenerfassung (BDE)
Umsätze	Fakturierung

Bild 2.1/4: Datenquellen der Kostenrechnung

Im Testbeispiel ist besonders der Zusammenhang zur Finanzbuchhaltung modelliert, während die anderen Zusammenhänge durch eine Schnittstelle ersetzt werden, um das Beispiel nicht zu überfrachten.

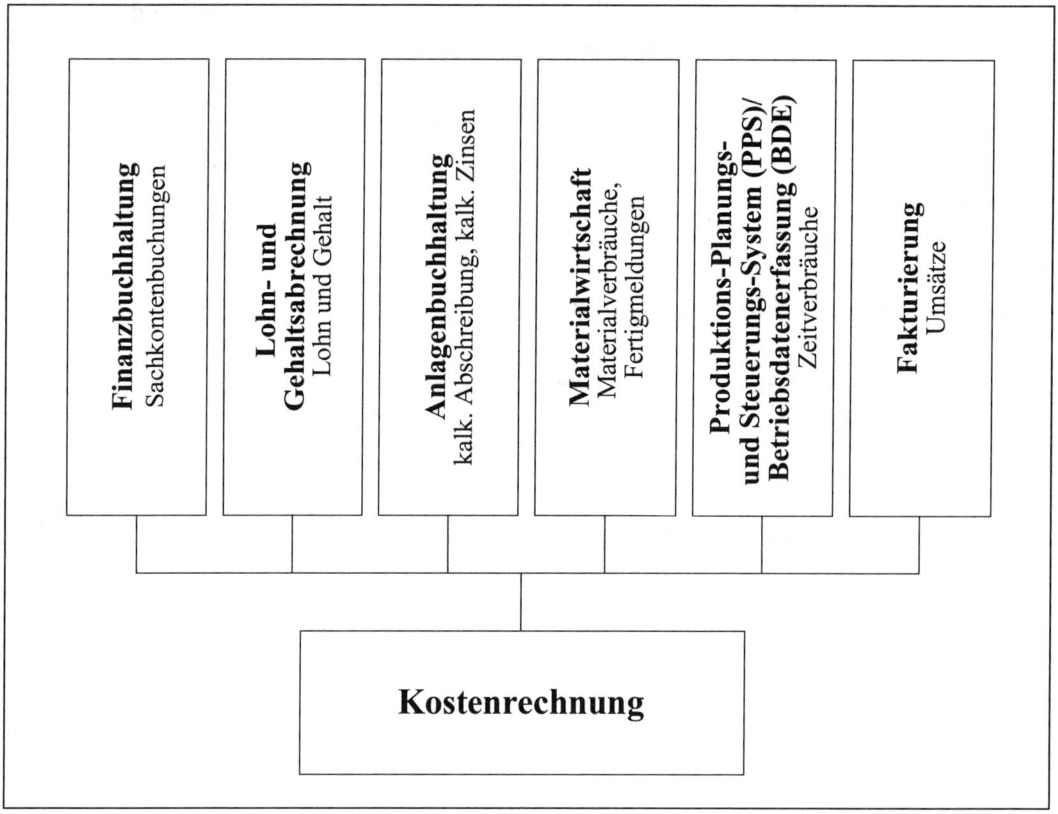

Bild 2.1/5: Vorlieferanten der Kostenrechnung

Kostenrechnung innerhalb des SAP R/3-Systems

In der Systematik der SAP-Software ist die Kostenrechnung auf CO Controlling und EC Unternehmenscontrolling verteilt.

Die traditionellen Elemente der Kostenrechnung (Kostenstellen- und Kostenträgerrechnung) sind im SAP-System auf mehrere Module verteilt. Insbesondere umfaßt die Kostenträgerrechnung vier Module: die Grundfunktionen, die Kostenträgerstückrechnung ("Erzeugniskalkulation") und Kostenträgerzeitrechnung (als "Ergebnis- und Marktsegmentrechnung" und als "Profit-Center-Rechnung") (in Bild 2.1/7 gefettet).

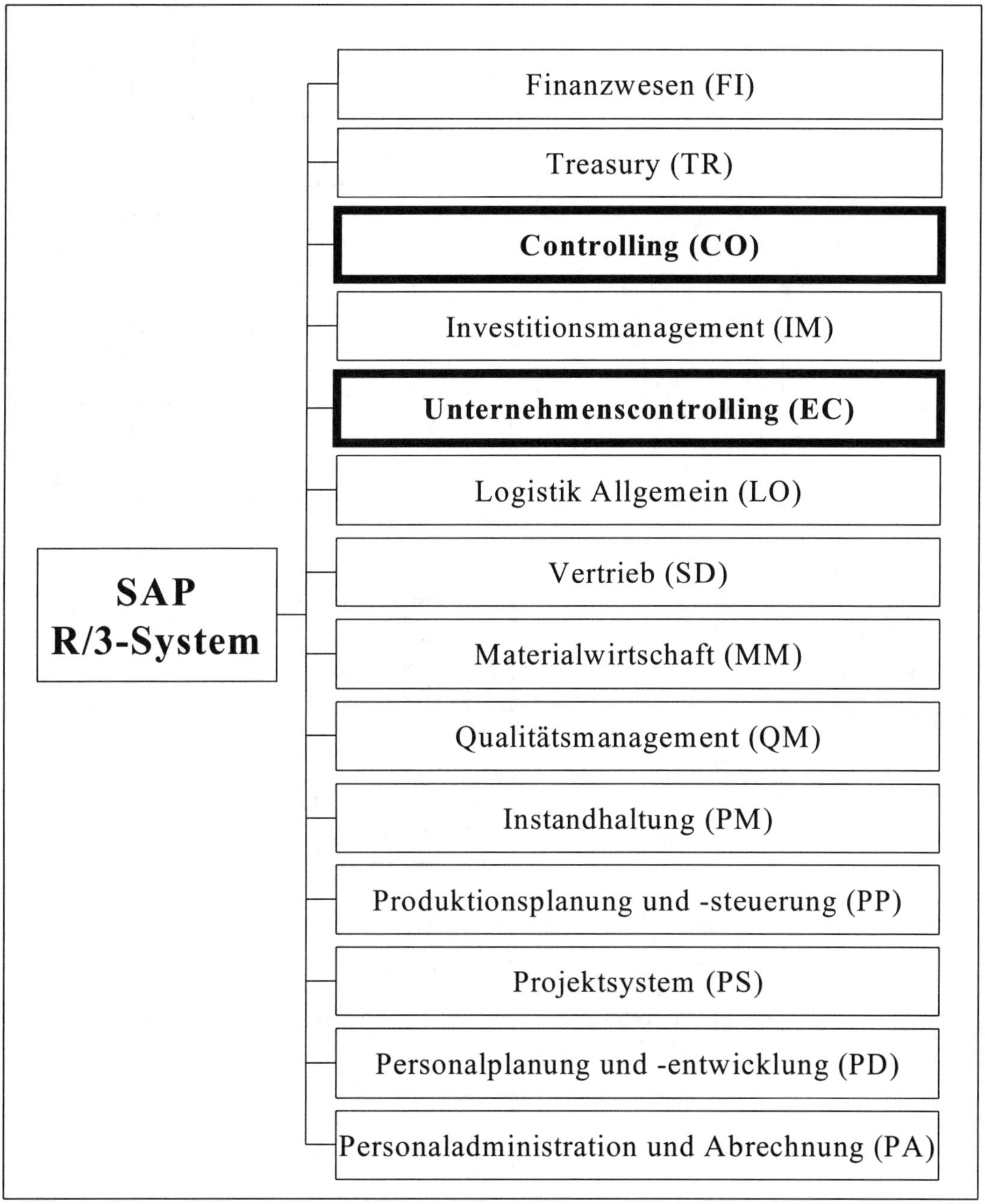

Bild 2.1/6: Anwendungsmodule des SAP-Systems

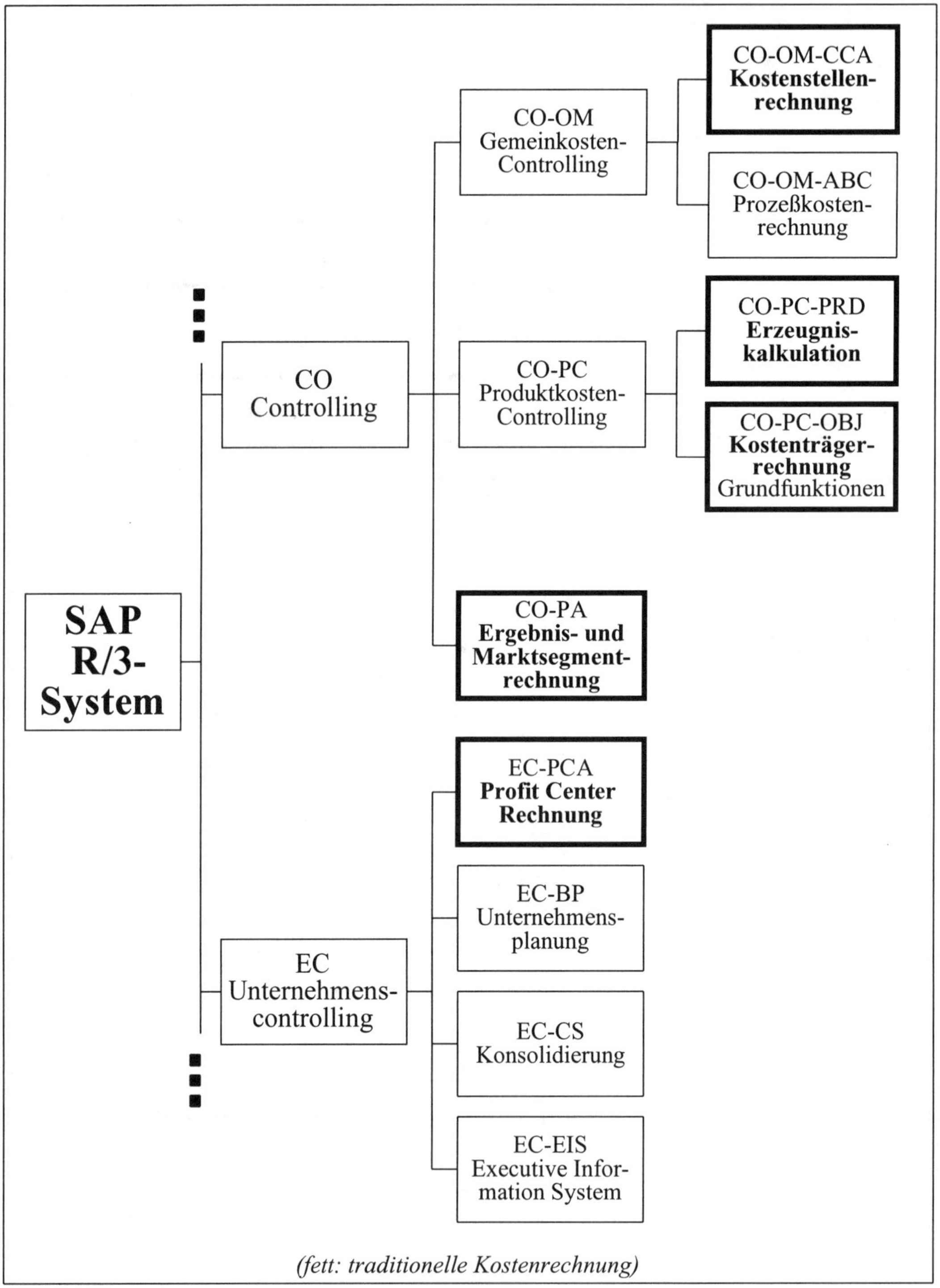

Bild 2.1/7: Kostenrechnung innerhalb des SAP-Systems

Grundschema der Kostenstellenrechnung

Die **Kostenstellenrechnung** ist in der Auswertungssicht ein **zweidimensionales Schema**, dessen Vorspalte die Kostenarten und dessen Kopfzeile die Kostenstellen aufnimmt.

Diese Grundstruktur ist auf der Seite der Kostenarten zu ergänzen, so daß sich insgesamt für die **"vertikale Dimension"** folgende Mindestgliederung ergibt:

- Primärkosten
- Bezugsgrößen
- Innerbetriebliche Leistungsverrechnung
- Kalkulationsparameter
- Abstimmung mit der Kostenträgerrechnung

Auf der Seite der Kostenstellen als **"horizontaler Dimension"** ist je Kostenstelle zu ergänzen

- Plan
- Soll/Ist
- Abweichung

Dabei ist in einer Teilkostenrechnung jeweils nach variablen und fixen Anteilen (und gesamt) zu unterscheiden.

Im übrigen sind in beiden Dimensionen für die Abrechnungsobjekte **Hierarchien** für Kostenarten, Bezugsgrößen, Kostenstellen zu bilden zum Zweck der Verdichtung.

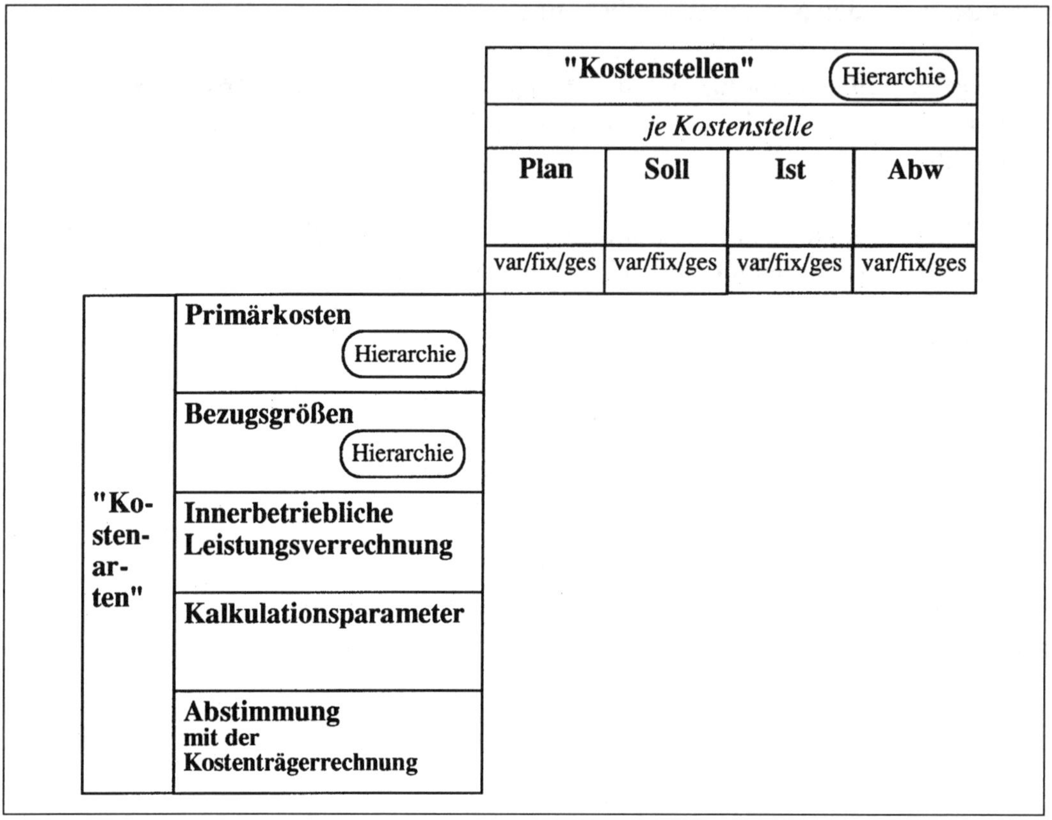

Bild 2.1/8: Grundschema der Kostenstellenrechnung

So anschaulich die tabellarische Darstellung (DIN-A4-quer) mit wenigen Kostenarten und Kostenstellen unter Weglassung des Soll-/Ist-Vergleichs in Lehrbüchern auch ist, in praxi braucht man schon für *eine* Kostenstelle mindestens ein Blatt/einen Bildschirm (meistens aber mehrere).

Die genannte Grundstruktur wird für das Testbeispiel - dem Phasenschema folgend - in zwei Teilen abgehandelt:

Unter der Überschrift "Betriebswirtschaftliches Konzept: Plan" wird die vertikale Dimension besprochen, die im Prinzip sowohl für den Plan wie für das Ist gilt.

Unter der Überschrift "Betriebswirtschaftliches Konzept: Soll-/Ist-Vergleich" sind daher folgerichtig nur solche Inhalte zu besprechen, die im Ist tatsächlich anders laufen als im Plan. Dies sind erstens die Datenquellen, die im Gegensatz zum Plan nicht auf einer verdichteten Ebene entwickelt werden, sondern durch geduldiges Verdichten von den Urbelegen her zu entwickeln sind (immer "bottom up"), zum zweiten ist der Soll-/Ist-Vergleich zu besprechen.

2.2 Nutzen des Testbeispiels

Das Testbeispiel ist so konstruiert, daß eine Reihe von typischen Besonderheiten der Kostenstellenrechnung, aber auch der SAP-Software demonstriert werden kann:

- **Customizing und Anwendung im Wechsel: bewußt wird auch die Einstellung/ Anpassung der Software - das Customizing - am Beispiel gezeigt**

  Entsprechend dem in Punkt 1.5 vertretenen Standpunkt, ist die Anpassung der Software an das betriebswirtschaftliche Problem *das* Problem der Standardsoftware. SAP bietet eine Reihe von vorgedachten betriebswirtschaftlichen Lösungen, aus denen durch parametrische Einstellung (Customizing) auszuwählen ist.

  Statt die Parametrierung (Customizing) einfach wegzulassen, wird der Customizing-Vorgang ausdrücklich einbezogen und im Wechsel mit der Anwendung ausführlich besprochen, um gerade auch einen Eindruck von den Customizing-Arbeiten zu geben, die ansonsten nur allzu gern in die black-box der vom Berater vorab zu lösenden Probleme verbannt werden.

- **Integrationsaspekt zwischen Finanzbuchhaltung und Kostenrechnung wird deutlich**

  Das wesentliche Argument für die SAP-Software ist der Integrationsaspekt: Alle Daten stehen prinzipiell für alle Anwendungen zur Verfügung. Im Testbeispiel werden Daten in der Finanzbuchhaltung erfaßt und sie stehen damit dank Integration auch für die Kostenrechnung zur Verfügung.

- **im Plan und im Ist durchgespielt: Plan ist aggregiert, während das Ist auf Belegniveau erfaßt werden muß**

  Der Unterschied zwischen Planung und Isterfassung wird deutlich. Die Planung erfolgt notwendigerweise auf einem aggregierten Niveau (z. B. pro Kostenstelle und Kostenart, aber nicht auf Belegebene), während die Isterfassung nur durch systematische Verdichtung vom Belegniveau her erfolgen kann.

- **Fall mit zwei Bezugsgrößen in ausgewählten Kostenstellen**

  Es wird durchgängig eine Aufsplittung in variable und fixe Anteile der Kosten praktiziert. Der Standardfall *einer* Bezugsgröße wird ergänzt um die Komplikationen, die sich durch zwei (allgemein mehrere) Bezugsgrößen ergeben.

- **innerbetriebliche Leistungsverrechnung: sowohl vorgangsbezogen als auch nicht-vorgangsbezogen (periodisch am Monatsende)**

  Die innerbetriebliche Leistungsverrechnung ist in der SAP-Software ausführlich modelliert. Im Testbeispiel wird insbesondere auf den Unterschied zwischen vorgangsbezogener und periodischer Verrechnung eingegangen. Bei der vorgangsbezogenen Verrechnung werden Einzelvorgänge des Leistungsaustauschs zwischen Kostenstellen erfaßt (Beispiel: Fuhrpark hat eine Fahrt für den Vertrieb durchgeführt, die diesem belastet wird).
  Wenn hingegen keine Möglichkeit zur Einzelerfassung besteht oder auf sie aus Aufwandsgründen verzichtet wird, erfolgt am Monatsende eine pauschale Belastung aufgrund von Schlüsseln (Beispiel: Arbeitsvorbereitung wird auf die Anlagen/Maschinen nach einem Schlüssel umgelegt).

- **innerbetriebliche Leistungsverrechnung: aus gutem Grund *im Ist* mit *Plan*verrechnungssätzen**

  Bei der Belastung der Leistungsempfänger mit Kosten erhebt sich die Frage, ob mit den Ist-Mengen (z. B. Anzahl km) auch Ist-Werte (km-Sätze) verrechnet werden sollen. Entgegen dem Schlichtverständnis spricht vieles für eine Anwendung der "im Plan vereinbarten Bewertungssätze" auch im Ist.

- **Arbeiten mit Verrechnungsraten für bestimmte Kostenarten wie Personalnebenkosten**

  Bei jeder Periodenrechnung besteht ein Abgrenzungsproblem. Die Buchhaltung kennt transitorische und antizipative Posten und wendet diese Technik bei der Erstellung des Jahresabschlusses an. Statt diese Technik auf die Monatsbasis zu übertragen, arbeitet die Kostenrechnung mit Verrechnungsraten, um eine Verstetigung des Aufwands zu erreichen.

- **Erfassung der Differenzen zwischen "verrechnet" und "effektiv" auf "Innenaufträgen" zwecks Abstimmung zwischen Finanzbuchhaltung und Kostenrechnung**

  Durch das oben beschriebene Abgrenzungsverfahren per Verrechnungsraten entstehen Differenzen zwischen Finanzbuchhaltung und Kostenrechnung, die jederzeit nachvollziehbar sein müssen. Diese Transparenz wird im Testbeispiel durch "Innenaufträge" hergestellt.

- **für alle Abrechnungsobjekte (Kostenarten, Kostenstellen, Bezugsgrößen) werden Hierarchien zwecks Verdichtung angelegt**

  Anders als bei Kleinstbeispielen in den Lehrbüchern ist "im Leben" grundsätzlich bei jedem Abrechnungsobjekt eine Verdichtungshierarchie festzulegen.

- **Aufsplittung der Kosten in variable und fixe Anteile für den Soll-/Ist-Vergleich**

  Eine Kostenstellenrechnung, die keine Aufsplittung der Kosten in variable und fixe Anteile verarbeiten würde, würde sich der Möglichkeit eines brauchbaren Soll-/Ist-Vergleichs begeben (der Plan-/Ist-Vergleich ist nicht mehr aussagefähig, wenn sich von Plan zu Ist die Bezugsgröße geändert hat, was der Normalfall ist). Daher wird im Testbeispiel eine Teilkostenrechnung mit fixen und variablen Kostenanteilen vorgeführt.

- **Schnittstelle zur Eigenprogrammierung in der SAP-Umgebung wird gezeigt**

  Wie läßt sich die Standardsoftware an das betriebliche Problem anpassen, das ist die Kardinalfrage jeder Standardsoftware.

  Mit dem Customzing, d. h. der parametrischen Auswahl aus vorgedachten Lösungsalternativen, ist die eine Antwort gegeben.

  Wo das Customizing versagt, besteht die Möglickeit der Eigenprogrammierung, allerdings nicht losgelöst von den schon geleisteten Organisationsbemühungen. Daher wird gezeigt, wie man auf den Daten, die im Rahmen des Testbeispiels schon angelegt wurden, aufsetzen kann, um individuelle Auswertungen in Eigenprogrammierung zu erzeugen.

Nutzen des Testbeispiels

- **Customizing und Anwendung im Wechsel: bewußt wird auch die Einstellung /Anpassung der Software - das Customizing - am Beispiel gezeigt**
- **Integrationsaspekt zwischen Finanzbuchhaltung und Kostenrechnung wird deutlich**
- **im Plan und im Ist durchgespielt: Plan ist aggregiert, während das Ist auf Belegniveau erfaßt werden muß**
- **Fall mit zwei Bezugsgrößen in ausgewählten Kostenstellen**
- **innerbetriebliche Leistungsverrechnung: sowohl vorgangsbezogen als auch nicht-vorgangsbezogen (periodisch am Monatsende)**
- **innerbetriebliche Leistungsverrechnung: aus gutem Grund *im Ist* mit *Plan*verrechnungssätzen**
- **Arbeiten mit Verrechnungsraten für bestimmte Kostenarten wie Personalnebenkosten**
- **Erfassung der Differenzen zwischen "verrechnet" und "effektiv" auf "Innenaufträgen" zwecks Abstimmung zwischen Finanzbuchhaltung und Kostenrechnung**
- **für alle Abrechnungsobjekte (Kostenarten, Kostenstellen, Bezugsgrößen, usw.) werden Hierarchien zwecks Verdichtung angelegt**
- **Aufsplittung der Kosten in variable und fixe Anteile für den Soll-/Ist-Vergleich**
- **Schnittstelle zur Eigenprogrammierung in der SAP-Umgebung wird gezeigt**

Bild 2.2/1: Nutzen des Testbeispiels

2.3 Vorgehensschritte im Überblick Customizing und Anwendung im Wechsel

Im folgenden wird ein Überblick über die Vorgehensschritte gegeben, indem die Ablaufstruktur und eine Kurzbeschreibung dargestellt werden.

Es wird der Strukturierung gefolgt, in der später auch das Testbeispiel abgearbeitet wird. Die Vorgehensweise entspricht dem "Einführungsleitfaden/Implementation Guide/IMG" (siehe später), allerdings nur als Auswahl ohne Vollständigkeitsehrgeiz.

Ein tieferes Verständnis wird sich erst in der detaillierten Darstellung einstellen.

Systemeinrichtung

Modul 0: Anmelden am und Abmelden vom R/3 System

Dieser Punkt ist technischer Natur und braucht daher hier nicht erläutert zu werden.

Modul 1: Customizing Organisationsstruktur Finanzbuchhaltung

Gleich zu Beginn wird der **Integrationsaspekt der Software** deutlich: die Kostenrechnung erhält ihre Daten teilweise aus der Finanzbuchhaltung, weshalb hierüber der Einstieg zu wählen ist. Sachkonten und Kreditoren, die in der Kostenrechnung datenmäßigen Eingang finden, werden in der Finanzbuchhaltung angelegt.

Es geht zunächst um **zentrale Ordnungsbegriffe der "SAP-Welt"**: bezogen auf das Gesamtsystem ist dies der **Mandant,** in der Finanzbuchhaltung der **Buchungskreis** (Modul 2); in der Kostenrechnung wird später noch der **Kostenrechnungskreis** ergänzt (Modul 4).

Modul 2: Customizing Stammdaten Finanzbuchhaltung

Es werden Einstellungen vorgenommen (**Customizing**), um später **Sachkonten und Kreditoren** eingeben zu können. Dabei geht es um den **Kontenplan** (zunächst nur eine Nummer, unter der später die Konten angelegt werden) und vor allem um den

Begriff der **Kontengruppe**, über den das Bildschirmlayout und die Nummernkreise gesteuert werden.

Modul 3: Stammdaten für Haupt- und Nebenbuchhaltung anlegen

Es werden die **Stammdaten der Sachkonten** (Hauptbuchhaltung) und der **Kreditoren** (Nebenbuchhaltung) konkret eingegeben.

Modul 4: Customizing Organisationsstruktur Kostenrechnung

Für die Kostenrechnung wird ein weiterer Ordnungsbegriff der "SAP-Welt" eingeführt: der **Kostenrechnungskreis**. Er wird in die Hierarchie der anderen Ordnungsbegriffe eingeordnet.

Modul 5: Stammdaten der Kostenrechnung anlegen

Die Kostenstellenrechnung ist im Prinzip ein zweidimensionales Schema: **Kostenarten – Kostenstellen.**

Dementsprechend werden zunächst die **primären Kostenarten** als erste Dimension angelegt. Das Anlegen ist nur möglich, soweit in der Finanzbuchhaltung ein entsprechendes Aufwandskonto besteht.

In der Kostenrechnung müssen jedoch noch die **sekundären Kostenarten** ergänzt werden. Diese dienen ausschließlich der innerbetrieblichen Leistungsverrechnung und Umlage in der Kostenrechnung.

Wie zu jedem Objekt der Kostenrechnung werden auch zu den Kostenarten Hierarchien für Verdichtungszwecke angelegt.

Als zweite Dimension werden die **Kostenstellen** mit entsprechender Hierarchie angelegt.

Leistungsarten=Bezugsgrößen sind (als Leistungserbringung) je Kostenstelle zu definieren, um die Kostensplittung in variabel und fix und - ergänzt mit Leistungsaufnahmedaten - die innerbetriebliche Leistungsverrechnung (ILV) vornehmen zu können.

Bewußt ist auch der Fall von **zwei Bezugsgrößen je Kostenstelle** einbezogen worden.

Auch für Leistungsarten/Bezugsgrößen kann man Hierarchien festlegen.

In dem Testbeispiel werden für die Personalnebenkosten in der Kostenrechnung Verrechnungsraten verwendet, während in der Buchhaltung der effektive Anfall notiert wird. Die Differenzen zwischen **verrechnet und effektiv** müssen irgendwo nachvollziehbar gesammelt werden. Dies geschieht auf "Innenaufträgen für Abgrenzung".

Planung

Betriebswirtschaftliches Konzept: Plan

Es wird die Aufgabenstellung betriebswirtschaftlich erläutert, soweit sie den Plan betrifft.

Modul 6: Customizing für Planung und Istverrechnung in der Kostenrechnung

Für die Bildung von Verrechnungsraten/**Abgrenzung** für Personalnebenkosten muß das Rechenschema (Prozentzuschlag auf Basis Lohn bzw. Gehalt) festgelegt werden, das in Plan bzw. Ist anzuwenden ist.

Die **innerbetrieblichen Leistungsverrechnung** wird entweder vorgangsbezogen/direkt (siehe später, Beispiel: Fuhrpark nach km-Belegen) oder **indirekt** nach Schlüsseln (Beispiel: AV nach den Gesamtstunden der empfangenden Kostenstellen Anlage A und Anlage B als Schlüsseln) vorgenommen. Für diese Art der indirekten Leistungsverrechnung sind die "Sender- und Empfängerregeln" festzulegen.

Es sind **Vorgangsgruppen und Nummernkreise** anzulegen. Vorgangsgruppen klassifizieren einen Vorgang. Beispiele für Vorgangsgruppen: Planung, Istverrechnung. Auch für die Planungsvorgänge sind Nummernkreise festzulegen (für die Isterfassung von Geschäftsvorfällen/Einzeltransaktionen auf Belegen erwartet man es nicht anders; dieses Prinzip wird auch auf die Planungsvorgänge übertragen).

Modul 7: Planung

Man mache sich klar, daß die **Planung auf einem aggregierteren Niveau** erfolgt als später die Isterfassung. Es werden kein einzelnen Geschäftsvorfälle geplant, sondern nur Summen pro Kostenstelle und Kostenart.

Die **Leistungsartenplanung/Bezugsgrößenplanung** gibt pro Kostenstelle an, welcher Output (gemessen in km, Std. usw.) erbracht werden soll. Für wen diese Leistung erbracht werden soll ist - bei Hilfskostenstellen - Gegenstand der Leistungsaufnahmenplanung, siehe unten) (die Hauptkostenstellen erbringen ihre Leistung für die Kostenträger/Produkte).

Die **Primärkostenplanung** gibt die variablen und fixen Anteile der Kosten je Kostenart und Kostenstelle an, bei mehreren Leistungarten/Bezugsgrößen muß zusätzlich je Leistungsart/Bezugsgröße geplant werden (im Testbeispiel die Kostenstelle Instandhaltung).

Für die Kostenarten, die über Verrechnungsraten (Abgrenzung) ermittelt werden, sind diese **Verrechnungsraten automatisch** zu **buchen**.

Es schließt sich die **Sekundärkostenplanung** als **Planung der innerbetrieblichen Leistungsverrechnung** an. Es werden zwei Fälle unterschieden: direkt/vorgangsbezogen (Leistungsaufnahmeplanung) (Beispiel: Fuhrpark) und indirekt/nicht-vorgangsbezogen/periodisch (Beispiel: AV).

Als letztes können die **Kalkulationsparameter** im Plan bestimmt werden: Plan-Stundensätze, Plan-Kilometersätze usw. (SAP-Begriff: Tarifermittlung).

Isterfassung

Betriebswirtschaftliches Konzept: Soll-/Ist-Vergleich

Es wird die Aufgabenstellung betriebswirtschaftlich erläutert, soweit sie den Soll-/ Ist-Vergleich betrifft.

Modul 8: Customizing Istdatenerfassung in der Finanzbuchhaltung

Bevor mit dem Buchen im Ist begonnen werden kann, sind **einige organisatorische Voraussetzungen** bezüglich Belegarten, Nummernkreise für Belege, Buchungsschlüsseln, Betragsgrenzen und Buchungsperioden zu treffen.

Modul 9: Istkostenerfassung in der Finanzbuchhaltung

Es werden im Ist auf der Ebene einzelner Geschäftsvorfälle **konkrete Kreditorenrechnungen** erfaßt **und Sachkontenbuchungen** vorgenommen.

Modul 10: Istkostenverrechnung in der Kostenrechnung

Die **innerbetriebliche Leistungsverrechnung** erfolgt zum einen **vorgangsbezogen**. Es sind die einzelnen Vorgänge mit Mengengerüst und leistender sowie empfangender Kostenstelle zu erfassen und mit den Plansätzen (Tarifen) zu verrechnen.

Beispiel wäre der Fuhrpark, für den einzelne Kilometerbelege erfaßt und zum Plankilometersatz an die empfangende Kostenstelle (für die geleistet wurde) belastet werden müssen.

Für Hauptkostenstellen, die ihre Leistung an Kostenträger/Produkte abgeben und für Hilfskostenstellen, die ihre Leistung indirekt verrechnen, ist die **Leistungserstellung zu erfassen** (auch wenn die Weiterverrechnung auf Kostenträger hier nicht betrachtet wird), weil die Daten einerseits für die Ermittlung der Sollkosten (Abwandlung der variablen Plankosten im Verhältnis Istbeschäftigung zu Planbeschäftigung) benötigt werden, andererseits teilweise auch als Schlüssel für die indirekte Leistungsverrechnung (AV) dienen.

Zum anderen sind **Abgrenzungen vorzunehmen**: nämlich für Kostenarten wie Personalnebenkosten, die mit einem Verrechnungssatz auf die Periodenbasis ermittelt werden.

Schließlich gehört zu den periodischen Verrechnungen die **innerbetriebliche Leistungsverrechnung**, die **nicht vorgangsbezogen**, sondern aufgrund von Schlüsseln (Istwerte der Periode) erfolgt.

Modul 11: Customizing für das Infosystem der Kostenrechnung

Hier werden Einstellungen für die Kostenstellenberichte (**Soll-/Ist-Vergleich**) getroffen.

Modul 12: Auswertungen

Über den **Soll-/Ist-Vergleich** auf hohem Verdichtungsniveau hinaus sind noch **Einzelpostenberichte** möglich. Außerdem können die **Differenzen zwischen "verrechnet" und "effektiv"** auf den "Innenaufträgen" angesehen werden.
Es ist möglich, die Standardberichte im **Layout** zu **modifizieren**, schließlich können **Graphiken** angefertigt werden und es ist ein **Export in die Tabellenkalkulation Excel** möglich.

Schnittstelle für Eigenentwicklung

Modul 13: Unternehmensdatenmodell und ABAP/4 Dictionary

Als Ausblick wird die **Schnittstelle** gezeigt, an der **eigene Anwendungen**, ausgehend von den eingegebenen Daten, aufsetzen müssen.
Während man sich bisher nur auf der Anwender-Oberfläche der Software bewegte, die im übrigen eine Black-box darstellte, wird jetzt im Datenmodell navigiert und die **Verbindung zwischen Datenmodell und realisierten Datenbankstrukturen des ABAP/4 Dictionary für das Beispiel** gezeigt.

Modul 14: Datenzugriff mit Open-SQL im ABAP/4-Report

Auf den in Modul 13 genannten Datenbankstrukturen können eigene, in der SAP-Umgebung selbst programmierte Anwendungen aufsetzen. Als Beispiel wird **"ein kleiner ABAP"** geschrieben.

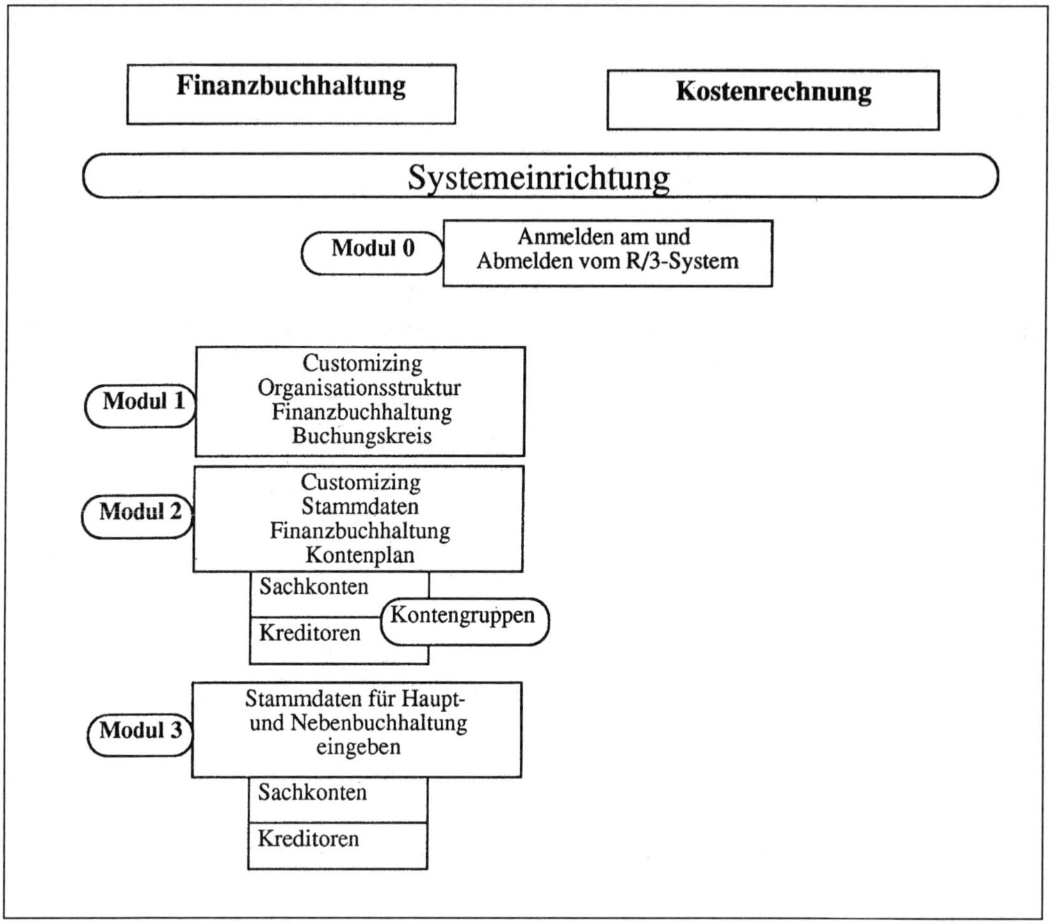

Bild 2.3/1(1): Vorgehensschritte im Überblick: Customizing und Anwendung im Wechsel

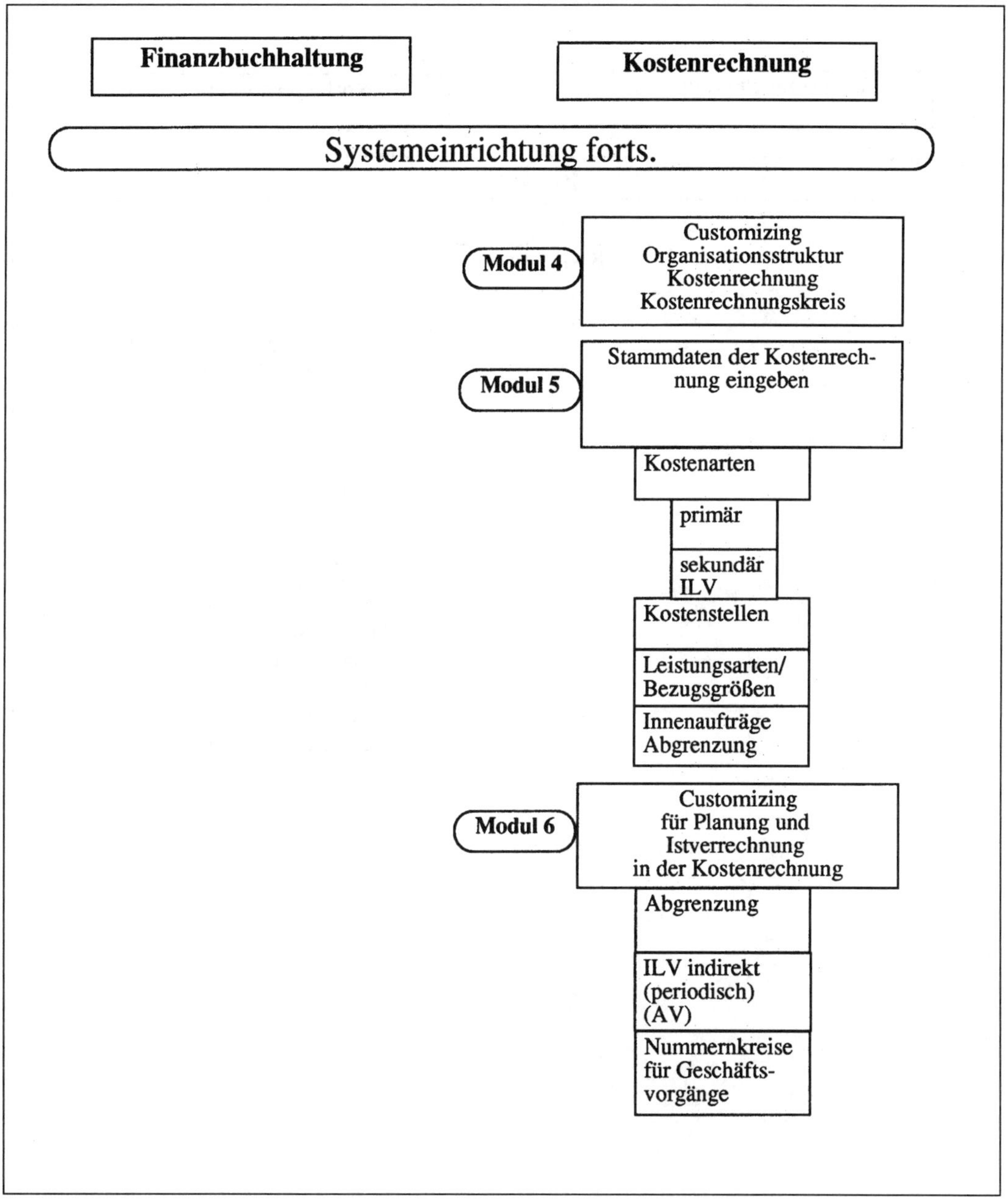

Bild 2.3/1(2): Vorgehensschritte im Überblick: Customizing und Anwendung im Wechsel

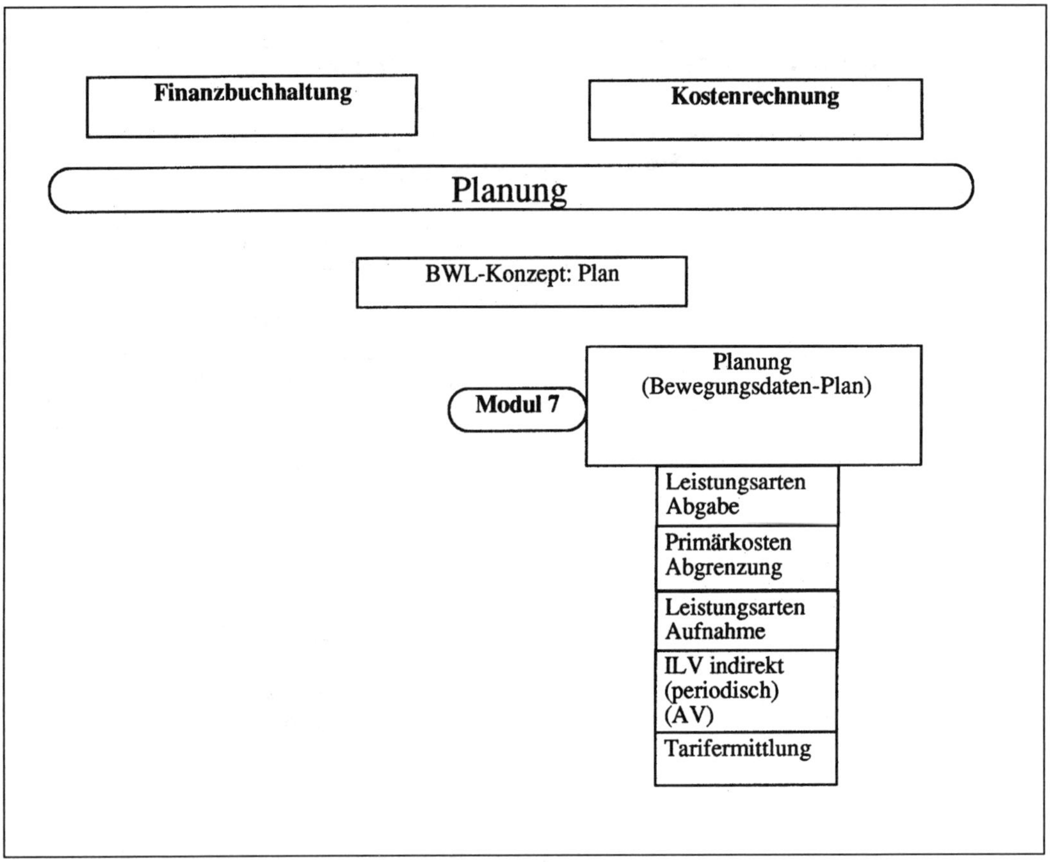

Bild 2.3/1(3): Vorgehensschritte im Überblick: Customizing und Anwendung im Wechsel

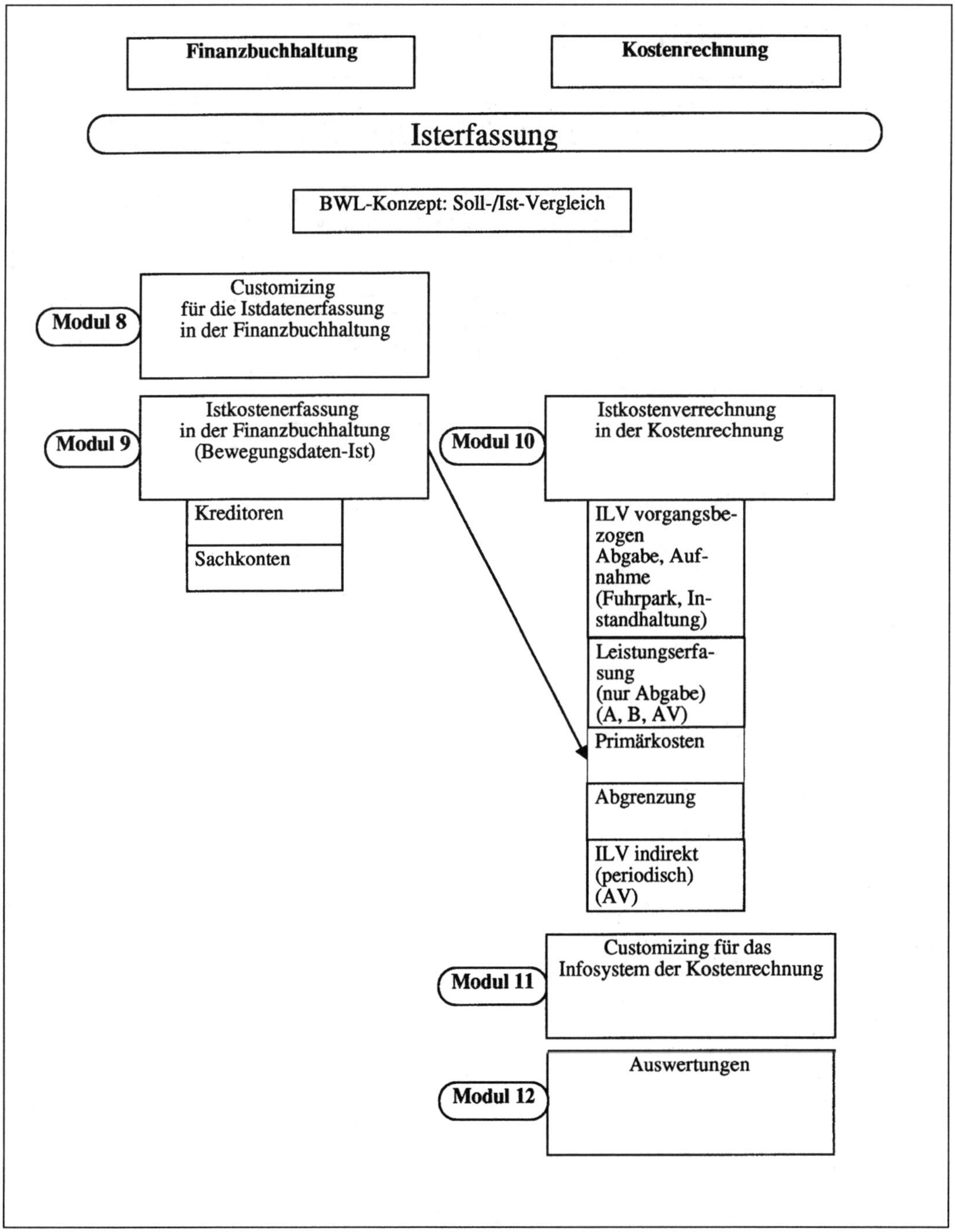

Bild 2.3/1(4): Vorgehensschritte im Überblick: Customizing und Anwendung im Wechsel

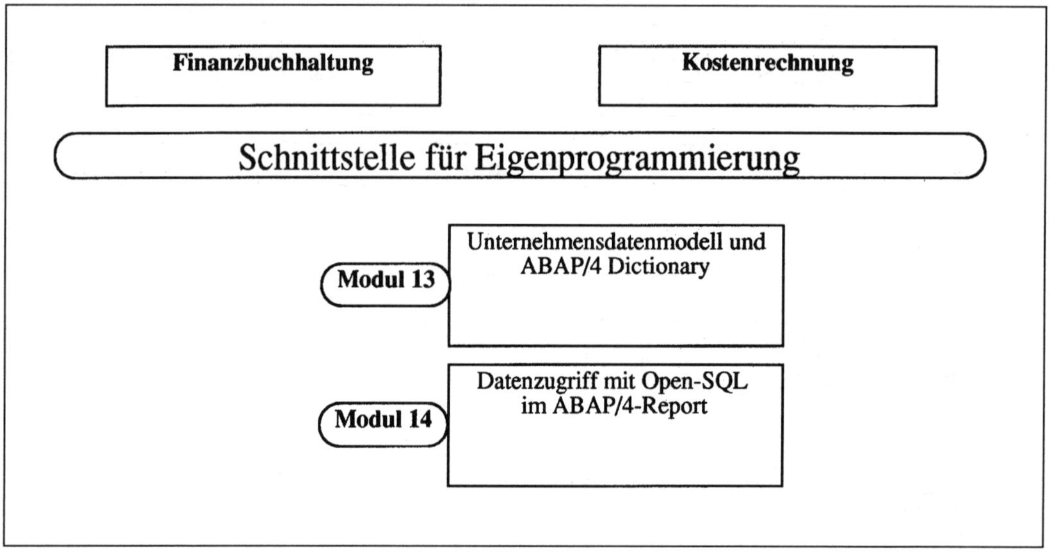

Bild 2.3/1(5): Vorgehensschritte im Überblick: Customizing und Anwendung im Wechsel

2.4 Vorbereitung des Systems

Zum Nachvollziehen des Testbeispiels im eigenen System wird empfohlen

1) eine Kopie des SAP-Auslieferungsmandanten 000 als Schulungsmandanten, wie unter **4.1 Anhang: Hinweise für den Systemadministrator** beschrieben, zu erstellen
2) in dieser Kopie die folgenden, unter 4.1 detailliert beschriebenen, Customizing-Schritte durchzuführen:
   - Einrichtung von Benutzerstammsätzen mit den notwendigen Berechtigungen für die Durchführung des Testbeispiels
   - Einrichtung einer Kreditorengruppe
   - Definition eines Zuschlagsschemas für die Abgrenzung von Personalnebenkosten
   - Zuordnung von CO-Vorgängen zu Vorgangsgruppen
   - Erstellung leicht modifizierter Kopien von SAP-Standardplanerprofilen
   - Definition einer Variante für offene Buchungsperioden

     sowie
   - Registrierung der eingerichteten Benutzer als Entwickler im SAP-OSS
3) den so "ge-customizten" Mandanten noch einmal zu kopieren und eine der beiden Kopien als "Mastermandanten" unverändert zu belassen
   (durch Kopieren des Mastermandanten und Löschen der in Modul 14 erstellten (mandantenübergreifenden) ABAP-Reports ist dann das Testbeispiel beliebig reproduzierbar)

Bitte beachten Sie, daß diese Schritte nur durch einen Systemadministrator, der über entsprechende Berechtigungen verfügt, ausgeführt werden können.

2.5 Alternativen der Bearbeitung des Testbeispiels

Auch für das Testbeispiel sind die unter 1.8 genannten **drei Alternativen** der Bearbeitung im Rahmen von Seminaren möglich:
- Selbststudium
- Traditionelle Vorführung
- Projektarbeit

1. Selbststudium: Vorgehen nach der vorliegenden Unterlage
Das Testbeispiel ist für das Durchtasten am System ausgearbeitet und kann damit im Selbststudium erarbeitet werden. Das ist sicherlich die **bevorzugte Bearbeitungsmöglichkeit**.

Ebenso sind aber alternative Bearbeitungsmöglichkeiten denkbar.

2. Traditionelle Vorführung
Auch diese Vorgehensweise ist selbstverständlich möglich. Der Dozent führt vor und kommentiert seine Demonstration. Die Teilnehmer vollziehen nach und können sich dabei aber auf eine ausgearbeitete Unterlage stützen.

3. Projektarbeit: "Sprung ins kalte Wasser"
In der Organisation als Projektarbeit wird ein wesentlich größeres Maß an eigener Konzeptions- und Sucharbeit einschließlich Vertrautwerden mit dem SAP-System im trial- and error-Verfahren verlangt.

Man kann einer Projektgruppe einfach nur das Testbeispiel als Tabellenkalkulationsvorlage (siehe entsprechender Anhang) zur Verfügung stellen und die übrigen Unterlagen nur zur Kontrolle verwenden.

Die **Meilensteine in der Projektarbeit** könnten dann sein:

- Darstellung des **betriebswirtschaftlichen Konzepts** im Plan und Ist

  Kontrolle: es müssen Elemente der Darstellung unter "Betriebswirtschaftliches Konzept: Plan" und "Betriebswirtschaftliches Konzept: Soll-/Ist-Vergleich" entstehen

- **Modularisierung** der anstehenden Implementierungsaufgabe mit Aufteilung in **Customizing- und Anwendungsschritte**

  Kontrolle: es müssen Module analog der in dieser Arbeit vorgeschlagenen Module definiert werden

- Herausarbeitung des **Datenbedarfs** und Zusammenstellung in Eingabetabellen

  Kontrolle: es müssen Eingabetabellen analog zu den im Anhang vorgegebenen entstehen

- **Implementierung** entsprechend der erarbeiteten Modulstruktur in **Customizing- und Anwendung**sschritten

  Kontrolle: es müssen alle Arbeiten entsprechend des "Tastenteils" vorgenommen werden.

2.6 Organisation der Gruppen

(bei Arbeit im Selbststudium)

Arbeit am System:

2-er Gruppen je PC/Bildschirm, jede 2-er Gruppe arbeitet in einem eigenen Buchungskreis und erzielt unabhängig von den anderen Gruppen ein vollständiges Arbeitsergebnis.
Bei customizing-Arbeiten auf Mandantenebene müssen die Gruppen aufeinander warten, um Kollisionen zu vermeiden.

Bild 2.6/1: Arbeiten am System (Foto: Hubert)

Betreuung auf Anforderung:

Je 10 Teilnehmer sollte eine Betreuung zur Verfügung stehen, um bei Fehlbedienung und sonstigen Irrtümern sowie Systemabstürzen Hilfestellung geben zu können.

Bild 2.6/2: Betreuung auf Anforderung (Foto: Hubert)

Durchsprache:

Die abgeschlossenen Module werden an Hand von Metaplantafeln, auf denen die wesentlichen Inhalte stichwortartig festgehalten sind, besprochen. Der Dozent agiert idealerweise als Moderator, der die Teilnehmer reden läßt. Bei unrichtigen oder zweifelhaften Statements korrigiert der Moderator nur im äußersten Notfall selbst. Statt dessen fordert er zunächst andere Teilnehmer zu einer Stellungnahme auf.

Die Durchsprache erfolgt bis zu drei Mal während des Seminars, immer wieder von vorne beginnend, um den Zusammenhang herzustellen. Selbstverständlich werden beim 2. und 3. Durchgang die bereits behandelten Inhalte nur noch in verdichteter Form besprochen.

Bild 2.6/3: Durchsprache (Foto: Hubert)

2.7 Musterzeitplan

In der Durchführung des Testbeispiels hat sich eine Verteilung auf 5 Tage bei jeweils halbtägiger Arbeit bewährt. Die Komprimierung auf weniger Tage ist nicht anzuraten, weil eine Überforderung und Ermüdung der Teilnehmer eintritt, auch wenn äußerlich die Dinge in kürzerer Zeit erledigt werden können.
Außerdem denke man an Zeitreserven für die ungeplanten Ereignisse wie Fehlbedienungen und Systemabstürze und die Fehlersuche zu deren Behebung.

5 Halbtage, z. B. Mo-Fr, jeweils vormittags

1. Tag

Modul 0	Anmelden am und Abmelden vom R/3-System
Modul 1	Customizing Organisationsstruktur Finanzbuchhaltung
Modul 2	Customizing Stammdaten Finanzbuchhaltung
Modul 3	Stammdaten für Haupt- und Nebenbuchhaltung anlegen

2. Tag

Durchsprache der Module 1-3
Betriebswirtschaftliches Konzept: Plan

Modul 4	Customizing Organisationsstruktur Kostenrechnung
Modul 5	Stammdaten der Kostenrechnung anlegen

3. Tag

Durchsprache der Module 1-5

Modul 6	Customizing für Planung und Istverrechnung in der Kostenrechnung
Modul 7	Planung

4. Tag

Betriebswirtschaftliches Konzept: Soll/Ist-Vergleich

Modul 8	Customizing für die Istdatenerfassung in der Finanzbuchhaltung
Modul 9	Istkostenerfassung in der Finanzbuchhaltung

5. Tag

Durchsprache der Module 1-9

Modul 10	Istkostenverrechnung in der Kostenrechnung
Modul 11	Customizing für das Infosystem der Kostenrechnung
Modul 12	Auswertungen
Modul 13	Unternehmensdatenmodell und ABAP/4 Dictionary
Modul 14	Datenzugriff mit Open-SQL im ABAP-Report

Bild 2.7/1: Musterzeitplan

3. Kostenstellenrechnung: Durchführung und Kommentierung des Testbeispiels

3.1 Systemeinrichtung

Modul 0: Anmelden am und Abmelden vom R/3-System
Modul 1: Customizing Organisationsstruktur Finanzbuchhaltung
Modul 2: Customizing Stammdaten Finanzbuchhaltung
Modul 3: Stammdaten für Haupt- und Nebenbuchaltung anlegen
Modul 4: Customizing Organisationsstruktur Kostenrechnung
Modul 5: Stammdaten der Kostenrechung anlegen

3.2 Planung

Betriebswirtschaftliches Konzept: Plan

Modul 6: Customizing für Planung und Istverrechnung in der Kostenrechnung
Modul 7: Planung

3.3 Isterfassung

Betriebswirtschaftliches Konzept: Soll-/Ist-Vergleich

Modul 8: Customizing für die Istkostenerfassung in der Finanzbuchhaltung
Modul 9: Istkostenerfassung in der Finanzbuchhaltung
Modul 10: Istkostenverrechnung in der Kostenrechnung
Modul 11: Customizing für das Infosystem der Kostenrechnung
Modul 12: Auswertungen

3.4 Schnittstelle für Eigenprogrammierung

Modul 13: Unternehmensdatenmodell und ABAP/4 Dictionary
Modul 14: Datenzugriff mit Open-SQL im ABAP/4-Report

3. Kostenstellenrechnung: Durchführung und Kommentierung des Testbeispiels

Die Durchführung und Kommentierung ist in **Module** gegliedert, die entweder einen Customizing- oder Anwendungsschritt darstellen.

Bilder und Kommentierung
Das Modul wird jeweils eingeleitet mit Bildern, die im darauffolgenden Text kommentiert sind. Die Bilder lassen sich in Seminarveranstaltungen als Präsentationsfolien einsetzen. Am Ende der Kommentierung befindet sich unter der Überschrift „Was ist zu tun“ eine Übersicht über die im folgenden Tastenteil zu erledigenden Aufgaben.

So ist es - warum ist es so?
Der kommentierende Text bemüht sich um eine **Begründung der Sachverhalte**, während die SAP-Unterlagen meist nur die Sachverhalte mitteilen (Beispiel: Der Mandant steht über dem Buchungskreis - Sachverhalt wird mitgeteilt ohne Begründung; im Gegensatz dazu: der Mandant steht über dem Buchungskreis, weil...)

Tastenteil
Jedes Modul wird mit einem ausführlichen "Tastenteil" abgeschlossen, der eine genaue Anleitung zur Umsetzung des Testbeispiels in das SAP R/3-System gibt. Daher erübrigt es sich, vorab eine Einführung in das Handling des Sytems zu geben.

Im Tastenteil wird nochmals eine knappe Kommentierung gegeben, die der Wiederholung und Zusammenfassung dient. Dadurch ist es auch möglich, mit dem Tastenteil zu beginnen und das Testbeispiel direkt am System durchzutasten.

3.1 Systemeinrichtung

Modul 0 Anmelden an und Abmelden vom R/3 System

Wichtige Symbole und Tasten
Das nachfolgende Bild zeigt die Bedeutung der häufig benötigten Symbole für die Standardfunktionen des Systemes bzw. der tastenmäßigen Entsprechungen.

Symbol	Bezeichnung	Taste(n)
	**Datenfreigabe**	↵
	**Sichern**	F11
	**Zurück** (eine Stufe in der R/3-Anwendungshierachie)	
	**Beenden** (die gerade aktuelle R/3-Anwendung mit Möglichkeit zum Sichern)	F15
	**Abbrechen** (die gerade aktuelle R/3-Anwendung ohne Sicherung)	F12
	**Hilfe**	F1
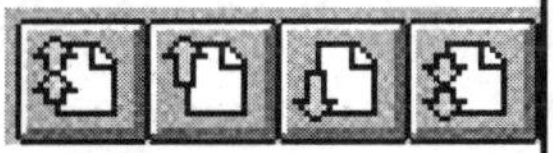	**Blättern**	Strg + Bild ↑ Billd ↑ Bild ↓ Strg + Bild ↓
hinter Ein- /Ausgabefeldern: 	**Wertehilfe** (mögliche Eingabewerte werden angelistet)	F4

Bild 3.1/1 (Modul 0): Symbole und Tasten für Standardfunktionen

Anzeige	Eingabe/Auswahl

Modul 0: Anmelden am und Abmelden vom R/3-System

M0.1 Start von SAP – R/3 und Erstanmeldung

Bevor Sie sich als Benutzer am R/3-System anmelden können, müssen Sie zunächst das Präsentationsprogramm SAP-GUI (SAP-Frontend, Client-Software) auf Ihrem PC starten. Der Startaufruf hängt von der Betriebssystemumgebung ab und könnte daher von dem nachfolgend (für Windows 95) beschriebenen abweichen. Befragen Sie in diesem Fall Ihren Systemverwalter.

Wählen Sie aus dem Windows Start-Menü:
Programme -
SAP Frontend 3.1 x

Untermenü (Programmgruppe) "SAP Frontend 3.1x" ist geöffnet.

Klicken Sie auf

SAP R/3
(=Programmsymbol für SAP R/3)

R/3 –Frontend wird gestartet.

Anmelde-Bildschirm des R/3-Systems:

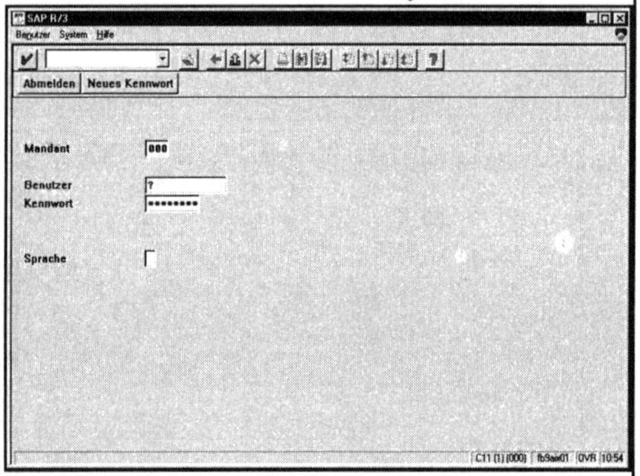

Geben Sie in Feld <u>*Mandant*</u> ein:
xyz
('*xyz*' durch **Mandantennummer** für das Testbeispiel ersetzen)

Anzeige	Eingabe/Auswahl
	Sollte Ihnen die Mandantennummer für das Testbeispiel nicht bekannt sein, so erfragen Sie diese bitte bei Ihrem Systemverwalter. Geben Sie in Feld *Benutzer* ein: ***CO****nnn , nnn = Nummer des PCs* (= Ihr **Benutzername** für das Testbeispiel)
	Bitte beachten Sie: *Dem Benutzernamen wurde hier zur Identifizierung – wie übrigens später auch bestimmten betriebswirtschaftlichen Objekten des R/3-Systems – eine* ***dreistellige Nummer (nnn)*** *angehängt. Diese kann z. B. (wie hier angenommen) der* ***PC-Nummer*** *des jeweiligen Teilnehmer-PCs entsprechen.* *Sollten Sie an Ihrem PC keine entsprechende Nummer vorfinden, so wenden Sie sich bitte an Ihren Systemverwalter .*
	Geben Sie in Feld *Kennwort* ein: ***sapkost*** (= **Initialkennwort** für **Erstanmeldung**) Das Feld Sprache ist in der Regel auf Deutsch voreingestellt und muß nur gefüllt werden, wenn man in einer anderen Sprache arbeiten will. Drücken Sie Taste  **(=Return-Taste)**
Dialogfenster zur Eingabe Ihres persönlichen Kennwortes: 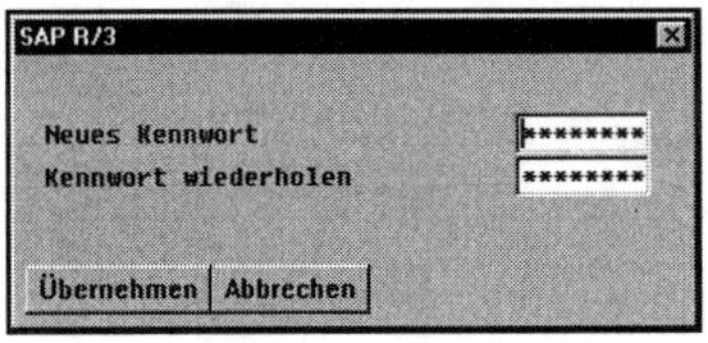 	Stellen Sie den Cursor auf das Feld *Neues Kenwort*

<table>
<tr><th>Anzeige</th><th>Eingabe/Auswahl</th></tr>
<tr><td>

R/3-Hilfefenster::

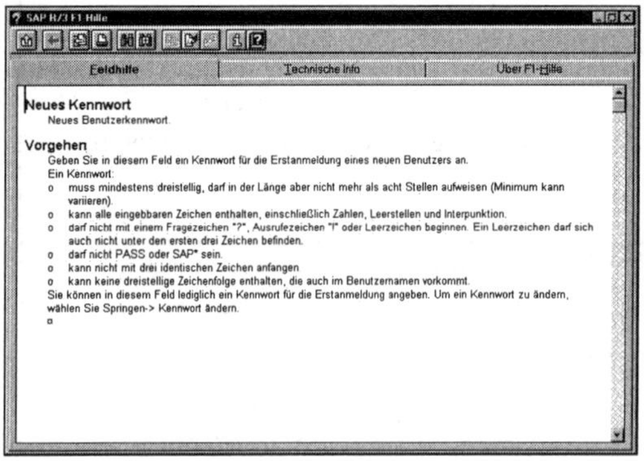

</td><td>

Drücken Sie Taste

F1
(=Hilfe-Taste)

Dem Hilfefenster können die Regeln zur Erstellung eines Kennwortes entnommen werden.

</td></tr>
<tr><td colspan="2">

Mit der F1-Taste erhalten Sie ein Hilfe-Fenster mit Feldhilfe zum gerade aktuellen Feld.
Die Hilfe wird durch einen Hilfe-Viewer in einem unabhängigen Fenster angezeigt, das die Möglichkeit bietet, während der Anzeige des Hilfe-Textes im R/3-System weiterzuarbeiten.
Zur Vermeidung von Ladezeiten bei jedem neuen Aufruf empfiehlt es sich, das Hilfefenster stets geöffnet auf dem Desktop zu belassen.

</td></tr>
<tr><td>

Copyright-Fenster erscheint.

Falls vorhanden, sehen Sie an dieser Stelle das Systemnachrichten-Fenster mit aktuellen Infos der Systemverwaltung.

</td><td>

Geben Sie in die Eingabefelder (also **zweimal !**) ein:

persönliches Kennwort
('*persönliches Kennwort'* durch **Ihr gewünschtes Kennwort** für weitere Anmeldungen ersetzen)

Klicken Sie auf
[Übernehmen]

↵

↵

</td></tr>
</table>

Anzeige	Eingabe/Auswahl
SAP R/3 - Hauptmenü oder **Eingangsmenü**:	

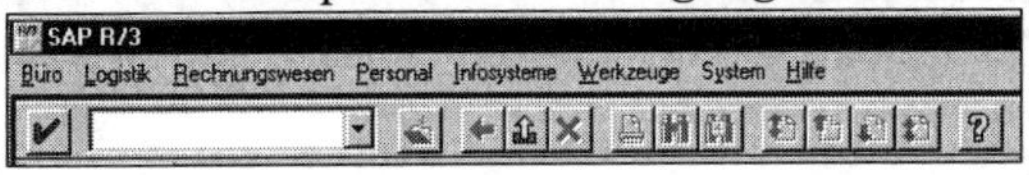

M0.2 Abmelden vom R/3-System

Auswahl aus Menüleiste:
System - Abmelden

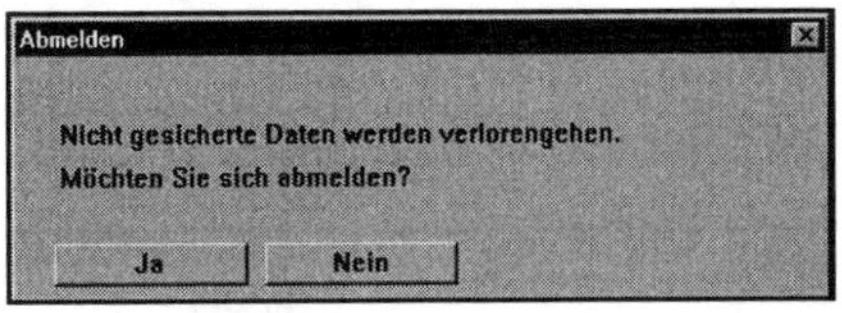

Klicken Sie auf
[Ja]

Alle Fenster des R/3-Systems werden geschlossen.

Modul 1: Customizing Organisationsstruktur Finanzbuchhaltung

Organisationsstrukturen im SAP-System

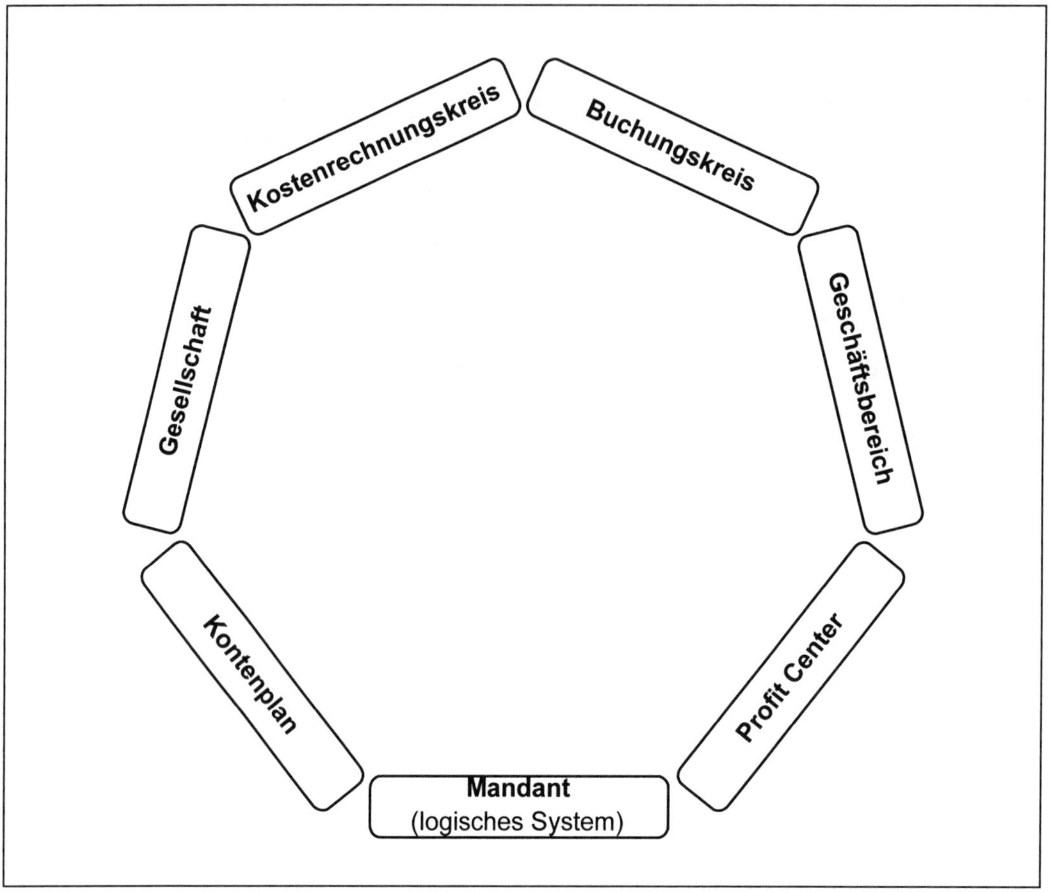

Bild 3.1/2 (Modul 1): Organisationseinheiten in Finanzbuchhaltung und Kostenrechnung

Bevor mit der Datenerfassung für Plan und Ist angefangen werden kann, ist zunächst das **System einzurichten**. Daher ist es - so sonderbar es scheinen mag - zunächst auch noch nicht erforderlich, sich im Detail mit der betriebswirtschaftlichen Aufgabenstellung (im Sinn von Kostenrechnung) zu beschäftigen.

Für den auswertungsorientierten Betriebswirt sind diese **unabdingbaren organisatorischen Voraussetzungen** zwar eine Geduldsprobe, aber sie sind unerläßlich, wenn man eine Umsetzung der betriebswirtschaftlichen Konzepte anstrebt.

Unter **Organisationsstruktur wird in der "SAP-Betriebswirtschaftslehre"** eine Strukturierung von Organisationseinheiten wie

- Mandant
- Kontenplan
- Kostenrechnungskreis
- Buchungskreis

verstanden (in der Logistik z. B. werden zusätzliche Begriffe wie Lagerort, Einkaufsorganisation gebildet, die hier aber nicht erforderlich sind). Es handelt sich um organisatorische Voraussetzungen für die Arbeit im SAP-System. Organisationsstruktur im SAP-Sinn hat nichts mit dem Organigramm als Organisationsstruktur des Unternehmens zu tun, obwohl dazu Bezüge bestehen.

Hier wird auf diese Organisationseinheiten nur insoweit eingegangen, als sie im Testbeispiel benötigt werden.

Zunächst sind diese organisatorischen Voraussetzungen zu schaffen, die - wie gesagt - noch wenig Bezug zum eigentlichen Thema Kostenstellenrechnung haben.

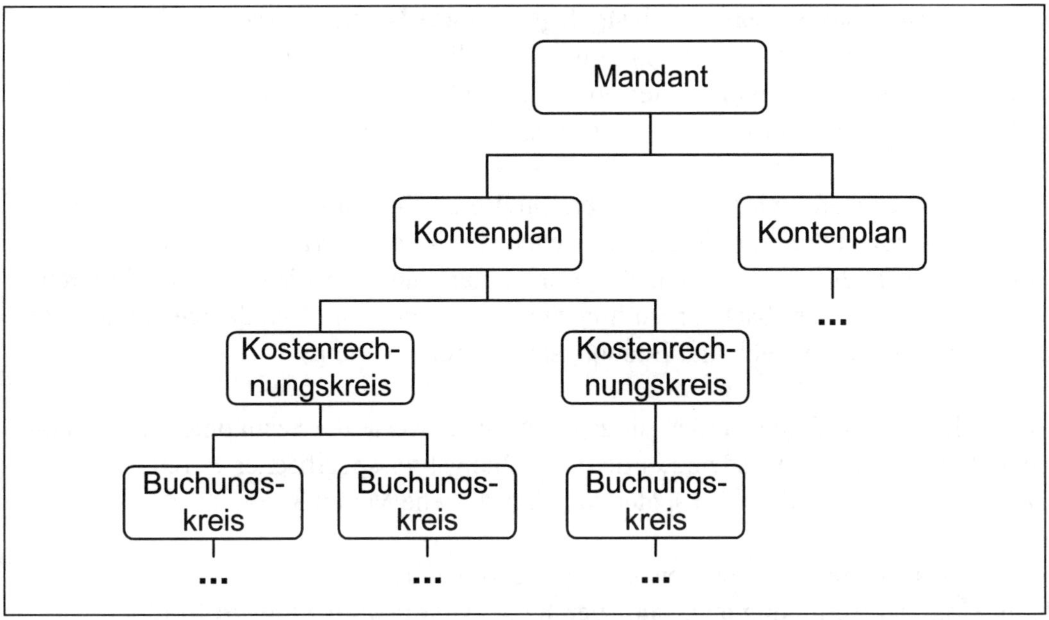

Bild 3.1/3 (Modul 1): SAP-Hierarchie der Organisationseinheiten (Ausschnitt)

Mandant ist der oberste Begriff in dieser Hierarchie von Abrechnungsbegriffen. Alles was auf Mandantenebene festgelegt wird, gilt damit automatisch für alle untergeordneten SAP-Abrechnungsbegriffe, insbesondere den Buchungskreis. Das ist sozusagen ein Rationalisierungsvorteil: mit der Festlegung auf Mandantenebene spart man sich, in jedem Buchungskreis immer wieder dieselben Festlegungen zu treffen.

Weil der Begriff Mandant so abstrakt ist, kann man - mit gewissen Vorbehalten - eine Entsprechung formulieren: Alles was unter dem Begriff Mandant festgelegt wird, wird mit der Abrechnung eines **Konzerns** verbunden. Die Tochtergesellschaften würden unter einem Buchungskreis abgerechnet.

Der **Buchungskreis** dient zur Abrechnung der **selbständig bilanzierenden Einheit**, d. h. einer Organisationseinheit (ob mit Rechtsform oder nicht), die einen eigenen Jahresabschluß mit Bilanz und GuV aufstellt.

Mandant und Buchungskreis stehen im Verhältnis **1:n** (einem Mandanten können mehrere Buchungskreise zugeordnet werden).

Wenn man den Konzern als Beispiel nehmen darf: ein Konzern kann mehrere Töchter haben. Deshalb steht der Mandant in dieser Hierarchie über dem Buchungskreis.

Was wird auf Mandantenebene festgelegt, was auf Buchungskreisebene?
Auf Mandantenebene wird z. B. ein Teil der Kreditorendaten wie Kreditorennummer, -adresse festgelegt (das wird später noch ausgeführt, siehe Modul 3); diese Kreditorendaten gelten somit für alle Buchungskreise des Mandanten.

Auf Mandantenebene wird des weiteren ein Verzeichnis aller Kontenpläne geführt, die in dem Mandanten zur Verfügung stehen; in diesem Verzeichnis steht die Kontenplannummer, die Bezeichnung des Kontenplans und die Länge der Sachkontennummer (die einzelnen Sachkonten hingegen stehen nicht im Mandanten sondern sie sind auf Kontenplanbereich und Buchungskreisbereich verteilt).

Auf Buchungskreisebene werden hingegen beispielsweise die Sachkonten der Hauptbuchhaltung angegeben, jedenfalls deren buchungskreisspezifischer Bereich wie das Abstimmkonto. Auch das wird später ausgeführt, siehe Modul 3.

Wenn man schon das Konzernbeispiel herangezogen hat:
Hat die Mandantenbildung etwas **mit der Konzernkonsolidierung zu tun?**
Oft wird die Vermutung geäußert, daß durch die Zuordnung von Buchungskreisen/Tochtergesellschaften zu einem Mandanten/Konzern die Konsolidierung der

Tochtergesellschaften zur Konzernbilanz ermöglicht würde (Konsolidierung meint hier die Herausrechnung von Innenlieferungen und die Kürzung des Eigenkapitals der Tochter gegen den Beteiligungsansatz bei der Mutter). Das ist aber ein eher peripherer Gesichtspunkt, da die Konsolidierung nur ausnahmsweise auf Transaktionsniveau (einzelner Geschäftsvorfall) läuft, sondern in einem verdichteten Niveau in Berichtszeilen als Zusammenfassungen von Konten (die wieder Zusammenfassungen von Geschäftsvorfällen enthalten). Auch ist es naiv, sich vorzustellen, daß etwa weltweit alle Tochtergesellschaften eines Konzerns im SAP-System und dort in einem Mandanten laufen).

Vergessen wir daher lieber das Konzernbeispiel wieder (es hat als Eselsbrücke ausgedient) und halten abstrakt fest:

Der **Mandant** ist ein System, in dem alle betriebswirtschaftlichen Anwendungen integriert mit derselben Datenbasis arbeiten. Daraus folgert, daß man in einem Mandaten auch buchungskreisübergreifende Festlegungen treffen kann.

Mandant im SAP-Sinn ist also nicht allgemein-betriebswirtschaftlich (als Kunde oder Klient) zu verstehen. In der Regel werden in einer Firma mindestens ein Testmandant für Eigenentwicklung, ein Schulungsmandant und ein Produktivmandant geführt.

Warum sind **Kostenrechnungskreise über den Buchungskreisen** angesiedelt?
Unter einem Kostenrechnungskreis wird eine einheitliche Kostenrechnung betrieben. Daß eine Kostenrechnung mehrere Buchungskreise umfaßt, kann dann gewünscht sein, wenn man Umlagen von einer Gesellschaft/Buchungskreis zur anderen im Rahmen der Kostenrechnung durchführen können möchte (Man könnte natürlich auch einen Belastungsbeleg von der einen an die andere Gesellschaft erzeugen. Um diesen Umstand zu sparen, kann es sinnvoll sein, mehrere Buchungskreise in einer Kostenrechnung zu verarbeiten).

Warum steht der **Kontenplan oberhalb der Kostenrechnungskreise** und damit oberhalb der Buchungskreise?
Es kann gewünscht sein, mehrere Gesellschaften/Buchungskreise nach dem gleichen Kontenplan abrechnen zu lassen. Dies leuchtet immer allen Diskutanten schnell ein z. B. wegen der Vergleichbarkeit zwischen den Konzerngesellschaften. Eine weniger naive Vorstellung muß sich aber der Konsequenzen bewußt sein, die aus einem **einheitlichen Kontenplan** resultieren: es muß einen zentralen Kontenplanpfleger geben, der dazu noch in vielen Geschäftsfeldern der Konzerngesellschaften sachkundig ist. Bei heterogenen Gesellschaften (Gießereien und Großhandel z. B. in einem Konzern) entsteht im Kontenplan ein Ballast, der von allen mitgeschleppt werden muß (im

Großhandel gibt es keinen Ausschuß) und zu vergleichen gibt es auch nichts. Man diskutiere diese kurzschlüssigen Zentralisierungslösungen ausführlich, bevor man sie einführt. Das SAP-System sagt nur, daß die Möglichkeit besteht, mehrere Gesellschaften nach dem gleichen Kontenplan abzurechnen. Ob das sinnvoll ist, muß geprüft werden.

Daß der Kontenplan über dem Kostenrechnungskreis steht, kann damit begründet werden, daß die Kostenrechnungskonten bereits im Kostenrechnungskreis einheitlich für mehrere Buchungskreise festgelegt sind. Also darf der Kontenplan nicht unter den Kostenrechnungskreis greifen.

Organisationsstrukturen im Testbeispiel

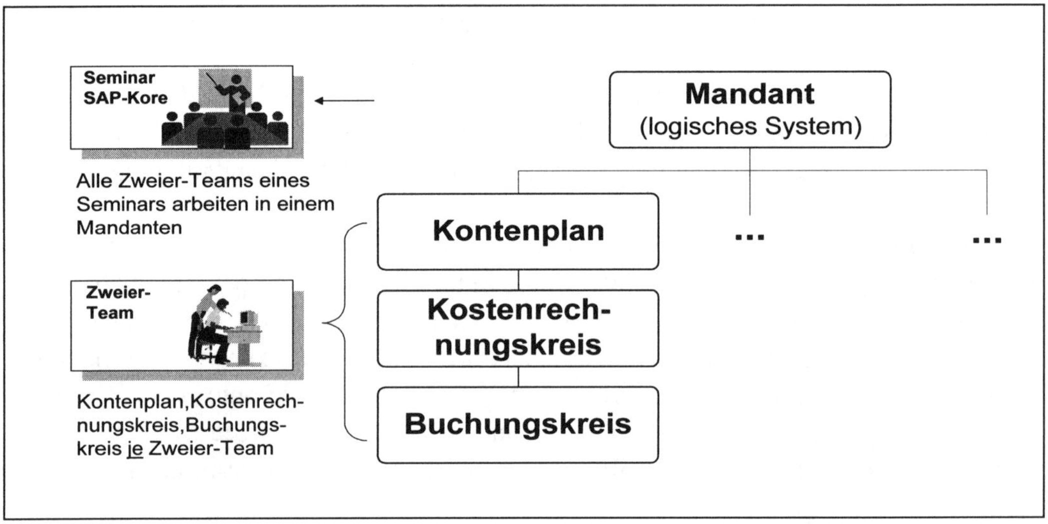

Bild 3.1/4 (Modul 1): Organisationsstrukturen im Testbeispiel

Das Testbeispiel ist so organisiert, daß 2-er-Teams das Gesamtsystem von Null an entwickeln und ihr eigenes Arbeitsergebnis erzielen können, unabhängig von den anderen Gruppen. Dadurch lernen die Teilnehmer den gesamten Umfang kennen und nicht nur Teilbereiche und sie können ihr Bearbeitungstempo unabhängig von den anderen Gruppen bestimmen.

Diese Konzeption bedingt, daß die Gruppen in "ihrem eigenen" Buchungskreis arbeiten (eine Mandantenkopie pro Gruppe würde zuviel Speicherplatz benötigen).

Im konkreten Fall wird im Mandanten xyz gearbeitet (xyz steht für die Nummer des Mandanten, den der Systemadministrator für das Seminar zur Verfügung stellt).

Einführungsleitfaden (Implementation Guide, IMG)

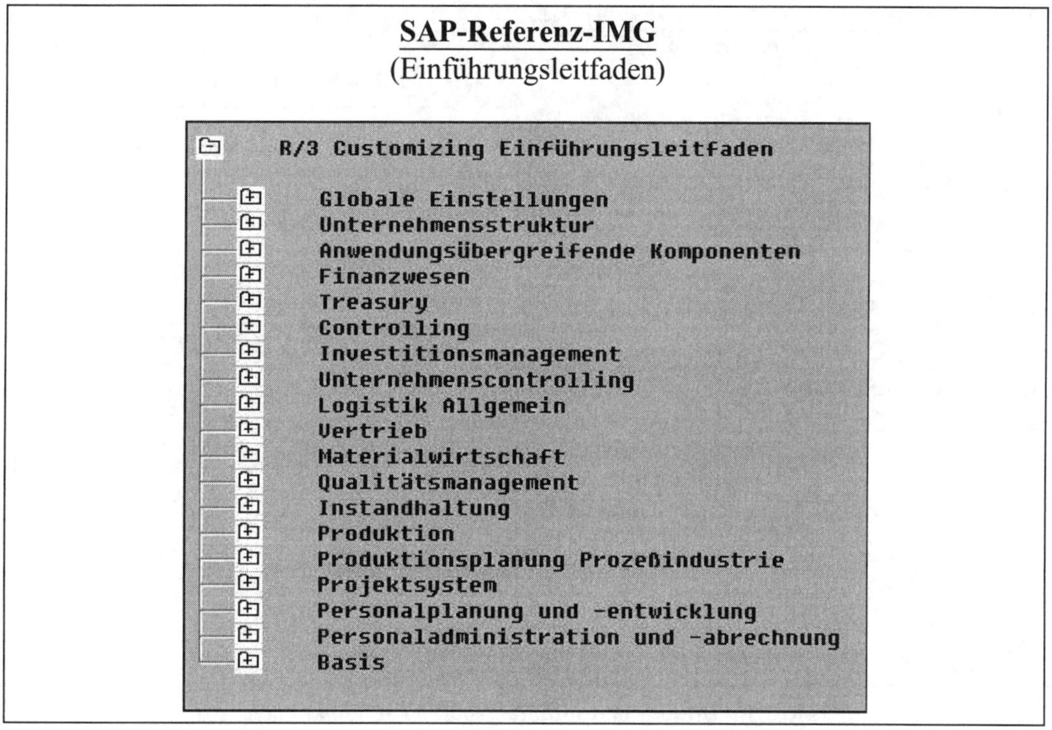

Bild 3.1/5 (Modul 1): Einführungsleitfaden: Struktur

Für das Customizing (kundenspezifische Anpassung) bei Systemeinrichtung und späteren Änderungen steht der Einführungsleitfaden (IMG) zur Verfügung. Er führt online durch **alle Funktionen für die Einrichtung des SAP-Systems** und für die laufende Einstellung nach dem "Produktionsstart".
Er ist nach Anwendungsbereichen (Finanzwesen, Controlling,...) gegliedert und innerhalb der Anwendungsbereiche sind die Arbeitsschritte nach der **Reihenfolge der Bearbeitung** angeordnet.

Der Euphorie, daß damit endlich eine Art komplette Checkliste für die Einführung zur Verfügung steht, folgt die Ernüchterung auf dem Fuße, wenn man die Länge dieser Checkliste mit allen Unterpunkten sieht. Aber im Prinzip ist der IMG schon eine gute Sache. Die „Reihenfolge" ist eine *grobe* Reihenfolge, die nicht ausschließt, daß man auch einmal zurückspringen muß.

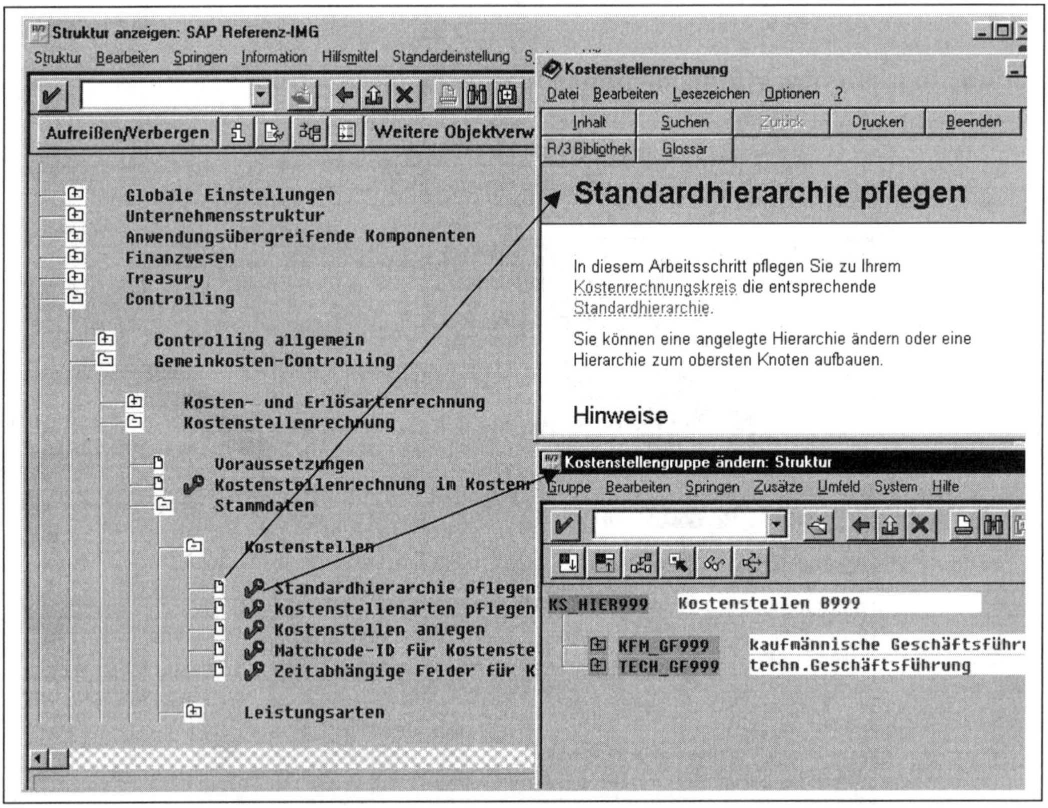

Bild 3.1/6 (Modul 1): Einführungsleitfaden: Funktionen

Aus dem Einführungsleitfaden (IMG) kann sowohl in die Dokumentation als auch ins Customizing (die Customizing-Transaktion) gesprungen werden.

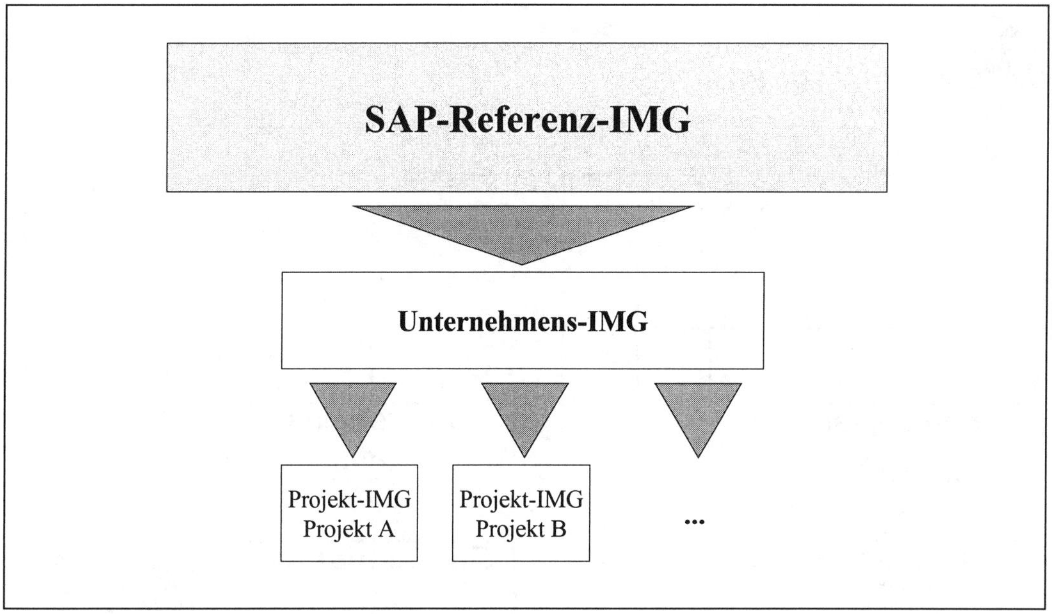

Bild 3.1/7 (Modul 1): Sichten auf den Einführungsleitfaden

Aus dem allumfassenden SAP-Referenz-IMG kann man unternehmens- oder projektspezifische Auswahlen (Sichten) treffen.

Für das Testbeispiel wird im allumfassenden SAP-Referenz-IMG gearbeitet und keine spezifische Auswahl getroffen.

Was ist zu tun?

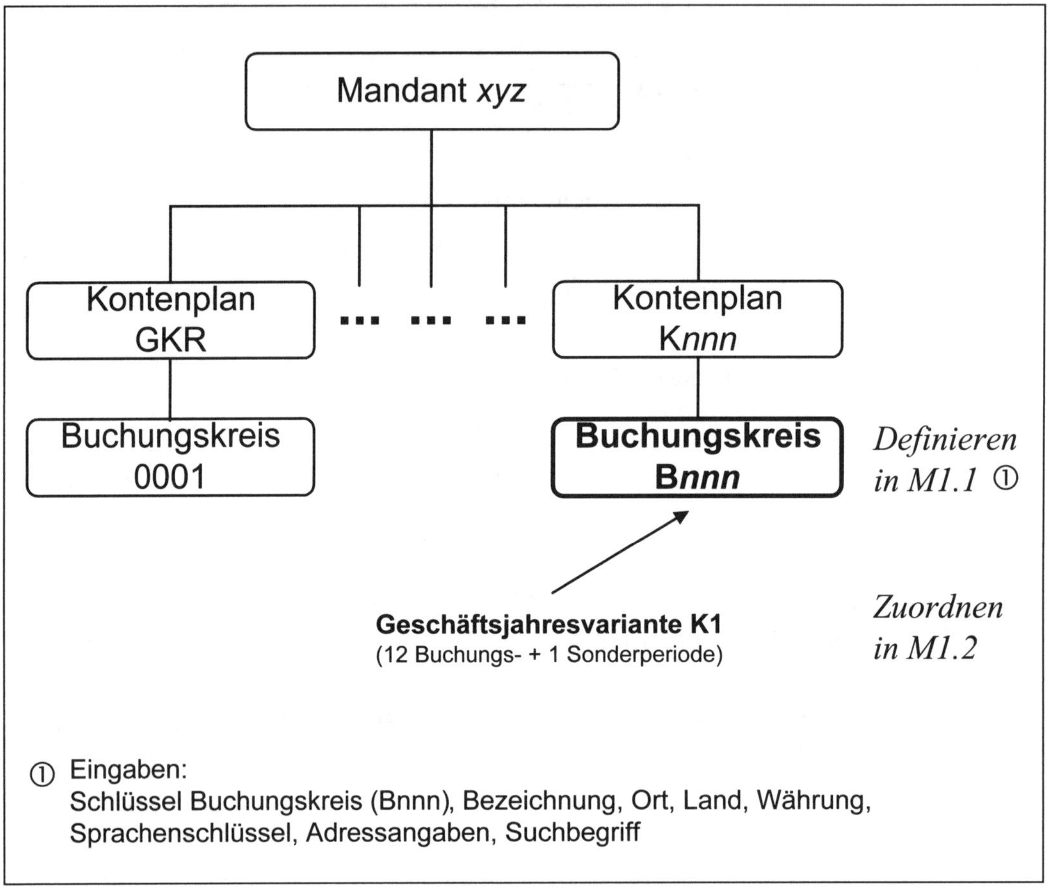

Bild 3.1/8 (Modul 1): Überblick Modul 1

Buchungskreis anlegen

Dem Mandanten wird pro 2-er-Team ein eigener Buchungskreis zugeordnet. Dazu wird zunächst nur eine Nummer (ein Schlüssel) für den Buchungskreis vergeben, unter der später die jeweilige Gruppe ihre sämtlichen Eingaben (Buchungen) tätigen wird (zur Unterscheidung der Gruppen wurde hier eine dreistellige Nummer vergeben).

Da dies ein Customizing-Punkt ist, d. h. das System eingerichtet wird (im Gegensatz dazu: das eingerichtete System wird angewendet) erfolgt der Einstieg über den **Einführungsleitfaden (Implementation Guide, IMG)**.

Zum Buchungskreis werden Angaben über die Bezeichnung, den Firmenort, das Land, die Währung, die Sprache, Adressangaben und Suchbegriff gemacht.

Geschäftsjahresvariante ansehen und dem Buchungskreis zuordnen
Das Geschäftsjahr ist in Buchungsperioden (Monate) aufgeteilt und es kann ein vom Kalenderjahr abweichendes Geschäftsjahr gewählt werden. Diese Festlegungen sind zu treffen und dem Buchungskreis zuzuordnen.

Schon an diesem kleinen Beispiel merkt man, wie die SAP-Software aufgebaut ist: es wird eine Definition über die Geschäftsjahresvariante getroffen, aber noch losgelöst von einem Buchungskreis. Das bedeutet, daß diese Definition des Geschäftsjahres in mehreren Buchungskreisen verwendet werden könnte (man braucht das Geschäftsjahr nicht mehrmals, sondern nur einmal anlegen). Dann ist aber in einem weiteren Schritt durch Zuordnung zu einem oder mehreren Buchungskreisen zu erklären, daß die Geschäftsjahresvariante für einen bestimmten Buchungskreis gelten soll. Diese zunächst umständlich anmutende Vorgehensweise (losgelöst definieren und dann zuordnen) ist sinnvoll, um einen Baustein (wie die Geschäftsjahresvariante) öfter verwenden zu können und damit Mehrfacharbeiten und Fehler bei wiederholter Eingabe zu sparen.

Im Beispiel werden 12 Buchungsperioden und 1 Sonderperiode festgelegt. In der Sonderperiode werden nach Buchhalterart Abschlußbuchungen vorgenommen. Das können Buchungen sein, die das Gesamtjahr betreffen (z. B. Wertberichtigungen, die man nicht monatlich vornimmt, sondern nur einmal jährlich) und die daher nicht in den 12. Monat, sondern besser in die 13. bzw. Sonderperiode gehören.

In dem Testbeispiel wird eine auf Mandantenebene bereits vordefinierte Geschäftsjahresvariante benutzt, die nicht anzulegen, sondern nur anzusehen ist.

Anzeige	Eingabe/Auswahl

Modul 1: Customizing Organisationsstruktur Finanzbuchhaltung

	Das für das Testbeispiel notwendige Customizing soll im (allumfassenden) SAP-Referenz-IMG erfolgen. Hier sollen zunächst die für das Anlegen von Sachkonten- und Kreditorenstammsätzen notwendigen Einstellungen im Modul FI vorgenommen werden. Später wird dann noch das erforderliche Customizing im R/3-Modul CO (Modul 4 und 6), Customizing für das Buchen im FI (Modul 8) und Customizing für das Berichtswesen des CO (Modul 11) durchgeführt.

M1.1 Buchungskreis anlegen

Der *Buchungskreis* stellt eine selbständige bilanzierende Einheit dar. Im Buchungskreis werden die Geschäftsvorfälle des externen betrieblichen Rechnungswesens abgebildet.
Bevor das System FI (Finanzbuchhaltung) eingesetzt werden kann, muß als Mindeststruktur ein Buchungskreis vorhanden sein.

	Im aktuellen Mandanten sind bereits einige Buchungskreise vorhanden. Für das Testbeispiel sollen Sie jedoch (pro Gruppe bzw. PC) Ihren eigenen Buchungskreis anlegen.
SAP-Eingangsmenü	Wählen Sie im SAP-Eingangsmenü: **Werkzeuge -** **Business Engineering** **Customizing**
Sie gelangen in das **Customizing-Menü**	Wählen Sie im Customizing-Menü: **Einführungsprojekte -** **SAP Refer.-IMG anz.**

Anzeige	Eingabe/Auswahl

Hierarchie des **SAP-Referenz-Leitfadens:**

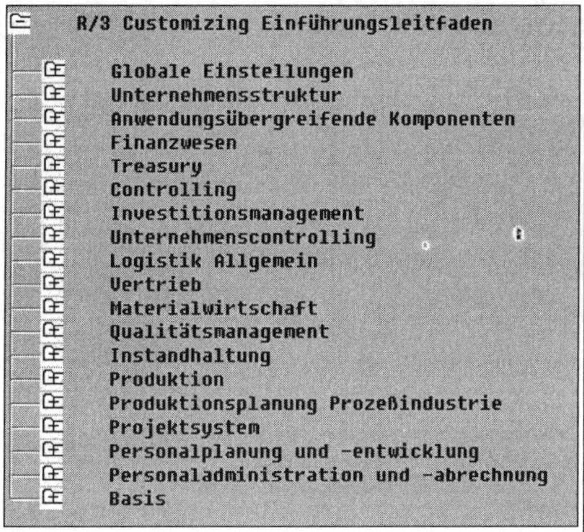

Die Ikonen ⊞ bzw. ⊟ zeigen an, daß unter einem Knoten der Hierarchie noch weitere (verborgene) bzw. keine weiteren Strukturtitel (Unterebenen) hängen.

Wählen Sie (jeweils durch Klicken auf ⊞ zur Anzeige von Unterebenen) in der Hierarchiestruktur:

Unternehmensstruktur –
Strukturpflege -
Definition -
Finanzwesen

Unterebenen des Knotens „Unternehmensstruktur":

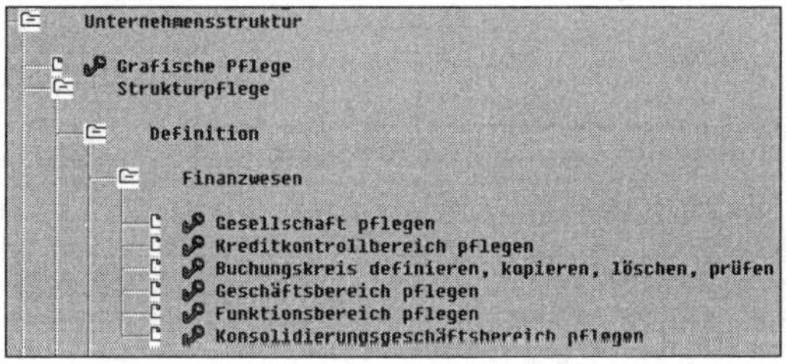

Doppelklicken Sie (auf das Symbol 🗋 oder den Text) in die Zeile:

Buchungskreis definieren, kopieren, löschen, prüfen

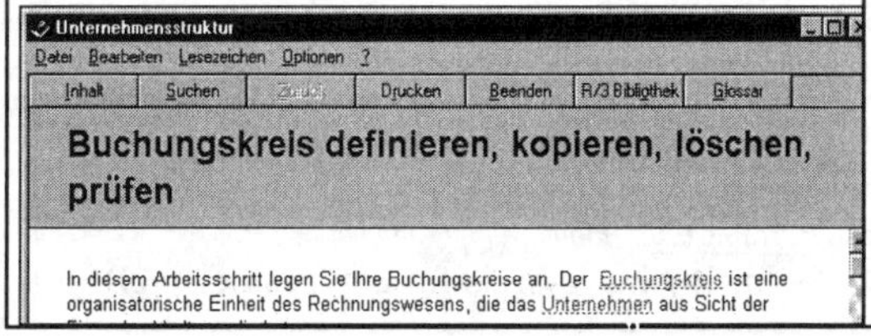

<table>
<tr><th>Anzeige</th><th>Eingabe/Auswahl</th></tr>
<tr><td></td><td>Die entsprechende Dokumentation kann nachgelesen werden.

Klicken Sie (nach dem Lesen) auf
[Beenden]

Klicken Sie auf das Symbol vor
Buchungskreis definieren, kopieren, löschen, prüfen</td></tr>
<tr><td>

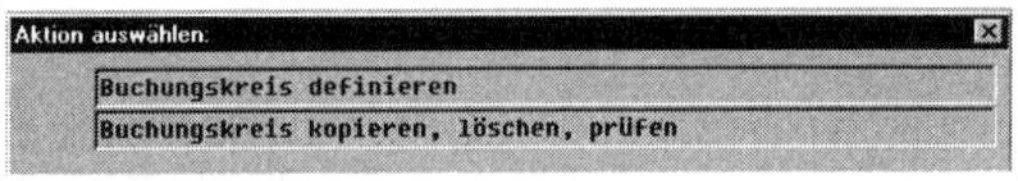

</td><td>Doppelklicken Sie auf
Buchungskreis definieren</td></tr>
<tr><td>

</td><td>Klicken Sie auf
[Neue Einträge]</td></tr>
<tr><td>Bildschirm "Neue Einträge: Detail Hinzugefügte":

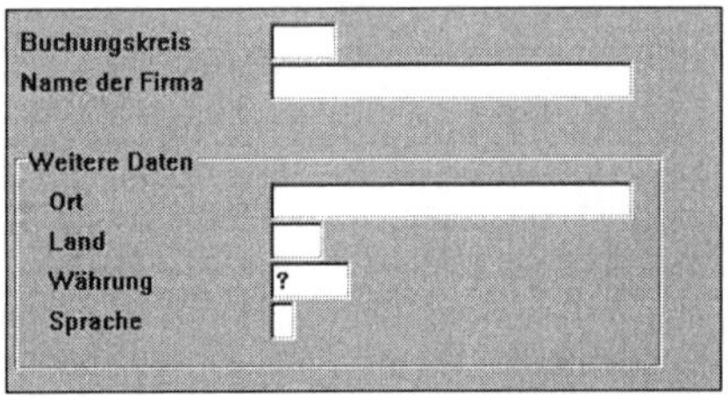

</td><td>Der Bildschirm enthält ein **Muß-Feld**, d.h. ein Feld mit Eingabepflicht.</td></tr>
<tr><td colspan="2">***Muß-Felder* werden im R/3-System in der Regel durch Fragezeichen (?) gekennzeichnet. Eingabefelder ohne Eingabepflicht werden als *Kann-Felder* bezeichnet.**</td></tr>
<tr><td></td><td>Eingabe in Feld
<u>*Buchungskreis*</u>: ***B****nnn, nnn = Nummer des PCs*
(= Ihr Buchungskreis für das Testbeispiel)</td></tr>
</table>

<table>
<tr><th>Anzeige</th><th>Eingabe/Auswahl</th></tr>
<tr><td></td><td>Name d. Firma: SAP-Kostenrechnung nnn,
nnn = Nr.d.PCs

Ort: Dortmund

Land:
Klicken Sie auf
(= Wertehilfe, Dropdownlisten-Pfeil)</td></tr>
<tr><td>Länderschlüsseltabelle (Liste der möglichen Eingabewerte):
<table>
<tr><th colspan="3">Länderschlüssel</th></tr>
<tr><th>Lnd</th><th>Bezeichnung</th><th>Nationalität</th></tr>
<tr><td>AD</td><td>Andorra</td><td>andorranisch</td></tr>
<tr><td>AE</td><td>Ver.Arab.Emir.</td><td>d. Verein. Arab</td></tr>
<tr><td>AF</td><td>Afghanistan</td><td>afghanisch</td></tr>
<tr><td>AG</td><td>Antigua/Barbuda</td><td>antiguanisch</td></tr>
<tr><td>AI</td><td>Anguilla</td><td></td></tr>
<tr><td>AL</td><td>Albanien</td><td>albanisch</td></tr>
<tr><td>AM</td><td>Armenien</td><td>armenisch</td></tr>
<tr><td>AN</td><td>Niederl.Antill.</td><td>niederländisch</td></tr>
</table></td><td></td></tr>
<tr><td></td><td>Wählen Sie (durch Doppelklick) für Feld Land aus der Länderschlüsseltabelle:
Land: DE
(= Länderschlüssel für Deutschland)</td></tr>
<tr><td>Währungstabelle</td><td>Wählen Sie über Dropdownlisten-Pfeil für Feld Währung (=Muß-Feld) aus der Währungstabelle:

Währung: DEM
(= Währungsschlüssel für Deutsche Mark)</td></tr>
<tr><td>Sprachentabelle</td><td>Wählen Sie über Dropdownlisten-Pfeil für Feld Sprache aus der Sprachentabelle:

Sprache: D
(= Sprachenschlüssel für Deutsch)

Klicken Sie auf
(= Symbol Adresse)</td></tr>
</table>

Anzeige	Eingabe/Auswahl
Bildschirm für Adressangaben zum Buchungskreis: 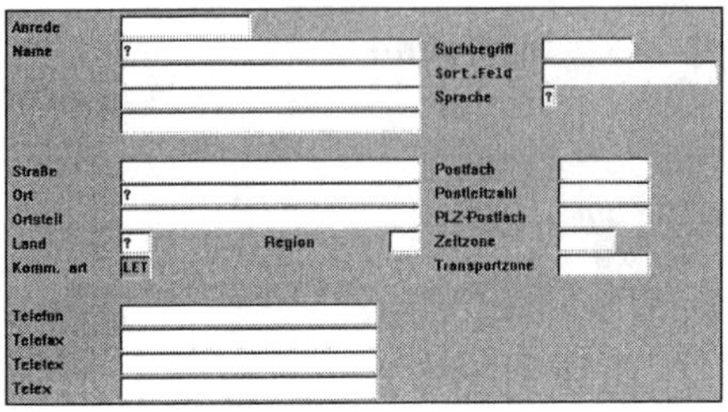	
	Geben Sie in die Muß-Felder ein bzw. wählen Sie über Dropdownlisten-Pfeile aus: *Name:* *Nachname* (= '*Nachname*' ersetzen durch eigenen Nach- bzw. Gruppennamen) *Sprache:* ***D*** *Ort:* ***Dortmund*** *Postleitzahl:* ***44047*** *Land:* ***DE*** Klicken Sie auf (= Symbol Sichern)
	Adressdaten werden gesichert.
Bildschirm "Neue Einträge: Detail Hinzugefügte"	Klicken Sie auf (= Symbol Sichern) Daten werden gesichert. **Buchungskreis ist angelegt**.
	Klicken Sie auf (= Symbol Beenden)
Fenster "Aktion auswählen"	Schließen Sie das Fenster "Aktion auswählen"
Bildschirm „Struktur anzeigen: SAP Referenz-IMG“	Klicken Sie auf ⊟ vor **Unternehmensstruktur**

Anzeige	Eingabe/Auswahl
Sämtliche Unterebenen des Knotens „Unternehmensstruktur“ sind wieder verborgen.	

M1.2 Geschäftsjahresvariante ansehen und dem Buchungskreis zuordnen

Ein *Geschäftsjahr* wird in *Buchungsperioden* gegliedert. Diese müssen im System definiert werden und dem Buchungskreis zugeordnet werden.
Bei der Definition von Geschäftsjahr und Buchungsperioden ist man nicht an Kalenderjahr oder -monat gebunden. Neben den Buchungsperioden können *Sonderperioden* für den Jahresabschluß definiert werden.

Im Mandanten existieren bereits einige Standard-Geschäftsjahresvarianten. Für das Testbeispiel soll die Standardvariante K1 verwendet werden.

Geschäftsjahresvariante ansehen:

Wählen Sie in der Hierarchiestruktur:

Finanzwesen -
Grundeinstellungen Finanzwesen -
Geschäftsjahr

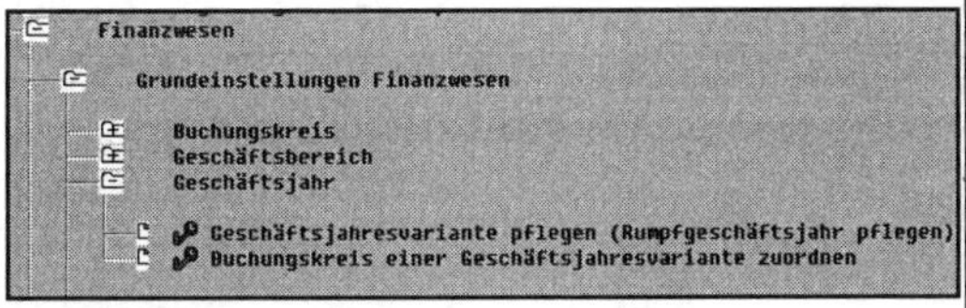

Klicken Sie auf das Symbol vor
Geschäftsjahresvariante pflegen ...

Bildschirm „Konfiguration Buchhaltung pflegen: GJVarianten-Liste“

Doppelklicken Sie auf Geschäftsjahresvariante:
K1

Detailbild:

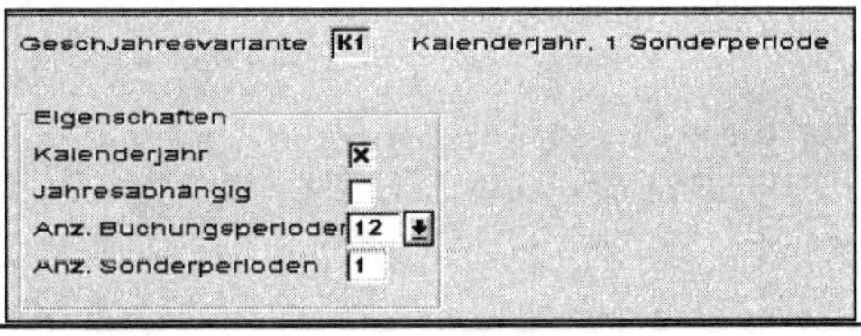

Anzeige	Eingabe/Auswahl
Bildschirm „Struktur anzeigen: SAP Referenz-IMG“	Bei Geschäftsjahresvariante **K1,** die für die Buchungen dieses Testbeispiels verwendet werden soll (s.u.), stimmen die Buchungsperioden mit den Monaten des Kalenderjahrs überein. Das Geschäftsjahr ist in 12 Buchungsperioden und eine Sonderperiode für den Abschluß unterteilt. Klicken Sie auf (= Symbol Beenden)
	Geschäftsjahresvariante dem Buchungskreis zuordnen: Klicken Sie auf das Symbol vor **Buchungskreis einer Geschäftsjahresvariante zuordnen**
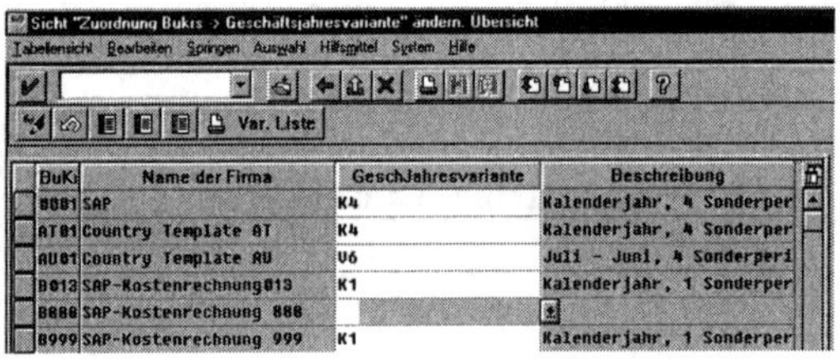	Eingabe bzw. Auswahl () hinter Ihrem (!) Buchungskreis B*nnn* : *GeschJahresvariante:* ***K1*** (= Geschäftsjahresvariante für Ihren Buchungskreis) Klicken Sie auf (= Symbol Sichern) Daten werden gesichert; Geschäftsjahresvariante K1 Ihrem Buchungskreis zugeordnet.
Bildschirm „Struktur anzeigen: SAP Referenz-IMG“	Klicken Sie auf (= Symbol Beenden)
Unterebenen des Knotens „Grundeinstellungen Finanzwesen“ werden ausgeblendet.	Klicken Sie auf vor **Grundeinstellungen Finanzwesen**

Modul 2: Customizing Stammdaten Finanzbuchhaltung

Es folgen einige Grundlagen zur **Organisation der Buchhaltung**

Stammdaten und Bewegungsdaten

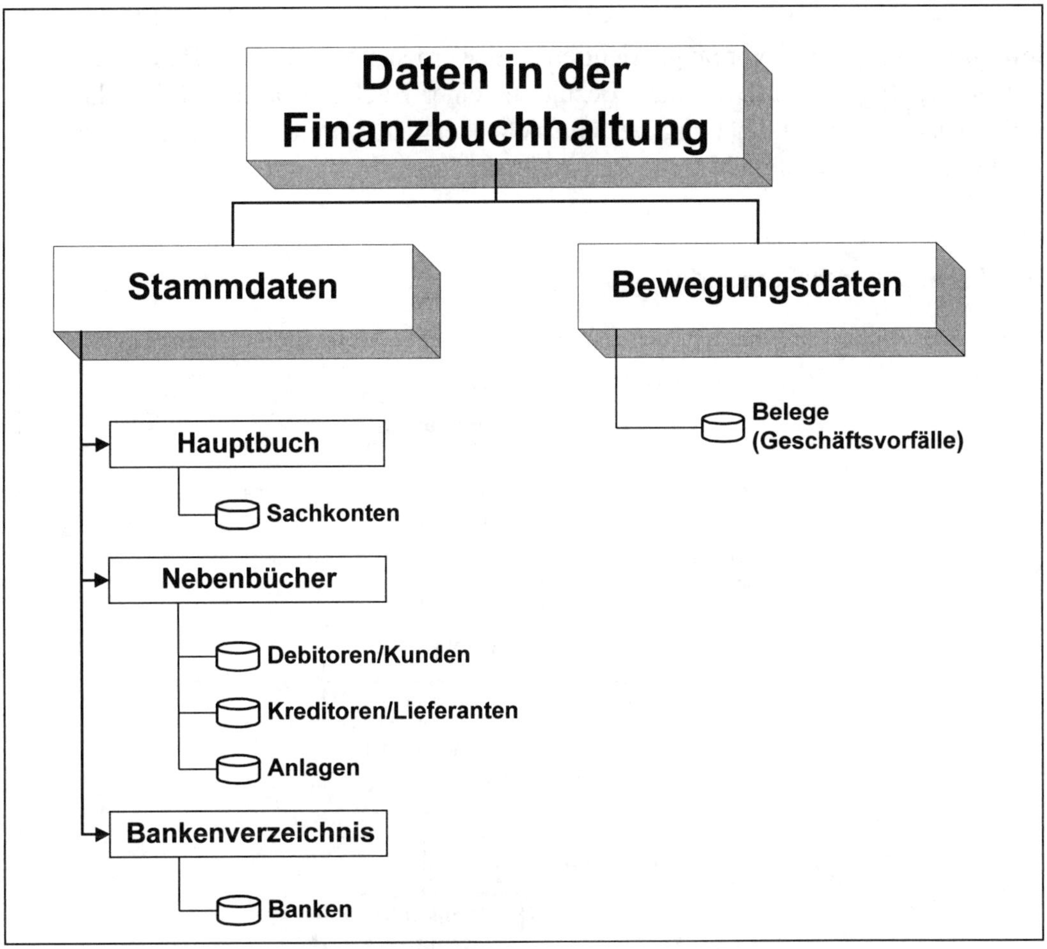

Bild 3.1/9 (Modul 2): Daten in der Buchhaltung

Aus der Gesamtheit aller Konten werden die Kundenkonten (Debitoren) und die Lieferantenkonten (Kreditoren) wegen ihrer großen Anzahl und der Besonderheiten (Zahlungsverkehr) in Nebenbuchhaltungen ausgegliedert. Ebenso die Anlagekonten. Auch die Bankkonten kann man wegen der besonderen Erfassungsmasken (Bildschirmbilder) ausnehmen. Der verbleibende Rest sind die Sachkonten.

Stammdaten werden vor Aufnahme des laufenden Betriebs angelegt. Sie haben keinen Bezug zu einer Buchungsperiode (Monat).
Beispiel: Adresse des Lieferanten/Kreditors. Die Daten gelten solange, bis sie geändert werden. Daß sich Stammdaten eher selten ändern, ist eine etwas ungenaue Sprechweise: das kann der Fall sein; wenn sie dagegen häufig geändert werden, bleiben es doch Stammdaten. Das bessere Unterscheidungsmerkmal zu den Bewegungsdaten bleibt - wie gesagt - daß kein Bezug zu einer Buchungsperiode besteht.

Bewegungsdaten sind vorgangsorientiert und werden im laufenden Betrieb permanent hinzugefügt. Sie haben einen Bezug zu einer Buchungsperiode (über das Datum), Beispiel: Umsatzbuchung bezieht sich über das Datum auf einen Monat/ein Quartal usw. Im nächstem Monat gibt es wieder Umsatzbuchungen usw.

Umfeld: Sachkontenstammdaten

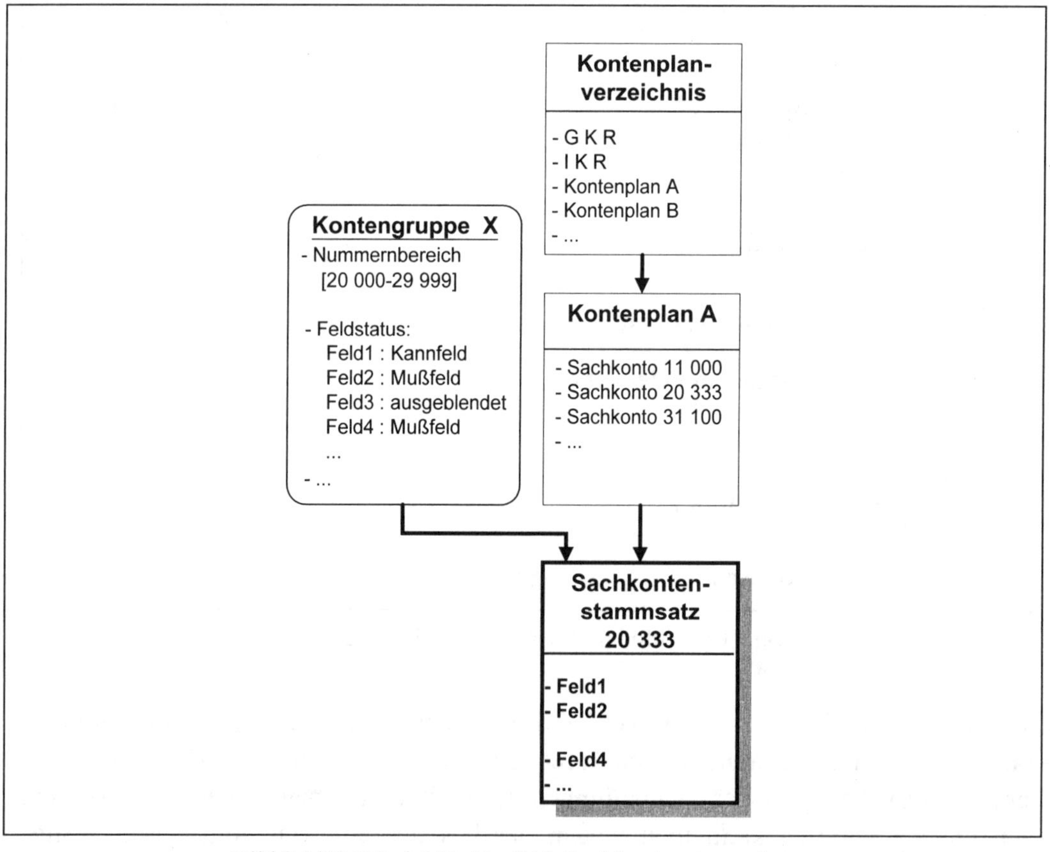

Bild 3.1/10 (Modul 2): Umfeld: Sachkontenstammdaten

Das Bild zeigt Objekte, die für das Anlegen und Verwalten von Sachkonten eine zentrale Rolle spielen:

- Kontengruppe
- Kontenplan

Beginnen wir mit dem **Kontenplan**. Das Sachkonto, d. h. seine Stammdaten haben Bezug zu einem Kontenplan. Der Kontenplan als Gesamtheit von Konten wird durch eine Kontenplannummer (Schlüssel) identifiziert, die im Kontenplanverzeichnis (Verzeichnis aller Kontenpläne eines Mandanten) eingetragen werden muß. Weitere Angaben außer der Nummer sind die Bezeichnung, die Sprache und die Länge der Sachkontennummern.

In dem Testbeispiel wird ein eigener Kontenplan verwendet (der durch Anlage der entsprechenden Konten-Stammdaten unter der Kontenplannummer entsteht).

Das Konto muß immer einer **Kontengruppe** zugeordnet werden. Mit Hilfe der Kontengruppe lassen sich Konten gruppieren.

Die Kontengruppe steuert

- erstens den Bildschirmaufbau, d. h. das äußere Erscheinungsbild der Erfasungssungsmasken und damit - was wichtiger ist als das Äußere der Erfassungsmaske - den Umfang an Feldern, der im Sachkontenstammsatz gespeichert werden soll

- zweitens die Nummernkreise, aus denen die Nummern für die Sachkonten zu wählen sind

(beides wird noch ausgeführt, siehe unten).

Soweit die zwingenden Eingaben: zum Konto gehört zwingend ein Kontenplan, der in einem Kontenplanverzeichnis als existent deklariert wurde. Es muß außerdem zwingend eine Kontengruppe (Bildschirmaufbau, Nummernkreis) angegeben werden.

Kontengruppe

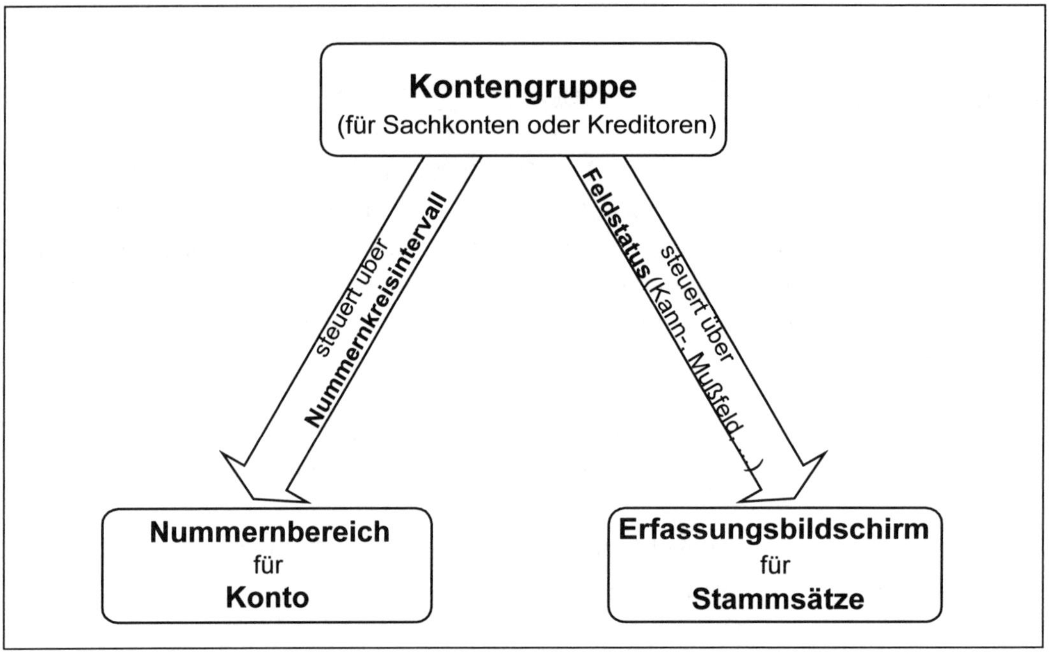

Bild 3.1/11 (Modul 2): Steuerungsfunktionen der Kontengruppe

Hier wird der SAP-Begriff **Kontengruppe** nun ausführlicher erläutert.

Der SAP-Begriff Kontengruppe regelt zunächst DV-technisch u. a. zwei Dinge:

1) den Bildschirmaufbau (das Bildschirmlayout) und damit den Satzaufbau
2) die Nummernkreise

Eine Kontengruppe wird später sowohl für Sachkonten als auch für Kreditoren benötigt. Hier erfolgt die Erörterung der Kontengruppe unabhängig davon, ob es sich später um Sachkonten oder Kreditoren handeln wird.

1) Bildschirmaufbau (das Bildschirmlayout)
Für die Kontengruppe wird pro Feld der "**Feldstatus**" festgelegt, d. h. ob das Feld **ein- bzw. ausgeblendet** werden und wenn eingeblendet, ob es ein **Kann- bzw. Muß-**Feld sein soll.

Feldstatus: ein- oder ausgeblendet,
wenn eingeblendet: Muß oder Kann

Bei der Eingabe der Sachkonten bzw. Kreditoren wird dann jeweils die Kontengruppe genannt (eingegeben), nach der die Stammdaten erfaßt werden sollen.

Beispiel: Das Sachkonto Energiekosten soll angelegt werden. Nachdem die Kontennummer, die Bezeichnung und der Erfolgskontentyp (siehe unten) eingegeben sind, wird die Kontengruppe (im Testbeispiel: ALLG) eingegeben. Von jetzt an "weiß das System", nach welchem Bildschirmlayout die weiteren Eingaben erfolgen sollen.

Hinweis: wenn später bei den Eingaben auf dem Bildschirm ein Feld überraschenderweise nicht erscheinen sollte, ist beim Customizen der Bildschirmlayouts (= Definition der Kontengruppe) ein Fehler gemacht worden und man muß noch einmal ins Customizing zurückkehren.

2) Nummernkreise
Mit dem Nummernkreisintervall wird der Bereich von Nummern festgelegt, aus dem die Kontennummer genommen werden darf.
Bei externer Nummerneingabe findet eine Überprüfung statt (ist die Kontonummer nicht aus dem zulässigen Nummernbereich, erscheint eine Fehlermeldung; über die Festlegung des zulässigen Nummernbereichs ist diese Prüfung der Kontennummer erst möglich).

Bei interner Nummernvergabe wird die Nummer aus dem zulässigen Intervall genommen.
Beim Sachkonto erfolgt externe Nummerneingabe. Beim Kreditor kann die Nummer extern eingegeben oder intern vergeben werden.

Aufbau der Bildschirmbilder für das Erfassen der Sachkontenstammdaten

Es war schon gesagt worden, daß die Kontengruppe, die bei jedem Konto zwingend einzugeben ist, die Bildschirmbilder (und Nummernkreise) steuert.
Die Steuerung der Bildschirmbilder bedeutet, daß je Feld der Feldstatus festgelegt werden muß, d. h. welche Eingabefelder auf dem Bildschirm eingeblendet werden oder ausgeblendet bleiben sollen; bei den auf dem Bildschirm eingeblendeten Feldern ist anzugeben, ob die Eingabe "Muß" oder "Kann" sein soll.

Aus dem Aufbau der Bildschirmbilder folgt zwangsläufig, daß auch die Datensätze anwenderspezifisch gefüllt werden. Beispiel: im Bildschirmbild wird ein Feld ausgeblendet; damit wird auf die Erfassung dieses Feldes im Datensatz verzichtet.

Die Felder sind zu Feldgruppen zusammengefaßt (Beispiel: Feldgruppe *Kontensteuerung* bestehend aus: *Währung, Kursdifferenzschlüssel, Steuerkategorie, Abstimmkonto für Kontoart*).

Wieder könnte man den Aufbau des Erfassungsbildschirms für *jedes* Konto angeben, was aber unrationell wäre, da man für viele gleichartig aufgebaute Konten ständig die gleichen Angaben wiederholen müßte. Daher sieht das SAP System vor, daß man diese Angaben (Ein-/Ausblenden, Muß/Kann-Feld) nur für eine Kontengruppe macht. Indem man beim Konto sagt, welcher Kontengruppe es zugehören soll, werden diese Angaben dann für das jeweilige Konto übernommen.

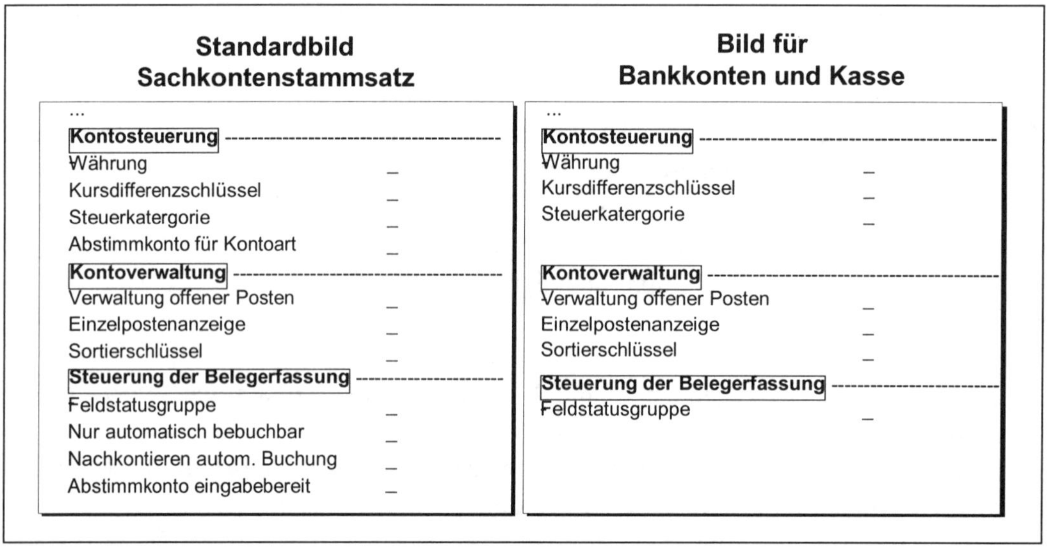

Bild 3.1/12 (Modul 2): Gestaltung der Bildschirmbilder für das Erfassen der Sachkontenstammdaten: Beispiel

In dem vorstehenden Bild soll zunächst nur das Verständnis dafür entstehen, daß aus der Vielzahl der möglichen Bildschirmfelder (Standardbild) für eine bestimmte Kontenart, Beispiel Bankkonten und Kasse, nur eine Auswahl aus dem Standardbild nötig ist, wodurch die Bilder übersichtlicher werden.

Es sei auf ein Feld namens "Feldstatusgruppe" im Standardbildschirm hingewiesen, das immer ein Mußfeld ist und damit in die Feldauswahl der Kontengruppe übernommen wird. Was es mit der

Feldstatusgruppe (eine SAP-Fehlbezeichnung) auf sich hat, wird später erklärt (Angabe/Identifizierung des *Buchungs*bildschirms, statt des Stammdatenbildschirms). Jedenfalls ist die Feldstatusgruppe nicht mit dem Feldstatus zu verwechseln.
Es ist immer haarscharf zu unterscheiden:

- Feldstatus (ein-/ausgeblendet, kann/muß)
- Feldgruppe (Gruppe von Feldern)
- Feldstatusgruppe (Angabe/Identifizierung des *Buchungs*bildschirms, statt des Stammdatenbildschirms)

Feldstatusgruppe

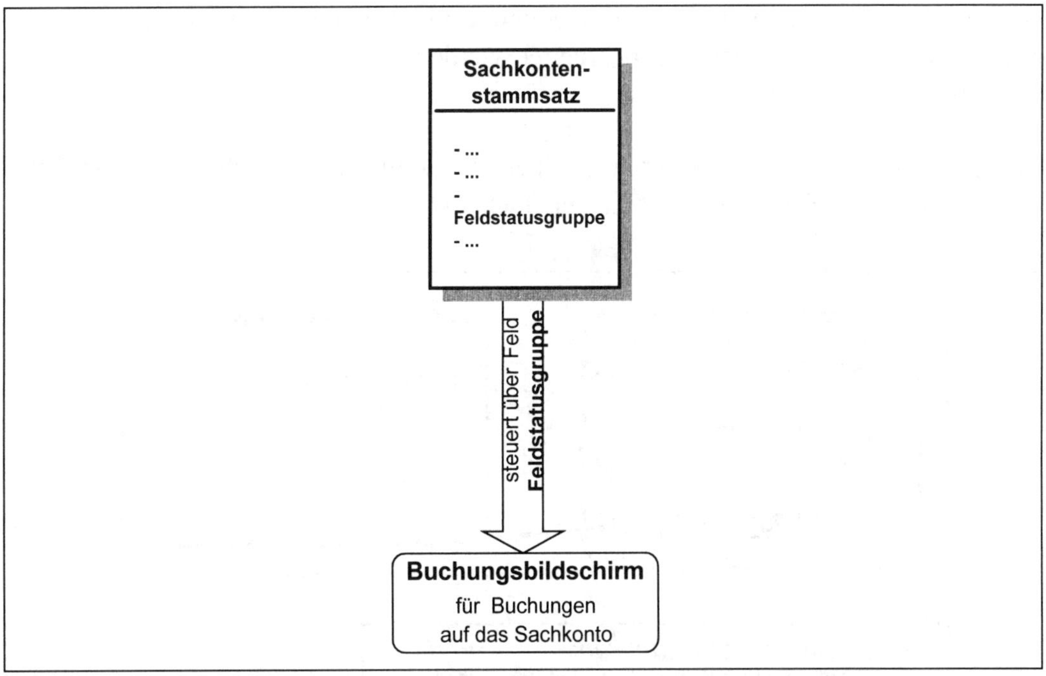

Bild 3.1/13 (Modul 2): Steuerungsfunktion der Feldstatusgruppe

Jetzt kommt eine etwas verwirrende Angelegenheit, weil die Bezeichnung **Feldstatusgruppe eher eine Fehlbezeichnung** ist. Besser würde man sagen: **Angabe über den Buchungsbildschirm** bzw. Identifizierung des Buchungsbildschirms (statt Stammdatenbildschirm).

Mit dem SAP-Begriff Feldstatusgruppe ist ein Feld im Bildschirmlayout des Sachkontos/besser Stammkontos (Sachkonto oder Kreditor) gemeint. Die Eintragung in diesem Feld regelt die Erfassung der *Buchungen* auf dem Konto.

Man muß unterscheiden:

- das **Sachkonto** (mit seinen Stammdaten)
  hierfür gibt es ein Bildschirmlayout (verteilt auf mehrere Bilder)
  und

- die **Buchungen** auf dem Sachkonto (über Belege)
  hier gibt es ein *anderes* Bildschirmlayout.
  Dieses Buchungs-Layout wird als Nummer im Sachkonten-Layout eingegeben und steht damit im Sachkontenstammsatz.

(Bei Kreditoren ist eine Feldstatusgruppe nicht erforderlich, weil Kreditoren in einem eigenen Menüpunkt einheitlich bearbeitet werden und keine verschiedenen Buchungslayouts erforderlich sind).

Die Sachkontenstammdaten werden in einem Bildschirmlayout erfaßt, das ein Feld enthält, in dem das Bildschirmlayouts der Buchungen geregelt wird.

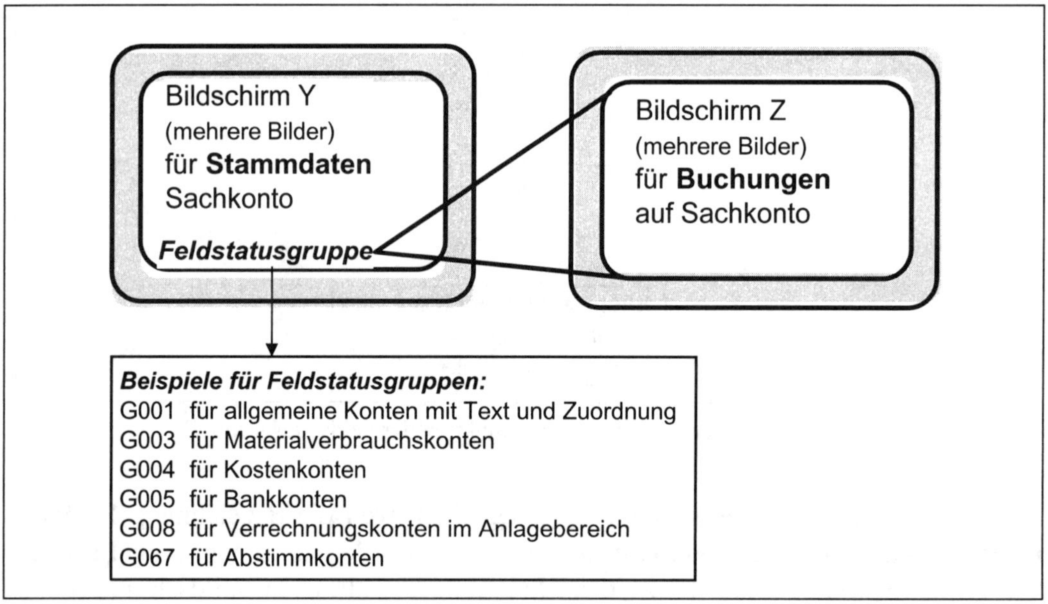

Bild 3.1/14 (Modul 2): Feldstatusgruppen

Und Abraham zeugte Isaak, und Isaak zeugte Jakob,...

Beispiel:
Sachkonto Energiekosten enthält ein Feld mit der Bezeichnung "Feldstatusgruppe". Dieses regelt, wie die *Buchungen* auf dem Energiekonto erfolgen, d. h. in welchem Bildschirmlayout (auf mehrere Bildschirme verteilt).

Warum zwei Layouts? Weil unterschiedliche Dinge erfaßt werden. Im Sachkonto wird z. B. kein Belegdatum erfaßt, weil die Sachkonten keinen Bezug zu einer Buchungsperiode haben, allenfalls Gültigkeitsbeginn und -ende der Stammdaten. In der Buchung ist aber ein Datum unbedingt erforderlich, um die Verbindung zur Buchungsperiode herzustellen.

Weiteres Beispiel: in den Sachkonten wird die Bezeichnung des Sachkontos erfaßt. In der Buchung auf das Sachkonto hat diese Bezeichnung nichts verloren.

Noch ein Beispiel: Im Sachkontenstammsatz wird kein Soll und Haben erfaßt, wohl aber in der Buchung, mit der die Konten bebucht werden.

Für das Wörterbuch SAPsch-Deutsch notieren wir:
SAPsch: Feldstatusgruppe
Deutsch: Angabe über den Buchungsbildschirm/Identifizierung des Buchungsbildschirms: (Bildschirmlayout für) Buchungen (Belegerfassung) auf dem Konto

Gestaltung der Bildschirmbilder für das Buchen auf Sachkonten

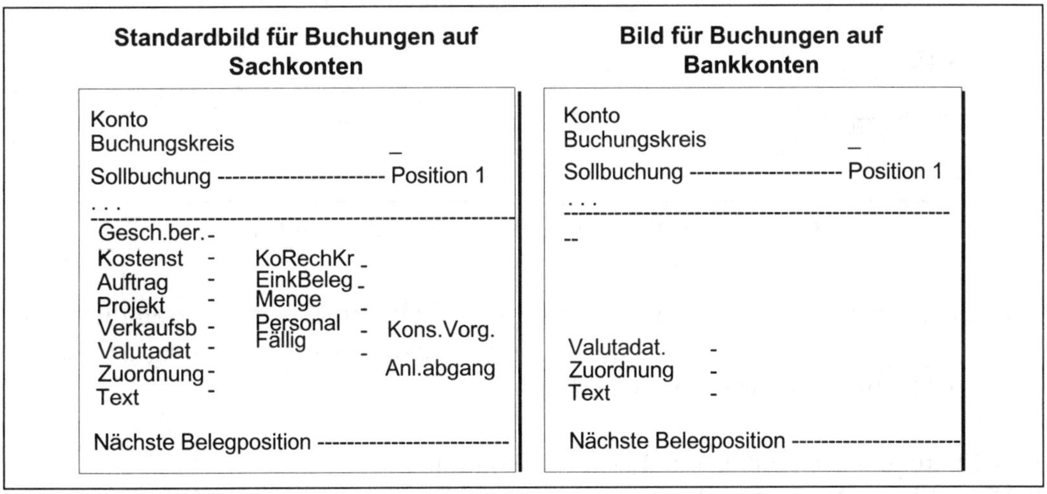

Bild 3.1/15 (Modul 2): Gestaltung der Bildschirmbilder für das Buchen

Auch für die Buchungsbildschirme gilt wieder, daß man je nach Kontenart (z. B. Bankkonten) eine Auswahl trifft aus den insgesamt möglichen Feldern (Standardbild) und die Bildschirme so von Anzeigen entlastet, die *in diesem Zusammenhang* (Bankkonten) nicht erforderlich sind. Beispiel: für die Buchung auf Bankkonten ist keine Angabe über eine Kostenstelle oder einen Auftrag erforderlich.

Feldstatusvarianten

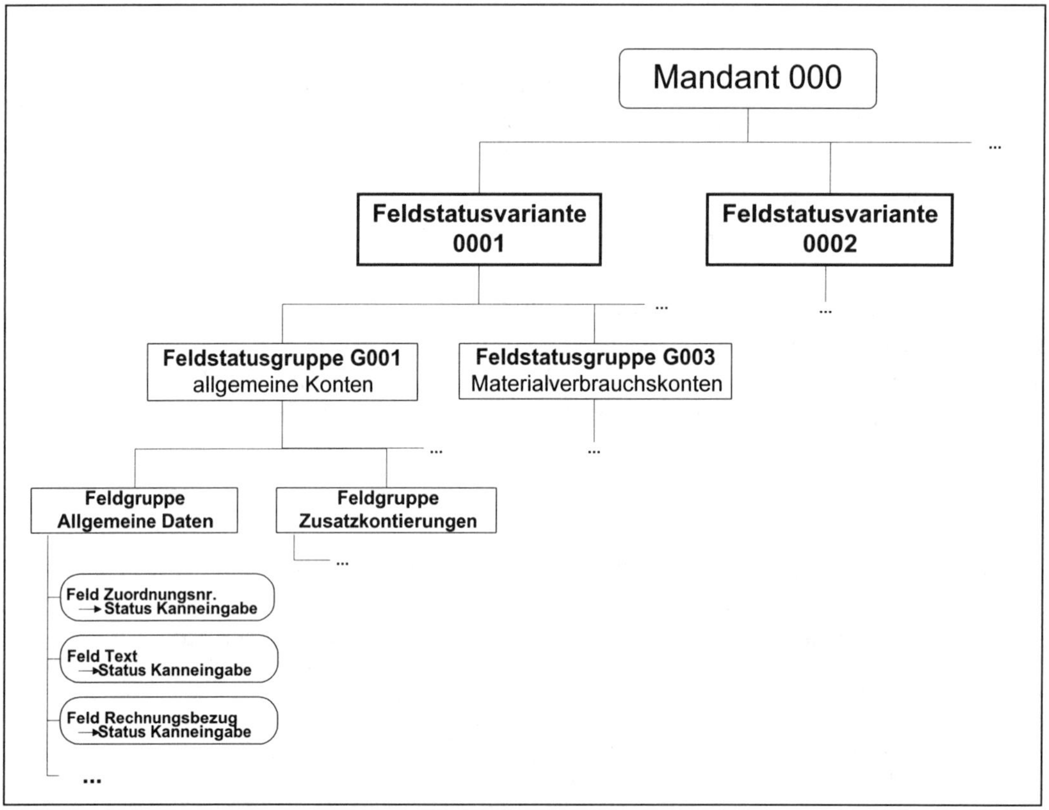

Bild 3.1/16 (Modul 2): Hierarchiestruktur der Feldstatusvarianten

Unter Feldstatusvariante versteht man eine von SAP vorgefertigte Gesamtheit von Feldstatusgruppen. Mit anderen Worten: für die Belegerfassung/Buchung ist bereits eine Anzahl von Bildschirmen vorgefertigt:

G001 für allgemeine Konten mit Text und Zuordnung
G003 für Materialverbrauchskonten

G004 für Kostenkonten
G005 für Bankkonten
G008 für Verrechnungskonten im Anlagebereich
G067 für Abstimmkonten

Auf Mandantenebene stehen – von SAP vorgefertigt – eine Reihe von Feldstatusvarianten zur Verfügung, aus denen eine auszuwählen und dem Buchungskreis zeitbezogen zuzuordnen ist (im Testbeispiel Feldstatusvariante 0001).

Umfeld der Kreditorenstammdaten

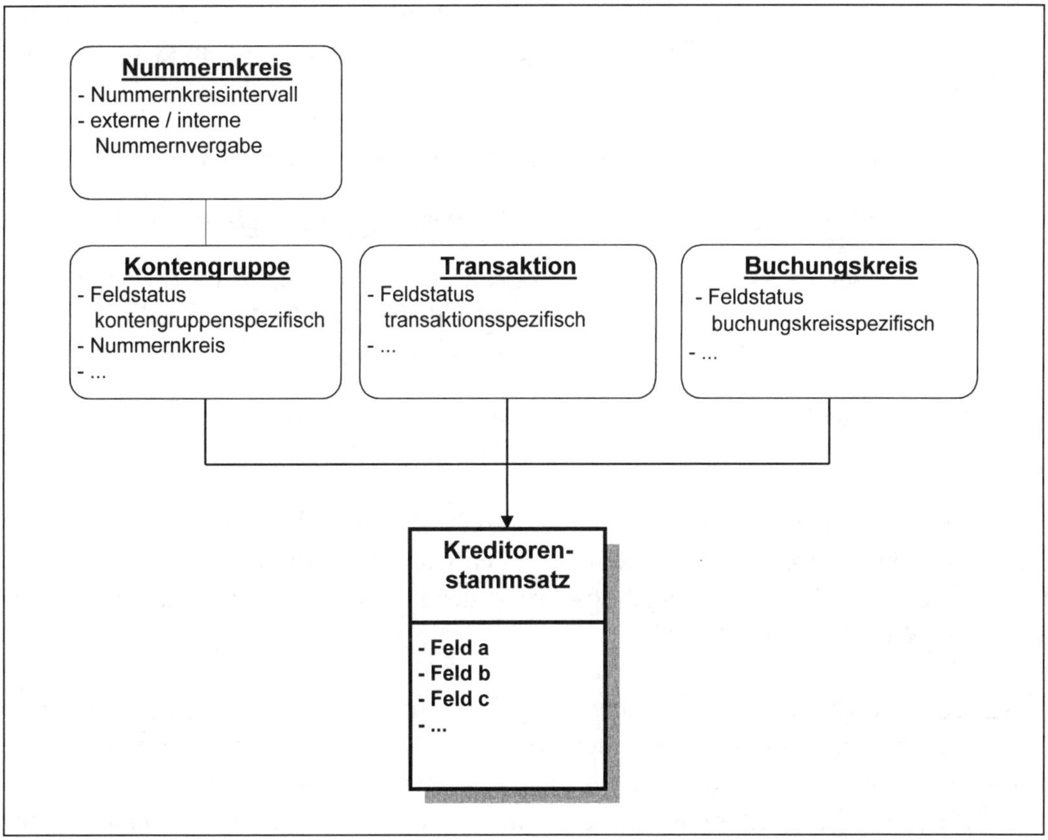

Bild 3.1/17 (Modul 2): Umfeld der Kreditorenstammdaten

Wie oben schon bei den Sachkonten zeigt dieses Bild jetzt für die Kreditoren Objekte, die für das Anlegen und Verwalten von Kreditoren eine zentrale Rolle spielen:

- Kontengruppe Kreditoren
- Feldstatus für Transaktionen
- Feldstatus für Buchungskreis

Kontengruppe Kreditoren
Bei der Anlage der Kreditorenstammdaten ist eine Kontengruppe anzugeben. Die Kontengruppe hat, ähnlich wie schon bei den Sachkonten erläutert, die Funktion, den Erfassungsbildschirm zu gestalten (Ein-/Ausblenden, Kann-/Muß-Felder) und zulässige Nummernkreise zu definieren.

Anders als bei der Kontengruppe Sachkonten werden bei der Kontengruppe Kreditoren die Nummernkreisintervalle separat angelegt. Sie können dann einer (oder mehreren) Kontengruppe(n) Kreditoren zugeordnet werden. Bei den Nummernkreisen wird auch festgelegt, ob die Nummernvergabe extern oder intern erfolgt (zum Vergleich: Sachkonten nur extern).

Vergleich Sachkonten und Kreditoren hinsichtlich Kontengruppen:

Kontengruppe Sachkonten	Kontengruppe Kreditoren
Nummernkreis bei der Kontengruppe festzulegen	Nummernkreis separat festzulegen und Kontengruppe zuzuordnen
nur externe Nummernvergabe	interne oder externe Nummernvergabe

Ist eine Kontengruppe Kreditoren in dieser Weise definiert, kann sie beim Anlegen der Kreditoren benutzt werden, indem im ersten Bildschirm die Kontengruppe angegeben wird, so daß für die Folgebildschirme der der Kontengruppe entsprechende Bildschirmaufbau angezeigt wird.

Außerdem wird (bei externer Nummernvergabe) überprüft, ob die eingegebene Kreditorennummer zu dem Nummernintervall paßt, das der Kontengruppe zugeordnet wurde (Kreditorennummer wird eingegeben, Kontengruppe wird eingegeben, es folgt die Prüfung, ob die Kreditorennummer in das Nummernintervall der Kontengruppe paßt; wenn nicht: Fehlermeldung).

Feldstatus für Transaktionen und für Buchungskreis
(kommt im Testbeispiel nicht vor)
Der Feldstatus für die Erfassungsbildschirme kann im System FI Finanzbuchhaltung zusätzlich in Abhängigkeit von der Transaktion (Bearbeitungsart) und vom Buchungskreis festgelegt werden. Unterschiedliche Feldstatusdefinitionen werden dann miteinander verknüpft; die Felder nehmen den Status an, der die höchste Priorität hat (Ausblenden>Anzeigen>Muß>Kann).

Was ist zu tun?

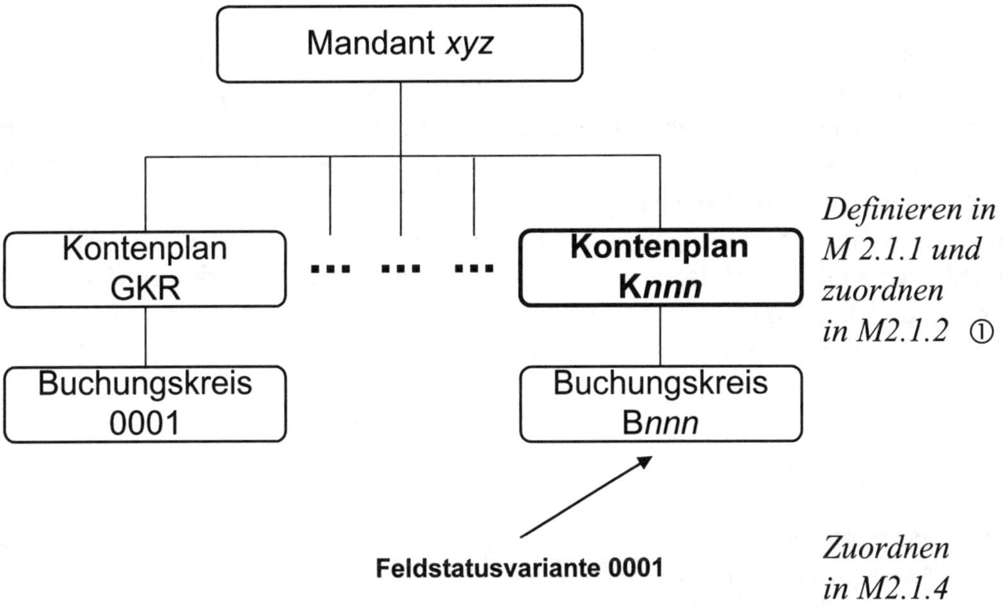

① Eingaben:
Schlüssel Kontenplan (K*nnn*), Bezeichnung, Pflegesprache, max. Länge der Sachkontennummern (6), 1 : 1-Beziehung Kontenplan - Buchungskreis

Bild 3.1/18 (Modul 2): Überblick M2.1.1, M2.1.2 und M2.1.4

Kontenplan anlegen
Da der Mandant xyz eine Kopie des Auslieferungsmandanten 000 der SAP ist, enthält er die von SAP mitgelieferten Standardkontenpläne wie z. B. GKR und IKR (sowie auch einen von SAP vordefinierten Buchungskreis 0001). Wir verwenden aber einen eigenen Kontenplan.

Darunter ist zunächst nur eine Kontenplan*nummer* (Schlüssel) zu verstehen. Unter dieser Kontenplannummer werden später die Konten angelegt, so daß dann erst ein Kontenplan im betriebswirtschaftlichen Sinn als Gesamtheit von Konten entsteht.

Die Kontenplannummer wird (auf Mandantenebene) ins Kontenplanverzeichnis eingetragen. Im Kontenplanverzeichnis werden auch Angaben zur Bezeichnung, zur Sprache, zur maximalen Länge der Sachkontennummer (im Beispiel 6-stellig) gemacht.

Sodann wird dieser Kontenplan (zunächst nur die Nummer/der Schlüssel) dem Buchungskreis zugeordnet. Im Sinne der SAP-Organisationshierarchie ist dies eine Überordnung (Kontenplan steht immer über dem Buchungskreis). Da der Kontenplan im Beispiel nur *einem* Buchungskreis zugeordnet wird, besteht eine 1:1 Beziehung zwischen Kontenplan und Buchungskreis (Spezialfall der 1:n Beziehung). Da die Arbeitsgruppen "ihr" Arbeitsergebnis erzielen und den Gesamtumfang der Arbeiten kennenlernen sollen, wird darauf verzichtet, etwa für alle Buchungskreise (Gruppen) einen einheitlichen Kontenplan anzuwenden. Jede Gruppe legt "ihren" Kontenplan an (der sich inhaltlich nicht von dem der anderen Gruppen unterscheidet).

Der Kontenplan ist entsprechend der SAP-Organisationshierarchie automatisch dem Mandanten untergeordnet.

Feldstatusvarianten zuordnen
Die Feldstatusvariante faßt von SAP vorgefertigte Buchungsbildschirme zusammen. Sie wird dem Buchungskreis zugeordnet.

- Sachkonten:

120000 Bank
160000 Verbindlichkeiten
900000 Ergebnis-Vortrag
280000 verr. kalk. Kosten
403000 Verbr. Betriebsstoffe
415000 Energiekosten
...

Kontengruppe ALLG — *Definieren in M 2.1.3* ①

- Kreditoren:

900*nnn* Müller Baumarkt
910*nnn* R W E
...

Kontengruppe KRKO — *Definition ansehen in M 2.2* ②

① Eingaben:
Schlüssel Kontenplan (K*nnn*), Schlüssel Kontengruppe (ALLG), Nummernkreis-intervall ([000000,999999]), Bedeutung, Feldstatus ("Währung" und "Feldstatus-gruppe" Mußfelder, alle anderen Felder Kannfelder)

② Bereits auf Mandantenebene definiert:
Nummernkreis (03: [900000, 999999], externe Nummernvergabe), Zuordnung (KRKO <--> Nummernkreis 03), Feldstatus (in der Regel Kannfelder, einige Mußfelder: Anrede, Name)

Bild 3.1/19 (Modul 2): Überblick M2.1.3 und M2.2.

Kontengruppen definieren

In dem Testbeispiel wird für die Erfassung der **Sachkonten**-Stammdaten (nur) eine Kontengruppe ALLG definiert, d. h. alle Sachkonten sollen über den gleichen Bildschirmlayout, die gleiche Erfassungsmaske erfaßt werden.

Außerdem wird ein Nummernkreis festgelegt, aus dem die Sachkontennummern genommen werden sollen.

Für diese Kontengruppe sind Ein-/Ausblendungen und Kann-/Muß-Felder anzugeben. In dem Testbeispiel wird sich darauf beschränkt, die Währung und die Feldstatusgruppe (Art des Buchungsbildschirms) zur Mußeingabe zu erklären, da ohne diese

Felder keine Buchungen auf die Konten möglich wären. Alle übrigen Felder behalten den Feldstatus "Kannfeld".

Ebenso ist für die Erfassung der **Kreditoren** (nur) eine Kontengruppe KRKO (vom Administrator auf Mandantenebene bereits) angelegt. Diese ist hier nur anzusehen.

Vergleich Sachkonten und Kreditoren hinsichtlich Kontengruppen:

Kontengruppe Sachkonten	Kontengruppe Kreditoren
im Testbeispiel auf Buchungskreisebene von jeder Gruppe identisch angelegt	im Testbeispiel vom Administrator auf Mandantenebene angelegt

Anzeige	Eingabe/Auswahl

Modul 2: Customizing Stammdaten Finanzbuchhaltung

M2.1 Vorbereitungen für das Anlegen von Sachkontenstammsätzen treffen

Zu jedem benötigten Sachkonto muß ein *Stammsatz* angelegt werden. Dieser enthält Informationen, die das Erfassen von Geschäftsvorfällen auf das Konto und das Verarbeiten der Daten steuern.

In den folgenden Unterpunkten werden zunächst nur die Systemfestlegungen getroffen, die für das (spätere) Anlegen von Sachkontenstammsätzen erforderlich sind.

M2.1.1 Kontenplan im Kontenplanverzeichnis eintragen

Der *Kontenplan* ist im SAP-System ein Verzeichnis aller Sachkontenstammsätze, die in einem oder mehreren Buchungskreisen benötigt werden.
Jeder Kontenplan muß zunächst in das *Kontenplanverzeichnis* des Mandanten eingetragen und dem Buchungskreis zugeordnet werden.

Anzeige	Eingabe/Auswahl
Bildschirm "Struktur anzeigen: SAP Referenz-IMG"	Im Testbeispiel soll für jeden Buchungskreis ein eigener Kontenplan verwendet werden.
	Wählen Sie in der Hierarchiestruktur: **Finanzwesen -** **Hauptbuchhaltung-** **Sachkonten -** **Stammdaten -** **Anlegen der Sachkonten -** **Manuell/Maschinell einstufig (Alternative 3)**

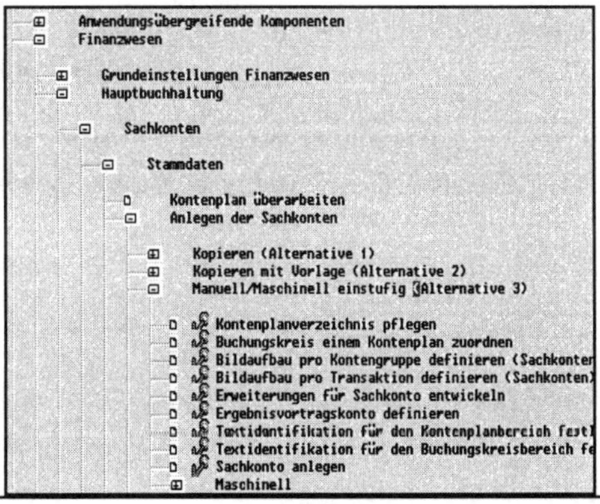

Anzeige	Eingabe/Auswahl

Klicken Sie auf das Symbol vor
Kontenplanverzeichnis pflegen

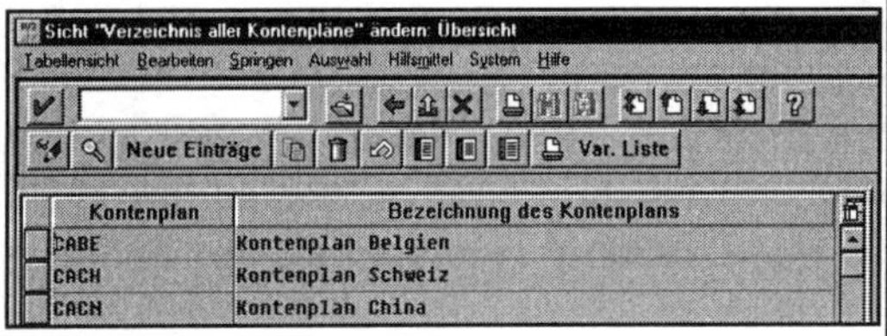

Klicken Sie auf
[Neue Einträge]

Bildschirm "Neue Einträge: Detail Hinzugefügte"

Eingabe:
Kontenplan: ***K****nnn*
nnn = Nummer des PCs
(= Schlüssel Ihres Kontenplans)
Bezeichnung : ***Kontenplan für Buchungskreis B****nnn*,
nnn = Nummer des PCs
Pflegesprache: ***D***
(= **Sprache**, in der der Kontenplan angelegt wird)
Länge der Sachkontonummer:: ***6***

Drücken Sie Taste
F1

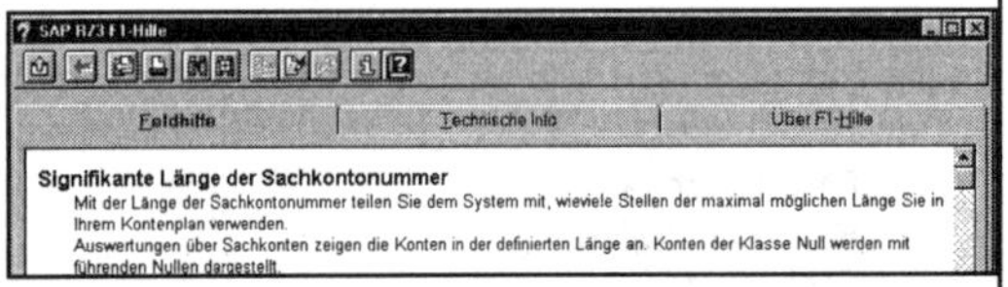

Bitte beachten Sie:

In dieser Unterlage werden nicht alle Felder der Anwendungsbildschirme näher erläutert; benutzen Sie zum Verständnis stets die F1*-Taste und lesen Sie Definitionen und Beispiele im Hilfetext.*

Wechseln Sie vom Hilfe-Fenster wieder zum Fenster "Neue Einträge: Detail Hinzugefügte"

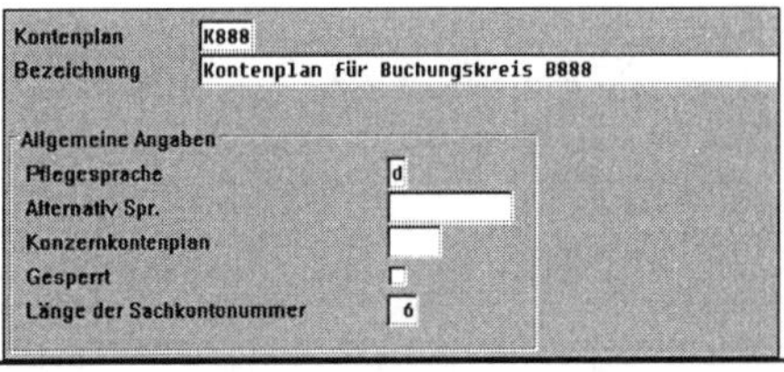

Anzeige	Eingabe/Auswahl
	Klicken Sie auf (= Symbol Sichern)
	Daten werden gesichert; Ihr Kontenplan ist im Kontenplanverzeichnis eingetragen.
	Klicken Sie auf (= Symbol Beenden)
Bildschirm "Struktur anzeigen: SAP Referenz-IMG"	
M2.1.2 Buchungskreis dem Kontenplan zuordnen	
	Klicken Sie auf das Symbol vor **Buchungskreis einem Kontenplan zuordnen**
Bildschirm "Sicht "Zuordnung Buchungskreis → Kontenplan" ändern: Übersicht"	
	Eingabe bzw. Auswahl hinter Ihrem Buchungskreis B*nnn* :
	Kontenpl.: ***K**nnn* nnn = Nummer des PCs (= Schlüssel Ihres Kontenplans)
	Klicken Sie auf (= Symbol Sichern)
	Daten werden gesichert.
	Klicken Sie auf (= Symbol Beenden)
	Transaktion wird beendet.
Bildschirm "Struktur anzeigen: SAP Referenz-IMG"	

Anzeige	Eingabe/Auswahl

M2.1.3 Kontengruppen definieren und pflegen

Bei der Pflege von Stammdaten können die Dialogoberflächen (Bildschirme) dynamisch modifiziert werden.
Kontengruppen **dienen zur kontenspezifischen Gestaltung von Bildschirmbildern für die Erfassung von Sachkontenstammdaten. Über die Kontengruppe wird außerdem der Nummernbereich für die Wahl der Sachkontonummern bestimmt.**
Beim Anlegen eines Stammsatzes im Kontenplan muß eine Kontengruppe angegeben werden, d.h. man benötigt mindestens eine Kontengruppe pro Kontenplan.

Kontengruppe definieren:

Für das Testbeispiel soll hier nur eine Kontengruppe für alle Fibu- und Kostenrechnungskonten definiert werden.

Klicken Sie auf das Symbol vor
Bildaufbau pro Kontengruppe definieren (Sachkonten)

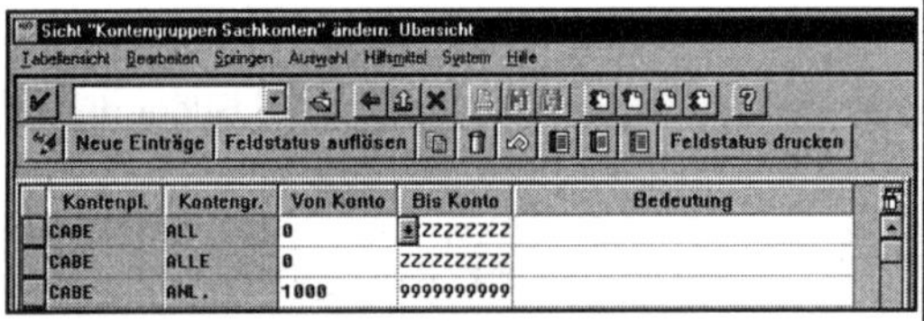

Klicken Sie auf
[Neue Einträge]

Bildschirm "Neue Einträge: Übersicht Hinzugefügte"

Auswahl bzw. Eingabe:
Kontenpl: ***K**nnn*
(= Schlüssel Ihres Kontenplans)
Kontengr.: ***ALLG***
(= Kontogruppe)

Von Konto: ***000000***
Bis Konto: ***999999***
(= Nummernkreisintervall für Kontonummern)

Bedeutung: ***Alle FIBU- und KORE-Konten***

Kontenpl.	Kontengr.	Von Konto	Bis Konto	Bedeutung
K888	ALLG	000000	999999	Alle FIBU- und KORE-Konten

Anzeige	Eingabe/Auswahl

Kontengruppe pflegen:

Klicken Sie auf
[Feldstatus auflösen]

Feldgruppen der Erfassungsbildschirme für Sachkontenstammdaten der Kontengruppe ALLG:

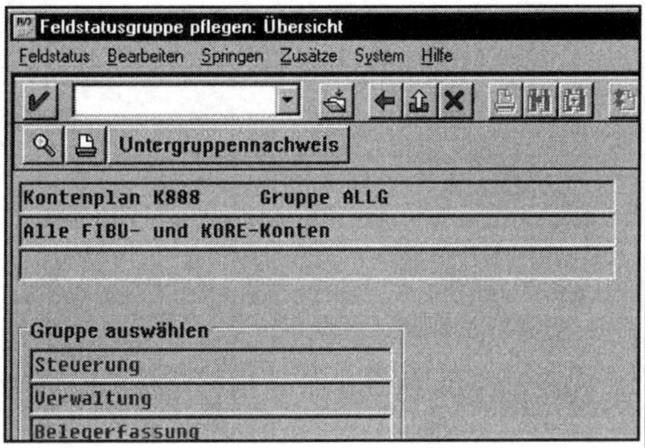

Die Felder der Erfassungsbildschirme für Sachkontenstammdaten sind zu Gruppen zusammengefaßt, so daß die Feldstatus gruppenweise gepflegt werden können.

Doppelklicken Sie auf Gruppe:
Steuerung

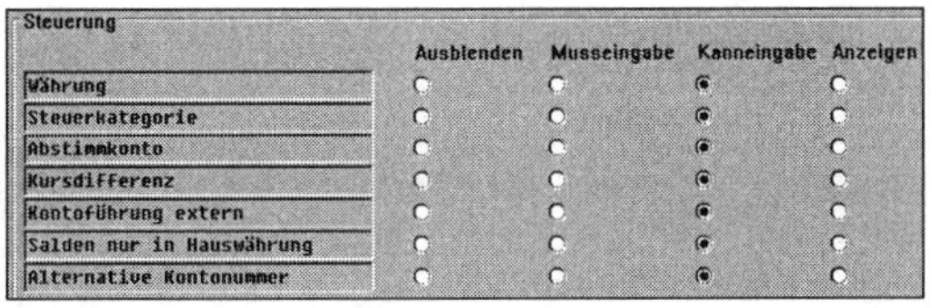

Allen Feldern der Gruppe ist Feldstatus "Kanneingabe" zugeordnet.

Setzen Sie (durch Anklicken) den Status des Feldes **"Währung"** auf
Musseingabe

Klicken Sie auf
 (= Symbol Nächste Gruppe)

Bildschirm "Feldstatusgruppe pflegen: Verwaltung"

Klicken Sie auf
 (= Symbol Nächste Gruppe)

Anzeige	Eingabe/Auswahl
Bildschirm "Feldstatusgruppe pflegen: Belegerfassung"	Setzen Sie den Status des Feldes "**Feldstatusgruppe**" auf **`Musseingabe`**

Die *Feldstatusgruppe* im Stammsatz eines Kontos wird benötigt, um die <u>Bildschirmbilder für das Buchen von Belegen</u> auf das Konto zu gestalten.

Anzeige	Eingabe/Auswahl
	Die Felder "Währungsschlüssel" und "Feldstatusgruppe" wurden als "Musseingabe"-Felder definiert, weil diese Felder immer im Stammsatz eines Sachkontos enthalten sein müssen.
	Klicken Sie auf (= Symbol Sichern)
	Daten werden gesichert.
Bildschirm "Neue Einträge: Übersicht Hinzugefügte"	
	Für Ihren Kontenplan **K*nnn*** gibt es nun eine Kontengruppe mit dem Namen **ALLG.**
	Klicken Sie auf (= Symbol Beenden)
	Transaktion wird beendet.
Bildschirm "Struktur anzeigen: SAP Referenz-IMG"	
	Klicken Sie auf 🗀 vor **Hauptbuchhaltung**
Unterebenen des Knotens "Hauptbuchhaltung" werden ausgeblendet.	

Anzeige	Eingabe/Auswahl

M2.1.4 Feldstatusvariante ansehen und dem Buchungskreis zuordnen

Die Bildschirmbilder für das Erfassen von Geschäftsvorfällen können durch die Angabe der *Feldstatusgruppe* im Sachkontenstammsatz kontenspezifisch gestaltet werden. Feldstatusgruppen für verschiedene Sachkontentypen werden zu *Feldstatusvarianten* zusammengefaßt. Diese werden buchungskreisübergreifend, also auf Mandantenebene gepflegt.
Jedem Buchungskreis muß eindeutig eine Feldstatusvariante zugeordnet werden.

Für das Testbeispiel soll die von der SAP ausgelieferte Feldstatusvariante 0001 ohne Änderungen übernommen werden.

Feldstatusvarianten ansehen:

Wählen Sie in der Hierarchiestruktur:

Finanzwesen -
Grundeinstellungen Finanzwesen-
Beleg -
Belegposition -
Steuerung

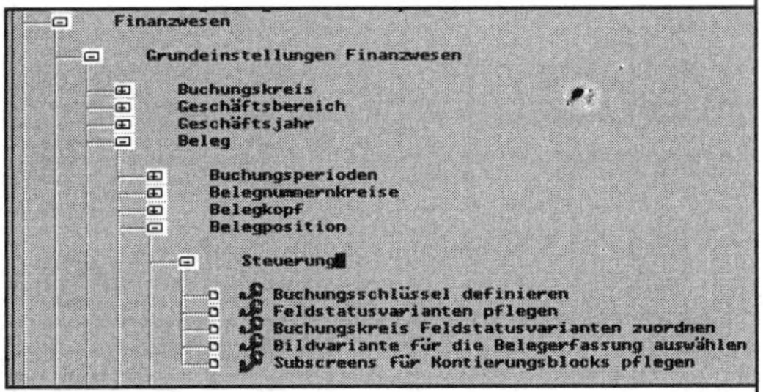

Klicken Sie auf das Symbol vor
Feldstatusvarianten pflegen

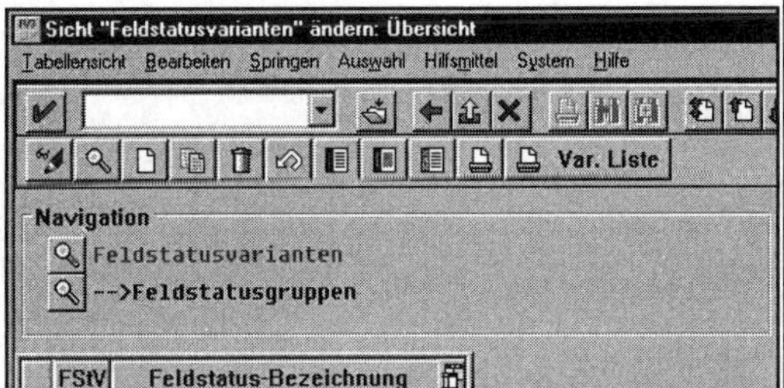

Wählen Sie:
`Tabellensicht -`
`Ändern → Anzeigen`

Anzeige	Eingabe/Auswahl

Bildschirm "Sicht "Feldstatusvarianten" anzeigen: Übersicht"

Sie sind vom **Änderungsmodus** in den **Nur-Anzeige-Modus** gewechselt.

Doppelklicken Sie auf Feldstatusvariante
`0001 Feldstatus für 0001`

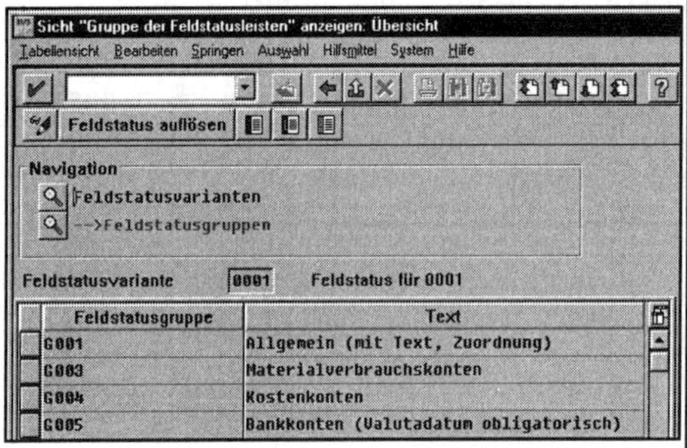

Doppelklicken Sie auf Feldstatusgruppe:
`G005 Bankkonten ...`

Feldgruppen der Erfassungsbildschirme für das Buchen auf Konten der Feldstatusgruppe G005 (Bankkonten):

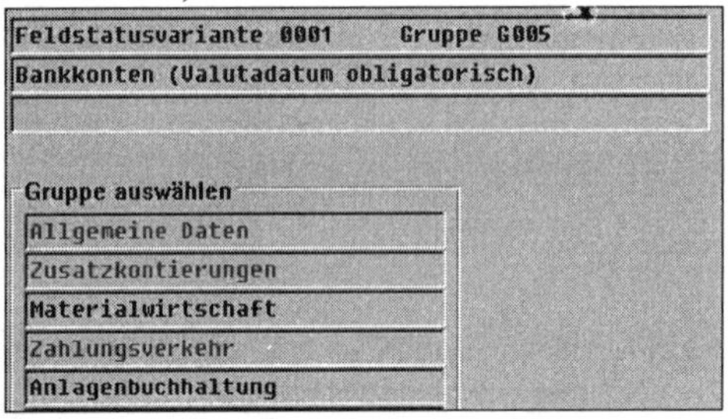

Doppelklicken Sie auf Gruppe:
`Allgemeine Daten`

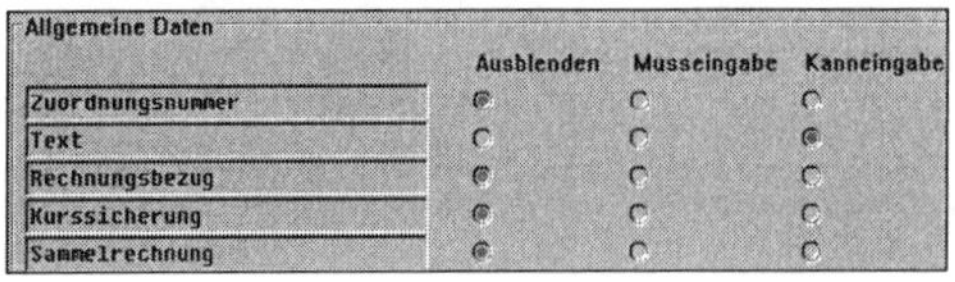

Die angezeigte Feldauswahl (Feldstatusgruppe) "Allgemeine Daten" besagt, daß im Erfassungsbildschirm für Buchungen auf Bankkonten (Feldstatusgruppe G005) das Feld " "Text" eingabebereit ist (Status "Kanneingabe"), die restlichen Felder jedoch nicht auf dem Erfassungsbildschirm erscheinen (Status "Ausblenden").

Anzeige	Eingabe/Auswahl

Klicken Sie **dreimal (!)** auf

 (= Symbol Nächste Gruppe)

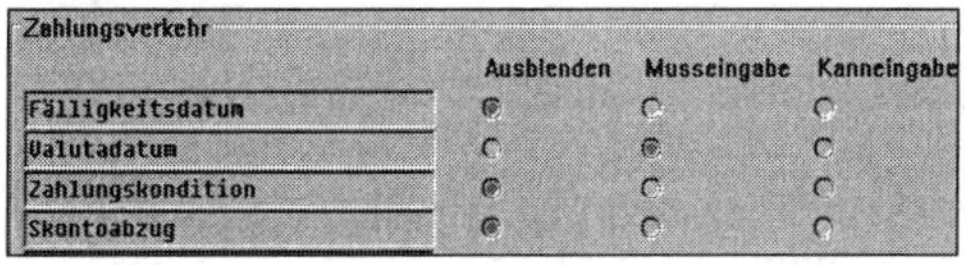

In der Feldgruppe "Zahlungsverkehr" hat das Feld "Valutadatum" den Status "Mußeingabe", d.h. dieses Feld muß bei jeder Bankkontenbuchung ausgefüllt werden.

Klicken Sie **zweimal** auf

 (= Symbol Zurück)

Bildschirm "Sicht "Gruppe der Feldstatusleisten" anzeigen: Übersicht"

Sehen Sie sich nun noch die Feldstatusgruppen G001, G003, G004, G008 und G067 an. Diese werden später für das Testbeispiel verwendet.

Klicken Sie auf

 (= Symbol Beenden)

Transaktion wird beendet.

Bildschirm "Struktur anzeigen: SAP Referenz-IMG"

<u>Feldstatusvariante zuordnen:</u>

Klicken Sie auf das Symbol vor
Buchungskreis Feldstatusvariante zuordnen

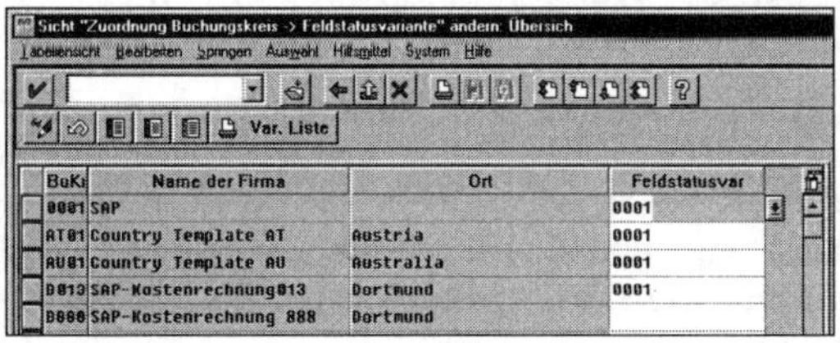

Eingabe bzw. Auswahl hinter **Ihrem (!)** Buchungskreis B*nnn*:

<u>*Feldstatusvar:*</u> ***0001***

Anzeige	Eingabe/Auswahl
	Klicken Sie auf  (= Symbol Sichern)
	Daten werden gesichert.
	Ihrem Buchungskreis ist nun die Feldstatusvariante **0001** zugeordnet.
	Klicken Sie auf  (= Symbol Beenden)
Bildschirm "Struktur anzeigen: SAP Referenz-IMG"	Klicken Sie auf ⊟ vor **Grundeinstellungen Finanzwesen**
Unterebenen des Knotens "Grundeinstellungen Finanzwesen" werden ausgeblendet.	

M2.2 Festlegungen für das Anlegen von Kreditorenstammsätzen

	In der **Nebenbuchhaltung** sollen für das Testbeispiel lediglich einige Kreditorenstammsätze (unter M3.2) angelegt werden, um später kostenrechnungsrelevante Geschäftsvorfälle auf diesen Konten erfassen zu können.

***Kreditorenstammsätze* enthalten Informationen, die für die Geschäftsbeziehung zum Kreditor benötigt werden und Daten, die das Buchen auf das Kreditorenkonto steuern. Da Kreditorenstammsätze (wie auch Debitorenstammsätze) zum Teil buchungskreisübergreifende Daten enthalten, also mandantenweit angelegt werden, sind die entsprechenden Systemeinstellungen für das Anlegen der Stammsätze (Anlegen von Nummernkreise und Kontengruppen) auf Mandantenebene durchzuführen.**

	Für das Testbeispiel wurde bereits eine Kreditorenkontengruppe für alle Buchungskreise angelegt. Im übrigen sollen die Voreinstellungen der SAP übernommen werden. In den nachfolgenden Unterpunkten werden, zum besseren Verständnis, die wichtigsten Einstellungen lediglich gezeigt.

Anzeige	Eingabe/Auswahl

M2.2.1 Nummernkreise

Der *Nummernkreis*, legt fest:

- **den <u>Nummernbereich</u>, aus dem die Kontonummern für die Stammsätze zu wählen sind**
- **ob die Nummern <u>intern</u> durch das System oder <u>extern</u> vergeben werden.**

Wählen Sie in der Hierarchiestruktur:

Finanzwesen -
Debitoren- und Kreditorenbuchhaltung -
Kreditorenkonten -
Stammdaten -
Anlegen der Kreditorenstammdaten vorbereiten

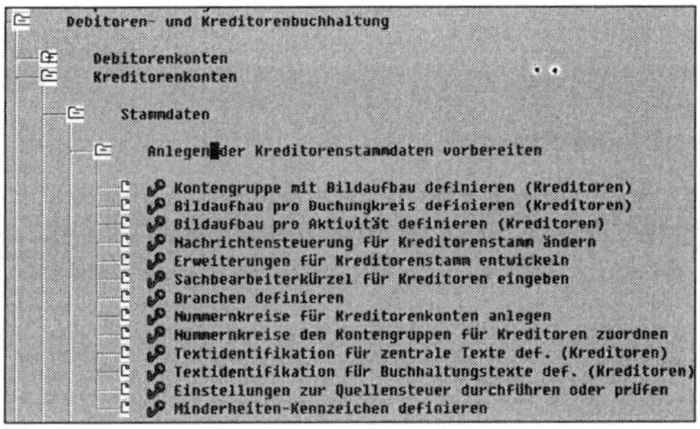

Klicken Sie auf das Symbol vor
Nummernkreise für Kreditorenkonten anlegen

Einstiegsbildschirm "Nummernkreise Kreditor"

Klicken Sie auf

Intervalle

(= Schaltfläche Intervalle anzeigen)

Nummernkreise für Kreditoren:

Nummernkreisnummer

Nummernkreisintervall

Nummernstand

Kennzeichen für interne oder externe Nummernvergabe

Der **Nummernstand** enthält bei interner Nummernvergabe (wie erste Zeile) die zuletzt vergebene Nummer.

Anzeige	Eingabe/Auswahl
Bildschirm "Struktur anzeigen: SAP Referenz-IMG"	Der **Nummernkreis 03** ist der (Kreditoren-) Kontogruppe **KRKO** für das Anlegen von Kreditoren zugeordnet (s.u.). Diese soll in dem Testbeispiel verwendet werden. Klicken Sie auf (= Symbol Beenden)

M2.2.2 Kontengruppen

Beim Anlegen eines Kreditorenstammsatzes muß eine *Kontengruppe* angegeben werden, der ein - zuvor definierter - Nummernkreis zugeordnet ist.

Die Kontengruppe bestimmt neben Nummernbereich und Art der Nummernvergabe für das Konto, welche Felder (Feldstatus !) in den Bildschirmbildern für das Anlegen und Ändern des Stammsatzes enthalten sind.

Anzeige	Eingabe/Auswahl
Bildschirm "Sicht "Kontengruppen Kreditoren" ändern: Übersicht"	Klicken Sie auf das Symbol vor **Kontengruppe mit Bildaufbau definieren** Wählen Sie: `Tabellensicht - Ändern → Anzeigen` Sie sind vom Änderungsmodus in den Nur-Anzeige-Modus gewechselt.

Kontengruppen Kreditoren:

Gruppe	Bedeutung
0001	Lieferant
0002	Warenlieferant
0003	Abweichender Zahlungsempfänger
0004	Rechnungssteller
0005	Spediteur
0006	Bestelladresse
0007	Werke
CPD	CPD-Kreditoren (int.NrVergabe)
CPDL	CPD-Kreditoren (ext.NrVergabe)
DARL	Darlehensgeber
KRED	Kreditoren (int. NrVergabe)
KRKO	Kreditoren f. Fallst. Kore

Anzeige	Eingabe/Auswahl
	Doppelklicken Sie auf Gruppe: **KRKO Kreditoren f. ...**
Kontengruppen Kreditoren: Detail KRKO: 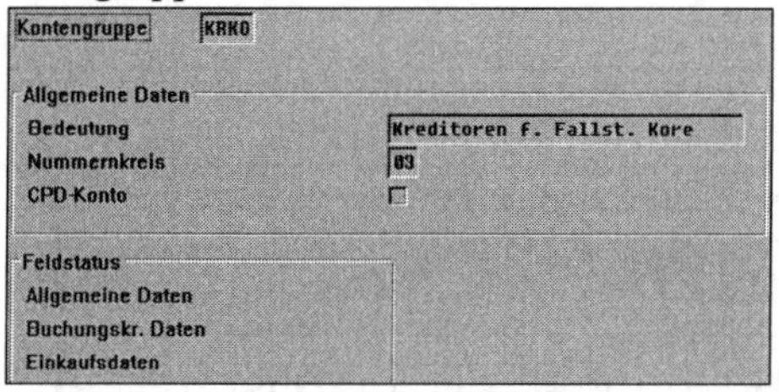	Der Kontengruppe KRKO ist der Nummernkreis 03 zugeordnet.
	Sehen Sie sich die vordefinierten Feldstatus der Bereiche **Allg. Daten** und **Buchungskreisdaten** für das Anlegen von Kreditorenstammsätzen an. (Stellen Sie den Cursor dazu auf den jeweiligen Bereich unter "Feldstatus" und klicken Sie auf [**Feldstatus auflösen**]).
Bildschirm "Struktur anzeigen: SAP Referenz-IMG"	Klicken Sie auf  (= Symbol Beenden)
SAP-Eingangsmenü	Klicken Sie **zweimal** auf  (= Symbol Beenden)

Modul 3: Stammdaten für Haupt- und Nebenbuchaltung anlegen

Hierarchie der Sachkontenstammdaten

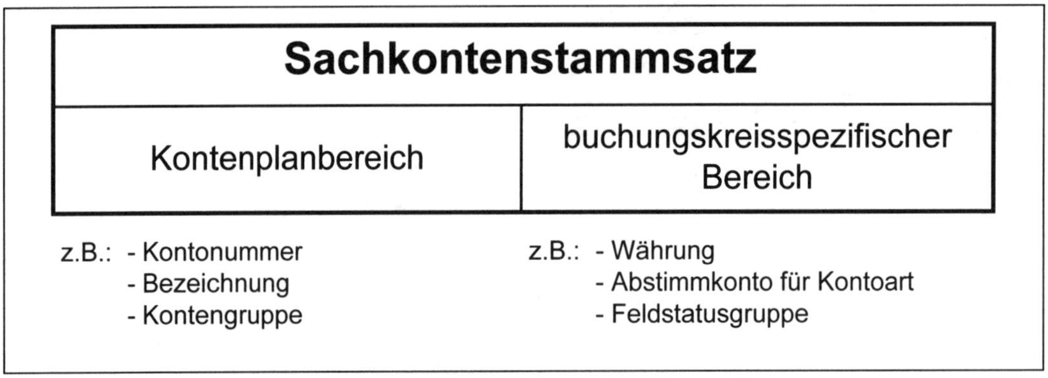

Bild 3.1/20 (Modul 3): Hierarchie der Sachkontenstammdaten: Beispiel

Die **Daten des Sachkontenstammsatzes sind geteilt**: der eine Teil wird auf Kontenplanebene, der andere auf Buchungskreisebene erfaßt.

Dieser Sachverhalt der Teilung der Daten des Sachkontenstammsatzes hat für das Testbeispiel allerdings keine Bedeutung, da jeder Buchungskreis seinen eigenen Kontenplan anlegt und somit Kontenplan und Buchungskreis im Verhältnis 1:1 stehen. Mit der Teilungsmöglichkeit der Stammdaten kann man jedenfalls in zentral organisierten Unternehmen erreichen, daß die auf Kontenplanebene vorgegebenen Daten für alle untergeordneten Buchungskreise gelten und daß aber zusätzlich auch buchungskreisspezifische Daten möglich sind.

Besonderheiten der Erfolgskonten

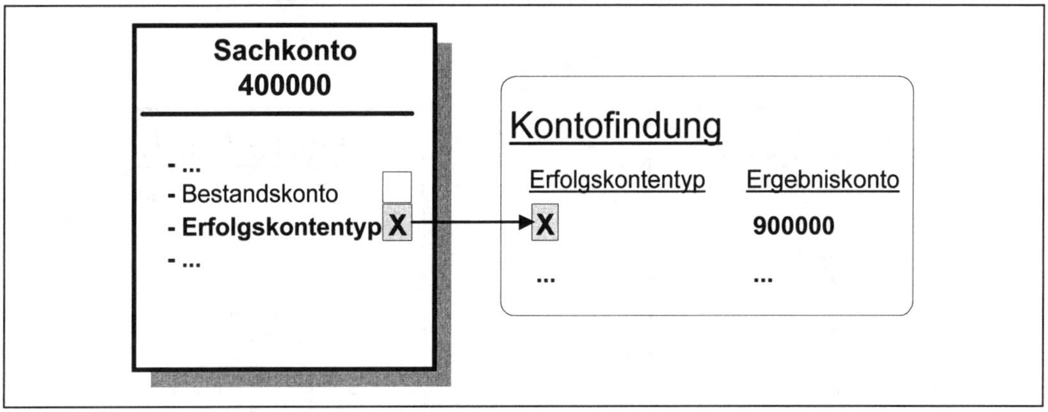

Bild 3.1/21 (Modul 3): Kontofindung für den Abschluß von Erfolgskonten: Beispiel

Bei der Anlage der Sachkonten ist jeweils anzugeben, ob es sich um ein Bestandskonto handelt oder nicht. Bei den Erfolgskonten ist der Erfolgskontentyp anzugeben. Damit ist folgendes gemeint: zunächst ist die Unterscheidung in Bestandskonten und Erfolgskonten offensichtlich auf den Abschluß gerichtet. Bestandskonten werden in die Bilanz übernommen, Erfolgskonten werden über das Gewinn- und Verlustkonto (Ergebniskonto) abgeschlossen, dessen Saldo in das Eigenkapitalkonto (oder Unterkonten des Eigenkapitals) übertragen wird.

Auch wenn in einem Kostenrechnungs-Testbeispiel die Abschlußtechnik nicht Thema ist, wird die Angabe des Ergebniskontos verlangt, über das ein Erfolgskonto abzuschließen wäre. Für das Ergebniskonto wird ein Schlüssel, z. B. X definiert. Bei der Eingabe der Erfolgskonten wird nur X eingegeben. Vorher wird (in einem Customizing-Schritt) dem X das Ergebniskonto zugeordnet.

Im SAP-System ist die Festlegung mehrerer Ergebniskonten möglich.

Integration Neben- und Hauptbuch

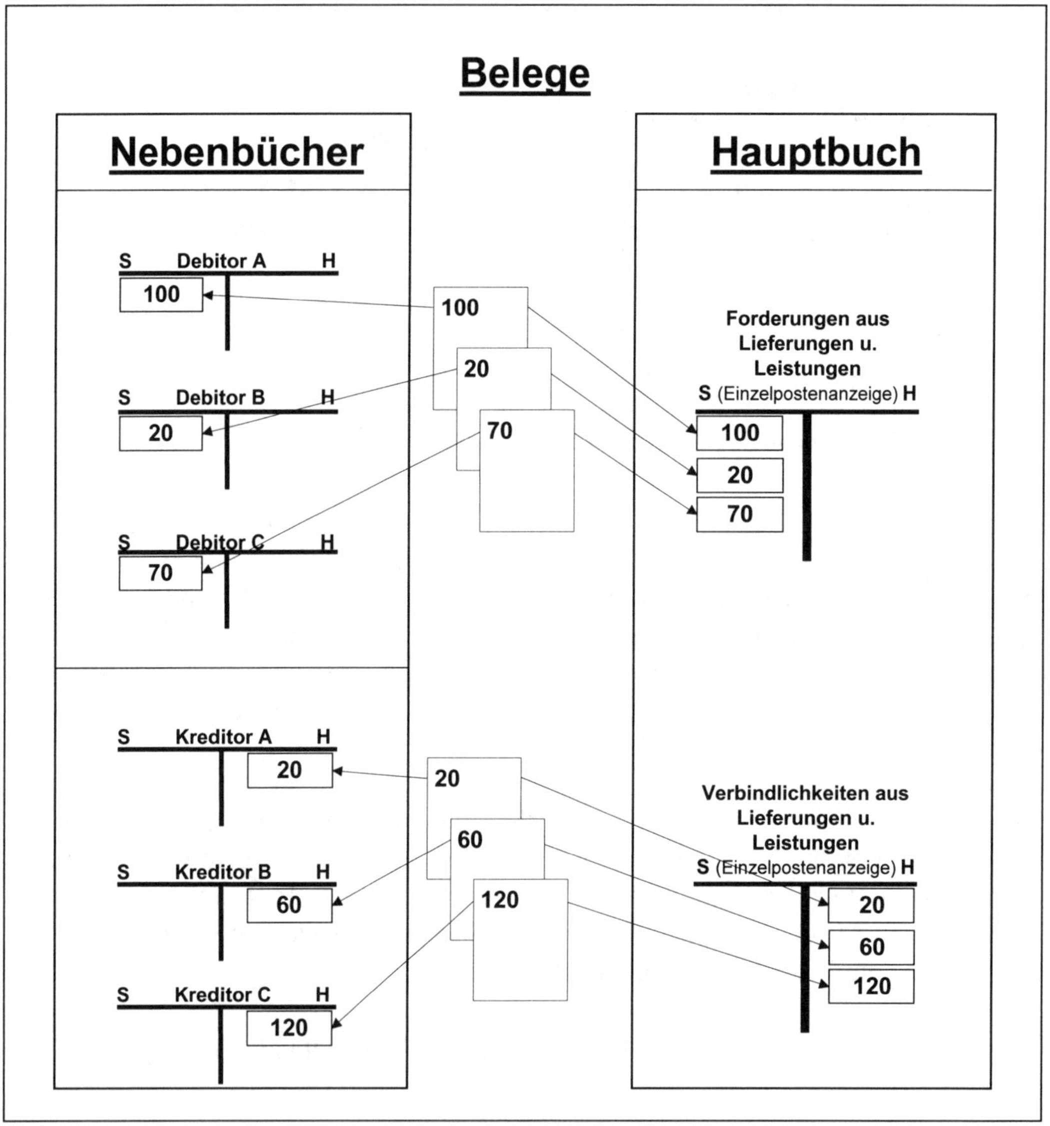

Bild 3.1/22 (Modul 3): Integration Neben- und Hauptbuch

Wenn wie üblich die Debitoren- und Kreditorenkonten in Nebenbuchhaltungen ausgegliedert werden, ist dennoch jederzeit der Zusammenhang zur Hauptbuchhaltung herzustellen. Dies geschieht im SAP-System dadurch, daß z. B. der Debitor (Nebenbuchhaltung) auf dem Konto Forderungen aus Lieferungen und Leistungen (Hauptbuch) gleichzeitig und automatisch mitgebucht wird. Ebenso ist es bei den Kreditoren: der Kreditor wird im Hauptbuch auf dem Konto Verbindlichkeiten aus Lieferungen und Leistungen mitgebucht. Der aktuelle Stand der Forderungen bzw. Verbindlichkeiten ist jederzeit ablesbar ("real-time-Prinzip").

In dem Testbeispiel kommen nur Kreditoren vor. Bei ihrer Eingabe ist jeweils ein Abstimmkonto anzugeben, auf dem im Hauptbuch mitgebucht wird (in dem Testbeispiel Konto 160000).

Die Organisation der Kreditorenstammdaten

Kreditorenstammsatz		
Allgemeine Daten (Mandant)	Buchhaltungsdaten (Buchungskreis, FI)	Einkaufsdaten (Einkaufsorganisation, MM)
z.B.: - Name - Anschrift - Sprache	z.B.: - Abstimmkonto - Zahlungs- bedingungen	z.B.: - Daten zu Bestellungen

Bild 3.1/23 (Modul 3): Hierarchie der Kreditorenstammdaten

Wieder gilt, ähnlich wie bei den Sachkontenstammsätzen: Die Kreditorenstammdaten sind geteilt, **ein Teil** der Daten (allgemeine Daten) gelten **für alle Buchungskreise** und Einkaufsorganisationen (auf Mandantenebene), z. B. Name, Anschrift, Sprache. **Andere Teile sind buchungskreisspezifisch**, z. B. Abstimmkonto (Kontonummer Mitbuchkonto der Hauptbuchhaltung) und Zahlungsbedingungen. Soweit man über FI Finanzbuchhaltung hinaus noch das Modul MM Materialwirtschaft implementieren würde, würden Einkaufsdaten **je Einkaufsorganisation** festgelegt. Die Einkaufsorganisation ist ein SAP-Abrechnungsbegriffe aus dem Bereich der Logistik, der hier nicht interessiert.

Was ist zu tun?

- Sachkonten:

120000 Bank
160000 Verbindlichkeiten
900000 Ergebnis-Vortrag
280000 verr. kalk. Kosten
403000 Verbr. Betriebsstoffe
415000 Energiekosten
...

Kontengruppe ALLG — *Anlegen in M3.1* ①

- Kreditoren:

900*nnn* Müller Baumarkt
910*nnn* R W E
...

Kontengruppe KRKO — *Anlegen in M3.2* ②

Eingaben:

① Bestandskonten:

Kontonummer (120000,...), Schlüssel Buchungskreis (Bnnn), Bezeichnung, Kennzeichen für Bestandskonto, Kontengruppe (ALLG), Standard-Sortierschlüssel (001 Buchungsdatum), Feldstatusgruppe (G005,...), Einzelpostenanzeige, Abstimmkonto (K, nur beiVerbindlichkeiten)

Erfolgskonten:

wie Bestandskonten, nur statt Kennzeichen f. Bestandskonto zu setzen, Erfolgskontentyp (X) eingeben (zum Definieren dieses Schlüssels (X) im 2. Modus zum Customizing zurückkehren und dort dem Konto 900000 Ergebnis-Vortrag als Ergebniskonto ein X für die Kontofindung zuordnen)

- siehe Anhang: Eingabetabellen, Tabelle 1 -

② Kontonummer (900nnn,...), Buchungskreis (Bnnn), Kontengruppe (KRKO), Anrede, Name, Suchbegriff, Abstimmkonto (160000 Verbindlichkeiten)

- siehe Anhang: Eingabetabellen, Tabelle 2 -

Bild 3.1/24 (Modul 3): Überblick Modul 3

Nach all diesen Vorarbeiten ist es geradezu eine Erholung, jetzt Stammdaten eingeben zu dürfen und zwar für

- Sachkonten
- Kreditoren

Ironisch: Dies könnte man auch einer Hilfskraft übertragen, die man aber kontrollieren muß, also einer zuverlässigen Hilfskraft übertragen oder gleich selber machen.

Anzeige	Eingabe/Auswahl

Modul 3: Stammdaten für Haupt- und Nebenbuchhaltung anlegen

M3.1 Sachkontenstammsätze anlegen

Ein *Sachkontenstammsatz* enthält Informationen, die das Erfassen und Buchen von Geschäftsvorfällen auf das zugehörige Konto und die Verarbeitung der Buchungsdaten steuern. Die Daten des Stammsatzes sind verteilt auf einen Kontenplanbereich und einen buchungskreisspezifischen Bereich.

Anzeige	Eingabe/Auswahl
SAP-Eingangsmenü	Wählen Sie im Eingangsmenü: **Rechnungswesen - Finanzwesen - Hauptbuch**
Menü Hauptbuch	Wählen Sie im Menü Hauptbuch: **Stammdaten - Anlegen**
Bildschirm "Sachkonten anlegen: Einstieg"	Eingabe bzw. Auswahl: *Kontonummer*: ***120000*** (= Nummer des Sachkontos) *Buchungskreis*: ***B****nnn , nnn = Nummer des PCs* 
Bildschirm "Sachkonten anlegen: Steuerung Kontenplan"	Eingabe bzw. Auswahl: *Kurztext*: ***Bank*** (= Sachkontenkurzbezeichnung) Markieren Sie Feld: *Bestandskonto* (das Sachkonto 120000 soll als Bestandskonto geführt werden) *Kontengruppe*: ***ALLG*** 
Bildschirm "Sachkonten anlegen: Steuerung Buchungskreis"	

Anzeige	Eingabe/Auswahl
	Eingabe bzw. Auswahl: Markieren Sie Feld: *Salden nur in Hauswährung* (bei Buchungen sollen Salden nur in Hauswährung fortgeschrieben werden) Markieren Sie Feld: *Einzelpostenanzeige* (Einzelpostenanzeige zum Konto soll möglich sein) *SortierSchlüssel:* ***001*** (bei Einzelpostenanzeige soll nach Buchungsdatum sortiert werden) *Feldstatusgruppe*: ***G005*** (= Feldstatusgruppe für Bankkonten)
Meldung in Statuszeile: *Konto 120000 für Buchungskreis B*nnn *angelegt*	Sichern Sie Ihre Eingaben. Das Konto ist angelegt. Legen Sie nun zunächst noch die beiden weiteren **Bestandskonten** *160000 Verbindlichkeiten* und *900000 Ergebnis-Vortrag* nach **Tabelle 1**, Anhang: Eingabetabellen an. Beachten Sie dabei, bei "Verbindlichkeiten" in Feld *Abstimmkonto* ein **K** zur Kennzeichnung des Kontos als Abstimmkonto für Kreditoren einzugeben!

Bevor Sie *Erfolgskonten* in den Kontenplan aufnehmen können, müssen Sie festlegen, auf welches Ergebniskonto der Gewinn- oder Verlustvortrag erfolgen soll.
Jedes Erfolgskonto wird dem Ergebniskonto über einen Schlüssel zugeordnet, der im Feld Erfolgskontentyp einzutragen ist.

	Im Testbeispiel wird, wie auch allgemein üblich, nur **ein** Ergebniskonto (900000 Ergebnis-Vortrag) verwendet. Als Schlüssel wird daher zweck-mäßigerweise ein **X** gesetzt, so daß das Feld *Erfolgskontenyp* nur "angekreuzt" werden muß.

Anzeige	Eingabe/Auswahl
	<u>Zusätzlichen Modus für das Customizing erzeugen:</u> Zum Definieren des Schlüssels müssen Sie noch einmal zum Customizing zurückkehren. Dies soll, parallel zur aktuellen Anwendung, in einem weiteren Fenster oder **Modus** erfolgen.
Neues Fenster mit **SAP-Eingangsmenü**	Wählen Sie im aktuellen Menü: **`System -`** **`Erzeugen Modus`**
	Sie haben jetzt zwei SAP-Modi geöffnet, in denen Sie verschiedene Anwendungen gleichzeitig bearbeiten können.
	<u>Schlüssel für Ergebnisvortrag definieren:</u>
Customizing-Menü	Wählen Sie im SAP-Eingangsmenü: **`Werkzeuge -`** **`Business Engineering`** **`Customizing`**
Hierarchiestruktur des SAP-Referenz-Leitfadens.	Wählen Sie im Customizing-Menü: **`Einführungsprojekte -`** **`SAP Refer.-IMG anz.`**
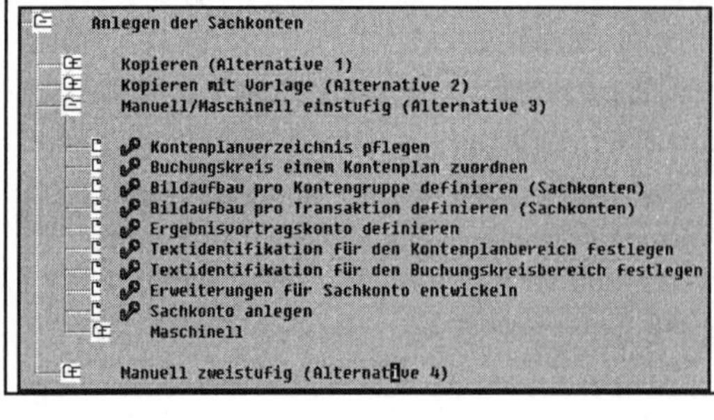	Wählen Sie in der Hierarchiestruktur: **Finanzwesen -** **Hauptbuchhaltung -** **Sachkonten -** **Stammdaten -** **Anlegen der Sachkonten -** **Manuell/Maschinell einstufig (Alternative 3)**

Anzeige	Eingabe/Auswahl
	Klicken Sie auf die Ikone vor **Ergebnisvortragskonto definieren**
Dialogfeld "Kontenplaneingabe"	Eingabe bzw. Auswahl: *Kontenplan:* ***Knnn***, nnn = Nummer des PCs
Bildschirm "Konfiguration Buchhaltung pflegen: Autom. Buchungen - Regeln"	Die Regeln zur Differenzierung der Ergebniskonten können nicht geändert, müssen aber "aus technischen Gründen" (lt. SAP-Doku) gesichert werden. Klicken Sie auf (= Symbol Sichern)
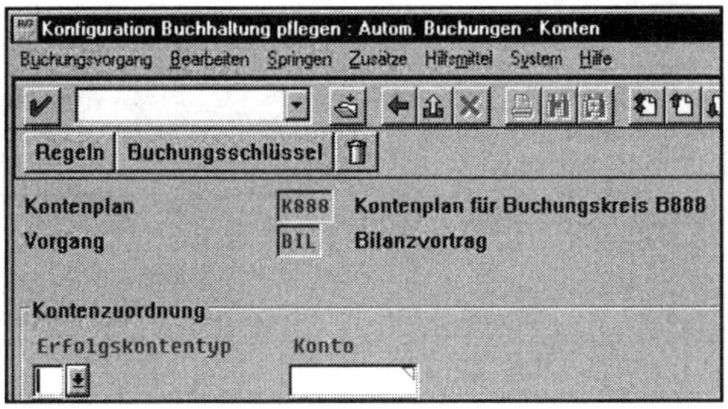 	Eingabe: *Erfolgskontentyp*: ***x*** (= Schlüssel) Auswahl des Kontos: *Konto*:
	Bitte beachten Sie: *Mit (Wertehilfe-Drucktaste) oder der **F4-Taste** bekommen Sie ein Liste mit möglichen Eingabewerten oder eine Liste mit **Matchcodes** angezeigt.* *Ein **Matchcode** ist ein Hilfsmittel (eine Art Index) zum Suchen von Datensätzen (Suchhilfe), der aus einer Gruppe von Suchbegriffen besteht.*

<table>
<tr><th>Anzeige</th><th>Eingabe/Auswahl</th></tr>
<tr><td>
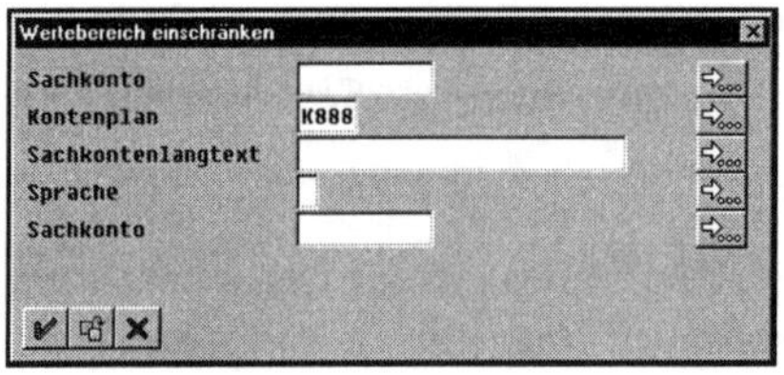

</td><td>

</td></tr>
<tr><td>
Ergebnisliste:
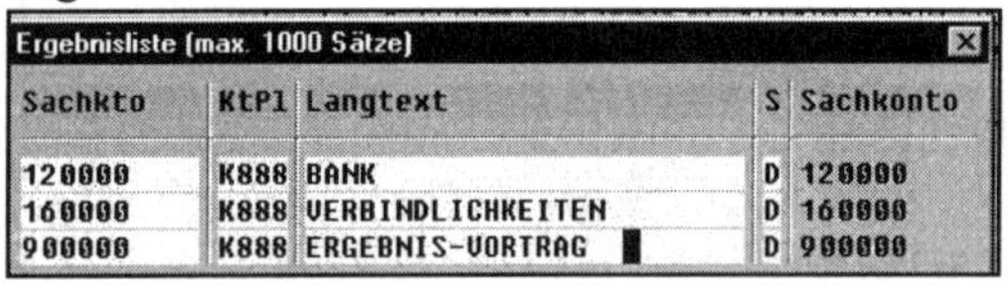

</td><td>
Sie erhalten als Ergebnisliste die Liste aller Sachkonten Ihres (!) Kontenplans.

Doppelklicken Sie auf:
900000 Ergebnis-Vortrag
</td></tr>
<tr><td>

</td><td>
Sichern Sie die Daten.
</td></tr>
<tr><td>
Meldung in Statuszeile:
Änderungen wurden durchgeführt
</td><td>
Schlüssel für Ergebnisvortrag ist definiert.

Beenden Sie die Transaktion.
</td></tr>
<tr><td>
Bildschirm "Struktur anzeigen: SAP Referenz-IMG"
</td><td>
Klicken Sie auf  vor
Finanzwesen
</td></tr>
<tr><td>
Sämtliche Unterebenen des Knotens "Finanzwesen" sind wieder verborgen.
</td><td>
Wechseln Sie wieder zum Anwendungsbildschirm "Sachkonto anlegen: Einstieg"
</td></tr>
<tr><td>
Bildschirm "Sachkonto anlegen: Einstieg"
</td><td></td></tr>
</table>

Anzeige	Eingabe/Auswahl
	Sie haben den SAP-Modus gewechselt und sind zur Anwendungs-Transaktion FI-Sachkontenpflege zurückgekehrt. Der zweite Modus bleibt für eventuelle Customizing-Aktivitäten aktiv.
	Erfolgskonten anlegen:
	Legen Sie nun zunächst die beiden **Erfolgskonten 280000 und 403000** nach der **Tabelle 1,** Anhang: Eingabetabellen an. Beachten Sie dabei das "Ankreuzen" (= Eingabe des Schlüssels) des Feldes *Erfolgskontentyp*.
	Gehen Sie beim Anlegen des nächsten Erfolgskontos (415000) zur Zeitersparnis wie folgt vor:
	Eingabe bzw. Auswahl: *Kontonummer*: ***415000*** *Buchungskreis:* ***B**nnn*
Bildschirm "Sachkonten anlegen: Steuerung Kontenplan"	Eingabe bzw. Auswahl: *Kurztext*: ***Energiekosten*** *Erfolgskontentyp:* ***x*** *Kontengruppe*: ***ALLG*** Wählen Sie im aktuellen Anwendungs-Menü: **System - Benutzervorgaben - Halten Daten**
Meldung in Statuszeile: *Daten wurden gehalten.*	
	Bitte beachten Sie: *Mit der Funktion "**Halten Daten**" können Sie Daten in verschiedenen Bildschirmbildern einer Transaktion beibehalten.* *Das System schlägt diese Daten vor, wenn Sie das betreffende Bildschirmbild mit der gleichen Funktion wieder aufrufen.*

Anzeige	Eingabe/Auswahl
Bildschirm "Sachkonten anlegen: Steuerung Buchungskreis"	
	Eingabe bzw. Auswahl: Markieren Sie Feld: *Einzelpostenanzeige* *SortierSchlüssel:* ***008*** (bei Einzelpostenanzeige soll nach Kostenstellen sortiert werden) *Feldstatusgruppe*: ***G004*** (= Feldstatusgruppe für Kostenkonten) Wählen Sie im aktuellen Anwendungs-Menü: **System - Benutzervorgaben - Halten Daten**
Meldung in Statuszeile: *Daten wurden gehalten.*	
	Sichern Sie Ihre Eingaben.
Meldung in Statuszeile: *Konto 415000 für Buchungskreis* Bnnn *angelegt*	
	Legen Sie jetzt die restlichen **Erfolgskonten** (Kto.-Nr. **417000 bis 483000)** nach der **Tabelle 1**, Anhang: Eingabetabellen an. Beachten Sie dabei, daß Sie jeweils nur Kontonummer und Kurztext eingeben bzw. ändern müssen.
	Beenden Sie die Transaktion.
Menü Hauptbuch	Kehren Sie zurück zum Eingangsmenü (durch erneutes Anklicken des Symbols Beenden).
SAP-Eingangsmenü	

Anzeige	Eingabe/Auswahl

M3.2 Kreditorenstammsätze anlegen

Der *Kreditorenstammsatz* wird vom Finanzwesen und vom Einkauf genutzt und enthält alle für die Geschäftsbeziehungen wichtigen Daten.
Er ist in drei Stammsatzbereiche geteilt:

- **Der Bereich *Allgemeine Daten* ist der Mandantenebene zugeordnet und enthält Anschrift, Bankverbindungen, etc. .**
- **Der Bereich *Buchungskreisdaten* (buchungskreisspezifisch) enthält Daten für die Buchhaltung, wie Zahlungskonditionen, Abstimmkonto im Hauptbuch, etc.**
- **Der Bereich *Einkaufsdaten* wird vom Modul MM genutzt (hier nicht relevant).**

Anzeige	Eingabe/Auswahl
	Obwohl die allgemeinen Kreditorendaten buchungskreisübergreifend gelten, soll im Testbeispiel jede Teilnehmergruppe ihre eigenen Kreditoren anlegen. Über die PC-Nummer in der Kontonummer können diese mandantenweit eindeutig identifiziert werden.
	Wählen Sie im Eingangsmenü: **Rechnungswesen -** **Finanzwesen -** **Kreditoren**
Menü Kreditoren	Wählen Sie im Menü Kreditoren: **Stammdaten -** **Anlegen**
Bildschirm "Kreditor anlegen: Einstieg Buchhaltung"	Eingabe bzw. Auswahl: *Kreditor*: ***900**nnn, nnn = Nummer des PCs* (= Kontonummer des Kreditors) *Buchungskreis*: ***B**nnn , nnn = Nummer des PCs.* *Kontengruppe*: ***KRKO*** (= Kreditoren-Kontengruppe für Testbeispiel) ↵
Bildschirm "Kreditor anlegen: Anschrift"	Eingabe: *Anrede*: ***Firma*** *Name*: ***Müller Baumarkt***

Anzeige	Eingabe/Auswahl
	Suchbegriff: ***Mül*** (= **Sortierfeld** zum Wiederauffinden von Daten)
	↵
Bildschirm "Kreditor anlegen: Steuerung"	
	In den Feldgruppen dieses Bildschirms ("Kontosteuerung", "Steuerinformationen", "Referenzdaten", "Quellensteuerpflichtiger") sind für das Testbeispiel keine Eingaben erforderlich.
	↵
Bildschirm "Kreditor anlegen: Zahlungsverkehr"	
	Auch die Felder dieses Bildschirms (Feldgruppen "Zahlungsverkehr" und "Bankverbindungen") erfordern für das Beispiel keine Eingaben.
	↵
Bildschirm "Kreditor anlegen: Kontoführung Buchhaltung"	
	Eingabe bzw. Auswahl: *Abstimmkonto*: ***160000*** (= Abstimmkonto in der Hauptbuchhaltung, hier: "Verbindlichkeiten")
	Sichern Sie die Eingaben.
Meldung in Statuszeile: *Konto 0000900nnn wurde für BuKrs Bnnn angelegt*	
	Sie haben Ihren ersten Kreditorenstammsatz angelegt !
	Legen Sie nun in analoger Weise die restlichen Kreditoren aus **Tabelle 2,** Anhang: Eingabetabellen (von Kto.-Nr. **910nnn bis 930nnn**) an.
	Beenden Sie die Transaktion.
Menü Kreditoren	
	Kehren Sie zurück zum Eingangsmenü.
SAP-Eingangsmenü	

Modul 4: Customizing Organisationsstruktur Kostenrechnung

Kostenrechnungskreis

Wie in Modul 1 schon überblicksweise gesagt (siehe Bild 3.1/3 (Modul 1)), wird unter einem Kostenrechnungskreis eine einheitliche Kostenrechnung betrieben.

Der Kostenrechnungskreis steht entsprechend der SAP-Hierarchie der Organisationseinheiten zwischen Kontenplan und Buchungskreis.

In dem Testbeispiel soll eine 1:1-Beziehung zwischen Kostenrechnungskreis und Buchungskreis herrschen, d. h. Kostenrechnungskreis und Buchungskreis fallen zusammen.

Standardhierarchie

Es wird für die spätere Zuordnung von Kostenstellen zu einer Kostenstellenhierarchie (siehe Modul 5) **der oberste Punkt dieser Hierarchie** als Standardhierarchie definiert. Die Bildung von Hierarchien - das gilt für alle Hierarchien, nicht nur für Kostenstellenhierarchien - dient zwei Zwecken:

1) für Eingabe/Anzeige auf dem Bildschirm: es kann die ganze Hierarchie bzw. Unterpunkte angesprochen werden und gleichzeitig z. B. für Planungszwecke "aufgerufen" werden

2) für Verdichtungen: es können entsprechende Zwischensummen in der Auswertung gebildet werden

*Standard*hierarchie bedeutet, daß die Kostenstellen in unterschiedlichen Hierarchien verdichtet werden können, daß aber eine dieser Hierarchien als Standardhierarchie ausgezeichnet ist. Wie gesagt wird zunächst nur ein Name für die Hierarchie vergeben, dem später die Hierarchieunterpunkte (Knoten) und - auf unterster Ebene - die Kostenstellen zugeordnet werden. Es *muß* eine Standardhierarchie angelegt werden und diese muß auch dem Kostenrechnungskreis zuordnet werden.

Jede Kostenstelle muß beim Anlegen einem Knoten der Standardhierarchie zugeordnet werden; bei Auswertungen über diese Hierarchie werden damit stets sämtliche Kostenstellen erfaßt.

Auch für andere Objekte wie Kostenarten, Leistungsarten werden im allgemeinen Hierarchien gebildet.

Was ist zu tun?

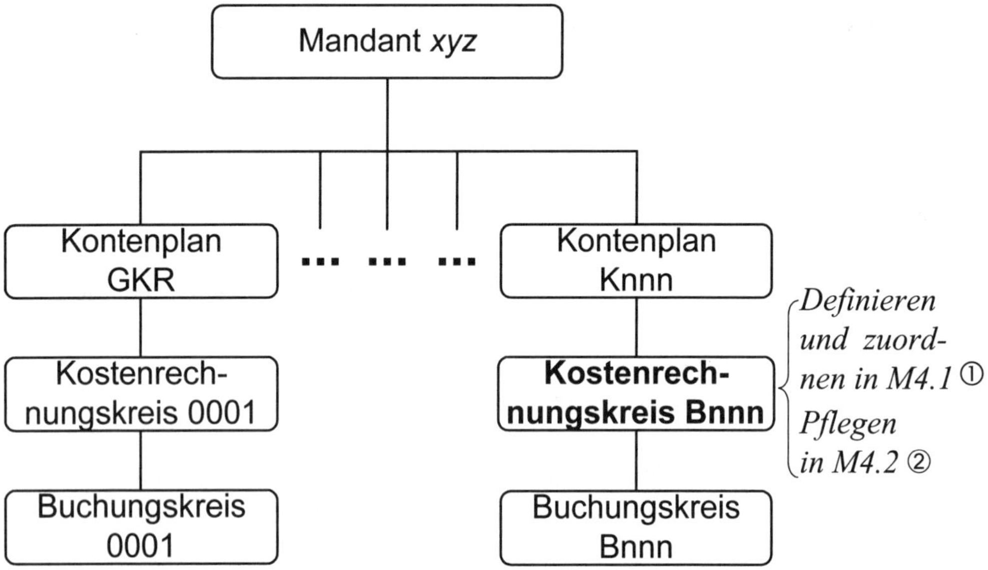

Eingaben:

① Kostenrechnungskreis = Buchungskreis, Schlüssel Kostenrechnungskreis (Bnnn) Bezeichnung

② Standardhierarchie (KS_HIERnnn) und Geschäftsjahr (1998) zuordnen, Teilkomponenten CO: Kostenstellenrechnung (1) und Auftragsverwaltung (1) aktivieren

Bild 3.1/25 (Modul 4): Überblick Modul 4

Anzeige	Eingabe/Auswahl

Modul 4: Customizing Organisationsstruktur Kostenrechnung

M4.1 Kostenrechnungskreis anlegen

Der *Kostenrechnungskreis* ist die betriebswirtschaftliche Organisationseinheit, innerhalb der eine Kostenrechnung durchgeführt wird. Im Kostenrechungskreis werden die innerbetrieblichen Geschäftsvorfälle abgebildet, wobei die primären Kosten aus dem externen Rechnungswesen übernommen werden.
Im R/3-System ist es möglich, entweder mehrere Buchungskreise zu einer buchungskreisübergreifenden Kostenrechung zusammenzufassen oder die Kostenrechnung auf Buchungskreisebene durchzuführen.

Im Testbeispiel soll die Kostenrechnung auf Buchungskreisebene durchgeführt werden.

<u>Kostenrechnungskreis durch Gleichsetzung mit dem Buchungskreis definieren:</u>

SAP-Eingangsmenü

Wählen Sie im SAP-Eingangsmenü:
Werkzeuge -
Business Engineering
Customizing

Sie gelangen in das **Customizing-Menü**

Wählen Sie im Customizing-Menü:
Einführungsprojekte -
SAP Refer.-IMG anz.

Bildschirm "Struktur anzeigen: SAP Referenz-IMG"

Wählen Sie in der Hierarchiestruktur:
Controlling -
Controlling allgemein -
Organisation

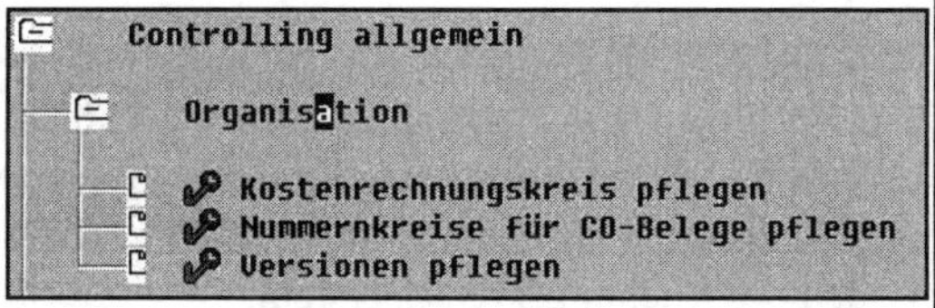

Klicken Sie auf die Ikone vor
Kostenrechnungskreis pflegen

Anzeige	Eingabe/Auswahl

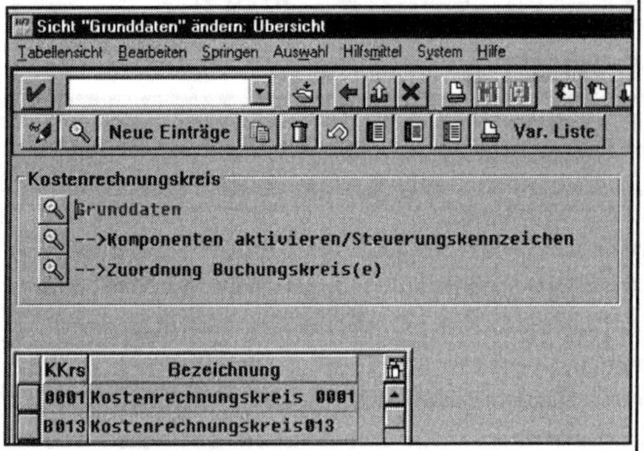

Klicken Sie auf

[Neue Einträge]

Bildschirm "Neue Einträge: Detail Hinzugefügte"

Klicken Sie auf

[Kokrs = Bukrs]

Dialogfeld "Auswahl Buchungskreis"

Eingabe bzw. Auswahl:

Buchungskreis: ***Bnnn**, nnn* = Nummer des PCs

(= Ihr Buchungskreis)

↵

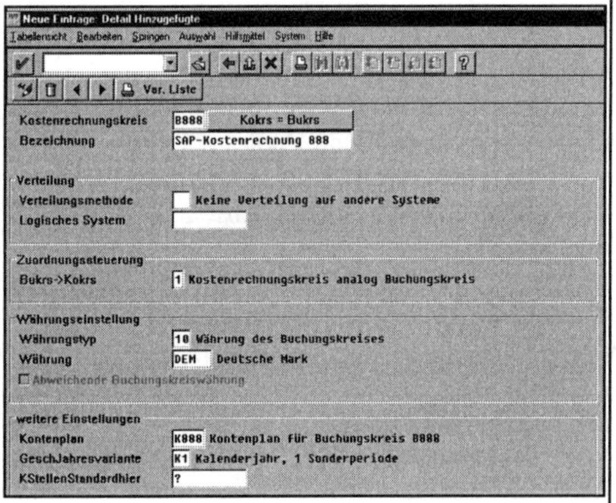

Durch die Schaltfläche **[Kokrs = Bukrs]** wird ein Kostenrechnungskreis mit dem Schlüssel, dem Kontenplan, der Währung und den Buchungsperioden des Buchungskreises erstellt.
Zur besseren Unterscheidung soll der Bezeichnungstext geändert werden:

Anzeige	Eingabe/Auswahl
	Eingabe(überschreiben): Bezeichnung: ***Kostenrechnungskreis****nnn,* *nnn* = Nummer des PCs

M4.2 Kostenrechnungskreis pflegen

Der neu angelegte Kostenrechnungskreis muß um das controllingrelevante Attribut *Standardhierarchie* ergänzt werden. Die Standardhierarchie (=durch Zuordnung zum Kostenrechnungskreis ausgezeichnete Kostenstellengruppe) bildet die Organisationsstruktur der Kostenstellenrechnung ab.
Weiterhin müssen vor Inbetriebnahme der einzelnen Teilkomponenten der Kostenrechnung diese im Kostenrechnungskreis explizit aktiviert werden.

Anzeige	Eingabe/Auswahl
	(Schlüssel für) Standardhierarchie eintragen: Als Standardhierarchie wird hier bei der Pflege des Kostenrechnungkreises zunächst nur ein Name eingetragen, definiert wird diese Kostenstellengruppe dann später bei der Stammdatenpflege. Eingabe bzw. Auswahl: *KStellen StandardHier:* ***KS_HIER****nnn,* *nnn* = Nummer des PCs (= Name des **Standardhierarchie**) Sichern Sie die Eingaben.
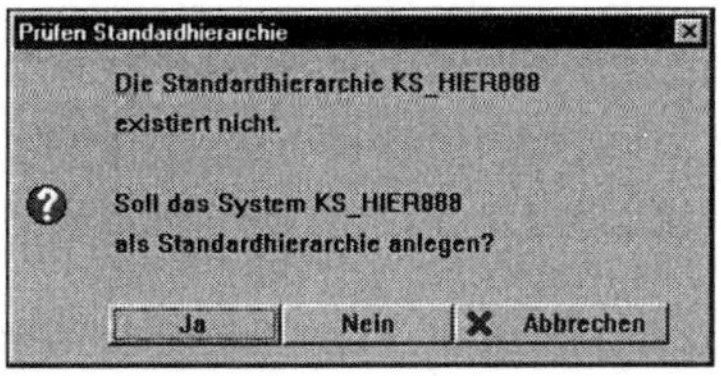	Klicken Sie auf **[Ja]** Daten werden gesichert; **Kostenrechnungskreis ist angelegt**.

Anzeige	Eingabe/Auswahl
	Klicken Sie auf  (= Symbol Zurück)
Bildschirm "Sicht "Grunddaten" ändern: Übersicht"	**Teilkomponenten der Kostenrechnung aktivieren:** Markieren Sie Ihren Kostenrechnungskreis Bnnn durch Anklicken von B888 Kostenrechnungskreis 888 vor **Ihrem (!)** Kostenrechnungskreis Klicken Sie auf -->Komponenten aktivieren/Steuerungskennzeichen
Bildschirm "Sicht"Steuerungskennzeichen" ändern: Übersicht"	Klicken Sie auf **[Neue Einträge]**
Bildschirm "Neue Einträge: Detail Hinzugefügte" 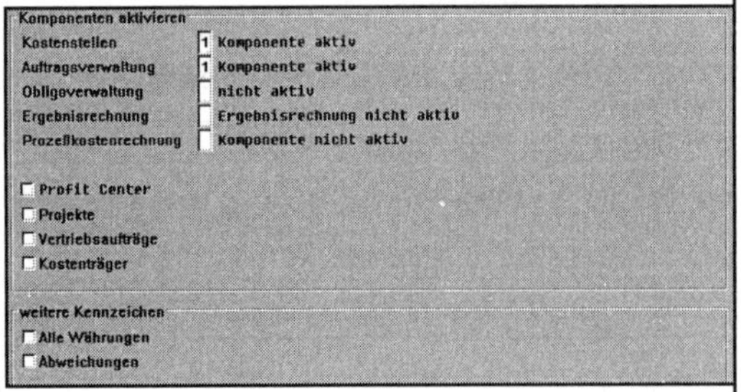 	Eingabe bzw. Auswahl: *Geschäftsjahr*: ***1998*** *Kostenstellen:* ***1*** (= Kostenstellenrechnung aktiv) *Auftragsverwaltung:* ***1*** (= Auftragsverwaltung aktiv)
Meldung in Statuszeile: *Daten wurden gesichert*	Sichern Sie die Eingaben.
	Damit haben Sie die **Kostenstellenrechnung** (Kostenstellen können als Kontierungsobjekt verwendet werden) und die **Auftragsverwaltung** (Aufträge können als Kontierungsobjekt verwendet werden) **aktiviert**.

Anzeige	Eingabe/Auswahl
	Klicken Sie auf  (= Symbol Zurück)
Bildschirm "Sicht "Steuerungsdaten" ändern: Übersicht"	Klicken Sie auf 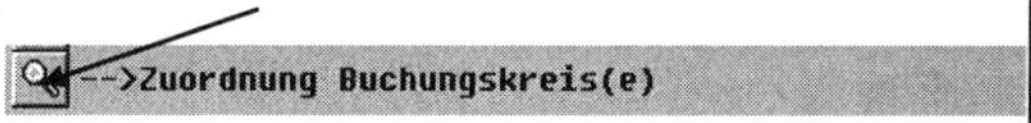
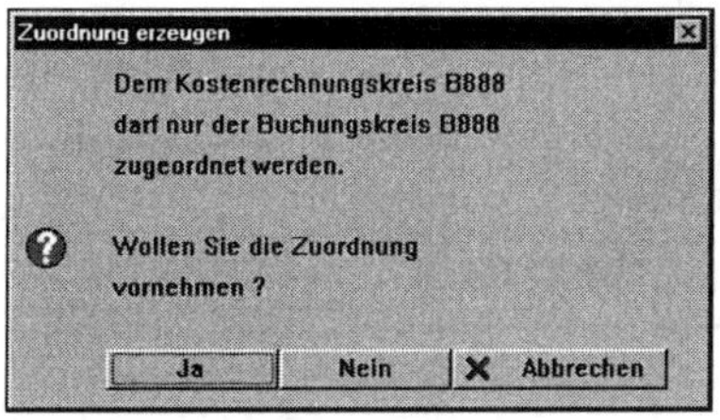	Klicken Sie auf **[Ja]**
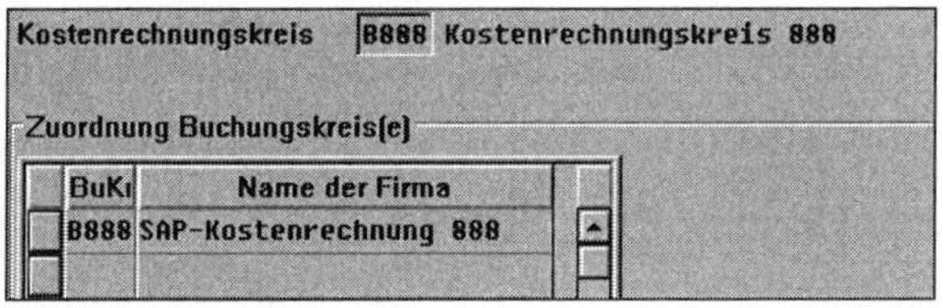	
Meldung in Statuszeile: *Daten wurden gesichert*	Sichern Sie die Eingaben.
SAP-Eingangsmenü	Beenden Sie die Transaktion und kehren Sie zurück zum Eingangsmenü.

Modul 5: Stammdaten der Kostenrechnung anlegen

In diesem Modul werden die notwendigen Stammdaten der Kostenrechnung angelegt.

Stammdaten der Kostenrechnung

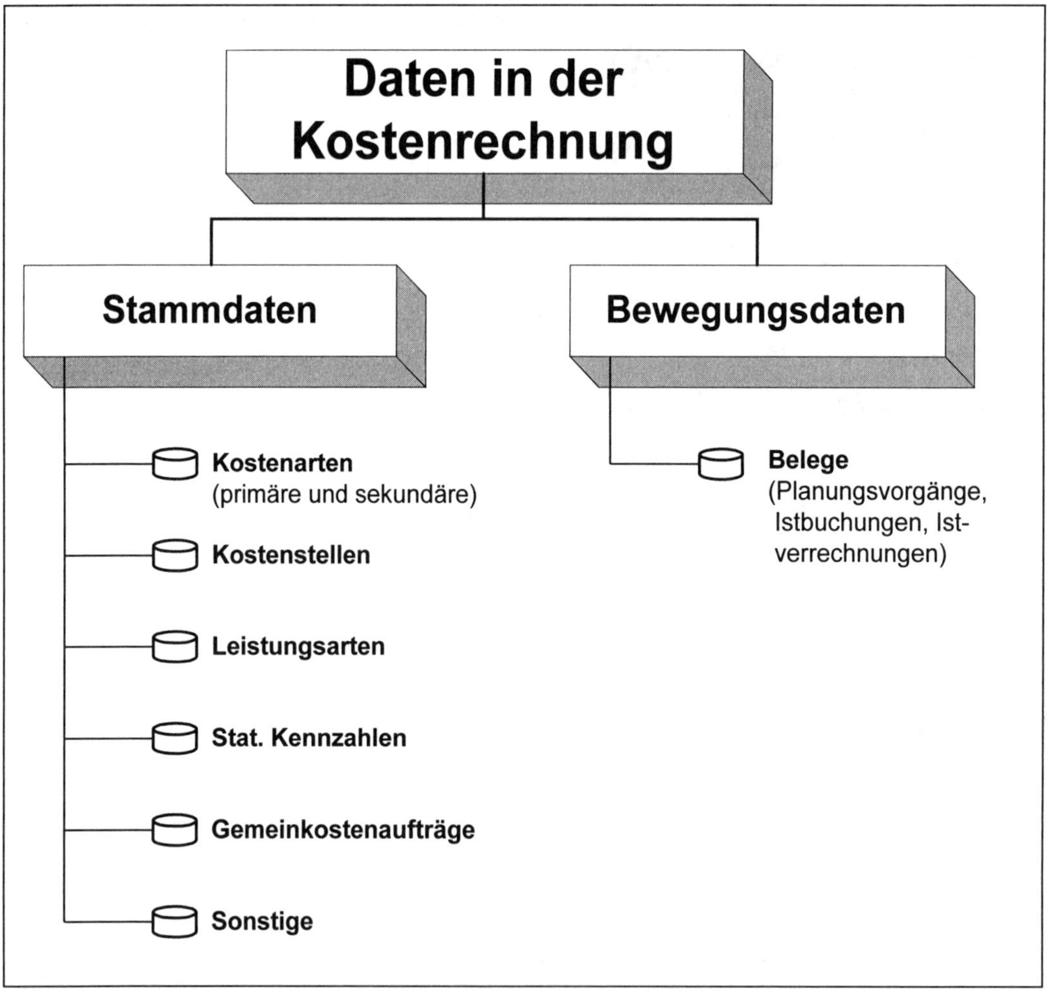

Bild 3.1/26 (Modul 5): Stammdaten der Kostenrechnung

Beim Anlegen der **Kostenarten** wird nach primären und sekundären Kostenarten unterschieden. **Primäre Kostenarten** sind der Ausgangspunkt. Es sind Kostenarten, die durch den „Wertverzehr“ im Produktionsprozeß entstehen (wie z. B. Personalkosten, Personalnebenkosten, kalkulatorische Abschreibungen, kalkulatorische Zinsen). Es handelt sich um die Kosten der Produktionsfaktoren, die von außen bezogen werden (Material, Personal, Betriebsmittel/Maschinen).

Die **sekundären Kostenarten** entstehen hingegen bei der innerbetrieblichen Leistungsverrechnung (z. B. Fuhrparkkosten, Wartungskosten). Sie sind in der Regel Kostenstellenkosten, z. B. die Kosten der Kostenstelle Fuhrpark, die an den Empfänger der Fuhrparkleistung verrechnet werden. In den sekundären Kostenarten sind die primären enthalten, allerdings nur für eine bestimmte Kostenstelle. Die Verrechnung der sekundären Kostenarten geschieht im Betriebsabrechnungsbogen in einer gesonderten Zeile, die durch die sekundäre Kostenart identifiziert wird. Beispielsweise wird im Testbeispiel die sekundäre Kostenart „ILV Fuhrpark“ mit der Nummer 510000 angelegt, unter der die Abgabe von Fuhrparkleistungen an die Empfänger erfolgt.

Kostenstellen geben an, wo Kosten angefallen sind, d. h. in welchem Verantwortungsbereich des Unternehmens (z. B. Abteilung).

Unter **Leistungsart** wird im SAP-Sprachgebrauch die Bezugsgröße einer Kostenstelle bezeichnet (z. B. Stunden in der Dreherei). Die Leistungsart/Bezugsgröße hat mehrere Funktionen:

- abhängig von der Leistungsart variiert ein Teil der Kosten, ein anderer Teil ist unabhängig davon

- die Leistungsart ist Basis der innerbetrieblichen Leistungsverrechnung

- die Leistungsart fließt in vielen Fällen auch direkt in die Kostenträgerkalkulation ein.

Häufig reicht *eine* Leistungsart/Bezugsgröße pro Kostenstelle aus, manchmal sind auch mehrere Leistungsarten/Bezugsgrößen pro Kostenstelle notwendig.

In dem einfachen Fall *einer* Leistungsart/Bezugsgröße ist die Einteilung der Kosten in leistungsabhängige und leistungsunabhängige Anteile identisch mit variablen und fixen Kosten. Bei mehreren Bezugsgrößen ist die Begriffsbildung etwas komplizierter. Zunächst muß man sich fragen, welche Kosten den Leistungsarten zurechenbar sind und welche nicht. Bei den einer Leistungsart zurechenbaren Kosten muß man sich weiter fragen, ob sie mit der Leistungsart variieren oder nicht.

Beispiel: eine Kostenstelle Fuhrpark habe zwei Bezugsgrößen PKW-Kilometer und LKW-Kilometer. Die Kosten der gemeinsamen Garage für PKW und LKW wären leistungsartenunabhängig, weil weder den PKW- noch den LKW-Kilometern zurechenbar. Die Abschreibungen des LKW wären zwar der Leistungsart LKW-Kilometer zurechenbar (zugehörig, zuordenbar) aber ersichtlich nicht mit der Bezugsgröße variierend (bezogen auf LKW-Kilometer fix), die Benzinkosten LKW hingegen variieren mit der Leistungsart LKW-Kilometer und sind daher in Bezug auf LKW-Kilometer variabel.

(Im Testbeispiel hat die Kostenstelle Instandhaltung zwei Leistungsarten/Bezugsgrößen (Wartungs- und Reparaturstunden), die übrigen Kostenstellen haben nur eine)

Die Leistungsart spielt wie gesagt auch bei der innerbetrieblichen Leistungsverrechnung eine Rolle. Dann muß allerdings nicht nur die Leistung(sabgabe) der erbringenden Kostenstelle, sondern auch die Leistungsaufnahme der empfangenden Kostenstellen bekannt sein.

Beispiel: Bezugsgröße des Fuhrparks sei km (das ist seine Leistung). Bei der Leistungsartenplanung ist festzustellen, wieviel km der Fuhrpark insgesamt erbringt. Außerdem wird die innerbetriebliche Leistungsverrechnung auf Basis von km durchgeführt, wozu - wie gesagt - noch die Leistungsaufnahme der empfangenden Kostenstellen bekannt sein muß: wieviel km hat der Fuhrpark für Kostenstelle Vertrieb und andere gefahren.

Hilfskostenstellen, die ihre Leistung nicht über innerbetriebliche Leistungsverrechnung abgeben, können nach Schlüsseln umgelegt werden (z. B. Kosten der Heizkostenstelle nach qm auf die empfangenden Kostenstellen)
(wird im Testbeispiel nicht angewendet).

Über die aufgeführten Stammdaten der Kostenstellenrechnung (SAP-Komponente CO-OM-CCA) hinaus werden im Testbeispiel noch **Innenaufträge** (=Stammdaten der SAP-Komponente CO-OM-OPA Gemeinkostenaufträge) angelegt (siehe unten).

Integration Finanzbuchhaltung - Kostenrechnung

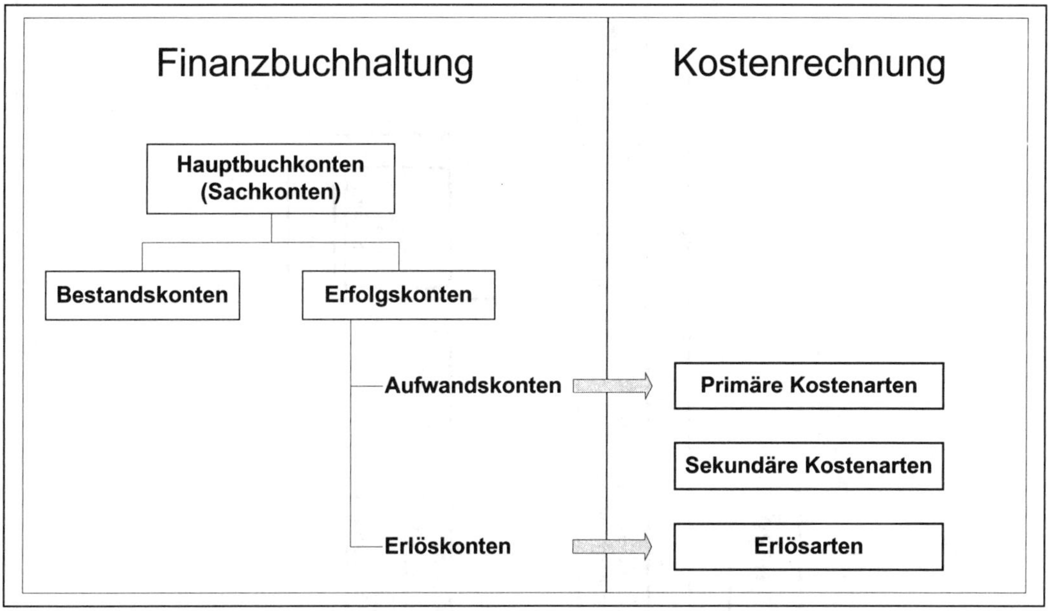

Bild 3.1/27 (Modul 5): Kontengliederung in der Finanzbuchhaltung

Hier wird die Verbindung zwischen den Begriffen „primäre" und „sekundäre Kostenarten" im SAP-Sprachgebrauch und dem Kontensystem der Finanzbuchhaltung gezeigt.

Primäre Kostenarten sind danach im Kontensystem der Finanzbuchhaltung die Aufwandskonten. **Sekundäre Kostenarten** entstehen demgegenüber innerhalb der Kostenrechnung.

Kostenartengruppen

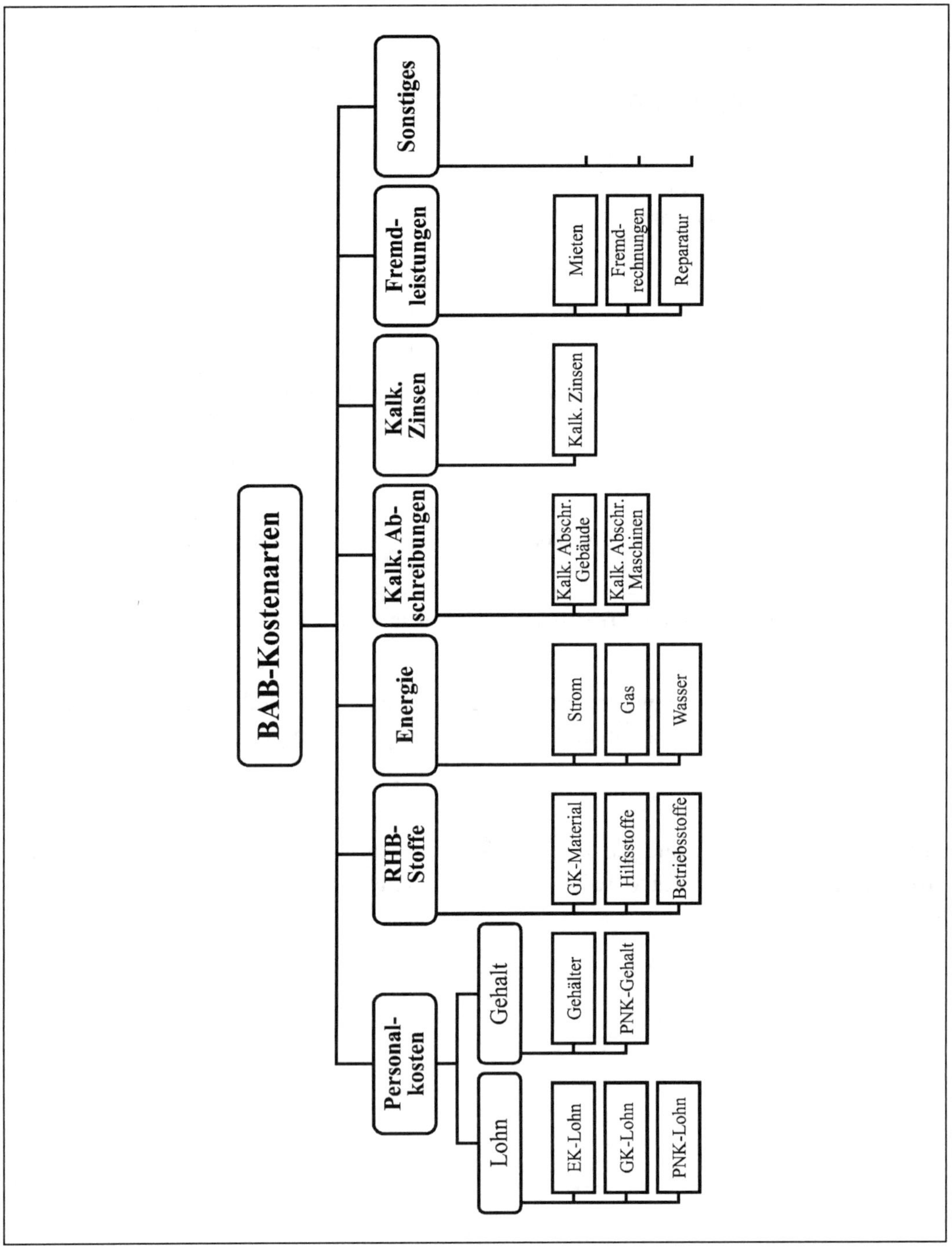

Bild 3.1/28 (Modul 5): Kostenartengruppe: Beispiel

Dieses Bild zeigt, daß für die Kostenarten eine **Gruppenbildung** vorgenommen (mit anderen Worten: eine Kostenartenhierarchie angelegt) werden kann. Diese Gruppenbildung wird benötigt, um später Zwischensummen bilden zu können, aber auch, um in bestimmten Bildschirmbildern eine Gruppe insgesamt anzeigen zu können, statt sie auf einzelne Bildschirme zu verteilen. Dafür muß es aber möglich sein, eine Kostenartengruppe ansprechen zu können.

(Kostenstellen-)Standardhierarchie

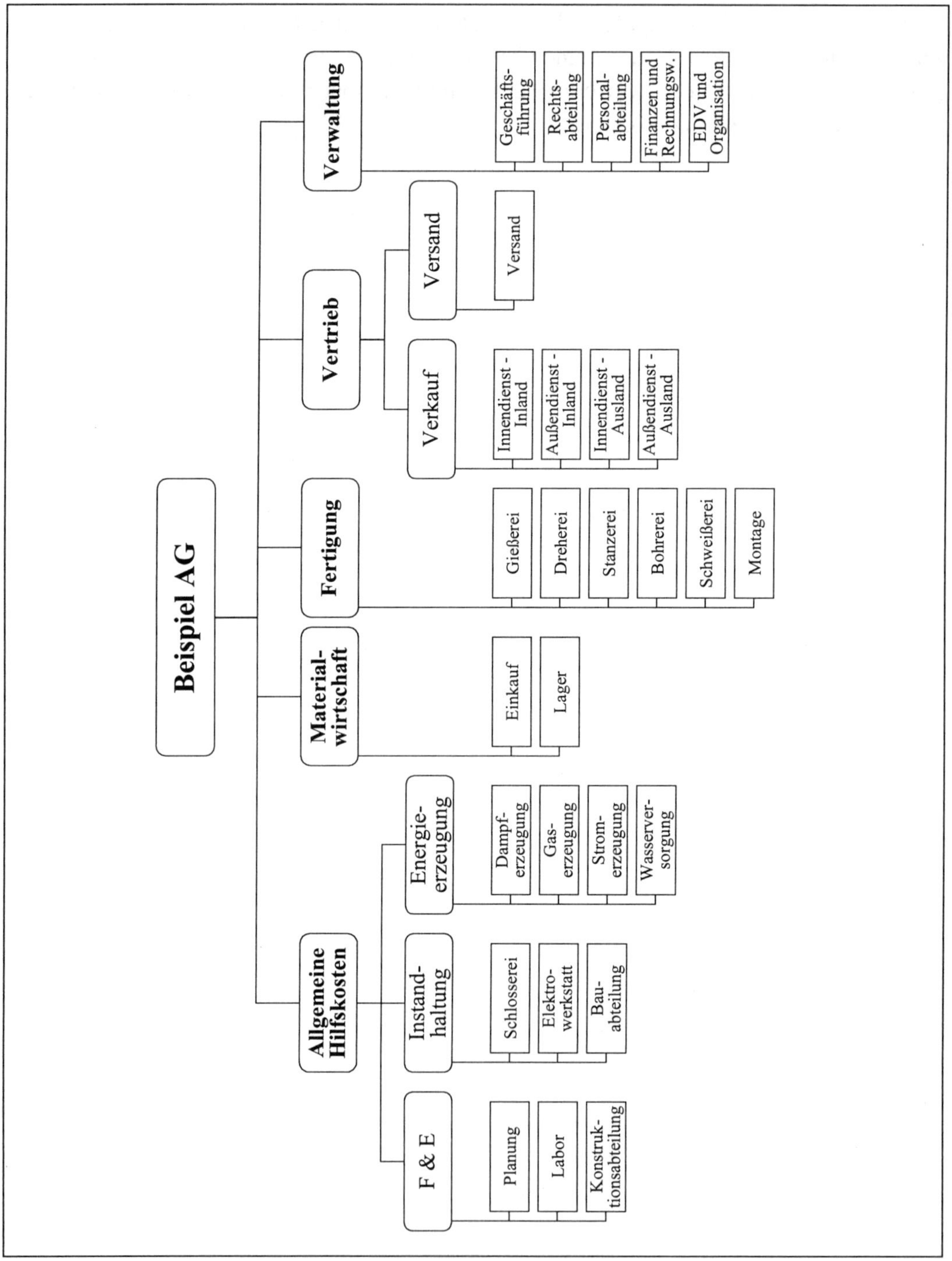

Bild 3.1/29 (Modul 5): Kostenstellengruppe: Beispiel

Ebenso wie für Kostenarten wird auch für **Kostenstellen** eine **Hierarchie** aufgebaut, indem Kostenstellen zu Gruppen, diese zu Obergruppen etc. zusammengefaßt werden. Die Oberbegriffe sind selbst keine Kostenstellen, sondern reine Verdichtungsbegriffe.

Die sog. **Standardhierarchie** stellt – wie bereits gesagt - eine ausgezeichnete Kostenstellengruppe dar, die dem Kostenrechnungskreis direkt zugeordnet ist und in der alle Kostenstellen eines Kostenrechnungskreises zusammengefaßt sind. Letzteres ist dadurch gewährleistet, daß jede Kostenstelle beim Anlegen einem Knoten der Standardhierarchie zugeordnet werden muß.

Was ist zu tun?

Kostenarten:

Primäre:

403000 Verbr. Betriebsstoffe
415000 Energiekosten
...

Anlegen in M5.1.1

- siehe Anhang: Eingabetabellen, Tabelle 3 -

Sekundäre:

500000 Indir. LV AV
510000 ILV Fuhrpark
...

Anlegen in M5.1.2

- siehe Anhang: Eingabetabellen, Tabelle 4-

Kostenartengruppe:

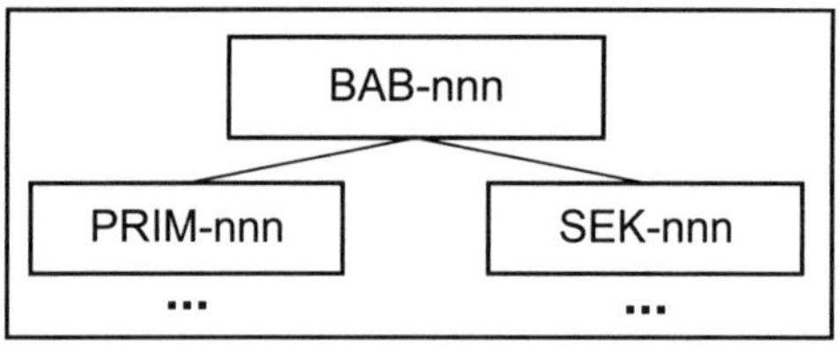

Definieren in M5.1.3

- siehe Anhang: Eingabetabellen, Abbildung 2 -

(Kostenstellen-) Standardhierarchie:

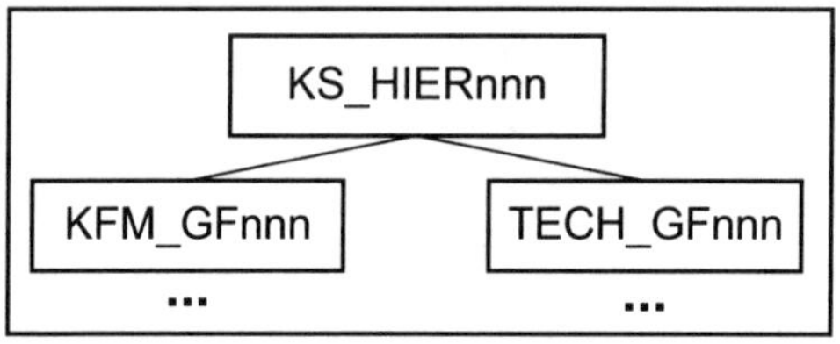

Definieren in M5.2.1

- siehe Anhang: Eingabetabellen, Abbildung 1 -

Kostenstellen:

1110 Vertrieb
1120 Verwaltung
...

Anlegen und der Hierarchie zuordnen in M5.2.2

- siehe Anhang: Eingabetabellen, Abbildung 1 -

Bild 3.1/30 (Modul 5): Überblick M5.1 und M5.2

Für das Testbeispiel sind **primäre und sekundäre Kostenarten** anzulegen und es ist eine Kostenartenhierarchie (**Kostenartengruppe**) zu definieren, der die Kostenarten zugeordnet werden.

Da die primären Kostenarten den Aufwandskonten der Buchhaltung entsprechen, können sie nur dann angelegt werden, wenn bereits ein entsprechendes Sachkonto im Finanzwesen existiert. Dagegen lassen sich sekundäre Kostenarten ausschließlich in der Kostenrechnung verwalten und es darf beim Anlegen noch kein entsprechendes Konto in der Finanzbuchhaltung existieren (vgl. auch Bild 3.1/27 (Mudul 5).

Beim Anlegen des Kostenrechnungskreises wurde bereits der Name für den obersten Knoten der **Standardhierarchie** "KS_HIER*nnn*" festgelegt. Hier wird nun die Struktur der Hierarchie definiert. Danach können die **Kostenstellen** angelegt und den entsprechenden Hierarchieknoten (auf unterster Ebene) zugeordnet werden.

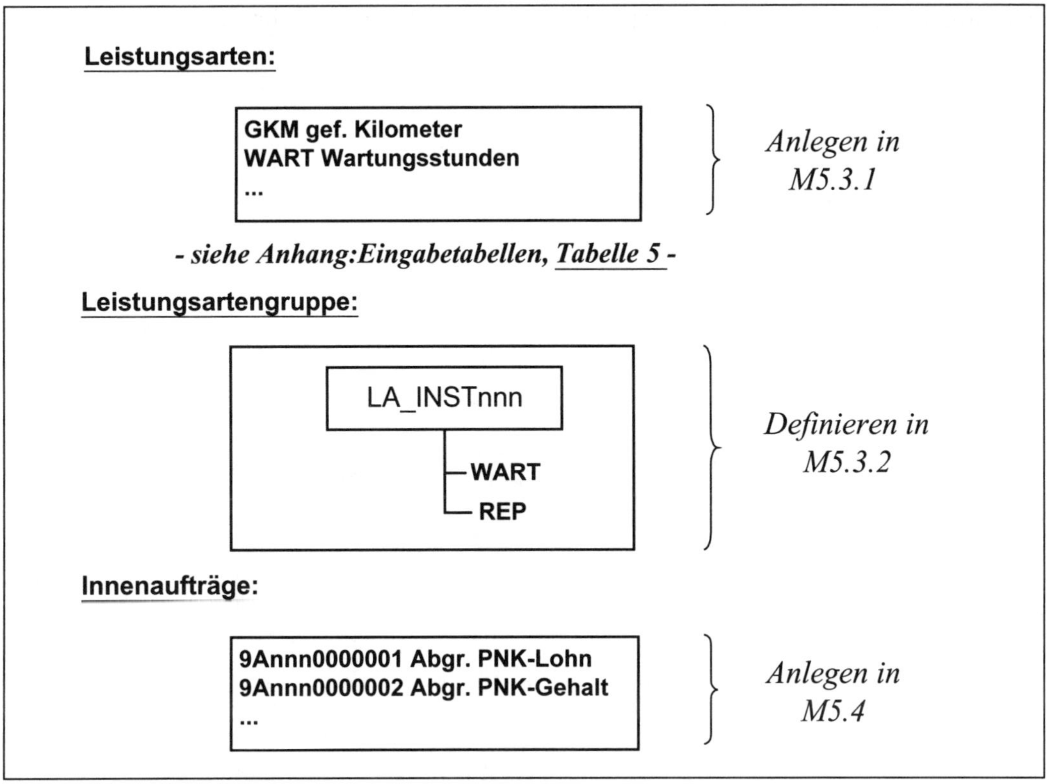

Bild 3.1/31 (Modul 5): Überblick M5.3 und M5.4

Die **Leistungsarten** (=**Bezugsgrößen** der Kostenstelle) sind anzulegen. Auch bei diesem Kostenrechnungsobjekt wird eine Hierarchie definiert, denen die Leistungsarten zugeordnet werden. Die Leistungsartenhierarchie LA-INST wird gebildet, um die zugehörigen Leistungsarten WART und REP gleichzeitig auf den Planungsbildschirm "rufen" zu können.

Schließlich werden noch zwei (Abgrenzungs-)**Innenaufträge** angelegt. Hierbei wird jedoch im Testbeispiel nicht tiefer in die CO-Komponente OPA (Gemeinkostenaufträge) eingestiegen. Der Zweck der Innenaufträge in diesem Testbeispiel ist es, die Differenz zwischen verrechneten (abgegrenzten) und effektiven Personalnebenkosten zu erfassen. Dies wird im folgenden erläutert.

In der Kostenrechnung werden monatlich für Personalnebenkosten Lohn (und ebenso Gehalt) konstante Prozentsätze auf die Basis Lohn (bzw. Gehalt) verrechnet. Dies dient zur Verstetigung der Kosten (ein Vorgang der auch der Finanzbuchhaltung nicht unbekannt ist und dort meist nur auf Jahresbasis durchgeführt wird).

Anzeige	Eingabe/Auswahl

Modul 5: Stammdaten der Kostenrechnung anlegen

Zu den *Stammdaten der Kostenrechnung* (kostenrechnerische Objekte) zählen Kostenarten, Kostenstellen, Leistungsarten und Innenaufträge.
Sie werden *zeitbezogen* gespeichert, d. h. daß für die Feldgruppen eines Stammsatzes der Zeitraum ihrer Gültigkeit mit fortgeschrieben wird. Die Stammdaten werden immer für einen bestimmten Gültigkeitszeitraum angelegt oder geändert.

Anzeige	Eingabe/Auswahl
	Im Testbeispiel soll für alle Objekte nur ein Zeitintervall definiert werden.

M5.1 Kostenarten

Beim Definieren von Kostenarten muß genau zwischen primären und sekundären Kostenarten unterschieden werden:

- **eine *primäre Kostenart* kann nur angelegt werden, wenn sie zuvor im Kontenplan als Sachkonto verzeichnet und in der Finanzbuchhaltung als Konto angelegt wurde.**
- ***sekundäre Kostenarten* werden ausschließlich in der Kostenrechnung verwendet und dürfen daher nicht in der Finanzbuchhaltung angelegt werden. Beispiel: Kosten der innerbetrieblichen Leistungsverrechnung, Umlagekosten.**

M5.1.1 Primäre Kostenarten anlegen

Anzeige	Eingabe/Auswahl
SAP-Eingangsmenü	Wählen Sie im SAP-Eingangsmenü: **`Rechnungswesen -`** **`Controlling -`** **`Kostenarten`**
Menü Kosten-/Erlösartenrechnung	Wählen Sie im Menü Kosten-/Erlösartenrechnung: **`Stammdaten -`** **`Kostenart -`** **`Anlegen primär`**
Dialogfeld "Kostenrechnungskreis setzen"	Eingabe bzw. Auswahl: <u>*Kostenrechnungskreis:*</u> ***Bnnn***, *nnn* = Nummer des PCs (= Ihr Kostenrechnungskreis) ⏎

Anzeige	Eingabe/Auswahl
Bildschirm "Kostenart anlegen primär: Anforderungsbild"	Eingabe bzw. Auswahl: *Kostenart*: ***403000*** *Gültig ab:* ***01.01.1998*** *gültig bis:* ***31.12.9999*** (= Gültigkeitszeitraum) Beachten Sie bitte - auch bei den folgenden Kostenarten -, daß die untere Grenze des Gültigkeitszeitraums stets auf den **01.01.1998** gesetzt werden muß, da sonst die Geschäftsvorgänge des Testbeispiels nicht abbildbar sind!
Bildschirm "Kostenart anlegen primär: Grundbild"	Klicken Sie hinter *Kosteartentyp* auf (= Wertehilfe, Dropdownlisten-Pfeil)
Werteliste für **primäre** Kostenarten: 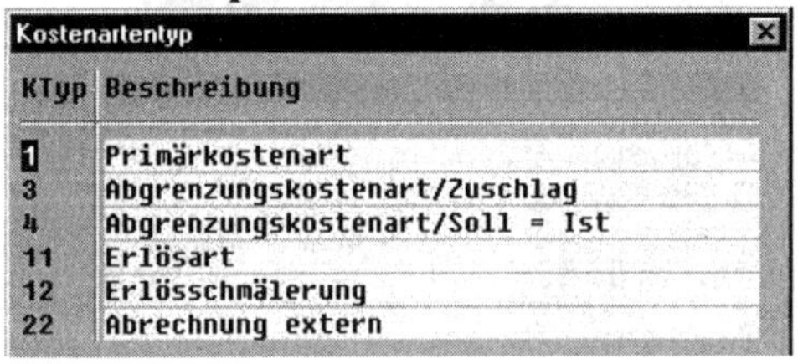	Die Werteliste zeigt alle möglichen (SAP-Standard-) Kostenartentypen für primäre Kostenarten an.

Kostenartentyp

KTyp	Beschreibung
1	Primärkostenart
3	Abgrenzungskostenart/Zuschlag
4	Abgrenzungskostenart/Soll = Ist
11	Erlösart
12	Erlösschmälerung
22	Abrechnung extern

Der *Kostenartentyp* klassifiziert Kostenarten nach ihrer Verwendung und steuert welche Verrechnungsmethoden für eine Kostenart zulässig sind.
So können z. B. primäre Kostenarten des Typs 01 bei allen Primärbuchungen in der Finanzbuchhaltung belastet werden, diejenigen des Typs 03 nur bei der Abgrenzung mit Hilfe des Zuschlagsverfahrens in der Kostenstellenrechnung (s. Modul 6).
Bei den sekundären Kostenarten legt z. B. der Kostenartentyp 43 (Innerbetriebliche Leistungsverrechnung) fest, daß eine Kostenart nur für die Durchführung innerbetrieblicher Leistungsverrechnungen genutzt werden kann (vgl. M5.1.2 und Modul 6).

Anzeige	Eingabe/Auswahl
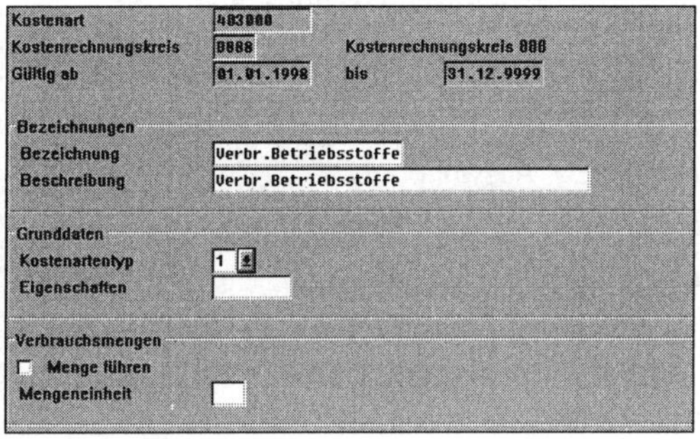 	Eingabe bzw. Auswahl: *Kostenartentyp*: ***1*** (= Primärkostenart)
Bildschirm "Kostenart anlegen primär: Anforderungsbild" Meldung in Statuszeile: *Kostenart wurde hinzugefügt.*	Sichern Sie die Eingaben.
	Primärkostenart 403000 ist angelegt. Legen Sie nun die weiteren **Primären Kostenarten** *(von 415000* bis *483000)* nach der **Tabelle 3**, Anhang: Eingabetabellen an. Beachten Sie dabei, bei "verr. PNK-Lohn" und "verr. PNK-Gehalt" (429000 und 439000) in Feld *Kostenartentyp* **03** (= Abgrenzungskostenart für kalk. Zuschläge) einzugeben !
Menü Kosten-/Erlösartenrechnung	Beenden Sie nach Eingabe aller primären Kostenarten die Transaktion (Anwendung).

M5.1.2 Sekundäre Kostenarten anlegen

Anzeige	Eingabe/Auswahl
	Wählen Sie im Menü Kosten-/Erlösartenrechnung: **`Stammdaten -`** **`Kostenart -`** **`Anlegen sekundär`**
Bildschirm "Kostenart anlegen sekundär: Anforderungsbild"	Eingabe bzw. Auswahl: *Kostenart*: ***500000***

Anzeige	Eingabe/Auswahl
	<u>*Gültig ab:*</u> ***01.01.1998*** (!) <u>*gültig bis:*</u> ***31.12.9999*** (= Gültigkeitszeitraum) 
Bildschirm "Kostenart anlegen sekundär: Grundbild"	Eingabe bzw. Auswahl: <u>*Bezeichnung*</u>: ***Indir. LV AV*** <u>*Kostenartentyp*</u>: ***43*** (= Kostenart für innerbetriebliche Leistungsverrechnung)
	Sichern Sie Ihre Eingaben.
Bildschirm "Kostenart anlegen sekundär: Anforderungsbild" Meldung in Statuszeile: *Kostenart wurde hinzugefügt.*	
	Sekundäre Kostenart 500000 ist angelegt.
	Legen Sie nun die drei weiteren **sekundären Kostenarten** *(von 510000* bis *530000)* nach **Tabelle 4**, Anhang: Eingabetabellen an.
Menü Kosten-/Erlösartenrechnung	Beenden Sie nach Eingabe aller sekundären Kostenarten die Transaktion.

M5.1.3 Kostenarten in Kostenartenhierarchie zusammenfassen

Gleichartige Kostenarten (wie auch andere kostenrechnerische Objekte) können in *Kostenartenhierarchien* bzw. Teilhierarchien zusammengefaßt werden Kostenartenhierarchien können beispielsweise zum Erstellen eines Betriebsabrechnungsbogens (vgl. M11.2) verwendet werden oder auch zur Vereinfachung der Kostenstellenplanung (vgl. M7.3) oder der Definition von Sender- und Empfängerregeln für die indirekte Leistungsverrechnung (vgl. M6.1.2).

<table>
<tr><th>Anzeige</th><th>Eingabe/Auswahl</th></tr>
<tr><td></td><td>

Struktur einer Kostenartenhierarchie definieren:

Wählen Sie im Menü Kosten-/Erlösartenrechnung:

`Stammdaten -`
`Kostenartengruppe -`
`Anlegen`

</td></tr>
<tr><td>Bildschirm "Kostenartengruppe anlegen: Einstiegsbild"</td><td>

Eingabe bzw. Auswahl:

Kostenartengruppe: ***BAB**-nnn*

(= Gruppenname)

</td></tr>
<tr><td>

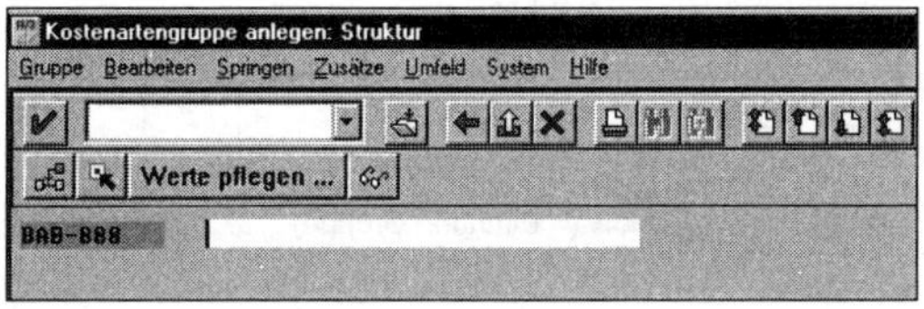

</td><td>

Eingabe:

***Gesamtkosten KoreKrs. B**nnn*

Klicken Sie auf

 (= Einfügen Gruppe)

</td></tr>
<tr><td>

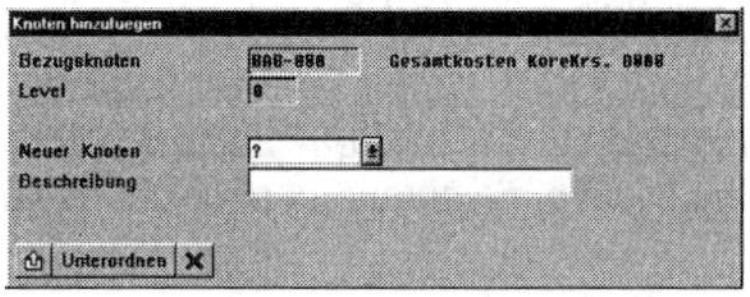

</td><td>

Eingabe:

Neuer Knoten: ***PRIM-**nnn*

Beschreibung: ***Primäre Kosten***

Klicken Sie auf

[Unterordnen]

</td></tr>
<tr><td>

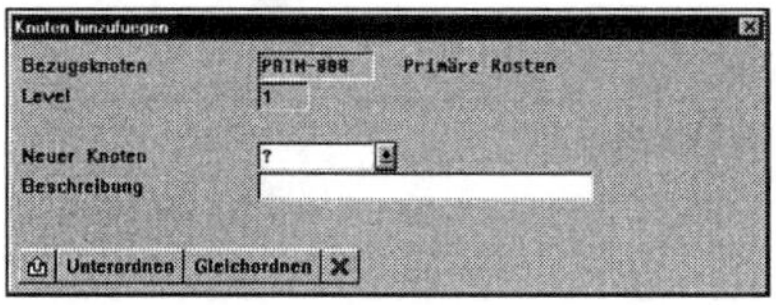

</td><td></td></tr>
</table>

Anzeige	Eingabe/Auswahl
	Eingabe: *Neuer Knoten:* ***SEK-****nnn* *Beschreibung:* ***Sekundären Kosten*** Klicken Sie auf **[Gleichordnen]** 
Dialogfeld wird geschlossen. Kostenartenhierarchie: 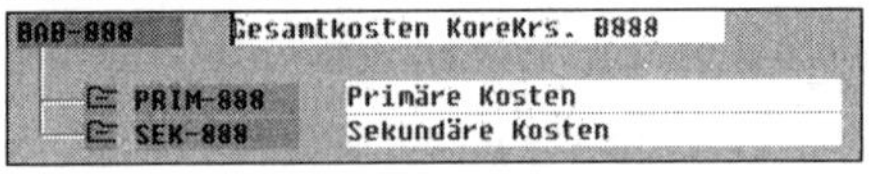	
	Stellen Sie den Cursor auf **PRIM-*nnn*** Klicken Sie auf 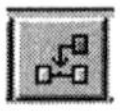 (= Einfügen Gruppe)
Dialogfeld "Knoten hinzufügen"	
	Ordnen Sie nun zunächst dem Knoten **PRIM-nnn** die entsprechenden Unterknoten der nächsten Hierarchieebene gem. **Abbildung 1**, Anlage: Eingabetabellen unter und anschließend dem Knoten **SEK-nnn**. *(Tip: Verwenden Sie für den jeweils ersten Unterknoten die Schaltfläche **[Unterordnen]** für die weiteren **[Gleichordnen]**. Haben Sie einen Knoten versehentlich falsch zugeordnet, so markieren Sie diesen, stellen den Cursor auf den zuzuordnenden Knoten und klicken die entsprechende Schaltfläche.)*
Kostenartenhierarchie: 	
	Sichern Sie die Eingaben.
Meldung in Statuszeile: *Gruppe geändert / hinzugefügt*	

Anzeige	Eingabe/Auswahl
	Stammdatenprüfung für die Werteeingabe aktivieren:
	Wählen Sie im aktuellen Menü: **`Zusätze - Voreinstellungen`**
Dialogfeld "Voreinstellungen"	Markieren Sie durch Anklicken: *Stammdatenprüfung* *Intervalle auflösen* *Texte anzeigen*
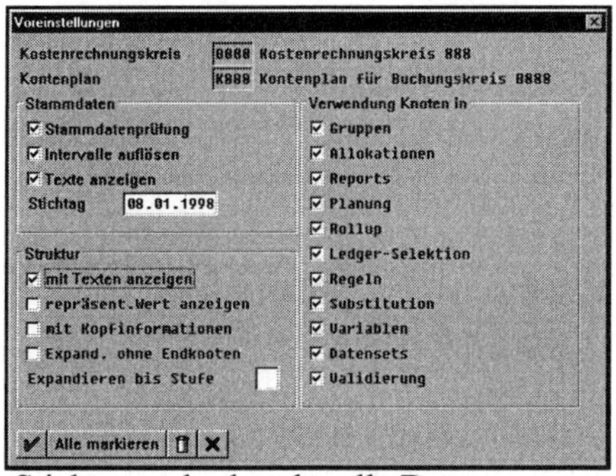 Als Stichtag steht das aktuelle Datum.	
	Damit ist die Stammdatenprüfung und die Eingabehilfe für die nachfolgende Werteeingabe aktiviert, außerdem können nun die Texte zu den Stammsätzen angezeigt werden.
	Den Endknoten der Hierarchie Kostenarten zuordnen:
	Stellen Sie den Cursor auf den (End-)Knoten **GEHAKO**-nnn
	Klicken Sie auf **[Werte pflegen ...]**
Dialogfeld "Einzelwerte bearbeiten"	Eingabe bzw. Auswahl: 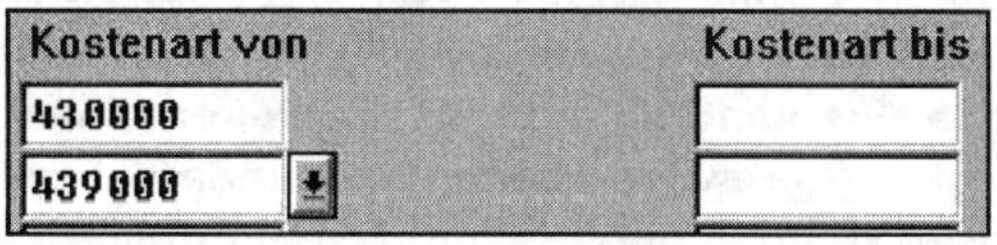

Anzeige	Eingabe/Auswahl
	Damit haben Sie dem Knoten (Set, Kostenartengruppe) GEHAKO-nnn die primären Kostenarten 430000 Gehälter und 439000 verr. PNK-Gehalt zugeordnet.
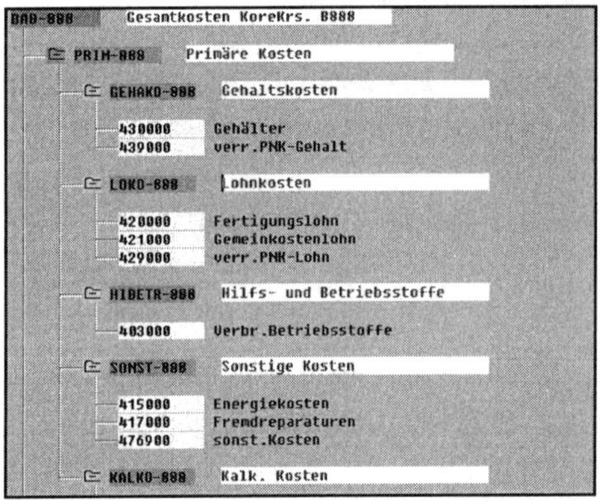 •••	Orden Sie in analoger Weise noch den weiteren Endknoten der Hierarchie die Kostenarten gem. **Tabelle 1**, Anhang: Eingabetabellen zu.
	Sichern Sie die Eingaben.
Meldung in Statuszeile: *Gruppe geändert/hinzugefügt.*	Kostenartengruppe (-hierarchie) ist angelegt.
	Beenden Sie die Transaktion.
Menü Kosten-/Erlösartenrechnung	
	Kehren Sie zurück zum SAP-Eingangsmenü.
SAP-Eingangsmenü	

M5.2 Kostenstellen

Bevor Kostenstellen angelegt werden können, muß eine hierarchische Kostenstellenstruktur definiert sein. Diese wird als Standardhierarchie bezeichnet und dem Kostenrechnungskreis direkt zugeordnet. Sie ist damit gegenüber möglichen anderen (alternativen) Kostenstellenhierarchien ausgezeichnet (vgl. auch 4.2).
Jede Kostenstelle muß beim Anlegen einem Knoten (Set, Gruppe, Teilbereich) der untersten Hierarchie-Ebene der Standardhierarchie zugeordnet werden. So werden bei Auswertungen innerhalb der Standardhierachie alle Kostenstellen vollständig erfaßt.

Anzeige	Eingabe/Auswahl

M5.2.1 Struktur der Kostenstellenstandardhierarchie definieren

Die **Standardhierarchie** wurde bereits unter M4.2 bei der Zuordnung zum Kostenrechnungskreis angelegt, besteht aber bisher lediglich aus dem obersten Knoten, nämlich der Hierarchie **KS_HIERnnn** selbst.

Wählen Sie im SAP-Eingangsmenü:

`Rechnungswesen - Controlling - Kostenstellen`

Menü Kostenstellenrechnung

Wählen Sie im Menü Kostenstellenrechnung:

`Stammdaten - Standardhierarchie - Ändern`

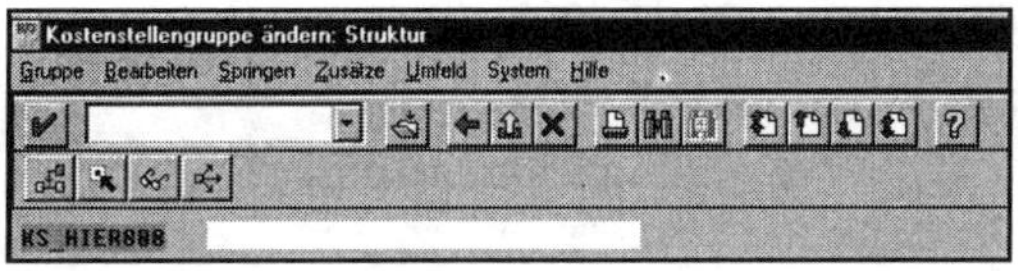

Eingabe:

***Kostenstellen B**nnn*

Definieren Sie nun zunächst die **Knoten** der Kostenstellenstandardhierarchie KS_HIERnnn, nnn = Nummer Ihres PCs, nach **Abbildung 2**, Anhang: Eingabetabellen.

Tip: Gehen Sie dabei analog zur Definition der Struktur einer Kostenartenhierarchie unter M5.1.3 vor.

Sichern Sie Ihre Eingaben.

Meldung in Statuszeile:
Gruppe geändert/hinzugefügt.

Anzeige	Eingabe/Auswahl
	(Kostenstellen-)Standardhierarchie ist definiert.
Menü Kostenstellenrechnung	
M5.2.2 Kostenstellen anlegen	
	Wählen Sie im Menü Kostenstellenrechnung: **`Stammdaten -`** **`Kostenstelle -`** **`Anlegen`**
Bildschirm "Kostenstelle anlegen : Anforderungsbild"	
	Eingabe bzw. Auswahl: *Kostenstelle*: ***1110*** *Gültig ab:* ***01.01.1998*** (!) *gültig bis:* ***31.12.9999*** (= Gültigkeitszeitraum) ↵
Bildschirm "Kostenstelle anlegen : Grundbild"	
	Eingabe bzw. Auswahl: *Bezeichnung*: ***Vertrieb*** *Verantwortlicher:* *Name* (= Ihr Name) *Art der Kostenstelle:* ***V*** (= Vertriebs-Kostenstelle) *Hierarchiebereich:* ***VERTR****nnn* (= Kostenstellenbereich der Hierarchie, dem die Kostenstelle zugeordnet werden soll) *Währung:* ***DEM***
	Sichern Sie Ihre Eingaben.
Bildschirm "Kostenstelle anlegen : Anforderungsbild" Meldung in Statuszeile: *Kostenstelle wurde hinzugefügt.*	

Anzeige	Eingabe/Auswahl

Ergänzen Sie nun noch die restlichen **Kostenstellen** gem. **Abbildung 2**, Anhang: Eingabetabellen (unterer Teil = Kostenstellen).

Beenden Sie anschließend die Transaktion.

Menü Kostenstellenrechnung

Um noch einmal die vollständige Standardhierarchie anzusehen, gehen Sie wie folgt vor:

Wählen Sie im Menü Kostenstellenrechnung:

`Stammdaten - Kostenstellengruppe - Anzeigen`

Bildschirm "Kostenstellengruppe anzeigen : Einstiegsbild"

Eingabe bzw. Auswahl:

<u>*Kostenstellengruppe:*</u> ***KS_HIER**nnn* **,**
nnn = Nummer des PCs

Kostenstellengruppe: Struktur:

Stellen Sie den Cursor auf die oberste Hierarchieebene

KS_HIER*nnn*

Klicken Sie auf

(= Expandieren gesamt)

Kostenstellengruppe: Struktur mit zugeordneten Kostenstellen:

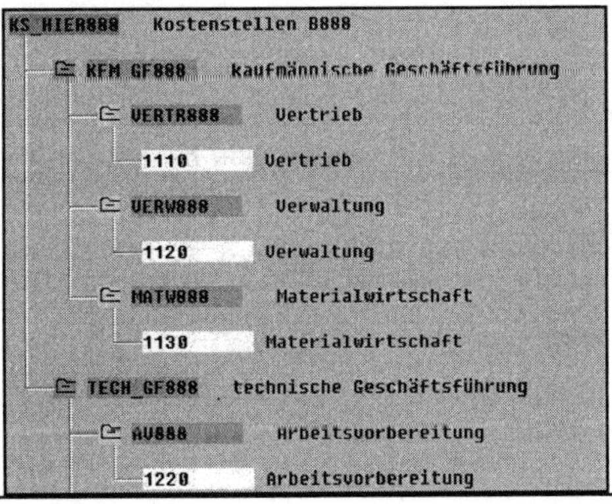

Anzeige	Eingabe/Auswahl
Menü Kostenstellenrechnung	Beenden Sie die Transaktion.

M5.3 Leistungsarten

Leistungsarten sind als Synonym zu dem in der betriebswirtschaftlichen Literatur verwendeten Begriff Bezugsgröße zu sehen.
Leistungsarten beschreiben den mengenmäßigen Output einer Kostenstelle und werden benötigt, um eine innerbetriebliche Leistungsverrechnung durchführen zu können.

M5.3.1 Leistungsarten anlegen

Anzeige	Eingabe/Auswahl
	Wählen Sie im Menü Kostenstellenrechnung: **`Stammdaten - Leistungsart - Anlegen`**
Bildschirm "Leistungsart anlegen : Anforderungsbild"	Eingabe bzw. Auswahl: _Leistungsart_: ***GKM*** _Gültig ab:_ ***01.01.1998*** (!) _gültig bis:_ ***31.12.9999*** (= Gültigkeitszeitraum) ⏎
Bildschirm "Leistungsart anlegen: Grundbild"	Eingabe bzw. Auswahl: _Bezeichnung_: ***gefahrene Kilometer*** _Leistungseinh.:_ ***KM*** (= Maßeinheit) _Kostenstellenarten:_ ***H*** (= nur für Hilfskostenstellen zugelassen)

Anzeige	Eingabe/Auswahl
	Markieren Sie **`Verrechnung möglich`** (Leistungsartentyp verrechenbar)
	Leistungsartentyp.: ***1*** (= manuelle Erfassung u. Verrechnung)
	Kostenart: ***510000*** (= Verrechnungskostenart, hier: ILV Fuhrpark)
	Sichern Sie Ihre Eingaben.
Bildschirm "Leistungsart anlegen: Anforderungsbild"	
Meldung in Statuszeile: *Leistungsart wurde hinzugefügt.*	
	Legen Sie nun noch die restlichen fünf Leistungsarten gem. **Tabelle 5**, Anhang: Eingabetabellen an. Beachten Sie dabei, der Leistungsart **AVST** den *Leistungsartentyp* **3** (=manuelle Erfassung, indirekte Verrechnung) zuzuordnen, den Leistungsarten **FST** u. **MST** den *Leistungsartentyp* **4** (=manuelle Erfassung, keine Verrechnung) und außerdem bei **FST** und **MST** *keine Verrechnung* zu markieren!
	Beenden Sie die Transaktion.
Menü Kostenstellenrechnung	
M5.3.2 Leistungsartengruppe anlegen	
	Die beiden Leistungsarten der Kostenstelle Instandhaltung sollen zur Erleichterung der Leistungsartenplanung (vgl. M7.2) zu einer Leistungsartengruppe zusammengefaßt werden
	Wählen Sie im Menü Kostenstellenrechnung: **`Stammdaten - Leistungsartengruppe - Anlegen`**
Bildschirm "Leistungsartengruppe anlegen: Einstiegsbild"	

Anzeige	Eingabe/Auswahl
	Eingabe bzw. Auswahl: *Leistungsartengruppe:* ***LA_INSTnnn,*** *nnn* = Nummer des PCs
	Eingabe: ***Leistungsarten Instandhaltung*** Klicken Sie auf **[Werte pflegen ...]**
Dialogfeld "Einzelwerte pflegen"	Eingabe bzw. Auswahl: 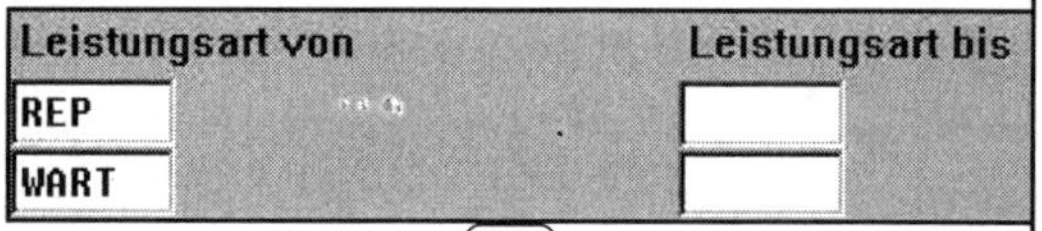
Leistungsartengruppe mit zugeordneten Leistungsarten: 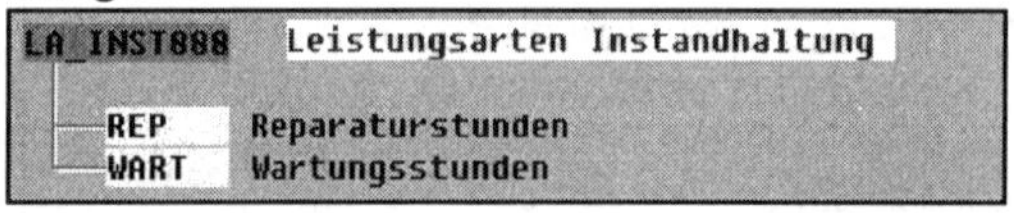	
Meldung in Statuszeile: *Gruppe geändert/hinzugefügt.*	Sichern Sie Ihre Eingaben.
	Leistungsartengruppe ist angelegt.
Menü Kostenstellenrechnung	Beenden Sie die Transaktion.
SAP-Eingangsmenü	Kehren Sie zurück zum Eingangsmenü.

Anzeige	Eingabe/Auswahl

M5.4 Innenaufträge für Abgrenzung

Innenaufträge dienen in der Regel der Planung, Sammlung und Abrechnung der Kosten innerbetrieblicher Maßnahmen und Aufgaben.
Sie werden gemäß ihrer Verwendung in Auftragsarten untergliedert.

Für die periodische Abgrenzung der Personalnebenkosten (für Löhne und Gehälter) sollen als Abgrenzungsobjekte innerbetriebliche Aufträge zwischengeschaltet werden, die die monatlichen Entlastungen aufnehmen. Der tatsächlich anfallenden Aufwand in der Finanzbuchhaltung wird ebenfalls auf diese Aufträge kontiert.

So läßt sich jederzeit der Saldo Personalnebenkosten zwischen Finanzbuchhaltung und Kosten-rechnung ausweisen und in das Betriebsergebnis übernehmen.

Wählen Sie im SAP-Eingangsmenü:

`Rechnungswesen -`
`Controlling -`
`Aufträge`

Menü Innenaufträge

Wählen Sie im Menü Innenaufträge:

`Stammdaten -`
`Auftrag -`
`Anlegen`

Bildschirm "Auftrag anlegen : Einstieg"

Klicken Sie hinter *Auftragsart* auf

(= Wertehilfe, Dropdownlisten-Pfeil)

Werteliste:

Auftragsart

Art	Typ	Bezeichnung
0100	01	Innenauftrag - Entwicklung
0200	01	Innenauftrag - Konstruktion
0300	01	Innenauftrag - Betriebsmittel
0400	01	Innenauftrag - Marketing
0500	01	Innenauftrag - Leistungen an Dritte
0600	01	Innenauftrag - Investition
0700	01	Innenauftrag - Fertigung
0800	01	Innenauftrag - Reparatur/Instandhaltung
1000	01	Innenauftrag - planintegriert
9A00	02	Innenauftrag - Abgrenzung Kostenrechnung

Anzeige	Eingabe/Auswahl
	Die Werteliste zeigt alle möglichen (SAP-Standard-) Auftragsarten für Innenaufträge an.

Auftragsarten gruppieren Aufträgen, die sich in ihren Funktionen ähneln und steuern u.a. die Nummernvergabe für Aufträge. _Auftragstypen_ (hier: 02 Abgrenzungsauftrag) charakterisieren technische Eigenschaften von Aufträgen, z. B. mit welchen Transaktionen ein Auftrag bearbeitet werden kann.

Anzeige	Eingabe/Auswahl
	Auswahl: *Auftragsart*: ***9A00*** (= Abgrenzungsauftrag) ↵
Bildschirm "Innenauftrag anlegen : Grunddaten"	Eingabe: *Auftrag:* ***9A****nnn****0000001,*** *nnn* = Nummer des PCs (= Auftragsnummer) *Kurztext:* ***Abgrenzung PNK-Lohn*** *Allgemeine Daten* *Verantwortlicher:* *Name* (= Ihr Name)
Meldung in Statuszeile: *Auftrag wurde unter der Nummer 9Annn0000001 angelegt .*	Sichern Sie die Eingaben.
	Legen Sie in gleicher Weise noch den Abgrenzungs-Auftrag ***Abrenzung PNK-Gehalt*** mit der Auftragsnummer ***9Annn0000002,*** nnn=Nummer Ihres PCs an.
Menü Innenaufträge	Beenden Sie die Transaktion.
SAP-Eingangsmenü	Kehren Sie zurück zum Eingangsmenü.

3.2 Planung
Betriebswirtschaftliches Konzept: Plan

Es sind zu besprechen
- **Primärkosten**
  Abgrenzungskostenarten
  variable und fixe Anteile
- **Bezugsgrößen**
  Sonderfall von zwei Bezugsgrößen
- **Innerbetriebliche Leistungsverrechnung**
- **Kalkulationsparameter**
- **Abstimmung mit der Kostenträgerrechnung**

Das Schema gilt sowohl für den Plan als auch für das Ist, allerdings treten im Ist einige Besonderheiten auf, die unter "Betriebswirtschaftliches Konzept: Soll-/Ist-Vergleich" gesondert dargestellt werden.

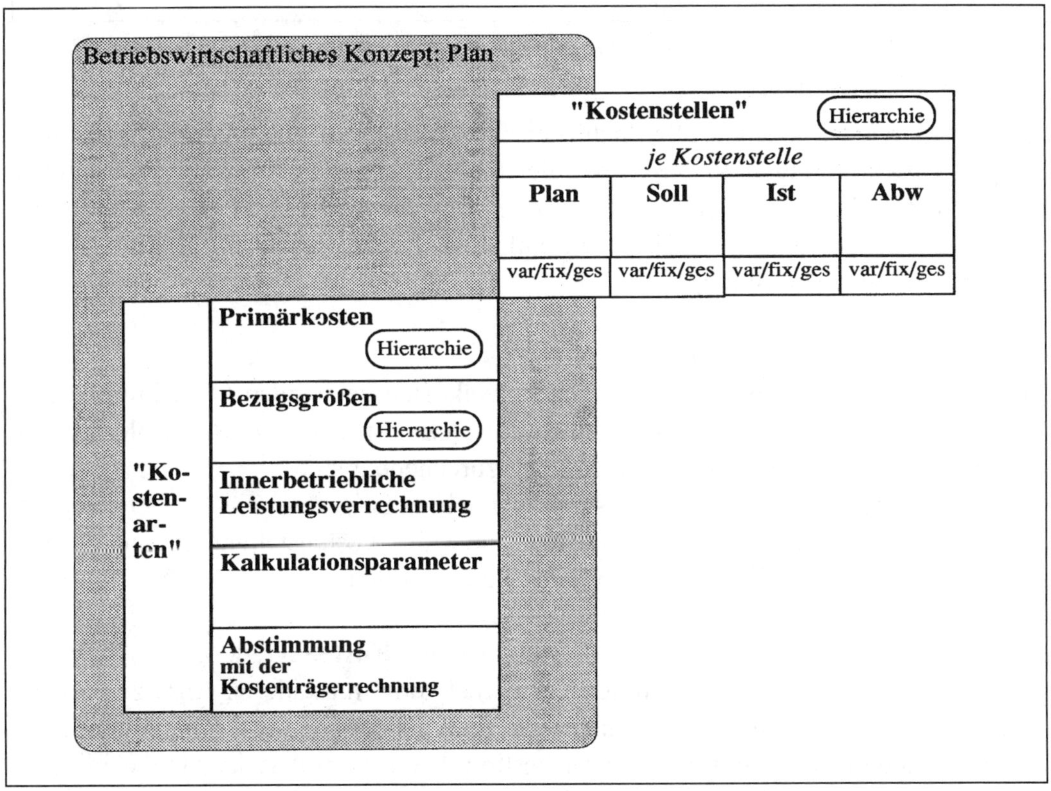

Bild 3.2/1: Betriebswirtschaftliches Konzept: Plan

Primärkosten

PLAN		1210 **Fuhrpark** Bezugsgröße: gef. Kilometer (GKM)		
Kontonr.	Bezeichnung	Fix	Var	Gesamt
420000	*Löhne*	*0*	*0*	*0*
421000	GK-Lohn	38.880	0	38.880
429000	verr.PNK-Lohn *	27.216	0	27.216
430000	Gehälter	0	0	0
439000	verr.PNK-Geh. **	0	0	0
481000	kalk. Abschr.	70.000	0	70.000
483000	kalk. Zinsen	14.000	0	14.000
403000	*Betriebsstoffe*	*48.386*	*5.376*	*53.762*
415000	*Energiekosten*	*9.768*	*14.652*	*24.420*
417000	Fremdreparat.	12.000	0	12.000
476900	sonst. Kosten	28.354	0	28.354
	Primärkosten	248.604	20.028	268.632

Bild 3.2/2: Planung Primärkosten Fuhrpark (Auszug aus Anhang 4.2)

Unter Primärkosten werden alle "natürlichen" Kostenarten wie Material, Personal, Energie, Abschreibungen, Zinsen, Fremdleistungen, Abgaben verstanden (aus ihnen werden Sekundärkosten, wenn sie unter dem Gesichtspunkt einer Kostenstelle zusammengefaßt werden: Sekundärkosten enthalten die Primärkosten, allerdings ausgefiltert für eine Kostenstelle).

Hinweise zu einzelnen Kostenarten:
Löhne (Fertigungslöhne) werden hier als Einzelkosten verstanden (dem Produkt zurechenbar), während Gemeinkostenlöhne für solche Arbeiten (z. B. Staplerfahren) anfallen, die dem Produkt/Kostenträger nicht zurechenbar sind.
Fertigungslöhne (die sowohl auf Kostenträger wie auf Kostenstelle kontiert werden können) werden hier, obwohl Einzelkosten, durch die Kostenstellenrechnung "gezogen", weil sie Bestandteil des Stundensatzes werden sollen.

Besonderheiten bieten einmal die **kalkulatorischen Kostenarten**, z. B. Abschreibungen und Zinsen. Sie werden in der Kostenrechnung mit anderen Ansätzen als im handelsrechtlichen Jahresabschluß angesetzt (kalkulatorische Abschreibungen werden vom Wiederbeschaffungswert linear bestimmt statt vom Anschaffungswert auch nicht-linear/degressiv; kalkulatorische Zinsen werden auf das betriebsnotwendige

Kapital (die Aktivseite der Bilanz ohne die Aktiva, die nicht betriebsnotwendig sind) bezogen und damit so bestimmt, als ob das gesamte betriebsnotwendige Kapital fremdfinanziert werden müßte).

Für das Testbeispiel sind die kalkulatorischen Ansätze für Abschreibungen und Zinsen einfach vorgegeben.

Eine Besonderheit bieten auch die **Abgrenzungskostenarten**.
In der Kostenrechnung werden prozentuale Verrechnungen für Personalnebenkosten Lohn und Gehalt angesetzt, in der Finanzbuchhaltung wird der effektive Anfall gebucht. Personalnebenkosten enthalten Arbeitgeberbeiträge zur Sozialversicherung, Lohnfortzahlung im Krankheitsfall, Unfallversicherung, Mutterschutz, Urlaub, Urlaubsgeld, 13. Gehalt/Weihnachtsgeld, betriebliche Altersversorgung, Vermögensbildung, sonstiges. Die prozentuale Verrechnung soll den aperiodischen Anfall periodisieren und damit verstetigen.

Im Testbeispiel:

Personalnebenkosten Lohn:
70 % auf die Summe von Fertigungslohn und Gemeinkostenlohn

Personalnebenkosten Gehalt
30 % auf Gehalt

Dies geschieht gleichermaßen für den Plan wie für das Ist. Die Prozentsätze werden so ermittelt, daß in der Summe über das Jahr keine (nur geringe) Differenzen auftreten sollten. Damit sind auch üblicherweise Plan- und Ist-Prozentsätze gleich. Daß der Prozentsatz für PNK-Lohn wesentlich höher als der für PNK-Gehalt ist, liegt an dem alten Brauch, beim Lohn auf die bezahlte Anwesenheit zu beziehen (die auf Grund der Abrechnungsmodalitäten auch ohne weiteres zur Verfügung steht), während beim Gehalt auf das Monatsgehalt bezogen wird.

Auch wenn die Verrechnungsprozentsätze so bestimmt sind, daß sie aufs Jahr gesehen den effektiven Anfall decken sollten, muß doch die Differenz zwischen "per Prozentsatz verrechnet" und "effektiv" jederzeit nachvollziehbar sein.

Die Differenz wird im Testbeispiel auf "Innenaufträgen" ausgewiesen, die sowohl die Verrechnungsraten wie auch den effektiven Anfall aufnehmen.
In einer "Kurzfristigen Erfolgsrechnung", die auf Monatsbasis das Betriebsergebnis ausweist, sollte die Differenz in der "Überleitung von kalkulatorischem zu bilanziel-

lem Ergebnis" ausgewiesen werden (wo auch die Differenzen zwischen kalkulatorischen und bilanziellen Abschreibungen bzw. Zinsen erfaßt werden), um jederzeit eine Abstimmung zwischen Finanzbuchhaltung und Kostenrechnung zu haben und nicht durch plötzlich auftauchende Differenzen überrascht zu werden.

Übrigens ist der hier beschriebene Mechanismus der Abgrenzung auch in der Buchhaltung bekannt und wird dort über Rechnungsabgrenzungskonten durchgeführt. Da die Finanzbuchhaltung traditionell noch immer auf den *Jahres*abschluß fixiert ist, wird die Abgrenzungstechnik in der Buchhaltung auch nur jährlich angewendet, innerjährlich aber wegen des Buchungsaufwandes meist nicht. Wenn die Buchhaltung per Abgrenzungskonten nur den periodengerechten Anfall der Personalnebenkosten an die Kostenrechnung weiterleiten bzw. antizipieren würde, bedürfte es natürlich der beschriebenen prozentualen Verrechnung nicht.

Wenn eine Teilkostenrechnung praktiziert wird, müssen schon bei den primären Kosten **variable und fixe Anteile** ausgewiesen werden. Diese Unterscheidung geschieht im Hinblick auf eine Bezugsgröße.

Beispiel: Kostenstelle Fuhrpark
Bezugsgröße seien die vom Fuhrpark geleisteten/gefahrenen Kilometer.
Der Benzinverbrauch (in der Kostenart Betriebsstoffe enthalten) dürfte variabel sein.

Für die Bestimmung der variablen und fixen Anteile einer Kostenart in einer Kostenstelle werden von der Literatur eine Reihe von Methoden geboten. In praxi werden aufgrund von Kenntnis (Strom hat einen Bereitstellungspreis und einen Arbeitspreis) und Schätzung relativ unkompliziert ein variabler und ein fixer Anteil festgelegt.

Fehler in der Schätzung des variablen Anteils führen zu falschen Sollkosten in der Kostenstelle und zu falschen variablen Kosten pro Produkt und damit zu einer falschen Preisuntergrenze.

In den weiteren Stufen der Verarbeitung (innerbetriebliche Leistungsverrechnung, Kalkulationsparameter) sind ebenfalls genau die variablen und fixen Anteile anzugeben.

Hinweis: die Eigenschaft variabel und fix zu sein, kann man nicht allein auf die Kostenart beziehen, sondern man muß sich immer auf die Kombination Kostenart/Kostenstelle ("Kostenart in einer Kostenstelle“) beziehen.

Beispiel: Stromkosten in der Verwaltung sind fix (=vom Produktionsoutput bzw. der Bezugsgröße unabhängig), Stromkosten in der Dreherei sind variabel (=vom Produktionsoutput bzw. der Bezugsgröße Maschinenstunden abhängig). Manche schwachen Softwareprogramme können einen variablen Anteil nur je Kostenart, nicht aber je Kostenart und Kostenstelle verarbeiten.

Nicht so gut ist es auch, sog. Variatoren zu verwenden, d. h. den variablen und fixen Anteil prozentual statt absolut anzugeben. Mit der Basis steigen dann auch die fixen Kosten, was der Definition von fixen Kosten widerspricht. Beispiel: 90 % Fix-Anteil von 200 =180; steigen die Gesamtkosten auf 250, so steigt der Fix-Anteil ebenfalls (auf 250 x 90 % = 225).

Variabler Anteil von PNK-Lohn bzw. PNK-Gehalt: "teilen das Schicksal der Basis", d. h. ist die Basis variabel, sind auch die PNK variabel und umgekehrt.

Kostenarten-Hierarchien werden gebildet, um Zwischensummen in der Auswertung bilden zu können. Innerhalb der Gesamtkosten einer Kostenstelle möchte man mindestens die Summe der Primärkosten und die der Sekundärkosten (innerbetriebliche Leistungsverrechnung) kennen. Innerhalb der Primärkosten könnte man sich für die Gehaltskosten (als Summe von Gehalt und Personalnebenkosten Gehalt), Lohnkosten (als Summe von Fertigungslohn, Gemeinkostenlohn und PNK-Lohn), kalkulatorischen Kosten (als Summe von kalk. Abschreibungen und kalk. Zinsen) interessieren.

Vgl. Abbildung 1 in 4.3 Anhang: Eingabetabellen.

Die Seminarteilnehmer sind oft erstaunt, daß die **Planzahlen einfach einzugeben** sind und fragen sich, wie diese Vorgaben entwickelt werden und warum deren Ermittlung nicht selbst computerunterstützt erfolgt ("unter Planung war mehr als nur Eingabe verstanden worden").

Die Festlegung der Planzahlen erfolgt einerseits unter Berücksichtigung von Vergangenheitszahlen (Ist des Vorjahres), andererseits unter Berücksichtigung von geänderten Leistungsplänen (Umsatz, Produktion), andererseits unter Vorgaben aus interner Zielsetzung und/oder aufgrund von Wettbewerbsdruck. Darauf, diesen komplexen Prozeß abbilden zu wollen, hat man in der SAP-Software zurecht verzichtet.

Bezugsgrößen

Bezugsgrößen (SAP-Begriff: Leistungsart) sind je Kostenstelle anzugeben. Sie sind Angaben über die Kostenursachen ("Kostentreiber"). In Bezug auf die Teilkostenrechnung sind sie von Bedeutung, als anzugeben ist, ob die Kosten mit der Bezugsgröße variieren (variable Kosten) oder nicht (fixe Kosten).

Gern spricht man im Hinblick auf die Bezugsgröße auch von der Leistung einer Kostenstelle. Aber man mache sich klar, daß kein wirkliches Leistungsergebnis bestimmt werden kann, solange der Umsatz nicht der Kostenstelle zurechenbar ist. Wenn mehrere Kostenstellen zum Endprodukt beitragen, kann die Kostenstelle nicht wirklich beurteilt werden. Die Bezugsgröße als Mengenmaßstab sagt nichts über die kostenmäßige Effizienz der Leistungserstellung aus. Auch die Gegenüberstellung von Istkosten in der Kostenstelle zur mit Plankosten bewerteten Leistung ist nur ein Pseudomaßstab, der immerhin Mehrverbräuche sichtbar macht. Ob aber eine marktgerechte Leistung erbracht wird, d. h. ob die Umsätze die Kosten decken und ein Gewinn erzielt wird, kann nur in der Kostenträgerrechnung nachgewiesen werden.

Von Bedeutung ist auch der Fall von **mehr als einer Bezugsgröße** in der Kostenstelle, im Testbeispiel die Kostenstelle Instandhaltung.

Das Schema der Kostenstellenrechnung muß in diesem Fall abgewandelt werden, indem je Kostenstelle angegeben wird

- Kosten, die von allen Bezugsgrößen unabhängig sind
- (je Bezugsgröße) Kosten, die den Bezugsgrößen zurechenbar/zuordenbar sind, davon mit der Bezugsgröße variierend (variabel), davon *nicht* mit der Bezugsgröße variierend (fix).

Plan (bzw. Soll bzw. Ist bzw. Abweichung)										
je Kostenstelle										
von (allen) Bezugsgrößen unabhängig	Bezugsgröße 1			Bezugsgröße 2			...			Gesamt
	Var	Fix	Gesamt	Var	Fix	Gesamt	Var	Fix	Gesamt	

Bild 3.2/3: Schema der Kostenstellenrechnung bei mehr als einer Bezugsgröße

PLAN		KOSTENSTELLEN: 1230 Instandhaltung (Bezugsgrößen: Wartungsstd. (WART), Reparaturstd. (REP))							
			leistungs**ab**hängig (WART)			leistungs**ab**hängig (REP)			
Kontonr.	Bezeichnung	Fix	*Fix*	*Var*	*Gesamt*	*Fix*	*Var*	*Gesamt*	Gesamt
420000	*Löhne*	*0*							*0*
421000	GK-Lohn	38.880							38.880
429000	verr.PNK-Lohn *	27.216							27.216
430000	Gehälter	60.000							60.000
439000	verr.PNK-Geh. **	18.000							18.000
481000	kalk. Abschr.	5.000							5.000
483000	kalk. Zinsen	1.600							1.600
403000	*Betriebsstoffe*	*0*	*13.296*	*1.733*	*15.029*	*28.092*	*2.866*	*30.958*	*45.987*
415000	*Energiekosten*	*0*	*1.002*	*1.588*	*2.590*	*2.154*	*3.146*	*5.300*	*7.890*
417000	Fremdreparat.	23.460							23.460
476900	sonst. Kosten	29.000							29.000
	Primärkosten	203.156	14.298	3.321	17.619	30.246	6.012	36.258	257.033
gefahrene km					15.000	GKM			
510000	ILV Fuhrp.	16.300							16.300
Wartungsstunden									
520000	ILV Inst.Wart		-87.450	-3.321	-90.771				**-90.771**
Reparaturstunden									
530000	ILV Inst.Rep.					-176.550	-6.012	-182.562	**-182.562**
Verr.basis indir. ILV Arbeitsvorb.									
500000	Ind. ILV AV								
	Leistungsverr.	16.300	-87.450	-3.321	-90.771	-176.550	-6.012	-182.562	-257.033
	Gesamt								0
		219.456	73.152 → (1/3)		→ 73.152	146.304 → (2/3)		→ 146.304	
Plankosten [DM]			87.450	3.321	90.771	176.550	6.012	182.562	273.333
Planleistung			1.200		WART	3.000		REP	
Planverrechnungssatz			72,88 DM/WART	2,77 DM/WART	75,64 DM/WART	58,85 DM/REP	2,00 DM/REP	60,85 DM/REP	

Bild 3.2/4: Planung Kostenstelle Instandhaltung (2 Bezugsgrößen) (Auszug aus Anhang 4.2)

In der Kostenstelle Instandhaltung seien zwei Bezugsgrößen gewählt, nämlich die Wartungsstunden und die Instandhaltungsstunden. Derartige Festlegungen entstehen immer aufgrund einer These über das Kostenverhalten: eine Stunde Instandhaltung verursacht mehr/weniger/jedenfalls andere Kosten als eine Stunde Wartung. Wenn eine derartige Vermutung nicht besteht, sollte man sich den Aufwand der Einführung von mehr als einer Bezugsgröße sparen. Oft ist es evident, daß der Verzicht auf Differenzierung zu einer unzulässigen Pauschalierung führt.

Üblich ist die Unterscheidung von Maschinenstunden und Personalstunden, wenn der Personaleinsatz je nach Auftrag variiert. Der Maschinenstundensatz nimmt die Kosten der Maschinenlaufzeit (ohne Personalkosten) auf, der Personalstundensatz nimmt alle Kosten der Bedienungskraft auf. Würde man Maschinenstunden und Personalstunden nicht unterscheiden, würden alle Aufträge mit einem pauschalen Personalanteil belastet: der Auftrag mit wenig Personalstunden würde vergleichsweise zu teuer, der mit viel Personalstunden zu gering kalkuliert.

Zurück zum Beispiel Instandhaltung:
Gelegentlich liegt auch nur der Wille vor, für die Kalkulation die Fälle Wartung und Instandhaltung unterscheiden zu können. Überspitzt: da die Wartungsstunde mehr/weniger kosten *soll* als eine Reparaturstunde, werden zwei Bezugsgrößen eingeführt und die Kosten so zugeordnet, daß die gewünschten Ergebnisse erzielt werden. In der Kalkulation schielt man auf die Preisfindung (für Kunden außerhalb oder innerhalb des Unternehmens), jedenfalls dann, wenn eine kostenorientierte Preisgestaltung im Vordergrund steht (in der Preisgestaltung ist man eigentlich frei bzw. außer von den Kosten nur von Nachfrage und Wettbewerb abhängig).

Die Kosten sind jetzt einzuteilen in

- **von beiden Bezugsgrößen unabhängig:**
  Beispiel: der Einsatzleiter Instandhaltung (Kostenart Gehalt) gehört zu den Fixkosten der Instandhaltung, die weder der Wartung noch der Reparatur zuzuordnen sind.
  Im Beispiel sind auch die Gemeinkostenlöhne weder der Wartung noch der Reparatur zugeordnet worden.

  Die von beiden Bezugsgrößen unabhängigen Fixkosten werden in einem späteren Schritt auf Wartung bzw. Reparatur geschlüsselt, dabei wird im Beispiel ein pauschales Verhältnis von 1/3 Wartung zu 2/3 Reparatur angesetzt. Es handelt sich hierbei um eine Annahme darüber, zu wieviel % der Fixkostenblock Instandhaltung für Wartung und für Reparatur "arbeitet"; der Schlüssel ist nicht unbedingt identisch mit dem Stundenverhältnis Wartung zu Reparatur von im Plan 1.200 zu 3.000.

- **der Wartung zuzuordnen**
  davon fix (unabhängig von der Bezugsgröße Wartungsstunden)
  Beispiel: Prüfgeräte müssen immer betriebsbereit sein, sind immer angeschaltet, verbrauchen Strom
  davon variabel (abhängig von der Bezugsgröße Wartungsstunden)
  Beispiel: Reinigungsmittel, die nur bei der Wartung eingesetzt werden

- **der Reparatur zuzuordnen**
  davon fix (unabhängig von der Bezugsgröße Reparaturstunden)

Beispiel: Energiekosten von Drehbänken und Schmiedeöfen, die kontinuierlich laufen
davon variabel (abhängig von der Bezugsgröße Reparaturstunden)
Beispiel: Öle und Schmierstoffe, die nur bei der Reparatur eingesetzt werden

Für das Testbeispiel sind die Daten als Eingabedaten vorgegeben.

Von den Seminarteilnehmern wird gelegentlich angemerkt, daß sie bei einem praxisnahen Beispiel eigentlich erwartet hätten, daß die Reparaturstunde teurer sein müßte (mehr kosten müßte) als die Wartungsstunde. Begründet wird dies oft mit dem Material für Ersatzteile bei den Reparaturen und auch mit der höheren Qualifikation für die Diagnose des Reparaturfalls. Das Testbeispiel sollte insoweit nicht überfordert werden: Jedenfalls gehört das Material für teure Ersatzteile (nicht Kleinmaterial) nicht in den Stundensatz, sondern würde der empfangenden Kostenstelle getrennt belastet. Was die Qualifikationen für Wartung und Reparatur betrifft, wäre vielleicht eine Differenzierung möglich, wenn es sich um getrennte Personen handeln würde. Im Testbeispiel ist dies nicht der Fall.

Da an einigen Stellen dieses Beispiels mit Annahmen gearbeitet wurde, die gelegentlich den Charakter von "politischen Setzungen" annehmen, beschleicht die Seminarteilnehmer an dieser Stelle oft der Gefühl des Konstruierten. Manche trösten sich damit, daß man erst im Plan sei, die Überprüfung im Ist dann eine Verifizierung oder Falsifizierung der Annahmen bringen würde wie in einem physikalischen Experiment.

Dies ist aber, wie man weiß, nicht der Fall. Schlüssel können nicht experimentell überprüft werden, "sie sind immer falsch".

Das Gegenteil ist richtig: die Konstrukte des Plans werden auch im Ist gebraucht. Im Vorgriff auf das Ist sei schon hier angemerkt: mit der Aufteilung der Istkosten auf Bezugsgrößen und auf variabel und fix hat man seine Probleme, da man dem Beleg nicht ansieht, ob er variabel oder fix ist (auch wird der Beleg im Ist nicht auf die Leistungsart/Bezugsgröße kontiert, sondern nur auf die Kostenstelle Instandhaltung). Daher wird auch im Ist mit den Konstrukten des Plans gearbeitet werden.

Dennoch bleibt es dabei, daß die Unterscheidung von mehreren Bezugsgrößen durchaus ihren Sinn haben kann.

Wenn es wie in diesem Beispiel hauptsächlich um die Verarbeitung des Testbeispiels mit der Software geht, können die kostenrechnerischen Zweifelsfragen als vorab gelöst in den Hintergrund treten.

Immerhin wird aber klar, daß eine Vielzahl von konkreten betriebswirtschaftlichen Konzeptpunkten vorab auf Sinnhaftigkeit zu prüfen und endgültig zu entscheiden sind, damit das Kostenrechnungsproblem danach zum reinen DV-Problem wird.

Die Eingabe der Primärkosten erfolgt in zwei Schritten:

- bezugsgrößenunabhängig
- bezugsgrößenabhängig, diese nach Bezugsgrößen.

Dadurch kommt es zu der etwas kurios anmutenden Teilung der Kostenarten: alle außer Betriebsstoffe und Energie

und dann...

....Betriebsstoffe und Energie.

Innerbetriebliche Leistungsverrechnung

Hilfskostenstellen geben ihre Leistung an Hauptkostenstellen ab, Hauptkostenstellen erbringen ihre Leistung für Kostenträger/Kalkulationsschema.

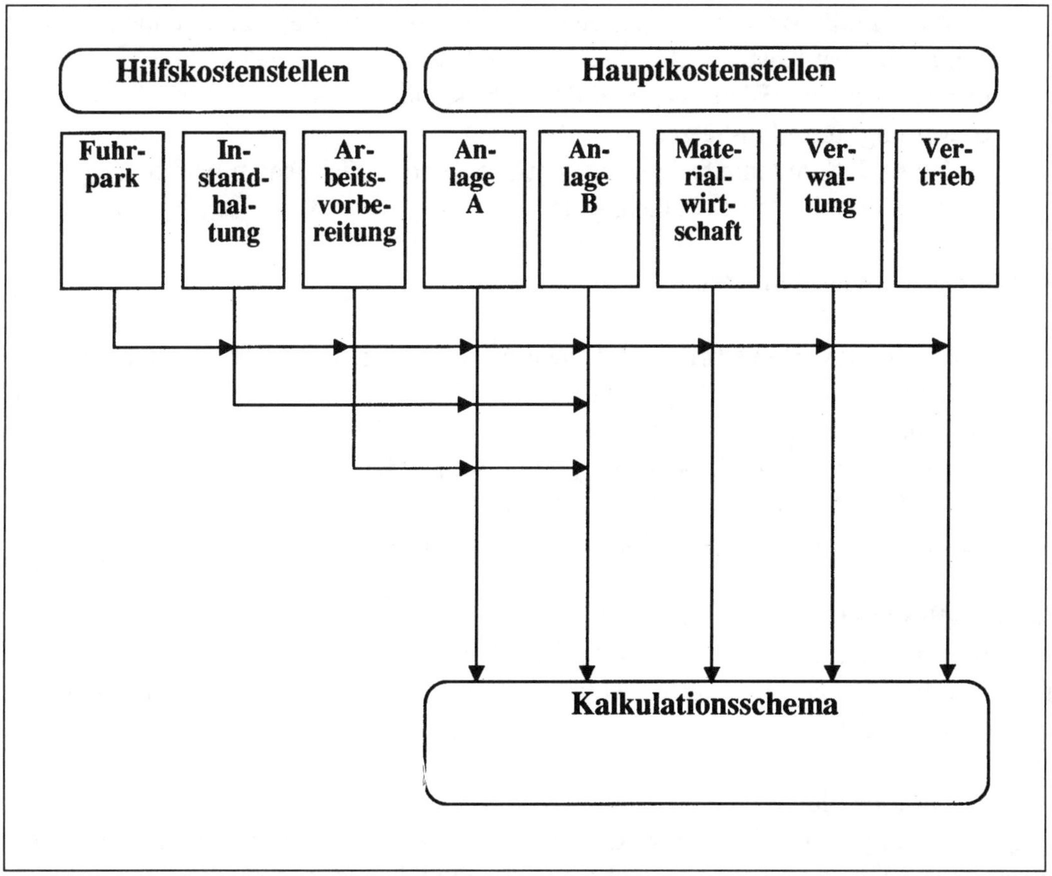

Bild 3.2/5: Innerbetriebliche Leistungsverrechnung

Im Testbeispiel kommen folgende ILV-Schritte vor:

(SAP-Bezeichnung: direkte, vorgangsbezogene ILV im Ist, manuelle Sekundärkostenplanung im Plan)

- **ILV Fuhrpark** nach (für die empfangenden Kostenstellen) gefahrenen km
  im Plan: geplante km (*eine* Zahl als Zusammenfassung aller Leistungsabgaben pro Periode von sendender an empfangende Kostenstelle)
  Bewertung: mit Plan-km-Satz

im Ist: nach km-Aufschreibung entsprechend tatsächlichem Anfall (Einzelvorgänge, über die verdichtet werden muß)
Bewertung: mit Plan(!)-km-Satz, s. u.

- **ILV Instandhaltung** nach geleisteten Wartungs- bzw. Reparaturstunden für die empfangenden Kostenstellen Anlage A und Anlage B
  im Plan: geplante Wartungs- und Reparaturstunden
  Bewertung: mit Plan-Sätzen
  im Ist: nach Stundenaufschreibung entsprechend tatsächlichem Anfall
  Bewertung: mit Plan(!)-Sätzen, s. u.

(SAP-Bezeichnung: Indirekte ILV)

- **ILV Arbeitsvorbereitung** auf Anlage A und Anlage B im Verhältnis der auf Anlage A und Anlage B "gefahrenen" Stunden als Schlüssel
  im Plan: geplante Stunden Anlage A bzw. Anlage B
  Bewertung: mit Plan-AV-Satz (je Stunde A bzw. B)
  im Ist: Ist-Stunden Anlage A bzw. Anlage B
  Bewertung: mit Plan(!)-AV-Satz (je Stunde A bzw. B), s. u.

In SAP-Begriffen gibt es außerhalb der innerbetrieblichen Leistungsverrechnung noch die **Umlage**. Unter Umlage versteht SAP die Verrechnung von Kosten auf Empfänger, während bei der innerbetrieblichen Leistungsverrechnung Leistungsmengen verrechnet werden.

Zur Reihenfolge der ILV
Die Reihenfolge der ILV ist von Bedeutung, wenn Stufenleiterverfahren oder Anbauverfahren verwendet werden, nicht jedoch beim Gleichungssystem.

Im Testbeispiel ist zunächst daran gedacht, den Fuhrpark als erstes zu verrechnen, dann die Instandhaltung (inkl. Fuhrparkkosten), dann die Arbeitsvorbereitung (inkl. Fuhrparkkosten; die Instandhaltung arbeitet nicht für die Arbeitsvorbereitung). Bei dieser Vorgehensweise ist die Reihenfolge von ILV Arbeitsvorbereitung und ILV Instandhaltung ohne Bedeutung, da sie keinen Leistungsaustausch haben. Die Kostenstelle Fuhrpark gibt Leistungen an die anderen Kostenstellen ab, bezieht aber ihrerseits keine Leistungen von den anderen Kostenstellen. Daher muß beim Stufenleiterverfahren der Fuhrpark zuerst umgelegt werden, beim Gleichungsverfahren ist die Reihenfolge ohne Bedeutung.

Da kein gegenseitiger, sondern nur ein einseitiger Leistungsaustausch stattfindet, führen Stufenleiterverfahren und Gleichungsverfahren in diesem Spezialfall zum gleichen Ergebnis.

Da das SAP-System die ILV nach der iterativen Methode ausrechnet, ist die Reihenfolge gleichgültig.

ILV Fuhrpark (vorgangsbezogen)

Der Fuhrpark erbringt eine Kilometerleistung für sich und für die empfangenden Kostenstellen. Dividiert man die Gesamtkosten des Fuhrparks durch die insgesamt erbrachte Kilometerleistung, so erhält man einen km-Satz, mit dem die erbrachten km-Leistungen bewertet werden und der empfangenden Kostenstelle belastet werden.

Beispiel:
Fuhrparkkosten im Plan: 268.632 DM
Fuhrpark-km Gesamt im Plan: 247.200 GKM (gefahrene Kilometer)
GKM-Satz im Plan: 268.632 DM / 247.200 GKM = 1,09 DM / GKM

Es ist eine Aufteilung auf variable und fixe Anteile möglich.

PLAN		**1210 Fuhrpark** Bezugsgröße: gef. Kilometer (GKM)		
Kontonr.	Bezeichnung	Fix	Var	Gesamt
420000	*Löhne*	*0*	*0*	*0*
421000	GK-Lohn	38.880	0	38.880
429000	verr.PNK-Lohn *	27.216	0	27.216
430000	Gehälter	0	0	0
439000	verr.PNK-Geh. **	0	0	0
481000	kalk. Abschr.	70.000	0	70.000
483000	kalk. Zinsen	14.000	0	14.000
403000	*Betriebsstoffe*	*48.386*	*5.376*	*53.762*
415000	*Energiekosten*	*9.768*	*14.652*	*24.420*
417000	Fremdreparat.	12.000	0	12.000
476900	sonst. Kosten	28.354	0	28.354
	Primärkosten	248.604	20.028	268.632
gefahrene km				
510000	ILV Fuhrp.	-248.604	-20.028	**-268.632**
Wartungsstunden				
520000	ILV Inst.Wart			
Reparaturstunden				
530000	ILV Inst.Rep.			
Verr.basis indir. ILV Arbeitsvorb.				
500000	Ind. ILV AV			
	Leistungsverr.	-248.604	-20.028	-268.632
	Gesamt			0
Plankosten [DM]		248.604	20.028	268.632
Planleistung		247.200		GKM
Planverrechnungssatz		1,01 DM/GKM	0,08 DM/GKM	1,09 DM/GKM

Bild 3.2/6 (1): ILV Fuhrpark (Auszug aus Anhang 4.2)

Belastung der Arbeitsvorbereitung mit Fuhrparkkosten im Plan:
13.600 GKM x 1,01 DM/GKM = 14.779 DM

Andere Kostenstellen entsprechend.

Die Belastung wird beim Empfänger komplett unter Fixkosten eingeordnet, wenn sie - wie hier angenommen - nicht abhängig von der Bezugsgröße des Leistungsempfängers ist, wenn also die für die Arbeitsvorbereitung erbrachten km nicht von der Anzahl der AV-Stunden abhängig sind.

PLAN		HILFSKOSTENSTELLEN										
		1220 **Arbeitsvorbereitung** Bezugsgröße: Arb.vorb.std. (AVST)			1230 **Instandhaltung** Bezugsgrößen: Wartungsstd. (WART), Reparaturstd. (REP)							
						leistungs***ab***hängig (WART)			leistungs***ab***hängig (REP)			
Kontonr.	Bezeichnung	Fix	Var	Gesamt	Fix	*Fix*	*Var*	*Gesamt*	*Fix*	*Var*	*Gesamt*	Gesamt
gefahrene km		13.600	GKM		15.000	GKM						
510000	ILV Fuhrp.	14.779	0	14.779	16.300							16.300

PLAN		HAUPTKOS								
		1241 **Anlage A** Bezugsgröße: Fertigungsstd A (FST)			1242 **Anlage B** Bezugsgröße: Fertigungsstd B (FST)			1130 **Materialwirtschaft** Bezugsgröße: Mat.wirtsch.std (MST)		
Kontonr.	Bezeichnung	Fix	Var	Gesamt	Fix	Var	Gesamt	Fix	Var	Gesamt
gefahrene km		11.200	GKM		11.400	GKM		30.000	GKM	
510000	ILV Fuhrp.	12.171	0	12.171	12.388	0	12.388	32.601	0	32.601

PLAN		ENSTELLEN								
		1120 **Verwaltung**			1110 **Vertrieb**			Gesamt		
Kontonr.	Bezeichnung	Fix	Var	Gesamt	Fix	Var	Gesamt	Fix	Var	Gesamt
gefahrene km		20.000	GKM		146.000	GKM		247.200	GKM	
510000	ILV Fuhrp.	21.734	0	21.734	158.658	0	158.658	20.028	-20.028	0

Bild 3.2/6 (2): ILV Fuhrpark (Auszug aus Anhang 4.2)

ILV Instandhaltung (vorgangsbezogen)

Die Instandhaltung erbringt ihre Leistung (sowohl Wartung als auch Reparatur) für Anlage A und Anlage B.

Die Fixkosten, die von beiden Bezugsgrößen unabhängig sind, sollen annahmegemäß im Verhältnis 1/3 zu 2/3 auf Wartung und Reparatur verteilt werden. Nach dieser Umlage ergibt sich

Kosten der Wartung im Plan: 90.771 DM

Wartungsstunden im Plan: 1.200 WART-Stunden
Wartungs-Stundensatz im Plan: 90.771 DM / 1.200 WART-Stunden
= 75,64 DM /WART-Stunde.

Kosten der Reparatur im Plan: 182.562 DM
Reparaturstunden im Plan: 3.000 REP-Stunden
Reparatur-Stundensatz im Plan: 182.562 DM / 3.000 REP-Stunden
= 60,85 DM /REP-Stunde.

Belastung der Anlage A mit Wartung im Plan:
500 WART x 75,64 DM/WART = 37.821 DM

Belastung der Anlage A mit Reparatur im Plan:
1.700 REP x 60,85 DM/REP = 103.452 DM

dito für Anlage B

Es ist jeweils eine Aufteilung auf variable und fixe Anteile möglich. Beim Empfänger wird die Belastung unter fix eingeordnet.

PLAN		KOSTENSTELLEN							
		1230 **Instandhaltung** Bezugsgrößen: Wartungsstd. (WART), Reparaturstd. (REP)							
			leistungs*ab*hängig (WART)			leistungs*ab*hängig (REP)			
Kontonr.	Bezeichnung	Fix	*Fix*	*Var*	*Gesamt*	*Fix*	*Var*	*Gesamt*	Gesamt
420000	*Löhne*	*0*							*0*
421000	GK-Lohn	38.880							38.880
429000	verr.PNK-Lohn *	27.216							27.216
430000	Gehälter	60.000							60.000
439000	verr.PNK-Geh. **	18.000							18.000
481000	kalk. Abschr.	5.000							5.000
483000	kalk. Zinsen	1.600							1.600
403000	*Betriebsstoffe*	*0*	*13.296*	*1.733*	*15.029*	*28.092*	*2.866*	*30.958*	*45.987*
415000	*Energiekosten*	*0*	*1.002*	*1.588*	*2.590*	*2.154*	*3.146*	*5.300*	*7.890*
417000	Fremdreparat.	23.460							23.460
476900	sonst. Kosten	29.000							29.000
	Primärkosten	203.156	14.298	3.321	17.619	30.246	6.012	36.258	257.033
gefahrene km				15.000		GKM			
510000	ILV Fuhrp.	16.300							16.300
Wartungsstunden									
520000	ILV Inst.Wart		-87.450	-3.321	-90.771				-90.771
Reparaturstunden									
530000	ILV Inst.Rep.					-176.550	-6.012	-182.562	**-182.562**
Verr.basis indir. ILV Arbeitsvorb.									
500000	Ind. ILV AV								
	Leistungsverr.	16.300	-87.450	-3.321	-90.771	-176.550	-6.012	-182.562	-257.033
	Gesamt								0
		219.456 ↓	73.152 ↑ 1/3	→	73.152	146.304 ↑ 2/3	→	146.304	
Plankosten [DM]			87.450	3.321	90.771	176.550	6.012	182.562	273.333
Planleistung				1.200	WART		3.000	REP	
Planverrechnungssatz			72,88 DM/WART	2,77 DM/WART	75,64 DM/WART	58,85 DM/REP	2,00 DM/REP	60,85 DM/REP	

PLAN		HAUPTKOS								
		1241 **Anlage A** Bezugsgröße: Fertigungsstd A (FST)			1242 **Anlage B** Bezugsgröße: Fertigungsstd B (FST)			1130 **Materialwirtschaft** Bezugsgröße: Mat.wirtsch.std (MST)		
Kontonr.	Bezeichnung	Fix	Var	Gesamt	Fix	Var	Gesamt	Fix	Var	Gesamt
Wartungsstdunden		500		WART	700		WART			
520000	ILV Inst.Wart	37.821	0	37.821	52.950	0	52.950			
Reparaturstunden		1.700		REP	1.300		REP			
530000	ILV Inst.Rep.	103.452	0	103.452	79.110	0	79.110			

PLAN		ENSTELLEN								
		1120 **Verwaltung**			1110 **Vertrieb**			Gesamt		
Kontonr.	Bezeichnung	Fix	Var	Gesamt	Fix	Var	Gesamt	Fix	Var	Gesamt
Wartungsstdunden								1.200		WART
520000	ILV Inst.Wart							3.321	-3.321	0
Reparaturstunden								3.000		REP
530000	ILV Inst.Rep.							6.012	-6.012	0

Bild 3.2/7: ILV Instandhaltung (Auszug aus Anhang 4.2)

ILV Arbeitsvorbereitung (periodenbezogen)

Die Arbeitsvorbereitung soll annahmegemäß für die Anlage A und Anlage B arbeiten. Stundenaufschreibungen in der Arbeitsvorbereitung erfolgen hierzu aber nicht, sondern es wird im Verhältnis der Leistungsstunden der Empfänger verteilt (die Annahme lautet: je mehr Anlage A und B "gefahren sind", desto mehr wird wohl auch die Arbeitsvorbereitung für A bzw. B gearbeitet haben).

Stunden in Anlage A im Plan: 36.700 FST Anlage A
(Fertigungsstunden Anlage A)
Stunden in Anlage B im Plan: 24.600 FST Anlage B
(Fertigungsstunden Anlage B)

Stunden der Arbeitsvorbereitung im Plan: 8.000 AVST (Arbeitsvorbereitungsstunden)

Davon werden Anlage A belastet:
8.000 AVST * 36.700 FST Anlage A / (36.700 FST Anlage A + 24.600 FST Anlage B) = 8.000 * 36.700 FST Anlage A / 61.300 FST Anlage A und B
= 4.790 AVST (gerundet)

Davon werden Anlage B belastet:
8.000 AVST * 24.600 FST Anlage B / (36.700 FST Anlage A + 24.600 FST Anlage B) = 8.000 * 24.600 FST Anlage A / 61.300 FST Anlage A und B
= 3.210 AVST (gerundet)

Bewertet werden diese AV-Belastungen mit dem AV-Stundensatz wie folgt:
Kosten der Arbeitsvorbereitung nach Fuhrparkbelastung: 459.677 DM
Stunden der Arbeitsvorbereitung im Plan: 8.000 AVST
Stundensatz AV im Plan: 459.677 DM / 8.000 AVST = 57,46 DM/AVST

Belastung der Anlage A mit Arbeitsvorbereitung im Plan:
4.790 AVST (gerundet) * 57,46 DM/AVST = 275.206 DM

Belastung der Anlage B mit Arbeitsvorbereitung im Plan:
3.210 AVST (gerundet) * 57,46 DM/AVST = 184.471 DM

Die Belastung wird beim Empfänger unter fix eingeordnet.

PLAN — HILFS

Kontonr.	Bezeichnung	1220 **Arbeitsvorbereitung** Bezugsgröße: Arb.vorb.std. (AVST) Fix	Var	Gesamt
420000	*Löhne*	*0*	*0*	*0*
421000	GK-Lohn	97.200	0	97.200
429000	verr.PNK-Lohn *	68.040	0	68.040
430000	Gehälter	108.000	0	108.000
439000	verr.PNK-Geh. **	32.400	0	32.400
481000	kalk. Abschr.	3.000	0	3.000
483000	kalk. Zinsen	1.200	0	1.200
403000	*Betriebsstoffe*	*54.000*	*6.000*	*60.000*
415000	*Energiekosten*	*11.832*	*17.748*	*29.580*
417000	Fremdreparat.	0	0	0
476900	sonst. Kosten	45.478	0	45.478
	Primärkosten	421.150	23.748	444.898
gefahrene km		13.600	GKM	
510000	ILV Fuhrp.	14.779	0	14.779
Wartungsstunden				
520000	ILV Inst.Wart			
Reparaturstunden				
530000	ILV Inst.Rep.			
Verr.basis indir. ILV Arbeitsvorb.				
500000	Ind. ILV AV	-435.929	-23.748	**-459.677**
	Leistungsverr.	-421.150	-23.748	-444.898
	Gesamt			0
Plankosten [DM]		435.929	23.748	459.677
Planleistung		8.000		AVST
Planverrechnungssatz		54,49 DM/AVST	2,97 DM/AVST	57,46 DM/AVST

PLAN — HAUPTKOS

Kontonr.	Bezeichnung	1241 **Anlage A** Bezugsgröße: Fertigungsstd A (FST) Fix	Var	Gesamt	1242 **Anlage B** Bezugsgröße: Fertigungsstd B (FST) Fix	Var	Gesamt	1130 **Materialwirtschaft** Bezugsgröße: Mat.wirtsch.std (MST) Fix	Var	Gesamt
Verr.basis indir. ILV Arbeitsv		36.700	FST		24.600	FST				
500000	Ind. ILV AV	275.206	0	275.206	184.471	0	184.471			

PLAN — ENSTELLEN

Kontonr.	Bezeichnung	1120 **Verwaltung** Fix	Var	Gesamt	1110 **Vertrieb** Fix	Var	Gesamt	Gesamt Fix	Var	Gesamt
Verr.basis indir. ILV Arbeitsv								61.300	FST	
500000	Ind. ILV AV							23.748	-23.748	0

Bild 3.2/8: ILV Arbeitsvorbereitung (Auszug aus Anhang 4.2)

Kalkulationsparameter

Es werden die Kalkulationsparameter/Verrechnungssätze der Hilfs- und Hauptkostenstellen berechnet. SAP-Begriff: Tarife.

Für die Hilfskostenstellen ist dies oben schon für Zwecke der ILV geschehen. Bleiben noch die Hauptkostenstellen.

Anlage A:
Kosten nach ILV im Plan: 1.897.960 DM
Stunden im Plan: 36.700 FST Anlage A (Fertigungsstunden)
Stundensatz: 1.897.960 DM / 36.700 FST Anlage A
= 51,72 DM / FST Anlage A

Anlage B: dito Anlage A
= 59,67 DM / FST Anlage B

Materialwirtschaft: dito Anlage A
= 61,27 DM / MST (Materialwirtschaftsstunde)
(wobei allerdings der hier ausgerechnete Stundensatz für die Kalkulation nicht verwendet wird, da im Kalkulationsschema üblicherweise mit einem Materialgemeinkosten-Prozentsatz auf Einzelkosten-Material gearbeitet wird).

Verwaltung, Vertrieb: in der Kalkulation würde mit einem Prozentsatz auf Herstellkosten gearbeitet. Dazu müßten die Verwaltungs- bzw. Vertriebsgemeinkosten laut Kostenstelle auf die Gesamtherstellkosten im Plan bezogen werden.

PLAN		HAUPTKOS								
		1241 **Anlage A** Bezugsgröße: Fertigungsstd A (FST)			1242 **Anlage B** Bezugsgröße: Fertigungsstd B (FST)			1130 **Materialwirtschaft** Bezugsgröße: Mat.wirtsch.std (MST)		
Kontonr.	Bezeichnung	Fix	Var	Gesamt	Fix	Var	Gesamt	Fix	Var	Gesamt
420000	*Löhne*	*0*	*555.750*	*555.750*	*0*	*349.160*	*349.160*	*0*	*0*	*0*
421000	*GK-Lohn*	*19.440*	*0*	*19.440*	*38.880*	*0*	*38.880*	*58.320*	*0*	*58.320*
429000	*verr.PNK-Lohn **	*13.608*	*389.025*	*402.633*	*27.216*	*244.412*	*271.628*	*40.824*	*0*	*40.824*
430000	*Gehälter*	*60.000*	*0*	*60.000*	*60.000*	*0*	*60.000*	*156.000*	*0*	*156.000*
439000	*verr.PNK-Geh. ***	*18.000*	*0*	*18.000*	*18.000*	*0*	*18.000*	*46.800*	*0*	*46.800*
481000	*kalk. Abschr.*	*72.000*	*0*	*72.000*	*108.768*	*0*	*108.768*	*17.000*	*0*	*17.000*
483000	*kalk. Zinsen*	*28.800*	*0*	*28.800*	*43.507*	*0*	*43.507*	*6.800*	*0*	*6.800*
403000	*Betriebsstoffe*	*144.000*	*16.000*	*160.000*	*132.102*	*14.678*	*146.780*	*42.300*	*4.700*	*47.000*
415000	*Energiekosten*	*16.128*	*24.192*	*40.320*	*33.936*	*50.904*	*84.840*	*3.264*	*4.896*	*8.160*
417000	Fremdreparat.	8.900	0	8.900	7.980	0	7.980	7.800	0	7.800
476900	sonst. Kosten	103.466	0	103.466	9.358	0	9.358	7.599	0	7.599
	Primärkosten	484.342	984.967	1.469.309	479.747	659.154	1.138.901	386.707	9.596	396.303
gefahrene km		11.200		GKM	11.400		GKM	30.000		GKM
510000	ILV Fuhrp.	12.171	0	12.171	12.388	0	12.388	32.601	0	32.601
Wartungsstdunden		500		WART	700		WART			
520000	ILV Inst.Wart	37.821	0	37.821	52.950	0	52.950			
Reparaturstunden		1.700		REP	1.300		REP			
530000	ILV Inst.Rep.	103.452	0	103.452	79.110	0	79.110			
Verr.basis indir. ILV Arbeitsv		36.700		FST	24.600		FST			
500000	Ind. ILV AV	275.206	0	275.206	184.471	0	184.471			
	Leistungsverr.	428.651	0	428.651	328.919	0	328.919	32.601	0	32.601
	Gesamt			1.897.960			1.467.820			428.904

Plankosten [DM]	912.993	984.967	1.897.960	808.666	659.154	1.467.820	419.308	9.596	428.904
Planleistung	36.700		FST	24.600		FST	7.000		MST
Planverrechnungssatz	24,88 DM/FST	26,84 DM/FST	51,72 DM/FST	32,87 DM/FST	26,79 DM/FST	59,67 DM/FST	59,90 DM/MST	1,37 DM/MST	61,27 DM/MST

Bild 3.2/9: Kalkulationsparameter (Auszug aus Anhang 4.2)

Abstimmung mit der Kostenträgerrechnung

In diesem Teil der Kostenstellenrechnung wird eine Abstimmung zur Kostenträgerrechnung hergestellt. Diese ist besonders dann von Bedeutung, wenn nicht alle Kosten der Kostenstellenrechnung auf die Kostenträger verrechnet werden. Dies hat hauptsächlich im Ist Bedeutung, wenn man sich entschließt, im Ist zwar mit Ist-Stunden zu arbeiten, diese aber mit Plan-Stundensätzen zu bewerten. In diesem Fall können von Null verschiedene Kostenstellenergebnisse entstehen.
Das sei hier nur erwähnt, ohne es näher auszuführen, da sich im Testbeispiel auf die Kostenstellenrechnung beschränkt wird.

Modul 6: Customizing für Planung und Istverrechnung in der Kostenrechnung

Abgrenzungsregeln für Personalnebenkosten definieren

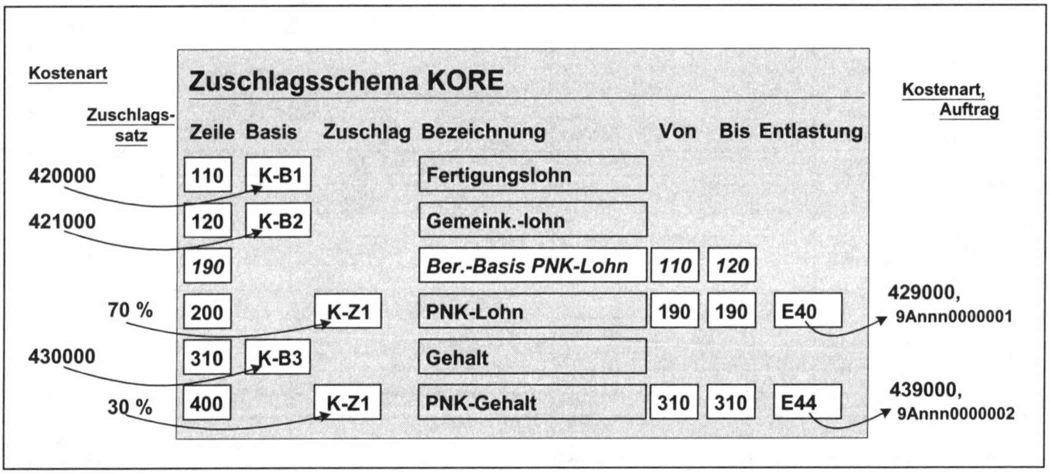

Bild 3.2/10 (Modul 6): Schema für Zuschlagsabgrenzung: Beispiel

Unregelmäßig auftretende Aufwendungen (Beispiel: Urlaubsgeld im Sommer, Sonderzahlung/Weihnachtsgeld im November) werden auf die Monate verteilt, für die sie anfallen bzw. in denen sie erwirtschaftet werden müssen. In der Kostenrechnung wird eine Verstetigung des Aufwands angestrebt.

Technisch geschieht dies durch die monatliche Verrechnung eines Zuschlags, der so bemessen ist, daß er über das Jahr betrachtet die aperiodisch anfallenden Aufwendungen deckt.

Es geht vergleichsweise um eine Banalität: es muß auf eine Basis ein Prozentzuschlag gerechnet werden.
Beispiel: Gehalt = 200, Gehaltsnebenkosten = 30 % auf Gehalt, daher Gehaltsnebenkosten = 30 % von 200 = 60

In einer Tabellenkalkulation wäre dies in Sekundenschnelle und sofort verständlich gelöst. In der SAP-Software hat die Lösung den "Charme einer Siebziger-Jahre-Programmierung in COBOL". Immerhin muß man konzedieren, daß es mit der Angabe des Verrechnungsprozentsatzes nicht getan ist, es ist die Basis für die Prozentrechnung anzugeben und was wichtiger ist, es ist das Schema mit dem konkreten input und output zu verbinden, d. h. es ist eine Verbindung zur bereits angelegten Kontenwelt herzustellen und es muß gesagt werden, wo das Ergebnis der Berechnung schließlich landen soll.

Ähnliche Schemata kommen noch an anderen Stellen der SAP-Software vor (z. B. in der Ergebnisrechnung PA), so daß man, wenn man das umständliche Verfahren einmal verstanden hat, sich später leichter tut.

Zunächst wird unabhängig von der umgebenden Konten-Organisation ein **Rechenschema** sozusagen **stand-alone** definiert.

Es geht um folgende Begriffe:
- **Basiszeilen**: die Zeilen, auf die man aufschlägt
- **Summenzeilen**: wenn mehrere Basiszeilen addiert werden
- **Zuschlagzeilen**: die das Zuschlagsergebnis aufnehmen

Personalnebenkosten:
eine Basiszeile K-B1 (die später mit dem Fertigungslohn gefüllt wird) und
eine Basiszeile K-B2 (die später mit dem Gemeinkostenlohn gefüllt wird)
sollen zunächst addiert werden.

Die Addition wird - umständlich - wie folgt bewerkstelligt. Man numeriere die Summanden (im Beispiel 110 für K-B1 und 120 für K-B2), gebe in der Summenzeile an, von welcher Nummer bis zu welcher Nummer addiert werden soll (daß nur addiert werden soll und nicht etwas multipliziert "weiß das Programm").

Der Zuschlagsprozentsatz wird definiert (im Beispiel als K-Z1), noch ohne den Prozentsatz konkret anzugeben, und es wird gesagt, auf welche Zeile im Rechenschema dieser Zuschlagsprozentsatz anzuwenden ist (Zeile 190).
Ebenso macht man es für das Gehalt, was im Beispiel einfacher ist, weil nur eine Gehaltszeile vorkommt, auf die der Prozentsatz für die Gehaltsnebenkosten anzuwenden ist.

Die Ergebnisse der Berechnung (output/Entlastung) werden auf E 40 bzw. E 44 zur Verfügung gestellt. Was aber E 40 bzw. E 44 ist, muß ebenso noch gesagt werden, wie gesagt werden muß, was in die input-Zeile K-B1, K-B2 und K-B3 eigentlich eingeschleust werden soll.

Soweit ist das Rechenschema noch ohne jede Verbindung zur umgebenden Konten-Organisation.

Es folgt **jetzt** inputseitig die **Verbindung zur umgebenden Kontenwelt**, indem dem System mitgeteilt wird, daß die Lohn-Basiszeilen K-B1 mit der Kostenart/dem Konto Fertigungslohn und die Lohn-Basiszeile K-B2 mit dem Gemeinkostenlohn gefüllt werden soll.
Ebenso soll es mit K-B3 sein, diese Zeile wird mit der Kostenart Gehalt gefüllt.

Es werden die konkreten Zuschlagssätze für K-Z1 und K-Z2 eingegeben, z. B. 30% und 70%.

Jetzt muß noch **outputseitig** angegeben werden, **wo das Rechenergebnis hingeschafft werden soll**.

Die Personalnebenkosten sollen einerseits in der Kostenart 429000 verr. Personalnebenkosten-Lohn bzw. 439000 verr. Personalnebenkosten-Gehalt gebucht werden. Außerdem soll gleichzeitig auch noch auf die Innenauftrage für Abgrenzung gebucht werden, so daß dort die Gegenüberstellung zum effektiven Anfall sichtbar gemacht werden kann, im Beispiel auf Auftrag 9Annn0000001 für PNK-Lohn und 9Annn0000002 für PNK-Gehalt.

Indirekte Leistungsverrechnung

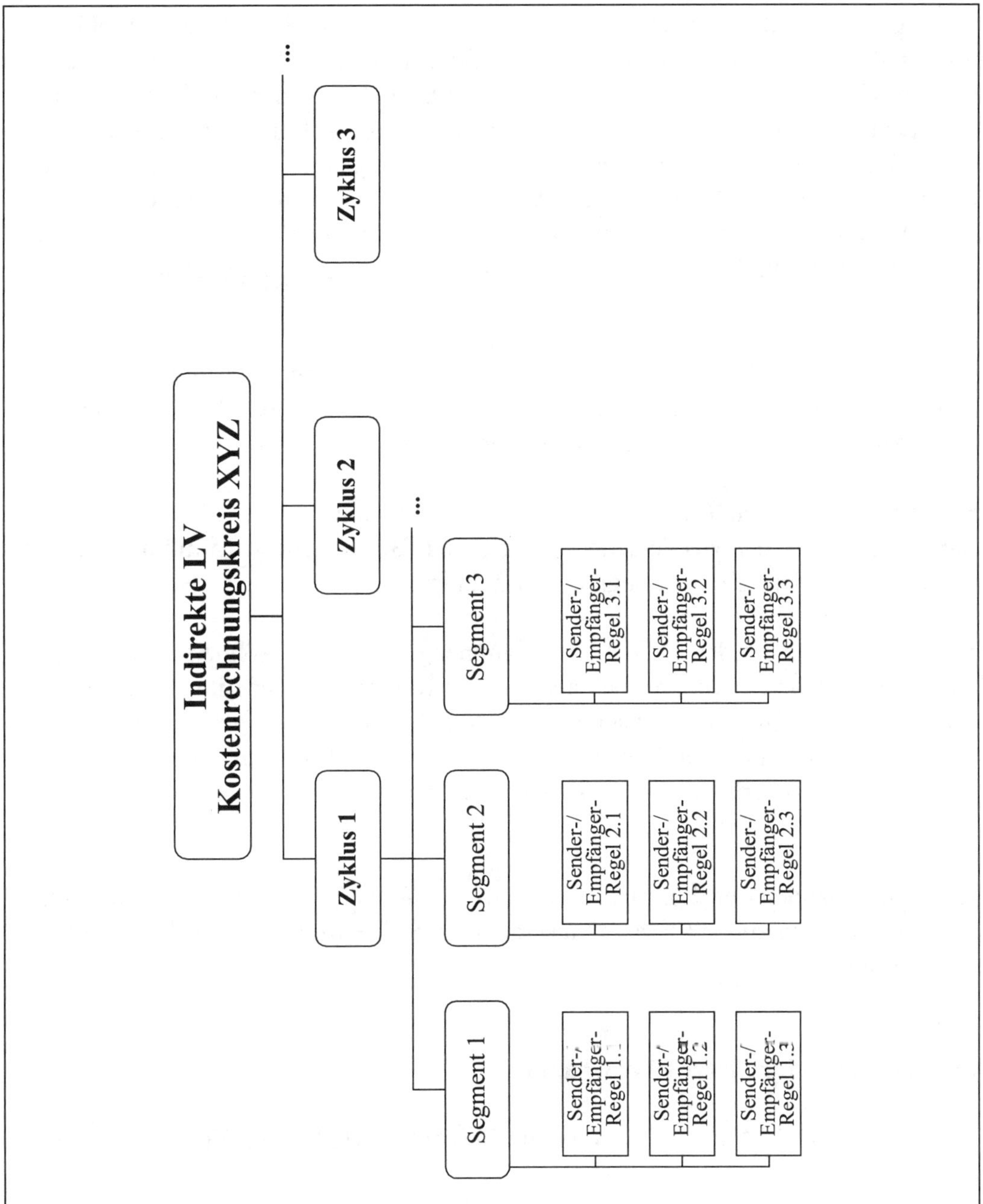

Bild 3.2/11 (Modul 6): Hierarchie der Sender- und Empfängerregeln

Für die indirekte Leistungsverrechnung (Beispiel AV wird nach den Stunden der Empfängerkostenstellen, also nach einem feststehenden Rechenverfahren verrechnet) ist anzugeben, wie die Verrechnung erfolgen soll. Dazu sind Sender- und Empfängerkostenstellen zu spezifizieren (im Beispiel: Sender ist die AV, Empfänger sind die beiden produktiven Kostenstellen Anlage A und B) und es ist der "Schlüssel" anzugeben, nachdem die Verrechnung erfolgen soll (im Beispiel soll im Verhältnis der Stunden der Empfänger verteilt werden, also ist die "Bezugsbasis" die Leistungsart FST Fertigungsstunden der Anlage A und Anlage B. Die mit dem Planverrechnungssatz (DM/AV-Stunde) bewerteten Leistungsmengen (AV-Stunden) werden unter der Kostenart 500000 (indirekte Leistungsverrechnung AV) auf Empfängerkostenstellen gebucht.

Im SAP-System erfolgt die vorgenannte Festlegung in **Segmenten** und **Zyklen**. Für das Testbeispiel wird nur je ein Segment und ein Zyklus für Plan bzw. Ist angelegt, um die Anforderungen des Systems zufrieden zu stellen.

Segment: Sender- und Empfängerbeziehungen mit einheitlicher Wert- bzw. Mengenermittlung auf der Senderseite und gleicher Bezugsgrößenermittlung bei den Empfängern werden zu einem Segment zusammengefaßt.

Zyklus: Segmente werden zu Zyklen zusammengefaßt, dabei können auch mehrere Zyklen gebildet werden, die nacheinander in der Reihenfolge der Eingabe abgearbeitet werden. So können Teilbereiche des Unternehmens zeitlich getrennt verrechnet werden oder aufeinander aufbauende Zyklen, z. B. für Hilfs- und Endkostenstellen gebildet werden. Innerhalb eines Zyklus können die Segmente iterativ oder nacheinander verarbeitet werden.

Die Zyklen erlauben den Eingriff in langlaufende Rechenprogramme der Leistungsverrechnungen, um anhand von Zyklusergebnissen eine weitere Verrechnung abbrechen zu können.

Nummernkreise für Geschäftsvorgänge

Vorgänge: Im SAP-Modul CO werden die Geschäftsvorfälle nach Vorgängen klassifiziert.

Beispiel: Vorgang "RKP1 Planung Primärkosten"

Bemerkung: Daß später im Ist für einzelne Buchungen/Geschäftsvorfälle Nummern zur Identifizierung vergeben würden, hatte man sicher nicht anders erwartet. Auch für die Planungsvorgänge, die im Vergleich zum Ist auf aggregiertem Niveau erfolgen, ist im SAP-System eine Nummernvergabe vorgesehen.

Pro Geschäftsvorfall wird eine Belegnummer erzeugt; daher muß jeder Vorgang einem **Nummernkreis*intervall*** zugeordnet sein.

Vorgangsgruppen: Vorgänge werden zu Vorgangsgruppen zusammengefaßt, denen **Nummernkreise** zugeordnet werden.

Beispiel: Vorgang "RKP1 Planung Primärkosten" gehört zu Vorgangsgruppe "Planung".

Was ist zu tun?

Abgrenzungsregeln für Personalnebenkosten (Plan und Ist):

Zuschlagsschema KORE ①

Zeile	Basis	Zuschlag	Bezeichnung	Von	Bis	Entlastung
110	K-B1 ②		Fertigungslohn			
120	K-B2 ②		Gemeink.-lohn			
190			*Ber.-Basis PNK-Lohn*	*110*	*120*	
200		K-Z1 ③	PNK-Lohn	190	190	E40 ④
310	K-B3 ②		Gehalt			
400		K-Z1 ③	PNK-Gehalt	310	310	E44 ④

Zuordnen in M6.1.1

① **Gültigkeitszeitraum des Zuschlagsschemas für Plan- und Ist-Abgrenzung pro Kostenrechnungskreis definieren (01.98 bis 12.99)**

② **Basiskostenarten (420000, ...) pro Basis-Schlüssel (K-B1, ...) kostenrechnungskreisspezifisch für Plan und Ist zuordnen**

③ **Zuschlagsprozentsätze (70%, ...) für Ist und Plan pro Zuschlags-Schlüssel (K-Z1, ...) kostenrechnungskreisspezifisch zuordnen**

④ **Abgrenzungsobjekt (Auftrag 9Annn0000001, ...) und Abgrenzungskostenart (429000, ...) pro Entlastungs-Schlüssel (E40, ...) kostenrechnungskreisspezifisch für Plan und Ist zuordnen**

Bild 3.2/12 (Modul 6): Überblick M6.1.1

Das Schema ist kostenrechnungskreisübergreifend auf Mandantenebene anzulegen und wurde für das Testbeispiel bereits in Anlehnung an ein SAP-Standardschema erstellt (vgl. 2.5 Vorbereitung des Systems). Pro Kostenrechnungskreis muß für Plan- und Istabgrenzung festgelegt werden, welches Schema verwendet werden soll; das Schema muß dem Kostenrechnungskreis zeitbezogen zugeordnet werden. Anschließend sind die kostenrechnungskreisspezifischen Basiskostenarten, Zuschlagsprozentsätze sowie Abgrenzungskostenarten und –objekte festzulegen.

Pro Kostenrechnungskreis darf immer nur ein Schema definiert (zugeordnet) sein. Für die Abgrenzung verschiedenartiger Kostenarten kann ein Schema jedoch beliebig viele Subschemata enthalten (im Testbeispiel: Schema KORE mit Subschemata PNK-Lohn und PNK-Gehalt).

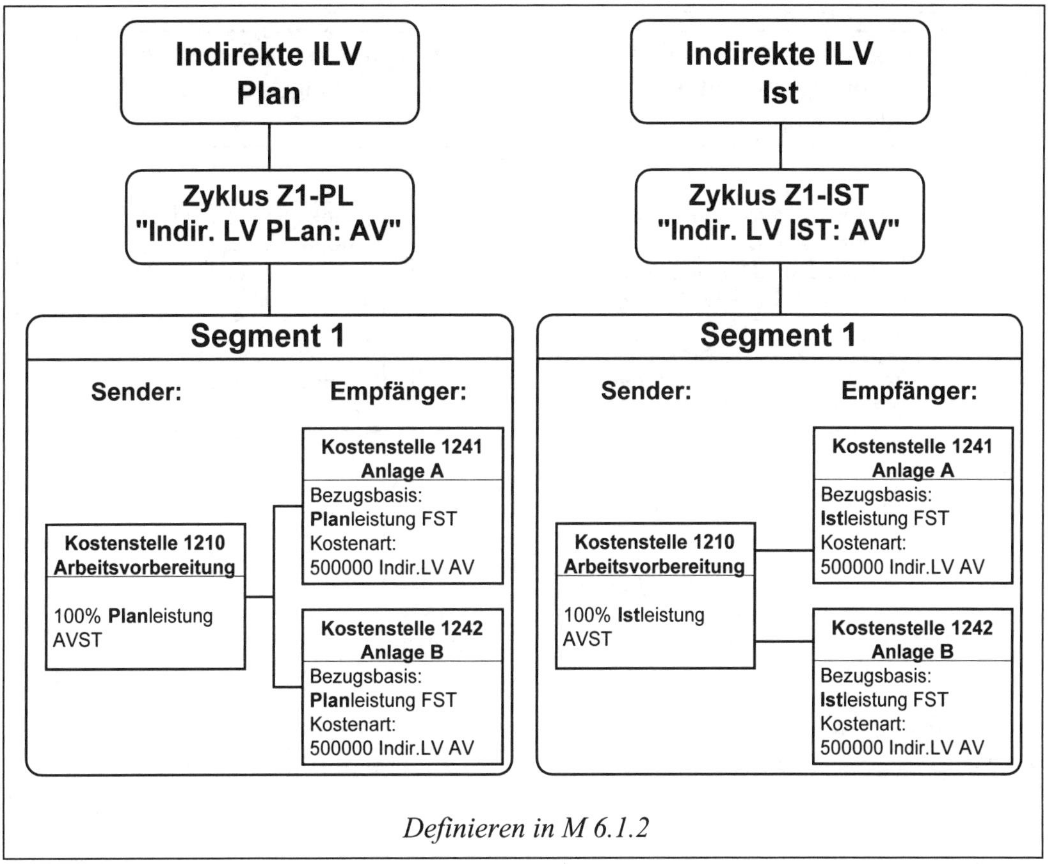

Bild 3.2/13 (Modul 6): Überblick M6.1.2

Bei der Angabe des Rechenverfahrens für die indirekte Leistungsverrechnung ist nach Plan und Ist zu unterscheiden:

Plan	Ist
Sender: Plan-AV-Stunden x	Sender: Ist-AV-Stunden x
Bewertung mit Planverrechnungssatz	Bewertung mit *Plan*verrechnungssatz
(DM/AV-Stunde)	(DM/AV-Stunde)
Empfänger: Aufteilung im Verhältnis	Empfänger: Aufteilung im Verhältnis
der Plan-Stunden A zu	der Ist-Stunden A zu
Plan-Stunden B	Ist-Stunden B

Bemerkung: daß im Ist mit *Plan*verrechnungssätzen gearbeitet werden soll, ist alsbetriebswirtschaftliche Vorgabe zu betrachten. Es ginge auch mit *Ist*verrechnungssätzen.

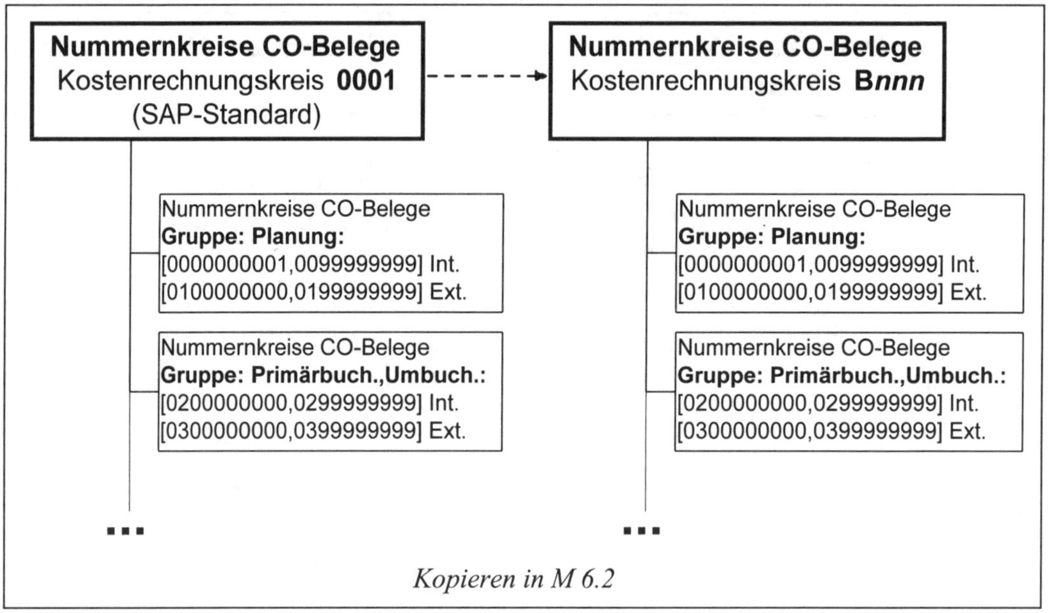

Bild 3.2/14 (Modul 6): Überblick M6.2

Im Testbeispiel werden vordefinierte Nummernkreise (und Zuordnungen zu Vorgangsgruppen) aus dem SAP-Auslieferungs-Kostenrechnungskreis 0001 kopiert.

Pro Vorgangsgruppe sind hier sowohl Nummernkreise für die interne als auch für die externe Nummernvergabe vorgesehen, so z. B. für die Vorgangsgruppe Planung das Nummernkreisintervall von 0000000001 bis 0099999999 bei interner Nummernvergabe und das von 0100000000 bis 0199999999 bei externer Nummernvergabe.

Anzeige	Eingabe/Auswahl

Modul 6: Customizing für Planung und Istverrechnung in der Kostenrechnung

M6.1 Periodische Verrechnungen

Periodische Verrechnungen **werden sowohl bei der Planung als auch bei der Istkostenverrechnung zum Periodenabschluß maschinell durchgeführt, wenn die Planung bzw. alle primären Buchungen der entspr. Periode abgeschlossen sind. Hierbei werden die angefallenen Kosten mit Hilfe von definierten Schlüsseln (Prozentsätze, variable Werte oder feste Beträge) verrechnet. Das ist nur möglich, wenn zuvor die entsprechenden Regeln (im Customizing) gepflegt wurden.**

Zu den periodischen (maschinellen) Verrechnungen zählen die Abgrenzung, die Umlage und die indirekte Leistungsverrechnung.

M6.1.1 Abgrenzungsregeln definieren

Anzeige	Eingabe/Auswahl
	Im Testbeispiel sollen die Personalnebenkosten mit Hilfe des **Zuschlagsverfahrens** verrechnet werden.

Beim *Zuschlagsverfahren* werden die abzugrenzenden Kosten anhand eines prozentualen Zuschlags auf eine Basiskostenart in der Kostenrechnung ermittelt.

Dafür muß zunächst ein – auf Mandantenebene definiertes - Zuschlagsschema dem Kostenrechnungskreis zugeordnet werden und in diesem dann die Daten der Abgrenzung (zu bezuschlagende Kostenarten, Zuschlags-Sätze, Entlastungskostenarten u. -objekte) kostenrechnungskreisbezogen festgelegt werden.

Anzeige	Eingabe/Auswahl
SAP-Eingangsmenü	Wählen Sie im SAP-Eingangsmenü: **`Werkzeuge - Business Engineering Customizing`**
Sie gelangen in das **Customizing-Menü**	Wählen Sie im Customizing-Menü: **`Einführungsprojekte - SAP Refer.-IMG anz.`**

Anzeige	Eingabe/Auswahl

Die Hierarchiestruktur des SAP-Referenz-Leitfadens

Wählen Sie in der Hierarchiestruktur:

Controlling -
Gemeinkosten-Controlling -
Kostenstellenrechnung -
Planung -
Verrechnungen -
Abgrenzung -
Zuschlagsverfahren

Unterebenen des Knotens "Abgrenzung":

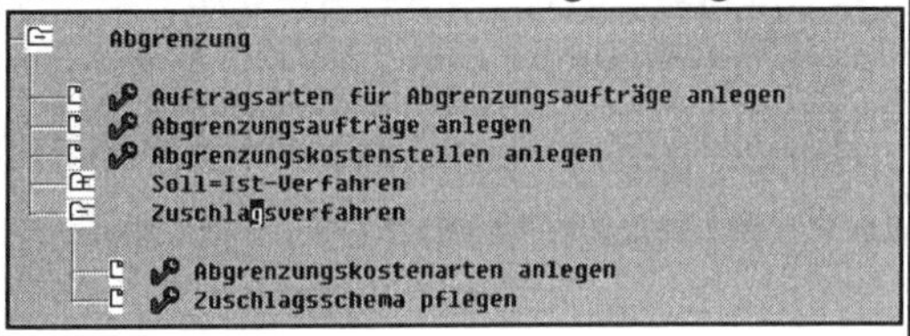

Klicken Sie auf die Ikone vor
Zuschlagsschema pflegen

Bildschirm "CO-OM Abgrenzung pflegen: Zuschlagsschema - Übersicht"

<u>(Bereits definiertes) Zuschlagsschema ansehen:</u>

Markieren Sie durch Anklicken:
`Zuschlagsschema KORE Schema f. ...`

Klicken Sie auf
[Schema]

Zuschlagsschema KORE:

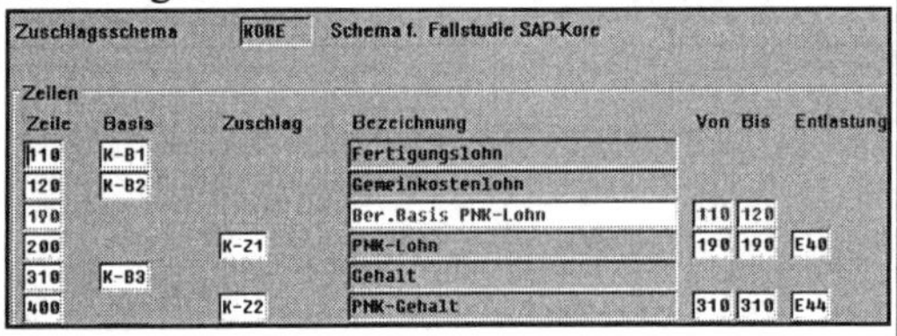

Das Zuschlagschema KORE wurde bereits (auf Mandantenebene) für das Testbeispiel definiert.

Sehen Sie sich die Definitionen der einzelnen Felder des Schemas jeweil mit Hilfe der F1-Taste an!

Anzeige	Eingabe/Auswahl
	Zuschlagsschema zeitbezogen zuordnen:
Dialogfeld "Auswählen Zuordnungen"	Klicken Sie auf **[Zuordnungen]**
	Eingabe bzw. Auswahl: *Kostenrechnungsskreis*: ***B**nnn* , *nnn* = Nummer des PCs Markieren Sie **Plan-Abgrenzung**
Bildschirm "CO-OM Abgrenzung pflegen: Zuordnungen Plan"	Eingabe bzw. Auswahl: Gültig ab: 1 1998 Gültig bis: 12 1998 Zuschlagsschema: KORE
Meldung in Statuszeile: *Daten gesichert.*	Sichern Sie die Eingaben.
Bildschirm "CO-OM Abgrenzung pflegen: Zuschlagsschema - Detailbild"	Klicken Sie auf (= Symbol Zurück)
Bildschirm "CO-OM Abgrenzung pflegen: Zuschlagsschema - Detailbild"	Ordnen Sie nun noch Ihrem Kostenrechnungskreis das Zuschlagsschema KORE für die **Istabgrenzung** in analoger Weise für denselben Zeitraum zu.
	Berechnungsbasen für Kostenrechnungskreis pflegen: Doppelklicken Sie unter Basis auf **K-B1**

Anzeige	Eingabe/Auswahl
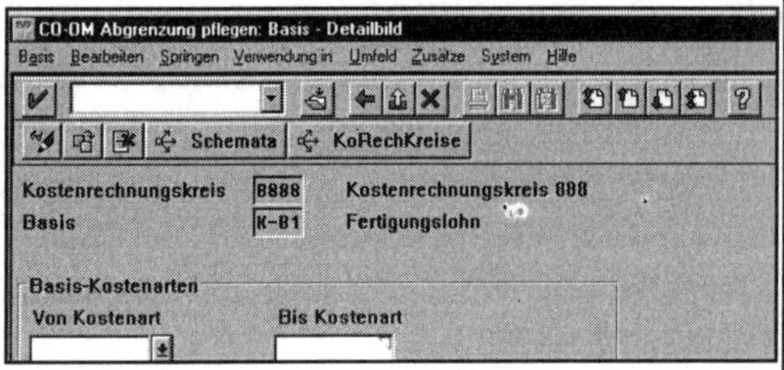	
	Eingabe bzw. Auswahl: _Von Kostenart_: ***420000*** (= Fertigungslohn)
Meldung in Statuszeile: *Daten gesichert.*	Sichern Sie die Eingaben.
	Damit wurde der **Berechnungsbasis K-B1** kostenrechnungskreisspezifisch die **Kostenart Fertigungslohn** zugeordnet.
	Klicken Sie auf  (= Andere Basis...)
Dialogfeld "Andere Basis"	Eingabe bzw. Auswahl: _Basis_: ***K-B2*** 
Bildschirm "CO-OM Abgrenzung pflegen: Basis - Detailbild" für Basis K-B2	
	Pflegen Sie nun noch die Basiskonditionsarten **K-B2 Gemeinkostenlohn** (Zuordnung: Kostenart 421000) und **K-B3 Gehalt** (Zuordnung: Kostenart 430000) in analoger Weise.
	Klicken Sie auf  (= Symbol Zurück)
Bildschirm "CO-OM Abgrenzung pflegen: Zuschlagsschema - Detailbild"	
	Zuschlagssätze für Kostenrechnungskreis pflegen:
	Doppelklicken Sie unter Zuschlag auf `K-Z1`

Anzeige	Eingabe/Auswahl
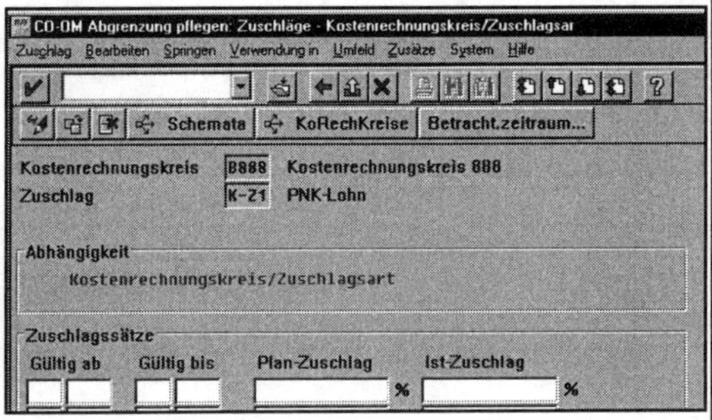	
	Eingabe: 
Meldung in Statuszeile: *Daten gesichert.*	Sichern Sie die eingegebenen Daten.
	Damit ist die Höhe des **Zuschlages K-Z1** (PNK-Lohn) für die Plan- und die Istabgrenzung kostenrechnungskreisspezifisch und zeitbezogen festgelegt.
Dialogfeld "Anderer Zuschlag"	Klicken Sie auf  (= Anderer Zuschlag...)
Bildschirm "CO-OM Abgrenzung pflegen: Zuschläge-Kostenrechnungskreis/Zuschlagsart"	Eingabe bzw. Auswahl: *Zuschlag*: ***K-Z2*** 
Bildschirm "CO-OM Abgrenzung pflegen: Zuschlagsschema - Detailbild"	Ordnen Sie nun noch dem **Zuschlagsschlüssel K-Z2** (PNK-Gehalt) für den **Zeitraum 1.1998 bis 12.1998** einen Zuschlagssatz von jeweils **30 %** für die **Plan- und die Istabgrenzung** in Ihrem Kostenrechnungskreis zu. Klicken Sie auf  (= Symbol Zurück)

Anzeige	Eingabe/Auswahl
	Entlastungen für Kostenrechnungskreis pflegen:
	Doppelklicken Sie unter Entlastung auf **E40**

	Eingabe bzw Auswahl: *Gültig bis*: ***12*** ***1998*** *Kostenart*: ***429000*** *Auftrag*: ***9A**nnn**0000001**,* *nnn* = Nummer des PCs
	Sichern Sie die eingegebenen Daten.
	Damit ist kostenrechnungskreisspezifisch und zeitbezogen festgelegt, daß über den **Entlastungsschlüssel E40** der ermittelte Zuschlag unter der **Abgrenzungskostenart 429000** (verr. PNK-Lohn) auf dem **Auftrag 9A*nnn*0000001** (Abgrenzung PNK-Lohn) gebucht (entlastet) wird.
	Klicken Sie auf (= Andere Entlastung...)
Dialogfeld "Andere Entlastung"	
	Eingabe bzw. Auswahl: *Entlastung*: ***E44***
Bildschirm "CO-OM Abgrenzung pflegen: Entlastung - Detailbild" für PNK-Gehalt.	
	Ordnen Sie nun noch für Ihren Kostenrechnungskreis dem **Entlastungsschlüssel E44** für den **Zeitraum bis 12.1998** die **Abgrenzungskostenart 439000** (verr. PNK-Gehalt) und den **Auftrag 9A**nnn**0000002** (Abgrenzung PNK-Gehalt) zu.

Anzeige	Eingabe/Auswahl
	Klicken Sie auf (= Symbol Zurück)
Bildschirm "CO-OM Abgrenzung pflegen: Zuschlagsschema - Detailbild"	Sie haben jetzt das Zuschlagskalkulationsschema KORE alle für die Abgrenzung notwendigen kostenrechnungskreisabhängigen Einstellungen vorgenommen. Klicken Sie auf (= Symbol Zurück)
Bildschirm "CO-OM Abgrenzung pflegen: Zuschlagsschema - Übersicht"	Sie sind in das Einstiegsbild der Abgrenzungspflege zurückgekehrt, das eine Liste aller vorhandenen Zuschlagsschemata und deren Verwendung in den verschiedenen Kostenrechnungskreisen zeigt. Markieren Sie durch Anklicken: **Kostenrechnungskreis B***nnn* (= Ihr Kostenrechnungskreis) Klicken Sie auf (=Zuordnung expandieren) Die Ihrem Kostenrechnungskreis zugeordneten Liststufen werden expandiert.
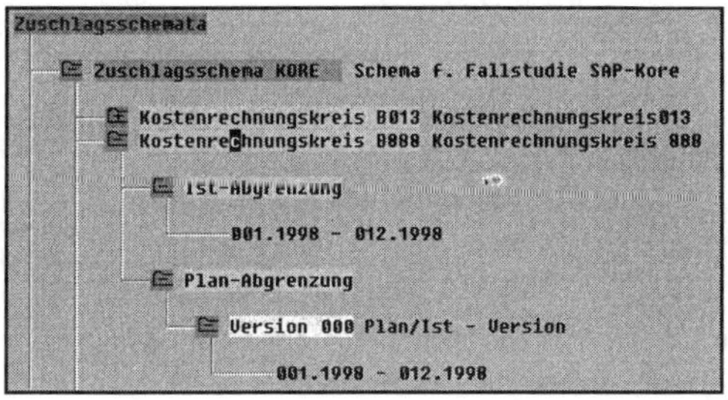	
Hierarchiestruktur des SAP-Referenz-Leitfadens	Beenden Sie die Transaktion.

Anzeige	Eingabe/Auswahl

M6.1.2 Sender- und Empfängerregeln für die indirekte Leistungsverrechnung definieren

Die Kosten der Arbeitsvorbereitung sollen in der Plan- und der Istverrechnung mittels der indirekten Leistungsverrechnung an die Produktionskostenstellen weiterverrechnet werden.

Die *indirekte Leistungsverrechnung* stellt ein Werkzeug zur maschinellen Verrechnung von Plan- und Istleistungen dar. Im Gegensatz zur manuellen Leistungsaufnahmeplanung oder der direkten Leistungsverrechnung im Ist können hierbei Leistungen mit selbst festgelegten Schlüsseln verrechnet werden. Im Customizing sind hierfür die Schlüssel (=Bezugsbasen) sowie die Sender- und Empfängerbeziehungen (-regeln) zu definieren.

Diese Regeln werden in Segmente und Zyklen hierarchisch zusammengefaßt und müssen getrennt für die Plan- und die Istverrechnung angelegt werden.

Wählen Sie in der Hierarchiestruktur:

Controlling - Gemeinkosten-Controlling - Kostenstellenrechnung - Planung - Verrechnungen - Leistungsverrechnung - Indirekte Leistungverrechnung

Unterebenen des Knotens "Verrechnungen":

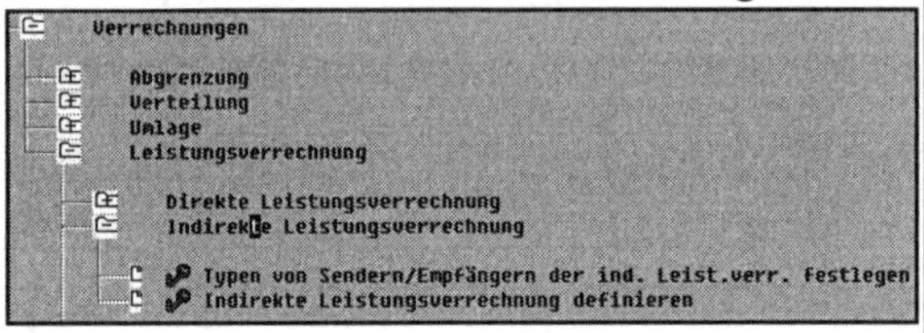

Klicken Sie auf die Ikone vor **Indirekte Leisungsverrechnung definieren**

Dialogfeld "Aktion auswählen:"

Zyklus für die indirekte LV im *Plan* anlegen:

Doppelklicken Sie auf **Indirekte Leisungsverrechnung Plan anlegen**

Bildschirm "Zyklus Indirekte Leistungsverr. Plan anlegen: Anforderungsbild"

Anzeige	Eingabe/Auswahl
	Eingabe: *Zyklus:* **Z1-PL** *Anfangsdatum:* **1.1.1998** (= frühester Gültigkeitszeitpunkt) ↵
Bildschirm "Zyklus Indirekte Leistungsverr. Plan anlegen: Kopfdaten"	Eingabe: *Text*: ***Indir. LV Plan: AV*** Klicken Sie auf **[Anhängen Segment]**
Bildschirm "Zyklus Indirekte Leistungsverr. Plan anlegen: Segment"	Eingabe bzw. Auswahl: *Segment*: ***Segment1*** *Senderwerte:* *Regel*: ***1*** (=Gebuchte Mengen) *Anteil in %*: ***100*** ***Planwerte*** *Bezugsbasis:* *Regel:* ***1*** (= Variable Anteile) *Sender:* *Kostenstelle von:* ***1220*** (= Arbeitsvorbereitung) *Leistungsart von:* ***AVST*** *Empfänger:* *Kostenstelle Gruppe:* ***PROD****nnn* (= alle Produktions-Kostenstellen) Klicken Sie auf **[Bezugsbasen]**
Bildschirm "Zyklus Indirekte Leistungsverr. Plan anlegen: Bezugsbasen"	Eingabe bzw. Auswahl: *Feldgruppe*: ***08*** (= Planleistung)

<table>
<tr><th>Anzeige</th><th>Eingabe/Auswahl</th></tr>
<tr><td></td><td><u>Version:</u> 0
<u>Kostenart von :</u> 500000
(= Indir.LV AV)
<u>Leistungsart von:</u> FST
(= Fertigungsstunden)</td></tr>
<tr><td>Meldung in Statuszeile:
Zyklus Z1-PL, Anfangsdatum 01.01.1998 wurde gesichert.</td><td>Sichern Sie Ihre Eingaben.</td></tr>
<tr><td>Dialogfeld "Aktion auswählen:"</td><td>Beenden Sie die Transaktion.</td></tr>
<tr><td>Hierarchiestruktur des SAP-Referenz-Leitfadens</td><td>Schließen Sie das Dialogfeld.</td></tr>
<tr><td></td><td><u>Zyklus für die indirekte LV im Ist anlegen:</u>
Wählen Sie in der Hierarchiestruktur:
Controlling - Gemeinkosten-Controlling - Kostenstellenrechnung - Istbuchungen - Periodenabschluß - Leistungsverrechnung - Indirekte Leistungverrechnung</td></tr>
<tr><td>Unterebenen des Knotens "Periodenabschluß":
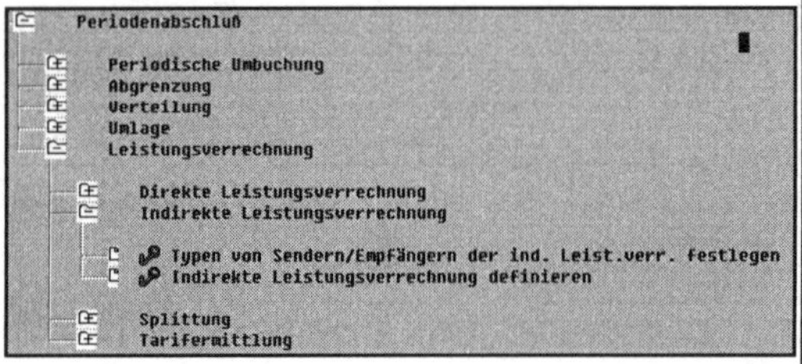
</td><td></td></tr>
<tr><td></td><td>Legen Sie nun analog zur Definition des Plan-Zyklus Z1-PL für die indir. Leistungsverrechnung der Arbeitsvorbereitung den Ist-Zyklus Z1-IST Indir. LV IST: AV an (Anfangsdatum: 1.1.98, Bezugsbasis:Feldgruppe 07 Istleistung).</td></tr>
<tr><td>Meldung in Statuszeile:
Zyklus Z1-IST, Anfangsdatum 01.01.1998 wurde gesichert.</td><td></td></tr>
</table>

Anzeige	Eingabe/Auswahl
Hierarchiestruktur des SAP-Referenz-Leitfadens	Beenden Sie anschließend die Transaktion und schließen Sie das Dialogfeld "Aktion auswählen".

M6.2 Nummernkreise für Geschäftsvorgänge kopieren

***Geschäftsvorfälle* im CO werden nach *Vorgängen* klassifiziert, die wiederum in *Vorgangsgruppen* zusammengefaßt werden.**
Pro Geschäftvorfall wird eine Belegnummer erzeugt, daher muß jeder Vorgang einem Nummernkreis-intervall zugeordnet sein. Die Nummernkreisintervalle müssen pro Kostenrechechnungskreis definiert werden.

Für das Testbeispiel sollen die Nummernkreise aus dem von SAP ausgelieferten Kostenrechungskreis 0001 kopiert werden.

Nummernkreise kopieren:

Wählen Sie in der Hierarchiestruktur des SAP-Referenzleitfadens:

Controlling -
Controlling allgemein -
Organisation

Unterebenen des Knotens "Controlling":

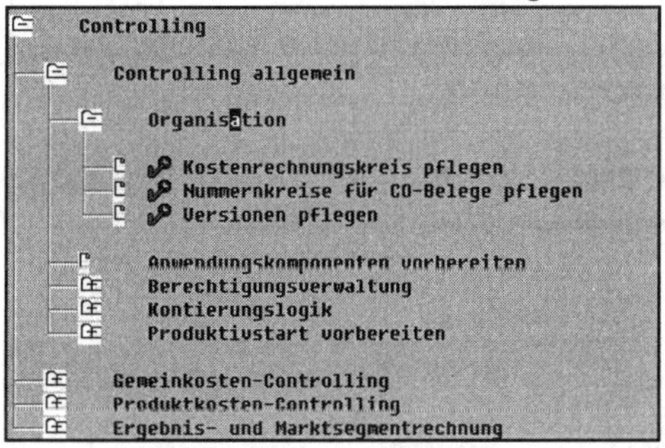

Klicken Sie auf die Ikone vor

Nummernkreis für CO-Belege pflegen

Anzeige	Eingabe/Auswahl
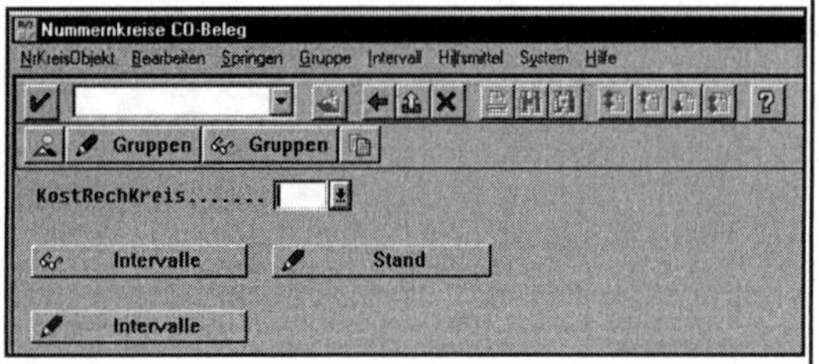	
	Eingabe bzw. Auswahl: _Kostenrechnungsskreis_: ***Bnnn***, *nnn* = Nummer des PCs Klicken Sie auf  (= Kopieren)
Dialogfeld "Kopieren: KostRechKreis"	Eingabe bzw. Auswahl: _Von_: ***0001*** (= SAP-Standardkostenrechnungskreis) _Nach:_ ***Bnnn***, *nnn* = Nummer des PCs (= Ihr Kostenchrechnungskreis) 
Hilfetext "Transport Nummernkreisintervalle"	
Meldung in Statuszeile: *KoRechKrs 0001 nach* Bnnn *kopiert.*	
	Kopierte Nummernkreise für Kostenrechnungskreis sichern: Eingabe bzw. Auswahl: _Kostenrechnungsskreis_: ***Bnnn***, *nnn* = Nummer des PCs Klicken Sie auf **[✎ Intervalle]** (=Intervalle ändern) Sichern Sie die angezeigten Intervalle für Ihren Kostenrechnungskreis (Symbol Sichern).
Meldung in Statuszeile: *Die Änderungen sind gesichert.*	Klicken Sie auf  (= Symbol Zurück)

<table>
<tr><th>Anzeige</th><th>Eingabe/Auswahl</th></tr>
<tr><td></td><td>Klicken Sie auf
[Gruppen] (= Gruppen anzeigen)</td></tr>
<tr><td>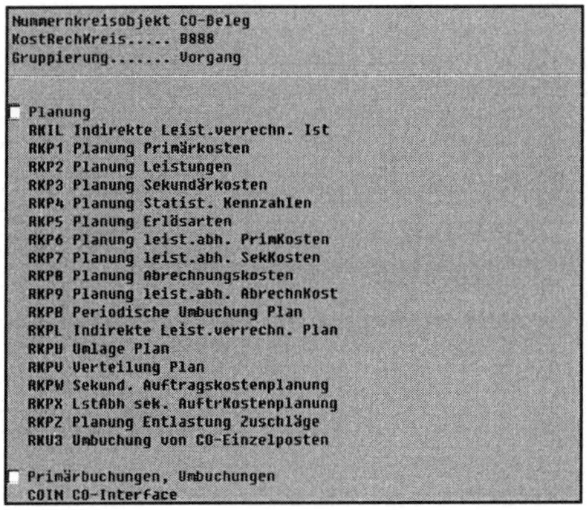
</td><td>Bildschirm zeigt die Vorgangsgruppen der CO-Geschäftsvorfälle und bietet die Möglichkeit zur Um- und Neugruppierung.

Markieren Sie eine Gruppe durch Anklicken, z.B.
Planung

Klicken Sie auf
(=Intervalle anzeigen)</td></tr>
<tr><td>**Nummernkreisintervalle** für Gruppe Planung:
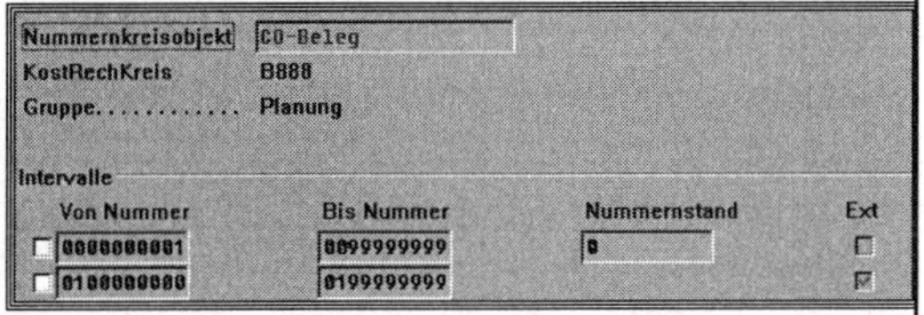
</td><td>Beenden Sie die Transaktion.</td></tr>
<tr><td>Hierarchiestruktur des SAP-Referenz-Leitfadens</td><td>Kehren Sie zurück zum Eingangsmenü.</td></tr>
<tr><td>**SAP-Eingangsmenü**</td><td></td></tr>
</table>

Modul 7: Planung

Umfang der Planung

Die Planung umfaßt:

- Kosten
  - Primärkosten
  - Sekundärkosten (ILV)
- Leistungsarten/Bezugsgrößen
- statistische Kennzahlen
- Erlöse

Kosten

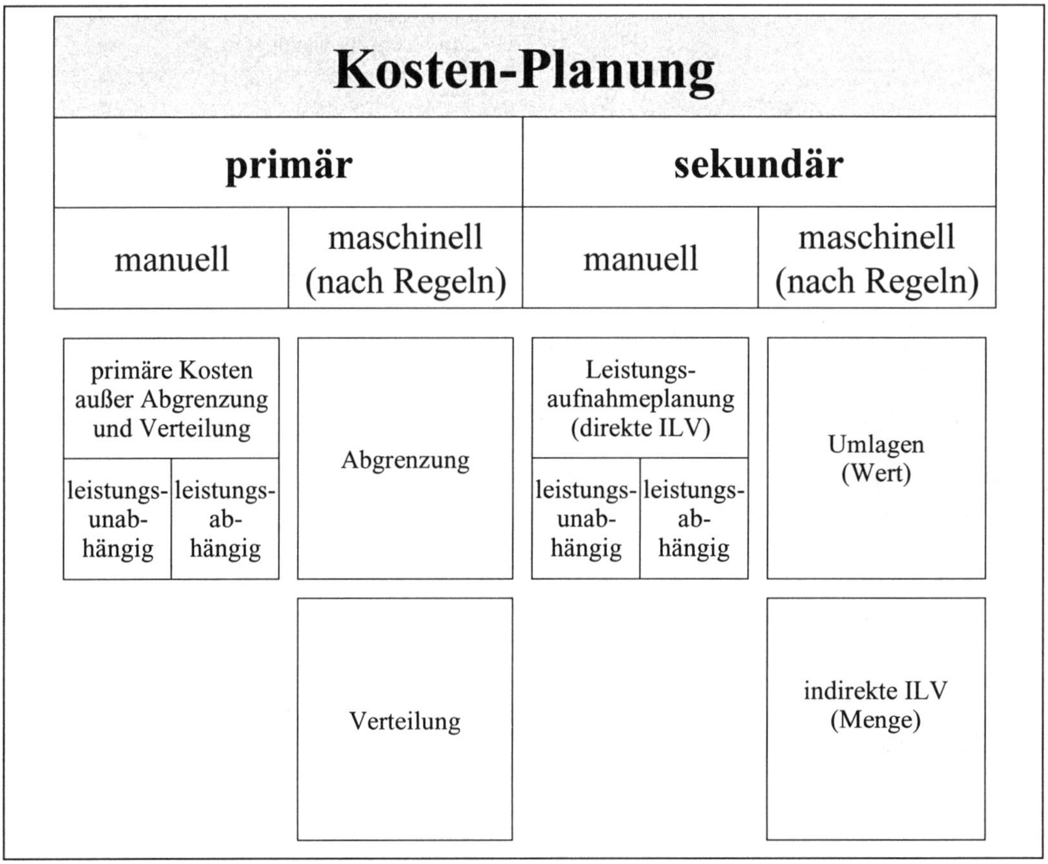

Bild 3.2/15 (Modul 7): Umfang Kostenplanung

Die **primären und sekundären** Kosten werden **manuell bzw. maschinell** geplant.

Die **primären Kosten** werden mit ihren fixen bzw. variablen Anteilen (leistungsunabhängig bzw. leistungsabhängig) manuell geplant, d. h. eingegeben, soweit nicht wie bei Abgrenzung und Verteilung maschinell geplant werden kann.

Daß die wesentlichen Kostengruppen manuell (mit fixen und variablen Anteilen) geplant werden, d. h. nur ins System eingegeben werden, ohne daß eine weitere Planungsunterstützung besteht, verwundert, wie schon gesagt, gelegentlich "die Planungsgläubigen", die sich auch beim Planungsvorgang eine Computerunterstützung vorgestellt hatten. Da aber die Planung ein komplexer Vorgang ist, der weder aus der Vergangenheit durch Extrapolation noch aus formellen Unterlagen entwickelt werden kann, sondern im wesentlichen Vorgaben bedeutet, die am Markt- und Wettbewerbsgeschehen orientiert sind, ist der eigentliche Planungsvorgang als Entwicklung der Planzahlen selbst nicht Gegenstand der Kostenrechnungssoftware, es werden lediglich die Ergebnisse des Planungsvorgangs erfaßt.

Maschinell können nur *die* Kostenarten geplant werden, für die ein Berechnungsverfahren besteht, nämlich bei Abgrenzung und Verteilung.
Bei **Abgrenzung**skostenarten wie z. B. Personalnebenkosten wird (bei Zuschlagsabgrenzung) ein fester Prozentsatz auf eine Zuschlagsbasis angesetzt.

Unter **Verteilung** wird verstanden, daß ein Kostenbetrag nach Schlüsseln auf Kostenstellen verteilt wird. Dabei bleiben die ursprünglichen Kostenarten erhalten (während bei der Umlage, siehe dort, die Originalkostenarten in Sekundärkostenarten umgeschlüsselt werden).

Im Testbeispiel werden die Primärkosten mit variablen und fixen Anteilen (leistungsabhängig und unabhängig) geplant. Von den maschinellen Verfahren wird die Abgrenzung (als Zuschlagsabgrenzung bei Personalnebenkosten) praktiziert, nicht jedoch die Verteilung.

Bei den **sekundären Kosten** werden Leistungsaufnahmen, Umlagen und indirekte Leistungsverrechnungen geplant.

Leistungsaufnahmen können beim Empfänger als leistungsabhängig oder –unabhängig geplant werden.

Indirekte Leistungsverrechnungen und Umlagen und können nach vorher festgelegten Rechenverfahren maschinell geplant werden.

Im SAP-Sprachgebrauch versteht man unter **Umlage** – wie gesagt – die Verrechnung von *Kosten* (wertmäßig), während unter indirekter ILV die Verrechnung von *Leistungen* verstanden wird; bei beiden Verfahren sind zunächst Schlüssel zu bestimmen.

Leistungsarten
Es muß der mengenmäßige output der Kostenstellen geplant werden.

Statistische Kennzahlen
Statistische Kennzahlen dienen als Schlüssel für die innerbetriebliche Verrechnung. Soweit sie nicht aus Vorsystemen zu übernehmen sind, müssen sie manuell geplant werden.
Beispiel: manuelle Kennzahlenplanung: Umlage der Kosten der Personalabteilung nach Köpfen auf die anderen Kostenstellen. Die Kopfzahlen werden manuell eingegeben.
Beispiel maschinelle Kennzahlenplanung: Wenn Vorsysteme wie ein Logistikinformationssystem aktiv sind, können von dort Kennzahlen maschinell übernommen werden und zur Basis von Verrechnungen gemacht werden.

Erlöse
Die Erlöse sind üblicherweise Gegenstand der Kosten*träger*rechnung. Auf den Spezialfall, daß sie einer Kostenstelle zugeordnet werden können, braucht daher hier nicht eingegangen zu werden.

Was ist zu tun?

Planerprofil — *Setzen in M7.1*

Leistungsarten (Bezugsgrößen) — *Planen in M7.2 (manuell)*

mengenmäßiger Output der Kostenstellen
- siehe Anhang:Eingabetabellen, Tabelle 6 -

Primärkosten

- leistungsunabhängig — *Planen in M7.3.1 (manuell)*

primäre Kosten pro Kostenstelle(n)/-gruppe und Kostenarten(n)/-gruppe
- siehe Anhang:Eingabetabellen, Tabelle 7 -

- leistungsabhängig — *Planen in M7.3.2 (manuell)*

primäre Kosten pro Kostenstelle(n)/-gruppe und Kostenart(en)/-gruppe in Abhängigkeit von einer Leistungsart(en)/-gruppe
- siehe Anhang:Eingabetabellen, Tabelle 8 –

- Planabgrenzung — *Durchführen in M7.3.3 (maschinell)*

Abgrenzungskosten PNK nach vordefinierten Abgrenzungsregeln

Sekundärkosten

- (leistungsunabhängige) Leistungsaufnahme — *Planen in M7.4.1 (manuell)*

Leistungsaufnahmen (GKM, WART, REP) auf empfangende Kostenstellen
- siehe Anhang:Eingabetabellen, Tabelle 9 –

- indirekte Leistungsverrechnung (AV) — *Durchführen in M7.4.2 (maschinell)*

AVST nach vordef. Sender-/Empfängerregeln

Tarifermittlung — *Durchführen in M7.5 (maschinell)*

Tarife (Planverrechnungspreise) der geplanten Leistungsarten je Kostenstelle und Leistungsart iterativ (unter Berücksichtigung aller Leistungsbeziehungen zwischen den Kostenstellen)

Planungsberichte — *Ansehen in M7.6*

Bild 3.2/16 (Modul 7): Überblick Modul 7

Reihenfolge der Planungsaktivitäten in dem Testbeispiel

Die Planungsaktivitäten sind in 5 Punkte gegliedert, die sich jeweils über mehrere Bildschirme erstrecken können:

- Planerprofil setzen
- Leistungsartenplanung
- Primärkostenplanung
- Sekundärkostenplanung
- Tarifermittlung

Planerprofil setzen

Über Planerprofil können **Vorgaben** für die Planung gemacht werden:

- eigens für die Planung **gestaltete Bildschirme**, die man in von SAP vorgefertigter Form (in dem Testbeispiel) oder in individuell maßgeschneiderter Form verwenden kann
- Vergabe von Berechtigungen für die Planung
- Vorgabe von Werten für Variablen, Beispiel: Ermittlung von Monatsplanwerten aus Jahresplanwerten, z. B. Gleichverteilung des Jahreswertes auf 12 Monate.

Leistungsartenplanung/Bezugsgrößenplanung

Es wird der mengenmäßige output der Kostenstelle ("die Leistung der Kostenstelle") geplant. Bei mehreren Bezugsgrößen in einer Kostenstelle kann angegeben werden, wie *die* Kosten, die *keiner* der Bezugsgrößen zurechenbar sind, dennoch auf die Bezugsgrößen über "Äquivalenzziffern" zugerechnet werden sollen (im Testbeispiel: der Einsatzleiter Instandhaltung werden im Verhältnis 1:2 auf die Bezugsgrößen Wartung und Reparatur zugerechnet).

Primärkostenplanung

Es werden die Planwerte für eine Periode, aufgeteilt in leistungs*un*abhängig und -abhängig eingegeben. Bei einer Leistungsart sind diese Begriffe mit variabel und fix identisch. Bei zwei Leistungsarten (Beispiel: Kostenstelle Instandhaltung) sind die leistungs*un*abhängigen Kosten *die* Kosten, die weder von der einen noch von der anderen Leistungsart abhängen. Beispiel: in der Instandhaltung sind die Kosten des Leiters der Instandhaltung - wie oben gesagt - weder der Wartung noch der Reparatur zuzurechnen, also leistungsunabhängig. Die leistungsabhängigen Kosten, die einer Leistungsart zurechenbar sind, können selbst noch einmal variabel oder fix (SAP-Sprachgebrauch) sein, je nachdem ob sie mit der Leistungsart variieren oder nicht.

Wie vorstehend angegeben werden alle primären Kostenarten geplant, die nicht über Rechenverfahren aus anderen Kostenarten abgeleitet werden. In dem Testbeispiel gibt es für die Abgrenzungskostenarten PNK-Lohn und PNK-Gehalt derartige Rechenregeln. Bei der Planung sind die entsprechend berechneten Planwerte zu buchen.

Sekundärkostenplanung
Da die Leistungserbringung schon in der Leistungsartenplanung geplant wurde, ist jetzt noch die Leistungsaufnahme bei den empfangenden Kostenstellen zu planen. Beispiel: die km-Abgabe des Fuhrparks wurde schon unter Leistungsartenplanung geplant. Jetzt sind noch die Planeingaben für die empfangenden Kostenstellen zu ergänzen. Wieviel km fährt der Fuhrpark für die Empfängerkostenstellen?

Bei den Kostenstellen, die ihre Leistung indirekt verrechnen (Beispiel AV an Anlage A und B) ist das Verfahren in den voranlaufenden Customizing-Punkten festgelegt worden. Es ist jetzt für den Plan anzustoßen, so daß die Verrechnung für den Plan gebucht werden kann.

Tarifermittlung
Wenn alle voranlaufenden Punkte erfolgreich abgeschlossen worden sind, kann jetzt die Ermittlung der Tarife erfolgen (Tarife sind in der SAP-Sprache die Verrechnungssätze und Kalkulationsparameter)

Planungsberichte
Die Ergebnisse werden in den Planungsberichten angesehen.

Tips:
Wenn wie häufig vorkommend die Tarife nicht auf Anhieb stimmen, setzt jetzt eine Fehlersuche ein. Einige Tips, woran es liegen kann, wenn die Tarifermittlung nicht stimmt:

Die innerbetriebliche Leistungsverrechnung ist nicht gebucht. Prüfen sie, ob die direkte Leistungsverrechnung (im Plan) der Kostenstellen Fuhrpark und Instandhaltung "angekommen ist". Ebenso die indirekte Leistungsverrechnung AV. Kontrollieren sie die Primärkosten im Plan einschließlich Abgrenzungskostenarten.

Anzeige	Eingabe/Auswahl

Modul 7: Planung

M7.1 Planerprofil setzen

Der Ablauf der Planung wird durch hierarchisch strukurierte *Planerprofile* gesteuert. In einem Planerprofil können folgende Vorgaben für die Planung getroffen werden:

- **Gestaltung der Planungsbildschirme über sog. *Planungslayouts* für die ver schiedenen Planungsgebiete**
- **Vergabe von Berechtigungen für die Planung**
- **Vorgabe von Werten für Variablen der Planungslayouts (Bildschirme).**

Anzeige	Eingabe/Auswahl
	Für das Testbeispiel sollen die Planerprofile **KORE101** und **KORE102** verwendet werden. Diese wurden bereits im Customizing auf Mandantenebene als leicht modifizierte Kopien der SAP-Standardplanerprofile erstellt. Sie beinhalten Planungslayouts für die Leistungsarten- und Primärkosten- bzw. die Sekundärkostenplanung.
	Wählen Sie im SAP-Eingangsmenü: **`Rechnungswesen -`** **`Controlling -`** **`Kostenstellen`**
Menü Kostenstellenrechnung	
	Wählen Sie im Menü Kostenstellenrechnung: **`Planung -`** **`Planerprofil setzen`**
Dialogfeld "Planerprofil setzen"	
	Auswahl (über [Button]) :
Dialogfeld "Planerprofil SAP101: Listanzeige"	
	<u>*Planerprofil:*</u> ***KORE101*** (=Planerprofil zur Leistungsarten- u. (Primär-)Kostenplanung) [Enter]
Menü Kostenstellenrechnung	

Anzeige	Eingabe/Auswahl

M7.2 Leistungsartenplanung (Bezugsgrößenplanung)

Wählen Sie im Menü Kostenstellenrechnung:

Planung -
Leistungen/Tarife -
Ändern

Bildschirm "Planung Leistungen/Tarife ändern: Einstieg"

Eingabe bzw. Auswahl:

Version: ***0***
(= Planversion (F1 !))

von Periode: ***1***

bis Periode: ***12***

Geschäftsjahr: ***1998***

Kostenstelle: ***1220***
(= Kostenstelle Arbeitsvorb.)

Leistungsart: ***AVST***
(= Arb.-Vorb.-Stunden)

Eingabe: ***formularbasiert***

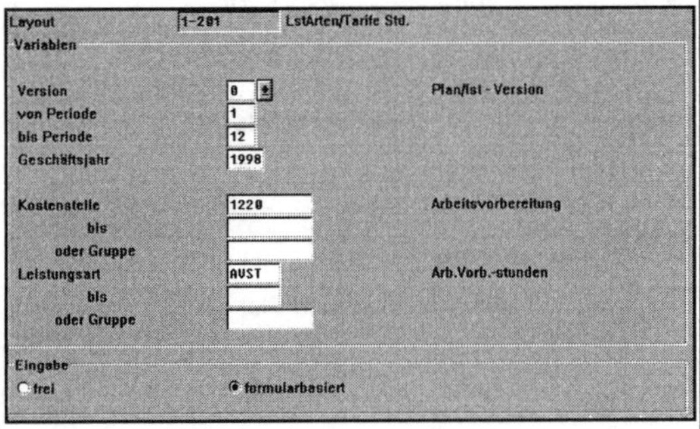

Klicken Sie auf

(= Übersichtsbild)

Bildschirm "Planung Leistungen/Tarife ändern: Übersichtsbild"

Eingabe:

Planleistung: ***8000***
(= geplanter Output)

↵

Anzeige	Eingabe/Auswahl
	Im Feld <u>*VS*</u> (Verteilungschlüssel) steht der Vorgabewert **1** (=gleichmäßige Verteilung auf alle Perioden).
Meldung in Statuszeile: *Veränderte Plandaten sind gebucht.*	Sichern Sie Ihre Eingaben.
Bildschirm "Planung Leistungen/Tarife ändern: Einstieg"	
	Eingabe bzw. Auswahl: <u>*Version:*</u> **0** <u>*von Periode:*</u> **1** <u>*bis Periode:*</u> **12** <u>*Geschäftsjahr:*</u> ***1998*** <u>*Kostenstelle:*</u> ***1230*** (= Kostenstelle Instandhaltung.) <u>*Leistungsart*</u> <u>*Gruppe:*</u> ***LA_INST**nnn* (= Leistungsarten WART und REP) <u>*Eingabe:*</u> ***formularbasiert***
	Klicken Sie auf  (= Übersichtsbild)
Bildschirm "Planung Leistungen/Tarife ändern: Übersichtsbild"	
	Eingabe 1. Zeile (REP): <u>*Planleistung:*</u> ***3000*** (= geplanter Output Reparaturstunden) <u>*Ä-Ziff:*</u> **2** (= Gewichtung der Leistungsart REP) Im Feld <u>*Ä-Ziff*</u> (Äquivalenzziffer, Vorgabewert =1) kann für Kostenstellen mit mehreren Leistungsarten ein Gewichtungsfaktor pro Leistungsart eingegeben werden (vgl. auch F1-Hilfetext).

Anzeige	Eingabe/Auswahl
	Eingabe 2. Zeile (WART): *Planleistung:* ***1200*** (= geplanter Output Wartungsstunden) *Ä-Ziff:* ***1*** (= Gewichtung der Leistungsart WART)

LstArt	Planleistung	VS	Kapazität	VS	EH	Tarif fix	Tarif var	Tar.EH	PTK	D	VKostenart	T	Ä-Ziff
REP	3.000,0	1		1	STD			1	1		530000	1	2
WART	1.200,0	1		1	STD			1	1		520000	1	1

Sichern Sie die Eingaben.

Meldung in Statuszeile:
Veränderte Plandaten sind gebucht.

Bildschirm "Planung Leistungen/Tarife ändern: Einstieg"

Planen Sie nun noch analog zur Kostenstelle Arbeitsvorbereitung die Leistungsarten für die Kostenstellen **Fuhrpark**, **Anlage A**, **Anlage B** und **Materialwirtschaft** gem. **Tabelle 6**, Anhang: Eingabetabellen.

Beenden Sie anschließend die Transaktion.

Menü Kostenstellenrechung

M7.3 Primärkostenplanung

M7.3.1 Leistungsunabhängige Primärkostenplanung

Bei der leistungsunabhängigen Primärkostenplanung werden Kosten, gegliedert nach Kostenarten, auf den Kostenstellen geplant.
Sind mehrere Leistungsarten auf einer Kostenstelle geplant, so werden die auf der Stelle leistungsunabhängig geplanten Kosten - falls im Customizing keine Einstellungen zur Splittung vorgenommen wurden - nach den im Rahmen der Leistungsartenplanung geplanten Äquivalenzziffern (vgl. M7.2) gesplittet.

Wählen Sie im Menü Kostenstellenrechnung:

`Planung - KoArten/LstAufnahmen - Ändern`

Anzeige	Eingabe/Auswahl

Bildschirm "Planung Kostenarten/Leistungsaufnahmen ändern: Einstieg"

Eingabe bzw. Auswahl:

Version: **0**

von Periode: **1**
bis Periode: **12**

Geschäftsjahr: **1998**

Kostenstelle Gruppe: ***KS_HIER****nnn*
(= Standardbereich, d.h. alle Kostenstellen)

Kostenart Gruppe: ***PRIM-****nnn*
(= alle primären Kosten)

Eingabe: ***formularbasiert***

Klicken Sie auf (= Übersichtsbild)

Bildschirm "Planung Kostenarten/Leistungsaufnahmen ändern: Übersichtsbild"

Es erscheint zunächst das Übersichtsbild für die Kostenstelle **Vertrieb** mit Eingabefeldern für alle primären Kostenarten (PRIMnnn) bis auf die beiden Abgrenzungskostenarten.

Eingabe (Kostenstelle **Vertrieb**):

Kostenart	Kosten fix	VS
430000	576.000,00	1
420000		1
421000		1
403000		1
415000	18.000,00	1
417000	8.476,00	1
476900	5.623,00	1
481000	13.200,00	1
483000	5.280,00	1

Summe Kosten fix: **626.579,00**

Anzeige	Eingabe/Auswahl
Kostenstelle **1120 Verwaltung**	Klicken Sie auf  (= Nächste Kombination)
	Geben Sie nun die geplanten leistungsunabhängigen primären Gesamtkosten für die restlichen Kostenstellen ein. (Nach jeder Kostenstelle [Nächste Kombination] !). Die Werte finden Sie in der **Tabelle 7**, Anhang: Eingabetabellen.
	Nach der letzten Kostenstelle erscheint Meldung in der Statuszeile.
Meldung in Statuszeile: *Es gibt keine nächste gültige Kombination.*	Sichern Sie Ihre Eingaben.
Meldung in Statuszeile: *Veränderte Plandaten sind gebucht.*	
Bildschirm "Planung Kostenarten/Leistungsaufnahmen ändern: Einstieg"	
	Sie haben die leistungsunabhängigen (fixen) Kosten für das Geschäftsjahr 1998geplant.

M7.3.2 Leistungsabhängige Primärkostenplanung

Die *leistungsabhängige Primärkostenplanung* erlaubt, Primärkosten auf einer Kostenstelle(n)/-gruppe
pro Kostenart(en)/-gruppe
in Abhängigkeit von einer Leistungsart(en)/-gruppe zu planen.
Es kann daher pro Leistungsart ein fixer und ein variabler - d.h. zu der entsprechenden Leistung proportional anfallender - Betrag geplant werden.

Anzeige	Eingabe/Auswahl
	Eingabe bzw. Auswahl:
	Version: ***0***
	von Periode: ***1***
	bis Periode: ***12***
	Geschäftsjahr: ***1998***

Anzeige	Eingabe/Auswahl

Kostenstelle Gruppe: ***KS_HIER****nnn*
(= Standardbereich, d.h. alle Kostenstellen)

Leistungsart: ***MST***
(= Mat.Wirt.-Stunden)

Kostenart Gruppe: ***PRIM-****nnn*
(= alle primären Kostenarten)

Eingabe: ***formularbasiert***

Klicken Sie auf

(= Übersichtsbild)

Bildschirm "Planung Kostenarten/Leistungsaufnahmen ändern: Übersichtsbild"

Es erscheint zunächst das Übersichtsbild für die Leistungsart **MST** auf der Kostenstelle **Materialwirtschaft** mit Eingabefeldern für alle primären Kostenarten bis auf die beiden Abgrenzungskostenarten.
Die Spalten Kosten fix und Kosten variabel sind eingabebereit.

Eingabe (Leistungsart MST, Kostenst. Materialw.):

LstArt	Kostenart	Kosten fix	VS	Kosten variabel	VS
MST	430000		1		1
MST	420000		1		1
MST	421000		1		1
MST	403000	42.300,00	1	4.700,00	1
MST	415000	3.264,00	1	4.896,00	1
MST	417000		1		1
MST	476900		1		1
MST	481000		1		1
MST	483000		1		1

Summen:
Kosten fix: **45.564,00**
Kosten variabel: **9.596,00**

Sichern Sie die Eingaben.

Meldung in Statuszeile:
Veränderte Plandaten sind gebucht.

Anzeige	Eingabe/Auswahl
Bildschirm "Planung Kostenarten/Leistungsaufnahmen ändern: Einstieg"	
	Geben Sie nun die geplanten leistungsabhängigen Kosten (fixe und variable) für die restlichen Kombinationen aus Leistungsarten und Kostenstellen ein. Die Werte finden Sie in der **Tabelle 8**, Anhang: Eingabetabellen.
Bildschirm "Planung Kostenarten/Leistungsaufnahmen ändern: Einstieg"	Sie haben nun auch die geplanten <u>leistungsabhängigen</u> Kosten für das Geschäftsjahr 1998 erfaßt.
	Beenden Sie die Transaktion.
Menü Kostenstellenrechung	
M7.3.3 Planabgrenzung	
	Im folgenden soll nun die Planabgrenzung der Personalnebenkosten mit Hilfe des unter M6.1 gepflegten Zuschlagskalkulationsschemas durchgeführt werden. **<u>Abgrenzungs-Testlauf durchführen:</u>** Wählen Sie im Menü Kostenstellenrechnung: **`Planung -`** **`Verrechnungen -`** **`Abgrenzung`**
Bildschirm "Kostenstellen-Abgrenzung Plan ausführen: Einstieg"	Markieren Sie ***Kostenstellengruppe*** Eingabe bzw. Auswahl: <u>*Kostenstellengruppe:*</u> ***KS_HIER****nnn* (= Standardhierarchie.) <u>*Version:*</u> ***0*** (= Standard-Plan/Ist-Version)

Anzeige	Eingabe/Auswahl
	Periode von: **1** *Periode bis:* **12** (= Buchungsperioden) *Geschäftsjahr:* **1998** Markieren Sie (falls noch nicht geschehen) unter *Ablaufsteuerung*: *Testlauf* (Abgrenzung soll zunächst nur als Testlauf ohne Datenfortschreibung erfolgen) *Detaillisten* Klicken Sie auf  (= Ausführen) Abgrenzungs-Testlauf wird durchgeführt.
Bildschirm "Kostenstellen-Abgrenzung: Grundliste" Meldung in Statuszeile: *Testlauf der Abgrenzung beendet.*	
	Periodenwerte pro Kostenstelle für Periode 001 werden aufgeführt. Klicken Sie auf **[Σ Gesamtwert]**
Gesamtwerte für das Planungsjahr 1998:	

Gesamtwerte

Kostenst.	LstArt	Kostenart	Partnerobjekt	Wert/KWähr	Wert fix/KWähr
1110		439000	AUF 9A8880000002	172.800,00	172.800,00
1120		439000	AUF 9A8880000002	201.600,00	201.600,00
1130		429000	AUF 9A8880000001	40.824,00	40.824,00
1130		439000	AUF 9A8880000002	46.800,00	46.800,00
1210		429000	AUF 9A8880000001	27.216,00	27.216,00
1220		429000	AUF 9A8880000001	68.040,00	68.040,00
1220		439000	AUF 9A8880000002	32.400,00	32.400,00
1230		429000	AUF 9A8880000001	27.216,00	27.216,00
1230		439000	AUF 9A8880000002	18.000,00	18.000,00
1241		429000	AUF 9A8880000001	13.608,00	13.608,00
1241		439000	AUF 9A8880000002	18.000,00	18.000,00
1241	FST	429000	AUF 9A8880000001	389.025,00	0,00
1242		429000	AUF 9A8880000001	27.216,00	27.216,00
1242		439000	AUF 9A8880000002	18.000,00	18.000,00
1242	FST	429000	AUF 9A8880000001	244.412,00	0,00

Anzeige	Eingabe/Auswahl
	Vergleichen Sie Ihre Ergebnisse mit den oben links aufgeführten Gesamtwerten. Evtl. aufgetretene Fehler sollten jetzt - **vor Ausführung des Echtlaufs** - korrigiert werden.
	Klicken Sie auf  (= Zurück)
	<u>Abgrenzung Plan (Echtlauf) durchführen:</u>
	Deaktivieren Sie (durch erneutes Anklicken) unter <u>*Ablaufsteuerung*</u> den Parameter: <u>*Testlauf*</u> (Abgrenzungsdaten sollen jetzt in der Datenbank fortgeschrieben werden)
	Klicken Sie auf  (= Ausführen)
	Kostenstellen-Abgrenzung wird durchgeführt.
Bildschirm "Kostenstellen-Abgrenzung: Grundliste" Meldung in Statuszeile: *Abgrenzung ist beendet..*	
	Vergleichen Sie Ihre gebuchten Werte noch einmal mit den oben aufgeführten Gesamtwerten.
Menü Kostenstellenrechung	Beenden Sie anschließend die Transaktion.

Anzeige	Eingabe/Auswahl

M7.4 Sekundärkostenplanung

M7.4.1 Leistungsaufnahmeplanung

Im Rahmen der manuellen Sekundärkostenplanung können sekundäre Kosten in Form von Leistungsaufnahmen auf Empfänger (Kostenstelle oder Auftrag) mengenmäßig geplant werden.
Bei der *leistungsunabhängigen Leistungsaufnahmeplanung* planen Sie die Aufnahme von Leistung unabhängig von der Leistungsart der Empfängerstelle, bei der *leistungsabhängigen Leistungsaufnahmeplanung* können Sekundärkosten in Abhängigkeit von der Leistungsart des Empfängers geplant werden.

Anzeige	Eingabe/Auswahl
	Hier soll die Aufnahme des Outputs der Kostenstellen Fuhrpark und Instandhaltung auf die Empfängerkostenstellen leistungsunabhängig geplant werden.
	(Anderes) Planerprofil setzen:
	Wählen Sie im Menü Kostenstellenrechnung: **`Planung -`** **`Planerprofil setzen`**
Dialogfeld "Planerprofil setzen"	Eingabe bzw. Auswahl: *Planerprofil:* ***KORE102*** (=Planerprofil zur Leistungsaufnahmeplanung) ↵
Menü Kostenstellenrechung	**Leistungsaufnahme mengenmäßig planen:**
	Wählen Sie im Menü Kostenstellenrechnung: **`Planung -`** **`KoArten/LstAufnahmen -`** **`Ändern`**
Bildschirm "Planung Kostenarten/Leistungsaufnahmen ändern: Einstieg"	Eingabe bzw. Auswahl: *Version:* ***0***

Anzeige	Eingabe/Auswahl
	<u>*Periode von:*</u> ***1*** <u>*Periode bis:*</u> ***12*** <u>*Geschäftsjahr:*</u> ***1998*** <u>*Kostenstelle*</u> <u>*Gruppe:*</u> ***KS_HIER****nnn* (= Empfänger, hier Standardbereich, d.h. alle Kostenstellen.) <u>*Senderkostenstelle:*</u> ***1210*** (= Fuhrpark) <u>*Senderleistungsart:*</u> ***GKM*** <u>*Eingabe:*</u> ***formularbasiert*** Klicken Sie auf  (= Übersichtsbild)
Bildschirm "Planung Kostenarten/Leistungsaufnahmen ändern: Übersichtsbild" für Kostenstelle **1110 Vertrieb**	
	Eingabe bzw. Auswahl: <u>*Verbr.fix:*</u> ***146000*** <u>*VS:*</u> ***1*** Klicken Sie auf  (= Nächste Kombination)
Kostenstelle **1120 Verwaltung**	
	Geben Sie nun die geplante Leistungsaufnahme vom Fuhrpark (= zu fahrenden Kilometer) für die restlichen Kostenstellen ein. (Nach jeder Kostenstelle [Nächste Kombination] !). Die Werte finden Sie in der **Tabelle 9,** Anhang: Eingabetabellen (1. Zeile).
	Nach der letzten Kostenstelle erscheint Meldung in der Statuszeile.
Meldung in Statuszeile: *Es gibt keine nächste gültige Kombination.*	
	Sichern Sie die Eingaben.
Bildschirm "Planung Kostenarten/Leistungsaufnahmen ändern: Einstieg"	

Anzeige	Eingabe/Auswahl
Meldung in Statuszeile: *Veränderte Plandaten sind gebucht.*	
	Führen Sie nun noch die Leistungsaufnahmeplanung für die beiden Leistungsarten der Kostenstelle Instandhaltung durch (*Kostenstelle Gruppe*: **PROD***nnn, Senderkostenstelle:* **1230,** *Senderleistungsart Gruppe:* **LA_INSTnnn**). Die Werte können Sie der **Tabelle 9,** Anhang: Eingabetabellen (2. und 3. Zeile) entnehmen.
Menü Kostenstellenrechung	Beenden Sie anschließend die Transaktion.
M7.4.2 Indirekte Leistungsverrechnung Plan	
	Es sollen nun die auf der Kostenstelle Arbeitsvorbereitung angefallenen Kosten mittels der indirekten Leistungsverrechnung nach den unter M6.1.2 definierten Regeln weiterverrechnet werden.
	Wählen Sie im Menü Kostenstellenrechnung: **`Planung -`** **`Verrechnungen -`** **`Indirekte LeistVerr.`**
Bildschirm "Indirekte Leist.verrechnung Plan ausführen: Einstieg"	
	Testlauf durchführen: Eingabe bzw. Auswahl: *Periode von:* ***1*** *Periode bis:* ***12*** *Geschäftsjahr:* ***1998*** Markieren Sie (falls noch nicht geschehen) unter *Ablaufsteuerung*: *Testlauf* (Indir.Leistungsverr. soll zunächst ohne Datenfortschreibung erfolgen) *Detaillisten*

Anzeige	Eingabe/Auswahl
	Auswahl:
	<u>*Zyklus:*</u> ***Z1-PL*** (=Zyklus Indir.LV Plan:AV)
	Klicken Sie auf  (= Ausführen)
	Testlauf wird durchgeführt
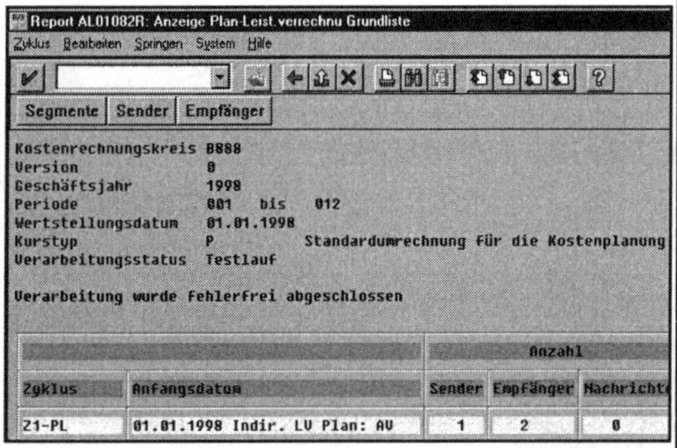	
	Klicken Sie auf **[Sender]**
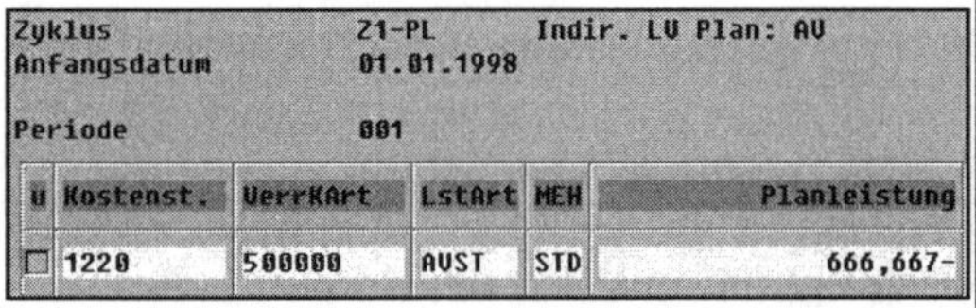	
	Markieren Sie die Senderzeile
	Klicken Sie auf **[Empfänger]**
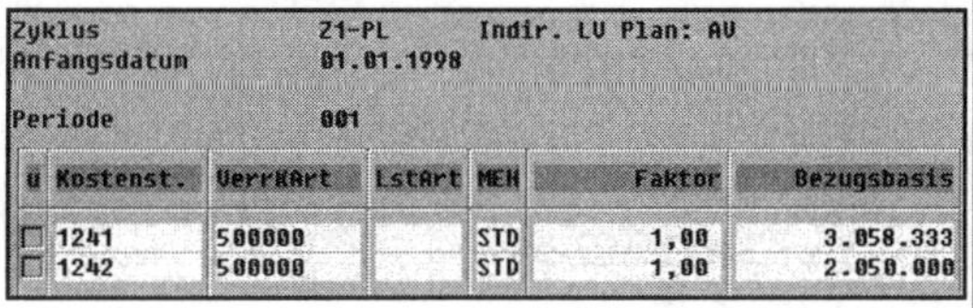	
	Vergleichen Sie Ihre Ergebnisse mit denen oben in der linken Spalte. Evtl. aufgetretene Fehler sollten jetzt - **vor Ausführung des Echtlaufs** - korrigiert werden.
	Klicken Sie auf  (= Beenden)

Anzeige	Eingabe/Auswahl

Bildschirm "Indirekte Leist.verrechnung Plan ausführen: Einstieg"

Indirekte Leistungsverrechnung Plan (Echtlauf) durchführen:

Führen Sie nun die Indirekte Leistungsverrechnung Plan nach dem **Zyklus Z1-PL** (**Echtlauf** mit Datenfortschreibung) durch.

Verarbeitungsstatus Echtlauf

Verarbeitung wurde fehlerfrei abgeschlossen

		Anzahl		
Zyklus	Anfangsdatum	Sender	Empfänger	Nachrichten
Z1-PL	01.01.1998 Indir. LV Plan: AV	1	2	0

Beenden Sie die Transaktion.

Menü Kostenstellenrechung

M7.5 Tarifermittlung

Die *Plantarifermittlung* errechnet Tarife (Planpreise) der geplanten Leistungsarten je Kostenstelle und Leistungsart.
Bei der Plantarifermittlung berücksichtigt das SAP-System alle geplanten Leistungsbeziehungen zwischen den Kostenstellen und errechnet die Tarife iterativ durch Division der Summe aller Kosten einer Kostenstelle (primäre und sekundäre) durch die Planleistung.

Tarife im Testlauf ermitteln:

Wählen Sie im Menü Kostenstellenrechnung:

```
Planung -
Verrechnungen -
Tarifermittlung
```

Bildschirm "Tarifermittlung ausführen: Einstieg"

Wählen Sie:

alle Kostenstellen

Anzeige	Eingabe/Auswahl

Eingabe bzw. Auswahl:

Periode von: ***1***

Periode bis: ***12***

Geschäftsjahr: ***1998***

Markieren Sie unter *Ablaufsteuerung*:

Testlauf
(Tarifermittlung ohne Verbuchung

Detaillisten

Klicken Sie auf

 (= Ausführen)

Testlauf wird durchgeführt

Bildschirm "Ergebnisse Tarifermittlung Plan: Grundliste"

Wählen Sie im aktuellen Menü:

Bearbeiten - Darstellung - Tarifeinheit - 1

Ermittelte Gesamttarife:

Kostenst.	LstArt	LstMenge	LstEinh	Tarif gesamt
1130	MST	7.000,0	STD	61,27
1210	GKM	247.200	KM	1,09
1220	AUST	8.000,0	STD	57,46
1230	REP	3.000,0	STD	60,85
1230	WART	1.200,0	STD	75,64
1241	FST	36.700,0	STD	51,72
1242	FST	24.600,0	STD	59,67

Fixe Anteile:

Tarif gesamt	Tarif fix
61,27	59,90
1,09	1,01
57,46	54,49
60,85	58,85
75,64	72,88
51,72	24,88
59,67	32,87

Vergleichen Sie Ihre Ergebnisse mit denen in der linken Spalte. Evtl. aufgetretene Fehler sollten jetzt - **vor Buchen der Tarife** - korrigiert werden.

Klicken Sie auf

 (= Buchen)

Anzeige	Eingabe/Auswahl

Leistungsverflechtungen ansehen:

Stellen Sie den Cursor (als Beispiel) auf Kostenstelle

1241

(= Anlage A)

Klicken Sie auf

[Senderanalyse]

Bildschirm "Ergebnisse Tarifermittlung Plan: Senderanalyse"

Bringen Sie (durch Anklicken von **<+**) alle verborgenen Unterebenen der Hierarchie zur Anzeige.

Leistungsnetz	Kostenst.	LstArt	LstBezug	LstEinh	Tarif gesamt
-	1241	FST	0,0	STD	51,72
<-	1230	REP	1.700,0	STD	60,85
<-	1210	GKM	10.000	KM	1,09
<-	1230	WART	500,0	STD	75,64
<-	1210	GKM	5.000	KM	1,09
<-	1210	GKM	11.200	KM	1,09
<-	1220	AUST	4.789,560	STD	57,46
<-	1210	GKM	13.600	KM	1,09

Der Bildschirm zeigt in einer hierarchischen Anordnung die Leistungsverflechtungen.
Hier: welche Leistungen in welcher Höhe die Kostenstelle 1241 Anlage A von anderen Kostenstellen empfangen hat und welche Leistungen die abgebenden Kostenstellen jeweils selbst zur Erbringung ihrer Leistungen aufgenommen haben.

Beenden Sie die Transaktion und kehren Sie zurück zum Menü Kostenstellenrechnung.

Menü Kostenstellenrechung

Anzeige	Eingabe/Auswahl

M7.6 Planungsberichte

Wählen Sie im Menü Kostenstellenrechnung:

Infosystem - Berichtsauswahl

Bildschirm "Anwendungsbaum Berichtsauswahl Stellenrechnung"

Wählen Sie (durch Klicken auf [+]) im Berichtsbaum:

Planungsberichte

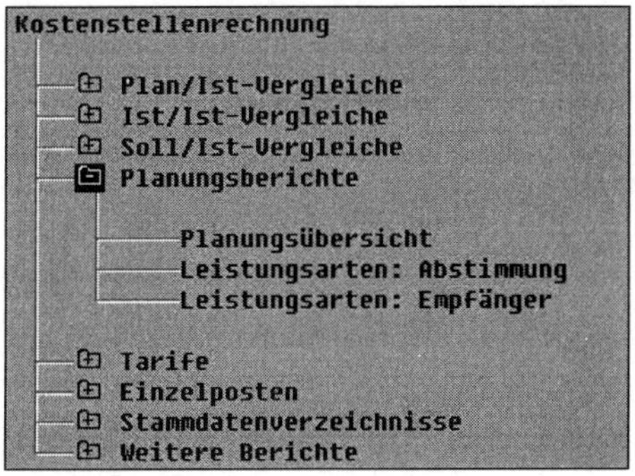

Doppelklicken Sie unter Planungsberichte auf

Planungsübersicht

Bildschirm "Planungsbericht: Einstieg"

Eingabe bzw. Auswahl:

Kostenstelle: ***1110***

Geschäftsjahr: ***1998***

Periode von: ***1***

Periode bis: ***12***
(= Buchungsperioden)

Version: ***0***
(= Standard-Plan/Ist-Version)

Klicken Sie auf

[Ausführen]

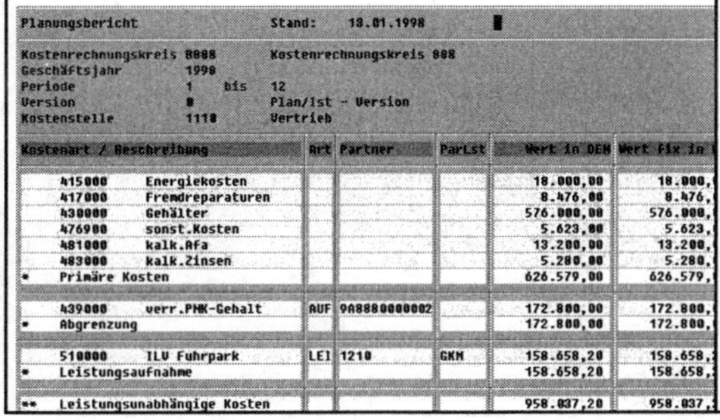

Planungsbericht Stand: 10.01.1998

Kostenrechnungskreis 0008 Kostenrechnungskreis 008
Geschäftsjahr 1998
Periode 1 bis 12
Version 0 Plan/Ist - Version
Kostenstelle 1110 Vertrieb

Kostenart / Beschreibung	Art	Partner	ParLst	Wert in DEM	Wert Fix in
415000 Energiekosten				18.000,00	18.000,
417000 Fremdreparaturen				8.476,00	8.476,
430000 Gehälter				576.000,00	576.000,
476900 sonst.Kosten				5.623,00	5.623,
481000 kalk.Afa				13.200,00	13.200,
483000 kalk.Zinsen				5.280,00	5.280,
* Primäre Kosten				626.579,00	626.579,
439000 verr.PMK-Gehalt	AUF	9A8880000002		172.800,00	172.800,
* Abgrenzung				172.800,00	172.800,
510000 ILV Fuhrpark	LEI	1210	GKM	158.658,20	158.658,
* Leistungsaufnahme				158.658,20	158.658,
** Leistungsunabhängige Kosten				958.037,20	958.037,

Anzeige	Eingabe/Auswahl
	Sehen Sie sich noch die Planungsberichte für die restlichen Kostenstellen an. Vergleichen Sie diese mit den Planungsberichten unter **4.2 Anhang: Testbeispiel als Tabellenkalkulations-Vorlage.**
	Beenden Sie die Transaktion.
Menü Kostenstellenrechung	Kehren Sie zurück zum Eingangsmenü.
SAP-Eingangsmenü	

3.3 Isterfassung

Betriebswirtschaftliches Konzept: Soll-/Ist-Vergleich

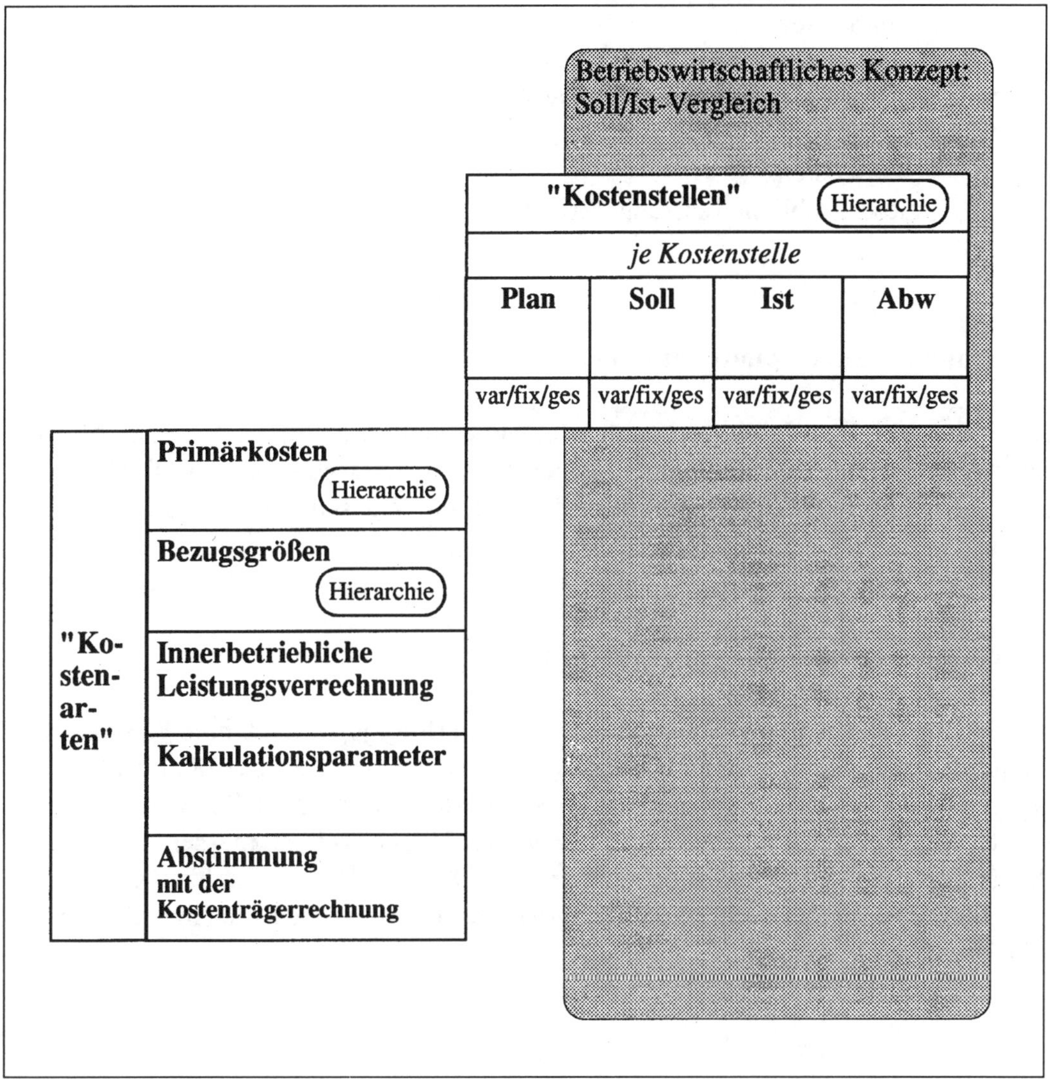

Bild 3.3/1: Betriebswirtschaftliches Konzept: Soll/Ist-Vergleich

Es sind zu besprechen

- **Aufteilung des Jahresplans auf Monate**
- Verschiedene **Detaillierungsniveaus** im Plan und Ist

- Innenaufträge zur Erfassung der **Differenzen zwischen Finanzbuchhaltung und Kostenrechnung**
- **Kalkulatorische Kostenarten im Ist**
- **Soll-/Ist-Vergleich bei *einer* Bezugsgröße**
  (Kostenstelle Fuhrpark als Beispiel)
    Primärkosten
    Innerbetriebliche Leistungsverrechnung
- **Soll-/Ist-Vergleich bei *zwei* Bezugsgrößen**
  (Kostenstelle Instandhaltung als Beispiel)
    Primärkosten
    Innerbetriebliche Leistungsverrechnung

Aufteilung des Jahresplans auf Monate

Der Plan wurde auf Jahresbasis aufgestellt und muß jetzt für das monatliche Berichtswesen auf Monate heruntergebrochen werden. Dies geschieht im Testbeispiel durch 12-telung (auf SAP-Ebene ist dies im Modul 7 geschehen: „Planerprofil setzen“).

Verschiedene Detaillierungsniveaus im Plan und Ist

Die Planung einer Kostenstellenrechnung (BAB) erfolgt je Zelle, d. h. je Kostenstelle und je Kostenart (bei mehreren Bezugsgrößen: zusätzlich je Bezugsgröße). Das Ist ist dagegen detaillierter: in die Kombination Kostenstelle/Kostenart fallen zumeist mehrere Geschäftsvorfälle/Belege, die zunächst verdichtet werden müssen, um einen Plan/Ist-Vergleich zustande zu bekommen (jedenfalls im Prinzip; im Testbeispiel erfolgt die Dateneingabe auch im Ist in aggregierter Form, um den Eingabeaufwand zu reduzieren).

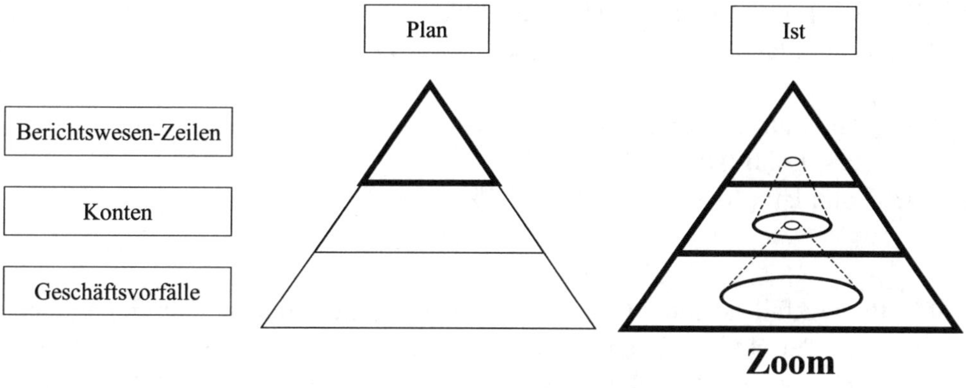

- Planung und Ist-Erfassung haben unterschiedliches Detaillierungsniveau
- Die Planung erfolgt in Berichtswesen-Zeilen (Zusammenfassung von Konten)
- Die Ist-Erfassung setzt auf dem Niveau der Geschäftvorfälle an. Buchhaltungs- und Berichtswesensystem müssen eine Verdichtung gestatten, die eine Gegenüberstellung zum Plan (auf hohem Verdichtungsneveau) erlaubt.

Bild 3.3/2: Detaillierungsniveaus

Das gilt durchgängig auch für die übrigen Bestandteile der Kostenstellenrechnung: Bezugsgrößen und ILV.

Beispiel: Fuhrpark leistet für den Vertrieb
im Plan: 146.000 / 12 = 12.166 km/Monat
im Ist: 12.500 km im Monat Januar (als Summe einzelner Fahrten)

Innenaufträge zur Erfassung der Differenzen zwischen Finanzbuchhaltung und Kostenrechnung

Die **Abgrenzungskostenarten** werden konzeptgemäß mit Ist-Verrechnungssätzen (die zumeist gleich den Planverrechnungssätzen sind) auf die Ist-Basis gerechnet.

Beispiel:
Kostenstelle: Anlage A
Kostenart: verr. PNK-Lohn
Monat: Januar

Plan: 70% auf die Summe von Löhne und GK-Lohn
Löhne Plan + Gk-Lohn Plan: 46.313 + 1.620
verr. PNK-Lohn Plan: (46.313 + 1.620) x 70 % = 33.553

Ist: 70% auf die Summe von Löhne und GK-Lohn
Löhne Ist + GK-Lohn Ist: 46.320 + 1.620
verr. PNK-Lohn Ist: (46.320 + 1.620) x 70 % = 33.558

Der **effektive** Anfall ist nur in der Finanzbuchhaltung gebucht. Die Gegenüberstellung zwischen "effektiv gebucht" und "verrechnet" findet auf einem Innenauftrag statt. Der effektive Anfall wird ohne Kostenstelle gebucht, so daß auf dem Innenauftrag nur eine Gegenüberstellung zur Summe der Verrechnungswerte über alle Kostenstellen erfolgt.

Im Testbeispiel:
effektive PNK-Lohn Januar: 100.000 DM
verr. PNK-Lohn im Ist über alle Kostenstellen: 77.672 DM
Differenz: 22.328

PLAN/SOLL/IST Januar		HAUPTKOSTENSTELLE 1241 **Anlage A** Bezugsgröße: Fertigungsstd A (FST)										
		PLAN			SOLL			IST			IST-Plan Abw.	IST-Plan Abw.
Kontonr.	Bezeichnung	Fix	Var	Gesamt	Fix	Var	Gesamt	Fix	Var	Gesamt	(abs.)	(%)
420000	*Löhne*	*0*	*46.313*	*46.313*	*0*	*47.958*	*47.958*	*0*	*46.320*	*46.320*	*8*	*0,02*
421000	GK-Lohn	1.620	0	1.620	1.620	0	1.620	1.620	0	1.620	0	0,00
429000	verr.PNK-Lohn *	1.134	32.419	33.553	1.134	33.571	34.705	1.134	32.424	33.558	5	0,02
430000	Gehälter	5.000	0	5.000	5.000	0	5.000	5.000	0	5.000	0	0,00
439000	verr.PNK-Geh.**	1.500	0	1.500	1.500	0	1.500	1.500	0	1.500	0	0,00
481000	kalk. Abschr.	6.000	0	6.000	6.000	0	6.000	6.000	0	6.000	0	0,00
483000	kalk. Zinsen	2.400	0	2.400	2.400	0	2.400	2.400	0	2.400	0	0,00
403000	*Betriebsstoffe*	*12.000*	*1.333*	*13.333*	*12.000*	*1.381*	*13.381*	*12.000*	*1.323*	*13.323*	*-10*	*-0,08*
415000	*Energiekosten*	*1.344*	*2.016*	*3.360*	*1.344*	*2.088*	*3.432*	*1.344*	*2.076*	*3.420*	*60*	*1,79*
417000	Fremdreparat.	742	0	742	742	0	742	1.100	0	1.100	358	48,31
476900	sonst. Kosten	8.622	0	8.622	8.622	0	8.622	5.400	0	5.400	-3.222	-37,37
	Primärkosten	40.362	82.081	122.442	40.362	84.997	125.359	37.498	82.143	119.641	-2.801	-2,29

Januar

PLAN/IST		1241 **Anlage A** Bezugsgröße: Fertigungsstd A (FST)		Gesamt	FIBU	Innen-auftrag
Kontonr.	Bezeichnung	PLAN	IST	IST		
420000	*Löhne*	*46.313*	*46.320*	*75.320*		
421000	GK-Lohn	1.620	1.620	35.640		
Summe Lohn		**47.933**	**47.940**	**110.960**		
		verr. 70%	verr. 70%	verr. 70%	effektiv	eff. minus verr.
429000	verr.PNK-Lohn *	33.553	33.558	77.672	100.000	22.328

Kostenart		Kokrs-Währung	Betrag	Anzahl
425000	eff.PNK-Lohn	DEM	100.000,00	1
429000	verr.PNK-Lohn	DEM	77.672,00-	7
		DEM	22.328,00	8

Bild 3.3/3: Differenzen zwischen Finanzbuchhaltung und Kostenrechnung

Kalkulatorische Kostenarten im Ist

Die **kalkulatorischen Kostenarten** wie kalk. Abschreibungen und kalk. Zinsen werden oft nur Ist=Plan verrechnet, weil man sich nicht die Mühe macht, bei veränderten Basisgrößen die kalkulatorischen Werte neu zu berechnen (Beispiel: bei gestiegenen Vorräten im Ist müßten die kalkulatorischen Zinsen angepaßt werden, weil das betriebsnotwendige Kapital (hier:Vorräte) zugenommen hat)
(im Testbeispiel werden von den Planwerten abweichende Istwerte erfaßt).

Soll-/Ist-Vergleich bei *einer* Bezugsgröße
(Kostenstelle Fuhrpark als Beispiel)

Primärkosten

Sollwerte berechnen
Unter Sollkosten werden "Plankosten bei Ist-Beschäftigung" verstanden, wobei Ist-Beschäftigung die Bezugsgröße/Leistungsart der Kostenstelle im Ist meint. Der **fixe Anteil der Sollkosten wird unverändert aus dem Plan** übernommen, der **variable Anteil wird im Verhältnis Plan-Bezugsgröße zu Ist-Bezugsgröße abgewandelt**.

Beispiel:
Kostenstelle: Fuhrpark
Kostenart: Betriebsstoffe
Monat: Januar
Plankosten: 4.480 DM (Jahresplan 53.762 / 12 = 4.480), davon 4.032 fix (48.386 / 12 = 4.032) und 448 variabel (5.376 /12 = 448)
Planbezugsgröße: 247.200/12 = 20.600 GKM
Istbezugsgröße: 20.749 GKM (aus Isterfassung)
Sollkosten: 4.032 DM fix (wie im Plan), 448*20.749/20.600 = 451 DM variabel

Istwerte erfassen und auf variabel und fix aufteilen
"Dem Beleg sieht man nicht an, ob er variabel oder fix ist, sondern die Aufteilung ist ebenso wie im Plan "ein Konstrukt". Üblicherweise hilft man sich so, daß der fixe Anteil einer Kostenart nach Ist=Plan angesetzt wird. Der variable Anteil wird durch Differenzbildung Istkosten-Gesamt minus fixer Anteil Ist (=Plan) berechnet.

Beispiel:
Kostenstelle: Fuhrpark
Kostenart: Betriebsstoffe
Monat: Januar
Istkosten: 4.512 DM, davon fix 4.032 DM (wie im Plan), davon variabel 4.512 - 4.032 = 480 DM

Die Abweichung zwischen Sollkosten und Istkosten ist die Größe, für die die Kostenstelle verantwortlich gemacht werden kann (Verbrauchsabweichung).

PLAN/SOLL/IST		HILFSKOSTENSTELLE 1210 Fuhrpark Bezugsgröße: gef. Kilometer (GKM)										
Januar		PLAN			SOLL			IST			IST-Plan Abw.	IST-Plan Abw.
Kontonr.	Bezeichnung	Fix	Var	Gesamt	Fix	Var	Gesamt	Fix	Var	Gesamt	(abs.)	(%)
420000	*Löhne*	*0*	*0*	*0*	*0*	*0*	*0*	*0*	*0*	*0*	*0*	*0,00*
421000	GK-Lohn	3.240	0	3.240	3.240	0	3.240	3.240	0	3.240	0	0,00
429000	verr.PNK-Lohn *	2.268	0	2.268	2.268	0	2.268	2.268	0	2.268	0	0,00
430000	Gehälter	0	0	0	0	0	0	0	0	0	0	0,00
439000	verr.PNK-Geh.**	0	0	0	0	0	0	0	0	0	0	0,00
481000	kalk. Abschr.	5.833	0	5.833	5.833	0	5.833	5.850	0	5.850	17	0,29
483000	kalk. Zinsen	1.167	0	1.167	1.167	0	1.167	1.120	0	1.120	-47	-4,00
403000	*Betriebsstoffe*	*4.032*	*448*	*4.480*	*4.032*	*451*	*4.483*	*4.032*	*480*	*4.512*	*32*	*0,71*
415000	*Energiekosten*	*814*	*1.221*	*2.035*	*814*	*1.230*	*2.044*	*814*	*1.086*	*1.900*	*-135*	*-6,63*
417000	Fremdreparat.	1.000	0	1.000	1.000	0	1.000	1.500	0	1.500	500	50,00
476900	sonst. Kosten	2.363	0	2.363	2.363	0	2.363	4.140	0	4.140	1.777	75,21
	Primärkosten	20.717	1.669	22.386	20.717	1.681	22.398	22.964	1.566	24.530	2.144	9,58
	Plan- / Ist-leistung	20.600		GKM				20.749		GKM		

Bild 3.3/4: Soll-/Ist-Vergleich Fuhrpark

Innerbetriebliche Leistungsverrechnung

Die Fuhrparkbelastung wird berechnet aus km-Anzahl x km-Satz.

km-Anzahl: Ist (aus der Verdichtung der vorgangsbezogenen km-Aufschreibung)

km-Satz: hierfür gibt es drei Möglichkeiten:

- entweder Plan-Verrechnungssatz 1,09 DM /GKM
  (entstanden aus Plankosten durch Planbezugsgröße:
  268.632 DM / 247.200 GKM = 1,09 DM / GKM)

- oder Ist-Verrechnungssatz: Istkosten durch Istbezugsgröße:
  z. B. Januar
  24.530 DM / 20.749 GKM = 1,18 DM / GKM

- oder Soll-Verrechnungssatz: Sollkosten durch Istbezugsgröße:
  22.398 DM / 20.749 GKM = 1,08 DM / GKM

Vieles spricht dafür, auch im Ist mit dem km-Satz des Plans zu rechnen. Die empfangende Kostenstelle hat nur die km-*Anzahl* verursacht durch Anzahl und Länge der Fahrten, nicht aber den km-Satz. Im Sinne einer "innerbetrieblichen Liefer- und Leistungsbeziehung" hat der Fuhrpark das "Angebot" gemacht, zu einem (Plan-) km-Satz (als "Preis") von 1,09 DM/km zu fahren. An dieses Angebot sollte sich der

Fuhrpark gebunden fühlen. Etwaige Differenzen gehen zu Lasten des Fuhrparkergebnisses, können aber nicht an den Empfänger weitergegeben werden.

Beispiel:
Fuhrpark hat für Arbeitsvorbereitung im Januar 1.000 GKM gefahren, bewertet mit 1,09 DM / GKM (Plansatz) ergibt sich eine Belastung von
1.000 GKM x 1,09 DM / GKM = 1.100 DM (gerundet, exakt 1.087).

Bei dieser Verfahrensweise ist das Fuhrparkergebnis im Januar nicht 0 (wie es bei Wegbelastung mit Ist-km-Sätzen wäre), sondern -1.982 DM als Differenz zwischen verrechneten Plankosten (Ist-km zu Plan-km-Satz) und Istkosten (Gesamtabweichung).

Die Soll-Ist-Abweichung beträgt 2.132 DM als Kostenüberschreitung (Verbrauchsabweichnung).

Die Beschäftigungsabweichung berechnet sich als Sollkosten minus verrechnete Plankosten: 22.398 DM – 22.548 DM = -150 DM.

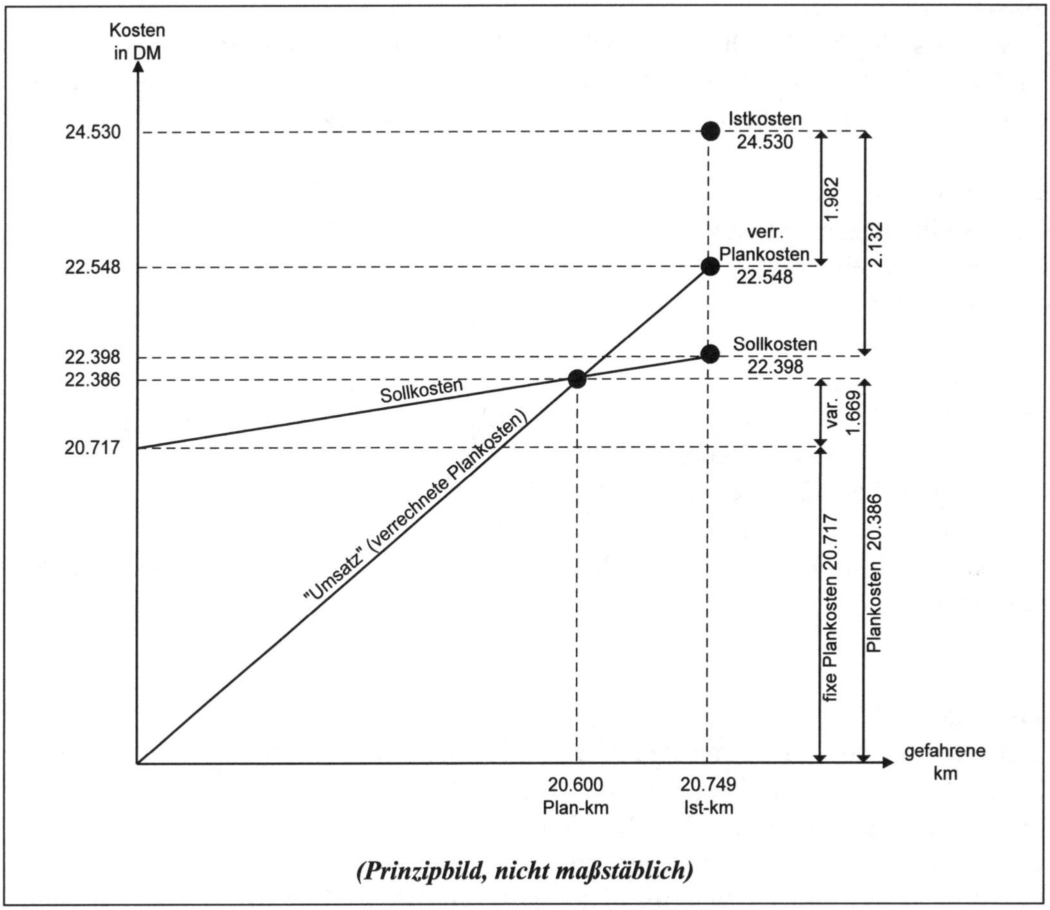

Bild 3.3/5: Kostenstellenergebnis Fuhrpark

Die Arbeitsvorbereitung wird auf Anlage A und B verrechnet. Das Verfahren ist analog zum Fuhrpark zu sehen, allerdings erfolgt die Verrechnung am Periodenende und nicht je Vorgang.

Soll-/Ist-Vergleich bei *zwei* Bezugsgrößen
(Kostenstelle Instandhaltung als Beispiel)

Primärkosten

Da in den Istbuchungen nur die Kostenstelle Instandhaltung angegeben wird und nicht auch eine der beiden Bezugsgrößen/Leistungsarten Wartung und Reparatur kontiert wird, ist die Aufteilung auf Bezugsgrößen/Leistungsarten nach einem Rechenverfahren vorzunehmen.

Sollwerte ermitteln
Es wird das gleiche Verfahren wie bei *einer* Bezugsgröße angewendet: Der fixe Anteil der Sollkosten wird unverändert aus dem Plan übernommen, der variable Anteil wird im Verhältnis Planbezugsgröße zu Ist-Bezugsgröße abgewandelt.

Beispiel:
Kostenstelle: Instandhaltung
Kostenart: Betriebsstoffe
Monat: Januar

Leistungsart WART
Plankosten: 1.252 DM (Jahresplan 15.029 / 12 = 1.252), davon 1.108 fix (13.296 / 12 = 1.108) und 144 variabel (1.733 /12 = 144)
Planbezugsgröße: 1.200/12 = 100 WART-Stunden
Istbezugsgröße: 99 WART-Stunden (aus Isterfassung)
Sollkosten: 1.108 DM fix (wie im Plan), 144*99/100 = 143 DM variabel, Gesamt: 1.251 DM

Leistungsart REP
Plankosten: 2.580 DM (Jahresplan 30.958 / 12 = 2.580), davon 2.341 fix (28.092 / 12 = 2.341) und 239 variabel (2.866 /12 = 239)
Planbezugsgröße: 3.000/12 = 250 REP-Stunden
Istbezugsgröße: 270 REP-Stunden (aus Isterfassung)
Sollkosten: 2.341 DM fix (wie im Plan), 239*270/250 = 258 DM variabel, Gesamt: 2.599 DM

In der Summe über beide Bezugsgrößen/Leistungsarten WART und REP:

Plankosten: 3.832 DM (1.252 + 2.580),
davon 3.449 fix (1.108 + 2.341) und 383 variabel (144 + 239)

Sollkosten: 3.449 DM fix (wie im Plan), 401 DM variabel (143 + 258),
3.850 DM Gesamt (3.449 + 401)

		1230 **Instandhaltung** Bezugsgrößen: Wartungsstd. (WART), Reparaturstd. (REP)							
			leistungs*ab*hängig (WART)			leistungs*ab*hängig (REP)			
Kontonr.	Bezeichnung	Fix	*Fix*	*Var*	*Gesamt*	*Fix*	*Var*	*Gesamt*	Gesamt
Plan									
403000	*Betriebsstoffe*	*0*	*13.296*	*1.733*	*15.029*	*28.092*	*2.866*	*30.958*	*45.987*
Soll Januar									
403000	*Betriebsstoffe*	*0*	*1.108*	*143*	*1.251*	*2.341*	*258*	*2.599*	*3.850*
Ist Januar									
403000	*Betriebsstoffe*	*0*	*1.053*	*136*	*1.189*	*2.224*	*245*	*2.469*	*3.658*

Bild 3.3/6: Plan-/Soll-/Ist-Vergleich (Kostenstelle Instandhaltung)

Istwerte erfassen und aufteilen

Bei der Kontierung der Ist-Belege wird nur die Kostenstelle Instandhaltung angegeben, so daß durch die Kontierung weder eine Aufteilung auf die beiden Bezugsgrößen Wartungs- und Reparaturstunden gegeben ist, noch auf variabel und fix. Wenn eine derartige Aufteilung der Istwerte vorgenommen wird, ist sie daher immer "konstruiert".

Wenn man aus irgendeinem Grunde Ist-Kalkulationsparameter (SAP-Sprache: Tarife) ermitteln möchte (Was hat die Wartungsstunde "wirklich" gekostet?) muß man eine Aufteilung je Leistungsart/Bezugsgröße und auf variabel und fix vornehmen.

Das SAP-System rechnet die Istwerte im Verhältnis der Sollwerte herauf- bzw. herunter, einschließlich der Fixanteile.
(Die Sollwerte sind als Aufteilungsbasis besser geeignet als die Planwerte, weil sie näher an den Istwerten liegen dürften; die Proportionalisierung der Fixanteile ist natürlich nur ein Notbehelf, wie überhaupt die ganze Aufteilung).

Beispiel:
Kostenstelle: Instandhaltung
Kostenart: Betriebsstoffe
Monat: Januar

Istkosten: 3.658 DM (Isterfassung),
Sollkosten: 3.850 DM (siehe oben)
gibt ein Verhältnis Ist/Soll von 95 % (3.658 / 3850 = 0,95)

In diesem Verhältnis kann man die Sollwerte sämtlicher Bezugsgrößen/Leistungsarten berechnen, um zu Istwerten zu gelangen. Man bemerke: Istwerte, jedenfalls die Verteilung auf Wartung und Reparatur (und jeweils nach variabel und fix) werden *berechnet* und nicht erfaßt!

Istkosten Reparatur Gesamt: Sollkosten * 95 % = 2.469 DM (2.599 *0,95)
  davon fix: Sollkosten * 95 % = 2.224 DM (2.341 *0,95)
  davon variabel: Sollkosten * 95 % = 245 DM (258 *0,95)
Istkosten Wartung Gesamt: Sollkosten * 95 % = 1.189 DM (1.251 *0,95)
  davon fix: Sollkosten * 95 % = 1.053 DM (1.108 *0,95)
  davon variabel: Sollkosten * 95 % = 136 DM (143 *0,95)

Kontrolle: Istkosten Reparatur + Istkosten Wartung = Istkosten Instandhaltung = 3.658 DM (2.469 + 1.189), kein Wunder, denn sie wurden ja nur künstlich aufgeteilt.

Innerbetriebliche Leistungsverrechnung

Keine Besonderheiten gegenüber dem Fall mit *einer* Bezugsgröße.

Modul 8: Customizing für die Istkostenerfassung in der Finanzbuchhaltung

Allgemeines zum Buchen

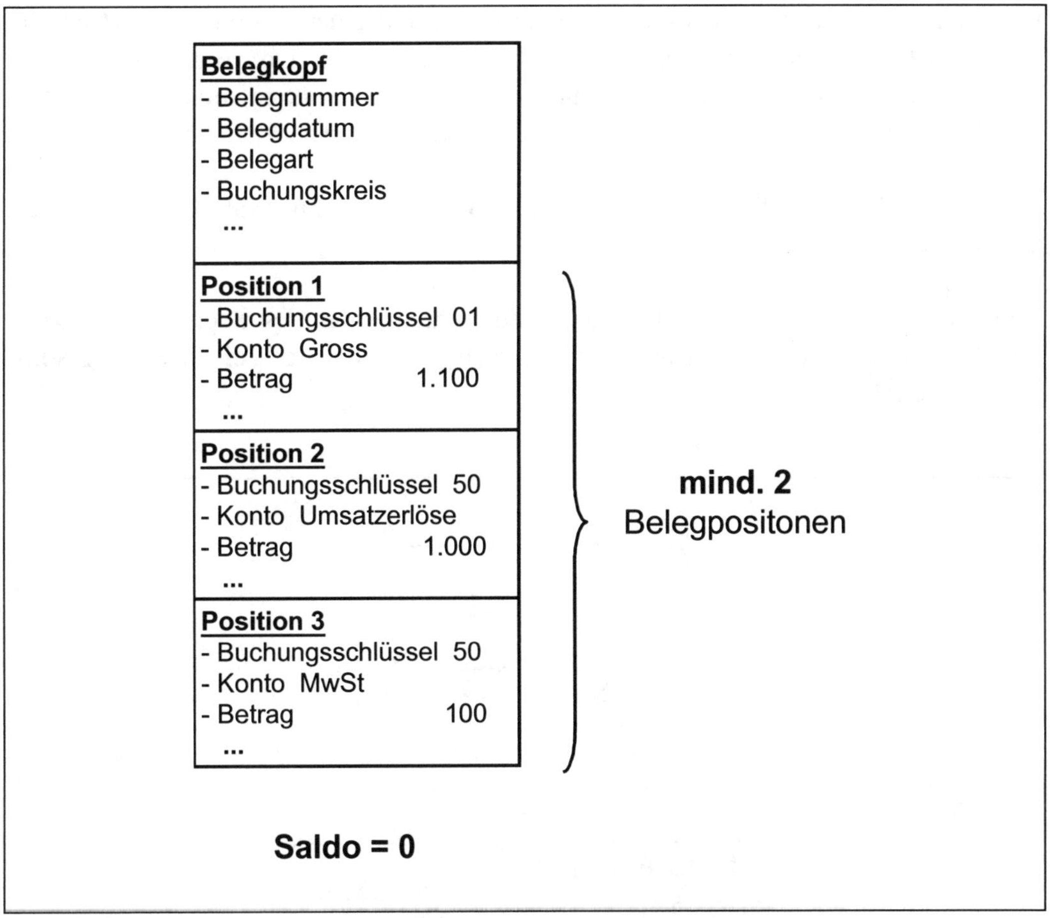

Bild 3.3/7 (Modul 8): Belegstruktur

Wir bewegen uns jetzt auf das Ist zu. Die Kosten/der Aufwand werden in der Finanzbuchhaltung erfaßt und stehen dann für die Kostenrechnung zur Verfügung.

Für jeden Buchungssatz wird ein Beleg erzeugt, der die dargestellte Struktur mit Belegkopf und Belegzeilen hat.

Im Beispiel liegt folgender Buchungssatz zugrunde:

Ausgangsrechnung (kommt im Testbeispiel nicht vor)

per Konto Gross	1.100	an Konto Umsatzerlöse	1.000
		an Konto MwSt	100

Der Buchungssatz besteht aus einem linken (Soll) und einem rechten Teil (Haben). Für Nicht-Buchhalter: Soll und Haben heißt nur links und rechts auf einem (T-)Konto, eine weitergehende Interpretation braucht man nicht zu versuchen (nur auf dem persönlichen Bankkonto bedeutet Soll ein Minus oder eine Schuld).

Im Belegkopf werden Belegdatum, Belegart, Buchungsdatum, Währung und Belegnummer erfaßt.

In den Buchungszeilen werden die linken und rechten Seiten des Buchungssatzes erfaßt. Wenn ein kombinierter Buchungssatz vorliegt, wird jeder Teil in einer gesonderten Zeile erfaßt.

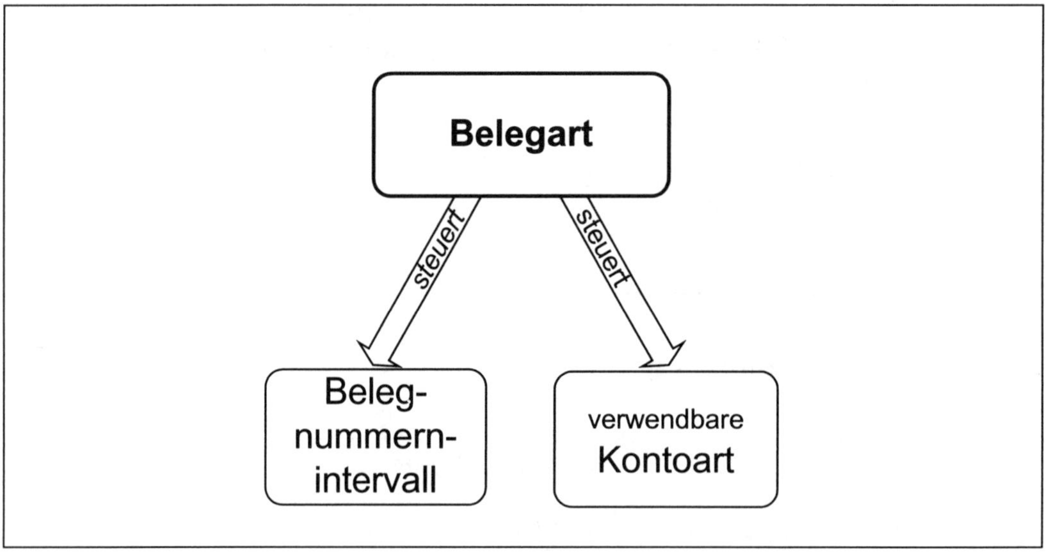

Bild 3.3/8 (Modul 8): Steuerungsfunktionen der Belegart

Die **Belegart** (z. B. Kreditorenrechnung, Kreditorengutschrift, Sachkontenbeleg) steuert das Belegnummernintervall und schränkt die Kontoarten z. B. Kreditoren, Debitoren, Sachkonten) ein.

Im Beispiel müßte als Belegart DR Debitorenrechnung stehen.

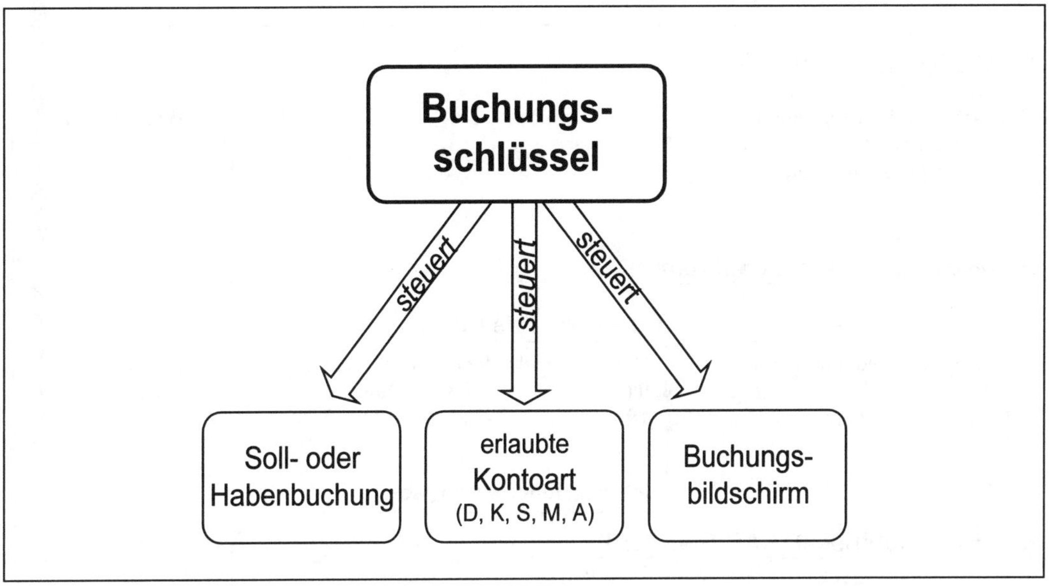

Bild 3.3/9 (Modul 8): Steuerungsfunktionen des Buchungsschlüssels

Der **Buchungsschlüssel** steuert zum einen die Seite der Buchung (Soll- oder Habenbuchung). Weiterhin steuert der Buchungsschlüssel zusammen mit der Kontonummer die Verbuchung auf Belegzeilenebene, d. h. der Bildschirmaufbau für die Buchungen der einzelnen Belegzeilen wird bestimmt durch den Buchungsschlüssel *und* die Kontonummer (man erinnere sich, im Kontenstamm wurde das Feld "Feldstatusgruppe" eingegeben, das entgegen der irreführenden Bezeichnung nur den Buchungsbildschirm identifizierte, z. B. G005 für Buchungen auf Bankkonten).

Beispiel für Buchungsschlüssel: 31 Haben-Buchung der Kreditorenrechnung

Zu einem Buchungsschlüssel gehören nur bestimmte erlaubte **Kontoarten** (Debitoren, Kreditoren, Sachkonto, Materialkonto, Anlagenkonto) .

Was ist zu tun?

Belegarten (SAP-Standard)

AB Buchhaltungsbeleg
KR Kreditorenrechnung
KA Kreditorenbeleg
...

Ansehen und …

Nummernkreise für Belegarten

Mandantenebene:

Belegart	Nummernkreis
AB	**01** →
KR	**19** →
...	

Buchungskreis B*nnn*:

Nummernkreis	Jahr	von Nr. bis Nr.
01	**1998**	**100000-199999**
19	**1998**	**200000-299999**
...		

interne Nummernvergabe

… definieren in M8.1

Buchungsschlüssel (SAP-Standard)

31 kreditorische Rechnung
40 Sachkontenbuchung im Soll
50 Sachkontenbuchung im Haben
...

Ansehen in M8.2

Betragsgrenzen

Toleranzgruppe Tnnn:

Betrag pro Beleg <= 1.000.000,00 DM
Skonto pro Belegposition <= 50 %
...

Benutzerzuordnung:
Benutzer **CO*nnn*** → Toleranzgruppe **T*nnn***

Definieren und zuordnen in M8.3

Buchungsperioden

Variante für offene Buchungsperioden KORE:

erlaubter Buchungszeitraum: 01/1997 – 12/1999
Kontoart: + (=alle Kontoarten)

Zuordnung zum Buchungskreis:
Variante **KORE** → Buchungskreis **B*nnn***

Zuordnen in M8.4

Bild 3.3/10 (Modul 8): Überblick Modul 8

Belegarten ansehen und Nummernkreise für Belegarten definieren
Im SAP-System sind auf Mandantenebene Belegarten für Kreditorenrechnung, Sachkontenbeleg, Buchhaltungsbeleg (Stornierungen), Kreditorenrechnung und andere angelegt.

Diesen Belegarten sind Nummernkreisnummern zugeordnet, für welche buchungskreis - und zeitbezogen Nummernintervalle definiert werden müssen.

Buchungsschlüssel ansehen
Es werden die SAP-Standardbuchungsschlüssel dargestellt.

Betragsgrenzen bestimmen
Es werden sog. Toleranzgruppen definiert, die angeben, welche Buchungsbeträge in der Toleranzgruppe zulässig sein sollen. Durch die Zuordnung der Toleranzgruppen zu Benutzern/Systemanwendern wird damit festgelegt, bis zu welchem Betrag der jeweilige Benutzer Buchungen vornehmen darf, eine der Vorsichtsmaßnahmen, um Manipulationen zu erschweren bzw. in diesem Fall über die Betragsbegrenzung in Grenzen zu halten.

Buchungsperioden festlegen
Es sind die Buchungsperioden festzulegen, die für Buchungen offenstehen. Dies ist ebenfalls eine der Vorsichtsmaßnahmen, um z. B. nachträgliche Manipulationen zu verhindern. Nachbuchungen werden verhindert, indem die Buchungsperioden nicht mehr "geöffnet" sind.

Entsprechend der schon bekannten SAP-Vorgehensweise sind derartige Festlegungen auf Mandantenebene zentralisiert, um sie in verschiedenen Buchungskreisen nutzen zu können.

Im Testbeispiel ist auf Mandantenebene die Variante KORE für offene Buchungsperioden bereits angelegt, die die offenen Buchungsperioden für alle Kontoarten gleich festlegt (könnte auch pro Konto oder pro Kontoart unterschiedlich festgelegt werden). Durch Zuordnung zum Buchungskreis gilt diese Festlegung auch für den Buchungskreis.

Anzeige	Eingabe/Auswahl

Modul 8: Customizing für die Istkostenerfassung in der Finanzbuchhaltung

Damit Sie Belege buchen können, müssen Belegart und Buchungsschlüssel, die Basisparameter für Belege, definiert sein.

M8.1 Belegarten ansehen und Nummernkreise für Belegarten definieren

Die Belegart muß in den Belegkopf eingegeben werden und dient u.a. der Differenzierung der zu buchenden Geschäftsvorfälle und der Steuerung der Belegablage. Sie wird auf Mandantenebene definiert und gilt somit für alle Buchungskreise.

Anzeige	Eingabe/Auswahl
	Im Testbeispiel werden Belegarten verwendet, die bereits im Standardsystem enthalten sind.
	Belegarten ansehen:
SAP-Eingangsmenü	Wählen Sie im SAP-Eingangsmenü: **Werkzeuge -** **Business Engineering** **Customizing**
Customizing-Menü	Wählen Sie im Customizing-Menü: **Einführungsprojekte -** **SAP Refer.-IMG anz.**
SAP-Referenz-Leitfaden	Wählen Sie in der Hierarchiestruktur: **Finanzwesen -** **Grundeinstellungen Finanzwesen -** **Beleg -** **Belegkopf**

Anzeige	Eingabe/Auswahl

Unterebenen des Knotens "Beleg":

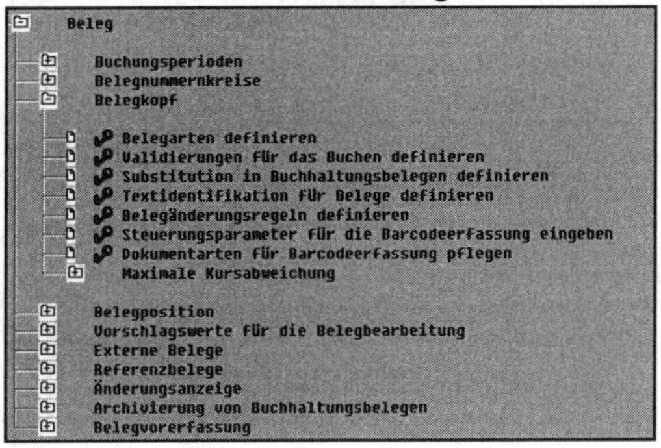

Klicken Sie auf die Ikone vor **Belegarten definieren**

(Standard-)Belegarten-Liste:

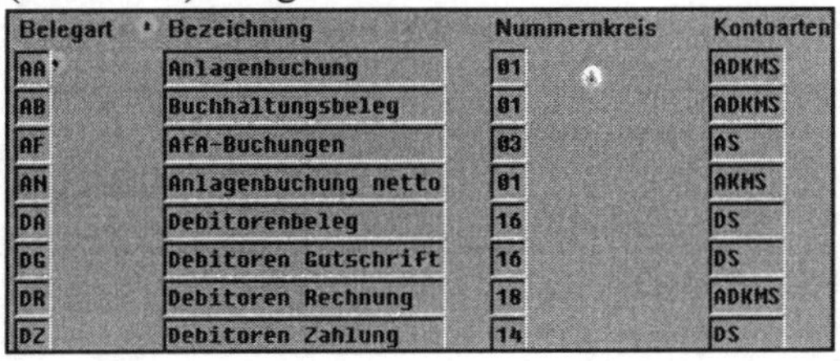

Belegart	Bezeichnung	Nummernkreis	Kontoarten
AA	Anlagenbuchung	01	ADKMS
AB	Buchhaltungsbeleg	01	ADKMS
AF	AfA-Buchungen	03	AS
AN	Anlagenbuchung netto	01	AKMS
DA	Debitorenbeleg	16	DS
DG	Debitoren Gutschrift	16	DS
DR	Debitoren Rechnung	18	ADKMS
DZ	Debitoren Zahlung	14	DS

Für die Buchungen des Testbeispiels werden Sie später die Belegarten **KR Kreditoren-Rechnung** und **SA Sachkontenbeleg** verwenden, außerdem für Stornierungen evtl auch **AB Buchhaltungsbeleg** und **KA Kreditorenbeleg**.

Diesen Belegarten sind die Nummernkreise **01, 19** und **17** zugeordnet.

Beenden Sie die Transaktion.

Hierarchiestruktur des SAP-Referenz-Leitfadens

Jeder Beleg erhält im System eine Nummer, die innerhalb eines Geschäftsjahres <u>in einem</u> <u>Buchungskreis</u> eindeutig ist. Die Nummernvergabe kann extern oder intern erfolgen.

Sie müssen <u>für Ihren Buchungskreis</u> den benötigten Belegarten Nummernkreise zuordnen.

<table>
<tr><th>Anzeige</th><th>Eingabe/Auswahl</th></tr>
<tr><td></td><td>Nummernkreise definieren:

Wählen Sie in der Hierarchiestruktur:
Finanzwesen -
Grundeinstellungen Finanzwesen -
Beleg -
Belegnummernkreise

Klicken Sie auf die Ikone vor
Belegnummernkreise definieren</td></tr>
<tr><td>Bildschirm "Nummernkreise für den Buchhaltungsbeleg"</td><td>Eingabe bzw. Auswahl:
Buchungskreis: Bnnn ,
nnn = Nummer des PCs
(= Ihr Buchungskreis)

Klicken Sie auf
[Intervalle] (= Intervalle ändern)</td></tr>
<tr><td>Bildschirm "Nummernkreisintervalle pflegen"</td><td>Klicken Sie auf
[Intervall] (= Intervall einfügen)</td></tr>
<tr><td>Dialogfeld "Intervall einfügen"</td><td>Eingabe:
<table><tr><th>Nr</th><th>Jahr</th><th>Von Nummer</th><th>Bis Nummer</th></tr><tr><td>01</td><td>1998</td><td>0001000000</td><td>0001999999</td></tr></table>↵</td></tr>
<tr><td>Bildschirm "Nummernkreisintervalle pflegen"</td><td>Da das Feld Ext nicht markiert wurde, erfolgt die Nummernvergabe für das Intervall intern.
Geben Sie in analoger Weise noch die Nummernkreisintervalle 17 und 19 für die Belegarten KA bzw. KR(s.o.) wie folgt ein:
<table><tr><th>Nr</th><th>Jahr</th><th>Von Nummer</th><th>Bis Nummer</th></tr><tr><td>17</td><td>1998</td><td>0003000000</td><td>0003999999</td></tr><tr><td>19</td><td>1998</td><td>0002000000</td><td>0002999999</td></tr></table></td></tr>
<tr><td>Nummernkreisobjekt: Buchhaltungsbeleg
Buchungskreis: B888

Intervalle
<table><tr><th></th><th>Nr</th><th>Jahr</th><th>Von Nummer</th><th>Bis Nummer</th><th>Nummernstand</th></tr><tr><td>☐</td><td>01</td><td>1998</td><td>0001000000</td><td>0001999999</td><td>0</td></tr><tr><td>☐</td><td>17</td><td>1998</td><td>0003000000</td><td>0003999999</td><td>0</td></tr><tr><td>☐</td><td>19</td><td>1998</td><td>0002000000</td><td>0002999999</td><td>0</td></tr></table></td><td></td></tr>
</table>

Anzeige	Eingabe/Auswahl
	Sichern Sie die Eingaben.
Dialogfeld "Transport Nummernkreisintervalle"	
Meldung in Statuszeile: *Die Änderungen sind gesichert.*	
	Beenden Sie die Transaktion.
Hierarchiestruktur des SAP-Referenz-Leitfadens	

M8.2 Buchungsschlüssel ansehen

Buchungsschlüssel werden, wie Belegarten, auf Mandantenebene definiert. Bei der Belegerfassung muß jeweils in die letzte Zeile eines Erfassungsbildschirms ein Buchungsschlüssel eingegeben werden. Er steuert die Erfassung der nächsten Belegposition und beinhaltet Buchungsinformationen, wie Seite (Soll oder Haben) und Kontoart des zu buchenden Kontos.

Im Testbeispiel werden, wie allgemein von SAP empfohlen, die Standardbuchungsschlüssel übernommen.

Wählen Sie in der Hierarchiestruktur:

Finanzwesen -
Grundeinstellungen Finanzwesen -
Beleg -
Belegposition -
Steuerung

Unterebenen des Knotens "Belegposition":

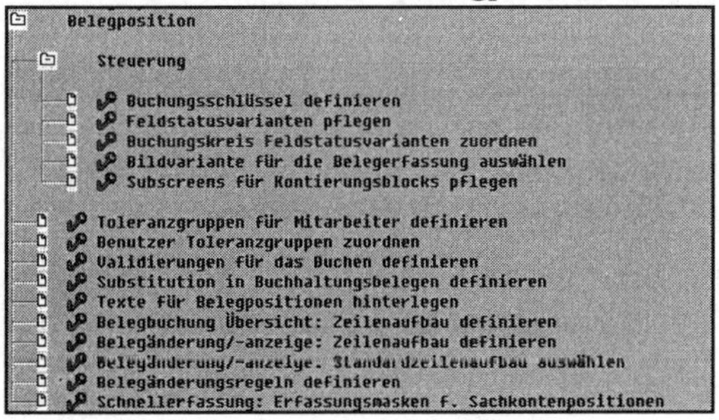

Anzeige	Eingabe/Auswahl
	Klicken Sie auf die Ikone vor **Buchungsschlüssel definieren**
(Standard-)Buchungsschlüssel-Liste:	

Buchungsschlüssel	Bedeutung	Soll/Haben	Kontoart
00	Kontierungsmuster		
01	Rechnung	Soll	Debitor
02	Storno Gutschrift	Soll	Debitor
03	Spesen	Soll	Debitor
04	Sonstige Forderung	Soll	Debitor
05	Zahlungsausgang	Soll	Debitor
06	Zahlungsdifferenz	Soll	Debitor
07	Sonstige Verrechnung	Soll	Debitor
08	Zahlungsverrechnung	Soll	Debitor
09	Sond.Hauptb. D/Soll	Soll	Debitor
11	Gutschrift	Haben	Debitor

Anzeige	Eingabe/Auswahl
	Suchen Sie die Buchungsschlüssel für **Soll-Buchung**, **Haben-Buchung** und **Kreditoren-Rechnung**!
Hierarchiestruktur des SAP-Referenz-Leitfadens	Beenden Sie die Transaktion.

M8.3 Betragsgrenzen bestimmen

Um Belege buchen zu können, benötigt ein Mitarbeiter die entsprechende Berechtigung im Benutzerstammsatz (darauf soll hier jedoch nicht näher eingegangen werden) und muß außerdem mindestens einer *Toleranzgruppe* zugeordnet sein.
Über die Toleranzgruppen werden, je Buchungskreis, *Betragsgrenzen* für das Buchen von Belegen und Belegpositionen und *Toleranzgrenzen* für Skonti und Zahlungsdifferenzen festgelegt.

Anzeige	Eingabe/Auswahl
	Toleranzgruppe definieren:
Hierarchiestruktur des SAP-Referenz-Leitfadens	
Unterebenen des Knotens Belegposition sind sichtbar (s.o.).	
	Klicken Sie auf die Ikone vor **Toleranzgruppen für Mitarbeiter definieren**
Bildschirm "Sicht "FI-Toleranzgruppen für Benutzer" ändern: Übersicht"	

Anzeige	Eingabe/Auswahl
	Klicken Sie auf **[Neue Einträge]**
Bildschirm "Neue Einträge: Detail Hinzugefügte"	Eingabe bzw. Auswahl: *Gruppe*: ***T****nnn* , *nnn* = Nummer des PCs (= Toleranzgruppe f. Mitarbeiter) *Buchungskreis:* ***B****nnn*
Gruppe T888 Buchungskreis B888 SAP-Kostenrechnung 888 Dortmund Währung DEM	Eingabe: Betrag pro Beleg 1.000.000,00 Betrag pro Kontokorrent-Position 1.000.000,00 Skonto pro Belegposition 50,000 %
	Sichern Sie die Eingaben und beenden Sie die Transaktion.
Hierarchiestruktur des SAP-Referenz-Leitfadens	**Benutzer Toleranzgruppen zuordnen:** Klicken Sie auf die Ikone vor **Benutzer Toleranzgruppen zuordnen**
Bildschirm "Sicht "Zuordnen Benutzer → Toleranzgr." ändern: Übersicht"	Klicken Sie auf **[Neue Einträge]**
Bildschirm "Neue Einträge: Übersicht Hinzugefügte"	Eingabe bzw. Auswahl: *Name des Benutzers* ***CO****nnn*, *nnn* = Nummer des PCs (= Ihr Benutzername) *Toleranzgruppe:* ***T****nnn* Sichern Sie Ihre Eingaben und und beenden Sie die aktuelle Customizing-Transaktion.
Hierarchiestruktur des SAP-Referenz-Leitfadens	

Anzeige	Eingabe/Auswahl

M8.4 Buchungsperioden festlegen

Beim Buchen eines Beleges prüft das System, ob die ermittelte Periode bebucht werden kann.
Die Festlegung, welche Buchungskreise wann zum Buchen offen sind, wird buchungskreisübergreifend über *Varianten für offene Buchungsperioden* festgelegt.
Diese können in beliebig vielen Buchungskreisen verwendet werden.

Für das Testbeispiel wurde die Variante "**KORE**" angelegt. Sie sollen im folgenden Ihren Buchungskreis dieser Variante zuordnen.

Varianten für offene Buchungsperioden ansehen:

Wählen Sie in der Hierarchiestruktur:

Finanzwesen -
Grundeinstellungen Finanzwesen -
Beleg -
Buchungsperioden

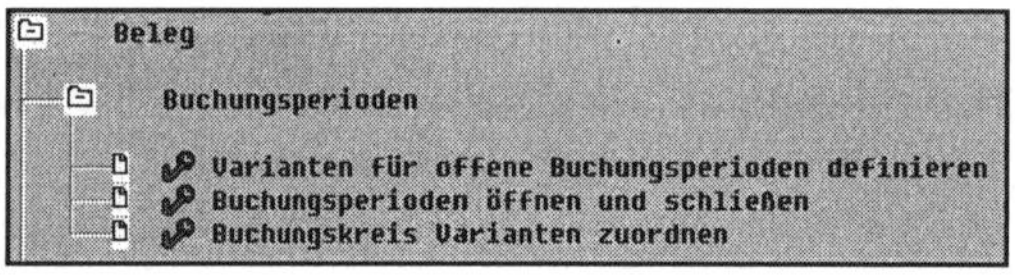

Klicken Sie auf die Ikone vor
Varianten für offene Buchungsperioden definieren

Variante	Bezeichnung
0001	Variante 0001
0002	Variante 0002
KORE	Variante f. Fallstudie KORE
PT01	Variante PT01

Sie bekommen alle im aktuellen Mandanten definierten Varianten für offene Buchungsperioden aufgelistet.

Beenden Sie die Transaktion.

Hierarchiestruktur des SAP-Referenz-Leitfadens

Klicken Sie auf die Ikone vor
Buchungsperioden öffnen und schließen

Anzeige	Eingabe/Auswahl

Var.	K	Von Konto	Bis Konto	Von Per. 1	Jahr	Bis Per. 1	Jahr
0001	A		ZZZZZZZZZZ	1	1992	12	1999
0001	D		ZZZZZZZZZZ	1	1992	12	1999
0001	G			1	1992	12	1999
0001	K		ZZZZZZZZZZ	1	1992	12	1999
0001	S		ZZZZZZZZZZ	1	1992	12	1999
0002	+			1	1995	12	1995
0002	G			1	1995	12	1995
KORE	+			1	1997	12	1999

Die Variante **KORE** legt den Zeitraum von Periode **01** im Jahre **1997** bis Periode **12** im Jahre **1999** als erlaubten Buchungszeitraum für alle Kontoarten (**K** = +) fest.

Beenden Sie die Transaktion.

Hierarchiestruktur des SAP-Referenz-Leitfadens

Buchungskreis Variante KORE zuordnen:

Klicken Sie auf die Ikone vor
Buchungskreis Varianten zuordnen

Bildschirm "Sicht: Bukrs. -> Variante Buchungsperioden" ändern: Übersicht"

Eingabe (hinter ***Ihrem*** Buchungskreis):
Variante: ***KORE***

Sichern Sie Ihre Eingabe.

Meldung in der Statuszeile:
Daten wurden gesichtert.

Klicken Sie **dreimal (!)** auf
⇧ (= Symbol Beenden)

SAP-Eingangsmenü

Modul 9: Istkostenerfassung in der Finanzbuchhaltung

Umfang Kosten- Erfassung und -Verrechnung Ist

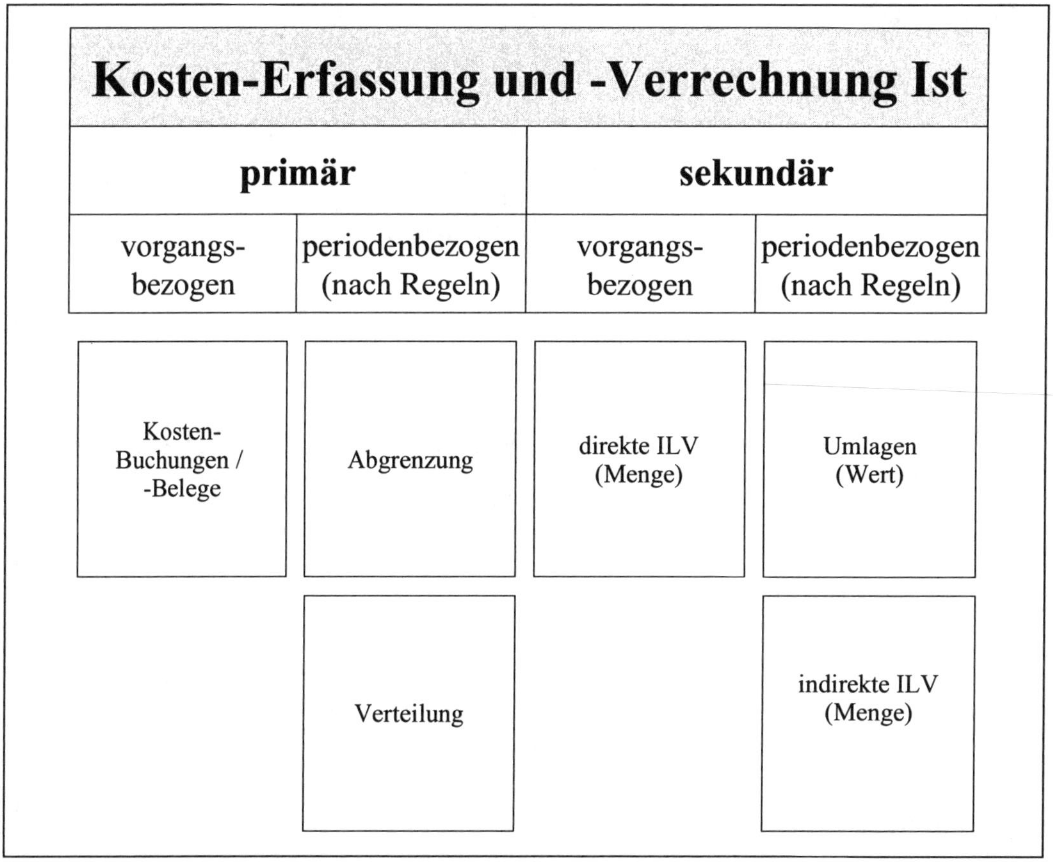

Bild 3.3./11 (Modul 9): Umfang der Kosten-Erfassung und -Verrechnung Ist

Das Bild ist analog aufgebaut zu dem Bild „Planungsumfang" in Modul 7 mit folgenden Unterschieden.

Im Plan waren *alle* Angaben periodenbezogen, so daß dieses Stichwort (periodenbezogen) nicht zur Unterscheidung eingesetzt werden brauchte. Stattdessen wurde unterschieden, ob manuell (Eingabe) oder maschinell (nach Regeln) geplant wurde.

Im Ist muß zunächst zwischen vorgangsbezogen und periodenbezogen unterschieden werden, je nachdem ob pro Vorgang bzw. Beleg unmittelbar gebucht oder erst am Periodenende (nach vordefinierten Regeln) gebucht wird.

Beispiel: Kostenstelle x, Kostenart y wurde als *ein* aggregierter Wert geplant (der noch in leistungsabhängig und unabhängig aufgeteilt werden mußte). Im Ist entsteht der zum Plan vergleichbare Wert durch die Verdichtung all jener Belege, die Kostenstelle x und Kostenart y aufweisen (das können im allgemeinen Fall mehrere Belege sein).
Was im Plan maschinell (nach Regeln) geplant wurde, beispielsweise die Abgrenzung, wird auch im Ist maschinell (nach Regeln) berechnet. Maschinelle Vorgänge sind im Plan wie im Ist periodenbezogen.

Die hier für das Ist besprochene Unterscheidung in vorgangsbezogen und periodenbezogen findet sowohl auf primäre wie sekundäre Kosten Anwendung.

Beispiel aus dem sekundären Bereich: Die Leistung des Fuhrparks für den Vertrieb wird im Plan in *einer* Zahl angegeben, im Ist wird die Leistung vorgangsbezogen (einzelne Fahrten) erbracht.

Isterfassung

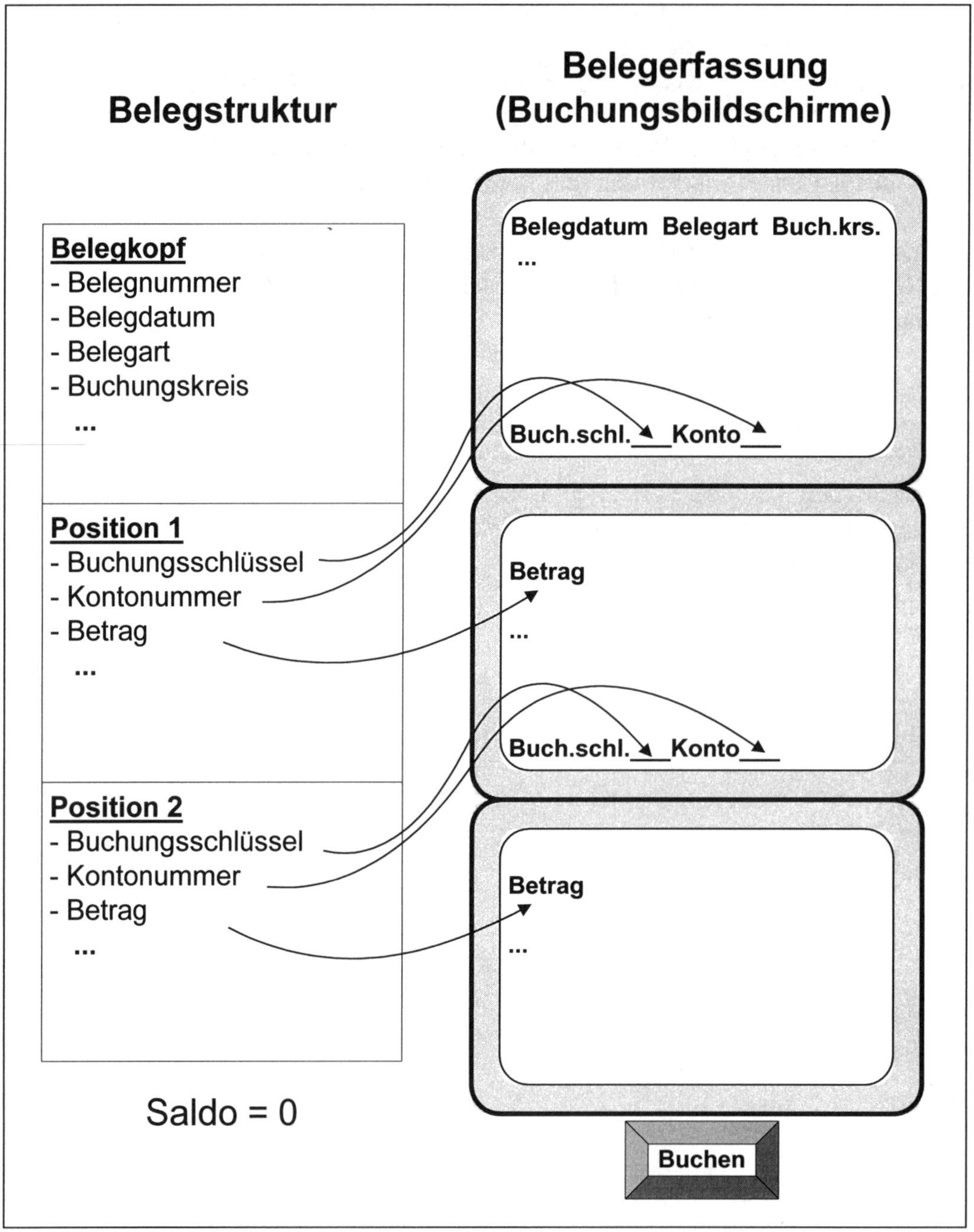

Bild 3.3/12 (Modul 9): Belegstruktur - Erfassungsbildschirme

Beispiel:

Buchung einer Kreditorenrechnung
In einem Buchhaltungskurs hätte man folgenden Buchungssatz gebildet:

per Verbrauch Rohstoffe an Kreditor Müller Baumarkt 3.832 DM

(statt auf ein Bestandskonto Rohstoffe (Zugang) wird im Testbeispiel vereinfachend gleich in den Verbrauch (Abgang) gebucht. Mehrwertsteuer ist weggelassen)

Wählt man im R/3 System den Menüpunkt Kreditoren, so erscheint nach dem Belegkopf mit

Belegdatum, Buchungsdatum, Belegart KR und Währung

zunächst der Buchungsschlüssel für die Habenbuchung (unterste Bildschirmzeile)

Buchungsschlüssel 31 (kreditorische Rechnung) Konto 900nnn (Kreditor Müller Baumarkt)

im Folgebildschirm

Betrag 3.832

und dann für die Sollbuchung

Buchungsschlüssel 40 (Sachkontenbuchung im Soll) Konto 403000 (Verbrauch Rohstoffe)

im Folgebildschirm

Betrag 3.832

Diese Eigenart (erst Haben-, dann Sollbuchung) erklärt sich wie folgt.
Im Prinzip ist es natürlich gleichgültig, in welcher Reihenfolge die beiden Buchungshalbsätze eingegeben werden; außer der Gewohnheit spricht nichts für die Reihenfolge erst Soll, dann Haben.

Der Buchungsschlüssel und das Konto für die erste Belegzeile (im Beispiel die Habenbuchung) ist am Ende der Kopfdateneingabe als letzte Eingabe verlangt. Das System weiß durch die Eingaben nach Abschicken des Kopfdatenbildschirms, in welchem nächsten Bildschirm die erste Belegzeile erfaßt werden soll. Ebenso ist es am Ende des Bildschirms für die erste Belegzeile: wieder ist Buchungsschlüssel und Konto einzugeben: der für die *nächste* Belegzeile

Was ist zu tun?

Kreditorenrechnungen

Beleg-datum	Buchungs-datum	Währung	Haben BS	Haben Konto (*)	Betrag	Soll BS	Soll Konto	Betrag	Kosten-stelle
2.1.98	2.1.98	DEM	31	900nnn	3.832	40	403000	3.832	1130
4.1.98	4.1.98	DEM	31	900nnn	5.147	40	403000	5.147	1220
8.1.98	8.1.98	DEM	31	900nnn	4.512	40	403000	4.512	1210

...

- *siehe Anhang:Eingabetabellen, Tabelle 10.1* –

Erfassen in M9.1 (manuell)

Sachkontenbuchungen

Beleg-datum	Buchungs-datum	Währung	BS	Konto	Betrag	Kosten-stelle	Auftrag (*)	BS	Konto	Betrag	Valuta-datum
3.1.98	3.1.98	DEM	40	481000	1.100	1110		50	280000	1.100	
4.1.98	4.1.98	DEM	40	481000	1.000	1120		50	280000	1.000	
5.1.98	5.1.98	DEM	40	481000	1.420	1130		50	280000	1.420	

...

- *siehe Anhang:Eingabetabellen, Tabelle 10.2* –

Erfassen in M9.2 (manuell)

Bild 3.3/13 (Modul 9): Überblick Modul 9

In diesem Punkt ist "Massenarbeit" zu leisten. Nachdem alle Vorbereitungen getroffen sind, kann jetzt im Ist gebucht werden.

Kreditorenrechnungen erfassen

Wie schon erwähnt werden zunächst die Kopfdaten der Buchung erfaßt (Belegdatum, Buchungsdatum, Währung).
Am Ende des Kopfdatenbildschirms wird der Buchungsschlüssel für die *nächste* Buchungszeile (hier Habenbuchung: Buchungsschlüssel 31 für Kreditorenrechnung) und das Konto/die Kreditorennummer eingegeben

Auf dem nächsten Bildschirm ist von der Habenbuchung im Testbeispiel nur noch der Betrag einzugeben.
Am Ende dieses Bildschirms wird wieder der Buchungsschlüssel für die *nächste* Buchungszeile (hier Sollbuchung: Buchungsschlüssel 40 für Sachkontenbuchung) und das Konto (hier: Sachkonto 403000 Verbrauch Rohstoffe) eingegeben.

Im letzten Bildschirm wird von der Sollbuchung noch der Betrag (da in diesem Fall kein kombinierter Buchungssatz vorliegt, ist es derselbe Betrag wie im Habenteil der

Buchung) und die Kostenstelle eingegeben. An dieser unscheinbaren Stelle in der Buchung wird damit die Voraussetzung für eine kostenstellenmäßige Auswertung geschaffen!

Sachkonten bebuchen

Die Sachkontenbuchungen gehen analog wie die Kreditorenbuchungen vor sich. Die Reihenfolge ist hier wie gewohnt: nach der Kopfdatenerfassung erst der Sollteil der Buchung und dann der Habenteil.

Bei den kalkulatorischen Buchungen (AfA, Zins) wird das Abschlußkonto (im Testbeispiel 280000) angesprochen.

Valutadatum ist bei Bankkonten anzugeben (120000 Bank)
(Valutadatum heißt Wertstellungsdatum, ab dem ein Betrag zur Verfügung steht; solange er nicht zur Verfügung steht, wären bei Überziehung Zinsen zu zahlen).
In den beiden letzten Buchungssätzen wird der Effektivanfall der Personalnebenkosten-Lohn und -Gehalt mit Angabe des Innenauftrags für Abgrenzung erfaßt.
In der Kostenrechnung war die Verrechnungsrate maschinell gebucht worden unter Angabe der Kostenstelle und des Innenauftrags für Abgrenzung. Dadurch wird es später möglich, auf dem Innenauftrag Effektivanfall einerseits und Verrechnungsraten andererseits gegenüberzustellen.

Anzeige	Eingabe/Auswahl
Modul 9. Istkostenerfassung in der Finanzbuchhaltung	
M9.1 Kreditorenrechnungen erfassen	
	Um über die für das Testbeispiel notwendigen Istkosten zu verfügen, sollen Sie daher zunächst wieder in die Finanzbuchhaltung (FI) zurückkehren, um dort Kreditoren-Rechnungen und Sachkonten-Buchungen zu erfassen.
	Wählen Sie im SAP-Eingangsmenü: **Rechnungswesen -** **Finanzwesen -** **Kreditoren**
Menü Kreditoren	
	Rechnungen erfassen: Wählen Sie im Menü Kreditoren: **Buchung -** **Rechnung**
Bildschirm "Kreditoren-Rechnung erfassen: Kopfdaten"	
	Eingabe bzw. Auswahl: *Belegdatum:* **2.1.98** *Buchungskreis:* **Bnnn** (= Ihr Buchungskreis) *Buchungsdatum:* **2.1.98** *Währung/Kurs:* **DEM** *Erste Belegposition* (letzte Bildschirmzeile !) *Konto:* **900***nnn*, *nnn* = Nummer des PCs (= "Ihr" Kreditor Müller Baumarkt)
	Der Buchungschlüssel 31 für die Habenbuchung Kreditorenrechnung wird durch die gewählte Menüabfolge vorgegeben. (Durch Eingabe eines anderen Buchungschlüssels könnte hier auch jeder andere Beleg gebucht werden.) ↵

Anzeige	Eingabe/Auswahl
Warnmeldung in der Statuszeile: *Nettofälligkeit am 02.01.98 liegt in der Vergangenheit.*	
	Sie haben die allgemeinen Daten des Rechnungskopfs erfaßt und sind in den Bildschirm für die erste Buchungszeile (Rechnungsposition) verzweigt.
Bildschirm für die erste Belegposition (Habenbuchung): 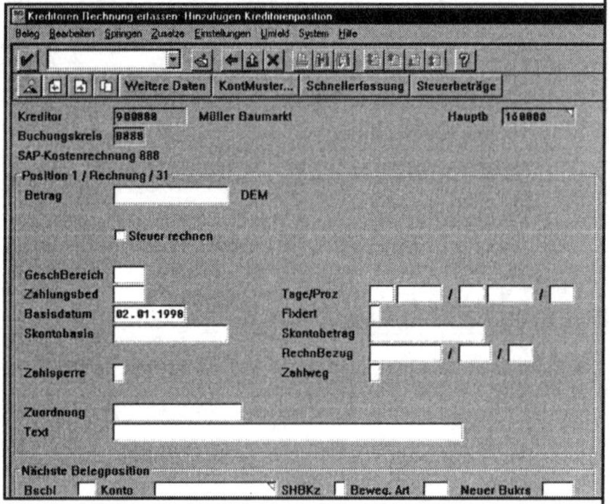 	Eingabe bzw. Auswahl: <u>*Betrag:*</u> ***3832*** *Nächste Belegposition* (letzte Bildschirmzeile !) <u>*Bschl:*</u> ***40*** (= Sollbuchung) <u>*Konto:*</u> ***403000*** (= Verbr. Betriebsstoffe) ↵
Zweite Belegposition (Sollbuchung): 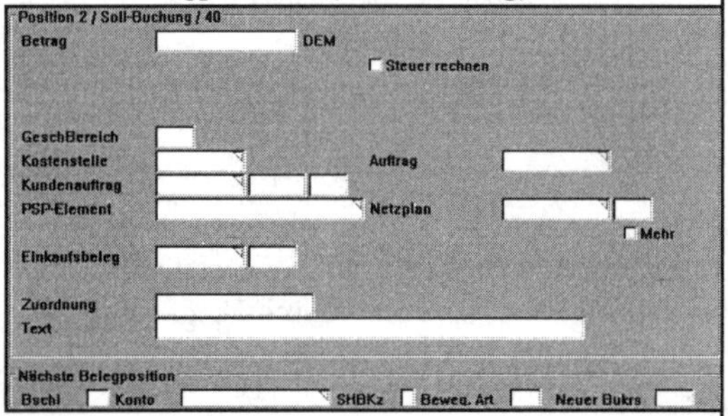 	Eingabe: <u>*Betrag:*</u> ***3832***

Anzeige	Eingabe/Auswahl
	Kostenstelle: ***1130*** (= Instandhaltung) Klicken Sie auf (= Symbol Sichern)
Bildschirm "Kreditoren Rechnung erfassen: Kopfdaten" Meldung in Statuszeile: *Beleg 200000 wurde in Buchungskreis B*nnn *gebucht.*	Sie haben Ihre erste Rechnung mit der Belegnummer 200000 gebucht !
	Bitte beachten Sie: ***Fehlbuchungen** können im Menü Kreditoren über die Auswahl* ***Beleg -*** ***Stornieren*** *storniert werden. Dazu ist die Eingabe der Belegnummer erforderlich. (Belege anzeigen: s. weiter unten.)*
Bildschirm "Kreditoren Rechnung erfassen: Kopfdaten"	Eingabe bzw. Auswahl: *Belegdatum:* ***4.1.98*** *Buchungskreis:* ***B**nnn* (= Ihr Buchungskreis) *Buchungsdatum:* ***4.1.98*** *Währung/Kurs:* ***DEM*** *Erste Belegposition* (letzte Bildschirmzeile !): *Konto:* ***900**nnn* nnn = Nummer des PCs (= "Ihr" Kreditor Müller Baumarkt) Wählen Sie im aktuellen Anwendungs-Menü: **System -** **Benutzervorgaben -** **Halten Daten**
Meldung in Statuszeile: *Daten wurden gehalten.*	

Anzeige	Eingabe/Auswahl

Bildschirm "Kreditoren Rechnung erfassen: Hinzufügen Kreditorenposition"	Eingabe bzw. Auswahl: *Betrag:* **5147** *Nächste Belegposition* (letzte Bildschirmzeile !): *Bschl:* **40** (= Sollbuchung) *Konto:* **403000** Wählen Sie im aktuellen Anwendungs-Menü: **System -** **Benutzervorgaben -** **Halten Daten** 
Bildschirm "Kreditoren Rechnung erfassen: Hinzufügen Sachkontenposition"	*Betrag:* **5147** *Kostenstelle:* **1220** (= Arbeitsvorbereitung) Sichern Sie die Eingaben.
Bildschirm "Kreditoren Rechnung erfassen: Kopfdaten" Meldung in Statuszeile: *Beleg 200001 wurde in Buchungskreis B*nnn *gebucht.*	Wählen Sie im aktuellen Anwendungs-Menü: **Beleg -** **Anzeigen**
Übersicht über den zuletzt gebuchten Beleg : 	Klicken Sie auf  (= Symbol Zurück)

Anzeige	Eingabe/Auswahl
Bildschirm "Kreditoren Rechnung erfassen: Kopfdaten"	Buchen Sie nun noch die restlichen Kreditorenrechnungen nach **Tabelle 10.1**, Anhang: Eingabetabellen. *Tip: Wählen Sie bei Wechsel des Kreditors und des Soll-Kontos wieder die Funktion "Halten Daten"; Sie müssen dann jeweils in den Bildschirmen nur die Felder Buchungs- und Belegdatum, Betrag und Kostenstelle ändern bzw. eingeben.* Beenden Sie anschließend die Transaktion.
Menü Kreditoren	**Belege anzeigen:** Wählen Sie im Menü Kreditoren: **Beleg -** **Anzeigen**
Bildschirm "Beleg anzeigen: Einstieg"	Eingabe bzw. Auswahl: *Buchungskreis:* ***B**nnn* *Geschäftsjahr:* ***1998*** Falls das Feld Belegnummer Daten enthält, löschen Sie diese! Klicken Sie auf **[Liste]**
Bildschirm "Liste Belege"	Eingabe bzw. Auswahl: *Buchungskreis:* ***B**nnn* *Geschäftsjahr:* ***1998*** *Belegart:* ***KR*** (= Kreditorenrechnung) Klicken Sie auf  (= Ausführen)

Anzeige	Eingabe/Auswahl
Liste aller gebuchten Kreditorenrechnungen: ... 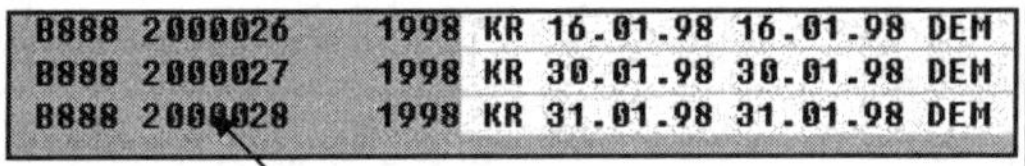 letzte Belegnummer	Doppelklicken auf eine Belegnummer, z.B. auf **2000028**
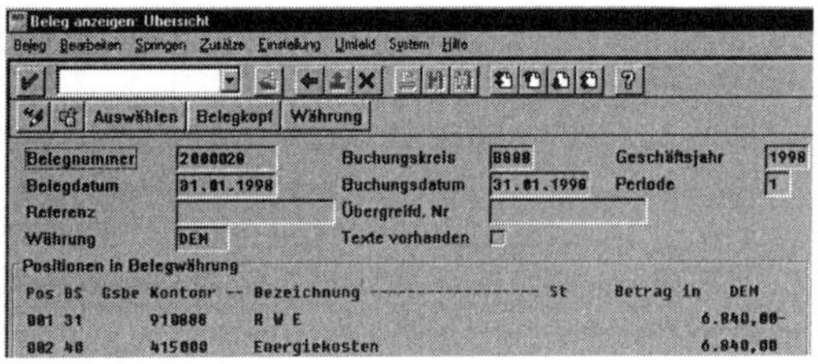	Der zugehörige Beleg wird angezeigt. Klicken Sie auf  (= Symbol Zurück) Beenden Sie die Transaktion.
Menü Kreditoren	**Salden anzeigen:** Wählen Sie im Menü Kreditoren: **Konto -** **Salden anzeigen**
Bildschirm "Saldenanzeige Kreditor: Einstieg"	Eingabe bzw. Auswahl: *Kreditor:* ***930**nnn* (z.B.) *Buchungskreis:* ***B**nnn* *Geschäftsjahr:* ***1998*** Klicken Sie auf **[Kontostand]**
Kontostand Meier Büroausstattung: 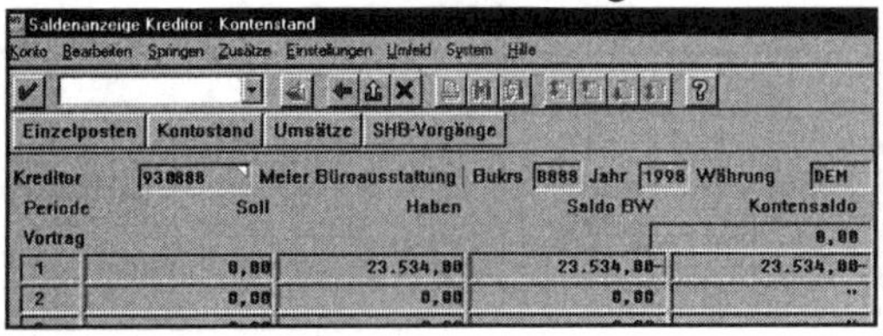	

Anzeige	Eingabe/Auswahl

Doppelklicken Sie auf den Haben-Betrag der ersten Zeile.

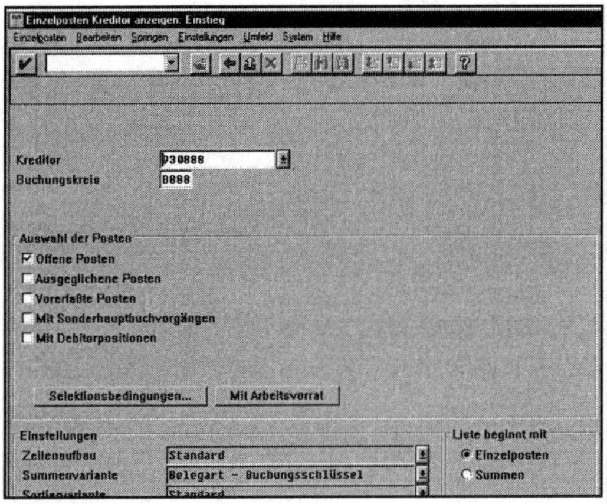

Einzelbelege:

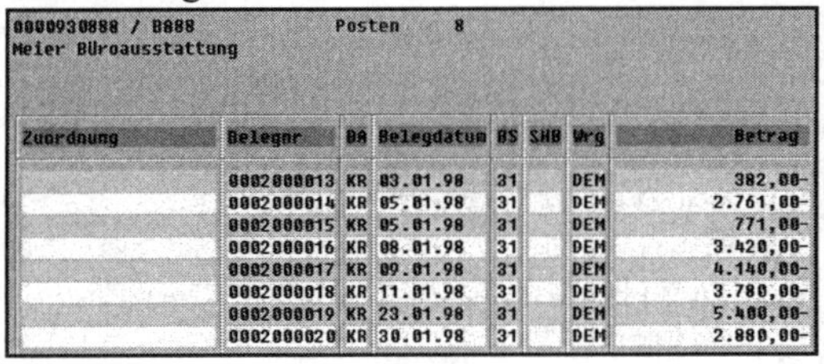

0000930888 / B888 Posten 8
Meier Büroausstattung

Zuordnung	Belegnr	BA	Belegdatum	BS	SHB	Wrg	Betrag
	0002000013	KR	03.01.98	31		DEM	382,00-
	0002000014	KR	05.01.98	31		DEM	2.761,00-
	0002000015	KR	05.01.98	31		DEM	771,00-
	0002000016	KR	08.01.98	31		DEM	3.420,00-
	0002000017	KR	09.01.98	31		DEM	4.140,00-
	0002000018	KR	11.01.98	31		DEM	3.780,00-
	0002000019	KR	23.01.98	31		DEM	5.400,00-
	0002000020	KR	30.01.98	31		DEM	2.880,00-

Die zugehörigen Einzelbelege werden angezeigt.

Sehen Sie sich noch die Kontostände der anderen Kreditoren an.

Beenden Sie anschließend die Transaktion.

Menü Kreditoren

Kehren Sie zurück zum Eingangsmenü.

SAP-Eingangsmenü

Anzeige	Eingabe/Auswahl
M9.2 Sachkontenbuchungen	
	Wählen Sie im SAP-Eingangsmenü: **`Rechnungswesen -`** **`Finanzwesen -`** **`Hauptbuch`**
Menü Hauptbuch	**Buchen:** Wählen Sie im Menü Hauptbuch: **`Buchung -`** **`Sachkontenbuchug`**
Bildschirm "Sachkontenbuchung erfassen: Kopfdaten"	Eingabe bzw. Auswahl: *Belegdatum:* ***3.1.98*** *Buchungskreis:* ***B****nnn* (= Ihr Buchungskreis) *Buchungsdatum:* ***3.1.98*** *Währung/Kurs:* ***DEM*** *Erste Belegposition* (letzte Bildschirmzeile !) *Konto:* ***481000*** (= kalk. Afa) Der Buchungschlüssel 40 für die Sollbuchung wird durch die gewählte Menüabfolge vorgegeben. Wählen Sie im aktuellen Anwendungs-Menü: **`System -`** **`Benutzervorgaben -`** **`Halten Daten`** ↵
Bildschirm "Sachkonten erfassen: Hinzufügen Sachkontenposition"	Eingabe bzw. Auswahl: *Betrag:* ***1100*** *Kostenstelle:* ***1110***

Anzeige	Eingabe/Auswahl
	Nächste Belegposition (letzte Bildschirmzeile !) *Bschl:* **50** (= Habenbuchung) *Konto:* ***280000*** 
Bildschirm "Sachkonten erfassen: Hinzufügen Sachkontenposition"	Eingabe: *Betrag:* ***1100***
	Sichern Sie die Eingaben.
Bildschirm "Sachkonten erfassen: Kopfdaten" Meldung in Statuszeile: *Beleg 100000 wurde in Buchungskreis B*nnn *gebucht.*	Der erste Beleg ist gebucht ! Führen Sie nun noch die restlichen Sachkontenbuchungen nach **Tabelle 10.2,** Anhang: Eingabetabellen durch. Beenden Sie anschließend die Transaktion.

Menü Hauptbuch	**Salden anzeigen:**
	Wählen Sie im Menü Hauptbuch:
	`Konto -`
	`Salden anzeigen`

Bildschirm "Saldenanzeige Sachkonto: Einstieg"	Eingabe bzw. Auswahl: *Kontonummer:* ***403000*** (= Betriebsstoffe) *Buchungskreis:* ***B*nnn** *Geschäftsjahr:* ***1998*** 

Anzeige	Eingabe/Auswahl
Kontensaldo 403000, Periode 1: 	
	Vergleichen Sie auch die Kontenstände der restlichen Sachkonten mit den Werten auf der linken Seite.
Kontensaldo 415000 Energiekosten: DEM 19.707,00 Kontensaldo 417000 Fremdrep: DEM 9.109,00 Kontensaldo 420000 Fertigunslohn: DEM 75.320,00 Kontensaldo 421000 GK-Lohn: DEM 35.640,00 Kontensaldo 430000 Gehälter: DEM 141.000,00 Kontensaldo 476900 sonst.Kosten: DEM 23.534,00 Kontensaldo 481000 kalk Afa: DEM 25.104,00 Kontensaldo 483000 kalk Zinsen: DEM 8.805,00	
	Beenden Sie anschließend die Transaktion und kehren Sie zurück zum SAP-Eingangsmenü.
SAP-Eingangsmenü	

Modul 10: Istkostenverrechnung in der Kostenrechnung

Was ist zu tun ?

Vorgangsbezogene Verrechnungen

- Direkte innerbetriebliche Leistungsverrechnung

Leistungsverrechnungs-Belege (GKM, WART, REP):

	Beleg-datum	Buchungs datum	SendStelle		LstArt	Leistungs-verbrauch	EmpfStelle	
1. Beleg	30.1.98	30.1.98	**1210**	Fuhrpark	**GKM**	**1.000**	**1220**	Arbvorb.
	30.1.98	30.1.98	**1210**	Fuhrpark	**GKM**	**1.333**	**1230**	Instandh.
2. Beleg	30.1.98	30.1.98	**1210**	Fuhrpark	**GKM**	**833**	**1241**	Anlage A
	30.1.98	30.1.98	**1210**	Fuhrpark	**GKM**	**1.000**	**1242**	Anlage B

...

- siehe Anhang:Eingabetabellen, Tabelle 11 -

Erfassen in M10.1.1 (manuell)

- Leistungserfassung

Nicht verrechenbare (Hauptkostenstellen-) Leistungen (FST, MST) und indirekt verrechenbare Leistungen (AVST):

	Beleg-datum	Buchungs-datum	KostStelle		LstArt	Leistungs-menge
1. Beleg	30.1.98	30.1.98	**1241**	Anlage A	**FST**	**3.167**
	30.1.98	30.1.98	**1242**	Anlage B	**FST**	**2.000**
2. Beleg	30.1.98	30.1.98	**1220**	Arbeitsvorbereitung	**AVST**	**690**
3. Beleg	30.1.98	30.1.98	**1130**	Materialwirtschaft	**MST**	**550**

- siehe Anhang:Eingabetabellen, Tabelle 12 -

Erfassen in M10.1.2 (manuell)

Periodische Verrechnungen

- Abgrenzung

Istabgrenzung Personal-Nebenkosten nach vordefinierten (Zuschlags-) Abgrenzungsregeln

Durchführen in M10.2.1 (maschinell)

- Indirekte innerbetriebliche Leistungsverrechnung

AVST Ist nach vordefinierten Zyklen (Sender-/Empfängerregeln)

Durchführen in M10.2.2 (maschinell)

Bild 3.3/14 (Modul 10): Überblick Modul 10

Für die Senderkostenstellen ergibt sich ihre Leistung durch die Summierung aller Leistungsvorgänge, an denen sie als Sender beteiligt sind. Die einzelnen Belege sind zu erfassen.
Beispiel: Wenn alle Fahrten des Fuhrparks für unterschiedliche Empfänger erfaßt sind, hat man in der Summe auch die Leistung des Fuhrparks.

Für Kostenstellen, die nicht im Leistungsaustausch mit anderen Kostenstellen stehen, ist noch ihre Leistung zu erfassen. Es sind hauptsächlich die Hauptkostenstellen, die für Kostenträger arbeiten (d. h. letztlich für verkaufsfähige Produkte).
Die Periodenleistung ergibt sich wieder durch Summierung über alle Einzelleistungen (z. B. 5 Stunden für Produkt 1; 7 Stunden für Produkt 2 usw.). Im Testbeispiel ist nur die Summenleistung erfaßt, wobei offen bleibt, wie diese in einem Vorsystem oder in einem anderen Teil der SAP-Software erfaßt und verdichtet wurde.

Hilfskostenstellen (im Testbeispiel die AV), bei denen es nicht möglich oder nicht praktikabel ist, Einzelleistungen zu erfassen und zu verrechnen, werden mit ihrer Gesamtleistung (Anwesentheitsstunden) erfaßt. Diese werden - wie besprochen - mit dem Plansatz bewertet und an die Empfänger Anlage A und B verrechnet. Es verbleibt das Kostenstellenergebnis als Differenz zwischen Istkosten und per Plansatz verrechneten Ist-AV-Stunden.

Periodische Verrechnungen sind Verrechnungen, die für die Gesamtperiode vorgenommen werden. Das kann nur am Ende der Periode, bzw. genauer nach Erfassung aller Istbuchungen und vorgangsbezogenen Daten erfolgen, da diese teilweise als Basis für die periodische Verrechnung herangezogen werden.
Beispiel: PNK-Lohn braucht als Basis den Lohn, der schon komplett gebucht sein muß.

Periodisch verrechnet werden einmal die **Abgrenzungskostenarten** wie PNK-Lohn und PNK-Gehalt. Die Regeln, nach denen dies zu geschehen hat (%-Satz auf Basiszeilen berechnen) sind im Customizing festgelegt worden. Jetzt ist nur noch der Buchungsvorgang anzustoßen.

Zum anderen zählen zu den periodischen Verrechnungen die **indirekte Leistungsverrechnung**, deren Regeln ebenfalls im Customizing festgelegt worden sind und die jetzt lediglich nach diesen Regeln durchzuführen ist.
Beispiel: AV siehe oben.

Anzeige	Eingabe/Auswahl

Modul 10: Istkostenverrechnung in der Kostenrechnung

Die aus den Vorsystemen (in der Fallstudie: FI) erfaßten primären Kosten werden im Rahmen von internen Verrechnungen (verursachungsgerecht) weiterverrechnet. Dabei wird unterschieden zwischen:

- *vorgangsbezogenen Verrechnungen*:
Kosten werden pro Geschäftsvorgang aus den bewerteten Leistungen ermittelt und realtime auf Sender und Empfängerobjekten gebucht. Zu den vorgangsbez. Verrechnungen gehören interne Umbuchungen und direkte innerbetriebliche Leistungsverrechnung.

- *periodische Verrechnungen*:
diese werden in der Regel nach Periodenende, wenn alle primären Buchungen abgeschlossen sind, durchgeführt. Hierzu zählen periodische Umbuchung, Abgrenzung, indirekte Leistungsverrechnung und Umlage.

M10.1 Vorgangsbezogene Verrechnungen

M10.1.1 Direkte innerbetriebliche Leistungsverrechnung

Anzeige	Eingabe/Auswahl
	Wählen Sie im SAP-Eingangsmenü: **`Rechnungswesen -`** **`Controlling -`** **`Kostenstellen`**
Menü Kostenstellenrechnung	Wählen Sie im Menü Kostenstellenrechnung: **`Istbuchungen -`** **`Leistungsverrechnung -`** **`Erfassen`**
Bildschirm: "Verrechnung von Leistungen erfassen: Einstieg"	Eingabe bzw. Auswahl: *Belegdatum:* **30.1.98** *Buchungsdatum:* **30.1.98** [Enter]
Bildschirm: "Verrechnung von Leistungen erfassen: Listbild"	Eingabe bzw. Auswahl 1. Zeile: *SendStelle:* **1210** *LstArt:* **GKM**

Anzeige	Eingabe/Auswahl
	Leist.verbrauch: **1000** *EmpfStelle:* **1220** 2. Zeile: *SendStelle:* **1210** *LstArt:* **GKM** *Leist.verbrauch:* **1333** *EmpfStelle:* **1230**
	Sichern Sie die Eingaben.
Bildschirm: "Verrechnung von Leistungen erfassen: Einstieg" Meldung in Statuszeile: *Beleg wird unter der Nummer 900000000 gebucht*	
	Erfassen Sie nun noch - mit demselben Beleg- und Buchungsdatum - die restlichen Belege (2. bis 6.) nach **Tabelle 11**, Anhang: Eingabetabellen.
	Beenden Sie anschließend die Transaktion.
Menü Kostenstellenrechnung	
M10.1.2 Leistungserfassung	
	Wählen Sie im Menü Kostenstellenrechnung: **`Istbuchungen -`** **`Nichtverr.Leistugen -`** **`Erfassen`**
Bildschirm: "Leistungen erfassen: Einstieg"	
	Eingabe bzw. Auswahl: *Belegdatum:* **30.1.98** *Buchungsdatum:* **30.1.98** ↵
Bildschirm: "Leistungen erfassen: Listbild"	
	Eingabe bzw. Auswahl 1. Zeile: *SendStelle:* **1241** *LstArt:* **FST** *Leistungsmenge:* **3167**

Anzeige	Eingabe/Auswahl
	2. Zeile: *SendStelle:* **_1242_** *LstArt:* **_FST_** *Leistungsmenge:* **_2000_**
Bildschirm: "Leistungen erfassen: Einstieg"	Sichern Sie die Eingaben.
Meldung in Statuszeile: *Beleg wird unter der Nummer 900000006 gebucht*	Beleg wird gebucht.
	Erfassen Sie in analoger Weise noch die restlichen Belege (2. und 3.) nach **Tabelle 12**, Anhang: Eingabetabellen.
Menü Kostenstellenrechnung	Beenden Sie die Transaktion.

M10.2 Periodische Verrechnungen

M10.2.1 Abgrenzung

Anzeige	Eingabe/Auswahl
	Wählen Sie im Menü Kostenstellenrechnung: **Istbuchungen -** **Periodenabschluß -** **Abgrenzung**
Bildschirm: "Kostenstellen-Abgrenzung Ist ausführen: Einstieg"	**Abgrenzungs-Testlauf ISTdurchführen:** Wählen Sie **_Kostenstellengruppe_** Eingabe bzw. Auswahl: *Kostenstellengruppe:* ***KS_HIER****nnn* (=Standardhierarchie, d.h. alle Kostenstellen) *Periode:* **_1_** *Geschäftsjahr:* **_1998_**

Anzeige	Eingabe/Auswahl

Eingabe/Auswahl:

Markieren Sie (falls noch nicht geschehen) unter *Ablaufsteuerung*:

Testlauf
(=Abgrenzung ohne Datenfortschreibung)

Detaillisten

Klicken Sie auf

 (= Ausführen)

Abgrenzungs-Testlauf wird durchgeführt.

Anzeige:

Grundliste des Testlaufs:

Kostens	Kostenart	Partnerobjekt	Wert/KWähr
1110	439000	AUF 9A8880000002	14.400,00
1120	429000	AUF 9A8880000001	7.938,00
1120	439000	AUF 9A8880000002	16.800,00
1130	429000	AUF 9A8880000001	3.402,00
1130	439000	AUF 9A8880000002	3.900,00
1210	429000	AUF 9A8880000001	2.268,00
1220	429000	AUF 9A8880000001	5.670,00
1220	439000	AUF 9A8880000002	2.700,00
1230	429000	AUF 9A8880000001	2.268,00
1230	439000	AUF 9A8880000002	1.500,00
1241	429000	AUF 9A8880000001	33.558,00
1241	439000	AUF 9A8880000002	1.500,00
1242	429000	AUF 9A8880000001	22.568,00
1242	439000	AUF 9A8880000002	1.500,00

Eingabe/Auswahl:

Vergleichen Sie Ihre Ergebnisse mit den in der linken Spalte aufgeführten Werten. Evtl. aufgetretene Fehler sollten jetzt - **vor Ausführung des Echtlaufs** - korrigiert werden.

Klicken Sie auf

 (= Zurück)

Abgrenzung IST (Echtlauf) durchführen:

Führen Sie nun die Ist-Abgrenzung für die Periode 1 1998 (**Echtlauf** mit Datenfortschreibung) durch.

Anzeige:

Bildschirm "Kostenstellen-Abgrenzung: Grundliste"

Meldung in Statuszeile:
Abgrenzung ist beendet..

Eingabe/Auswahl:

Beenden Sie anschließend die Transaktion .

Anzeige:

Menü Kostenstellenrechung

Anzeige	Eingabe/Auswahl

M10.2.2 Indirekte Leistungsverrechnung

Wählen Sie im Menü Kostenstellenrechnung:

`Istbuchungen -`
`Periodenabschluß -`
`Indirekte LeistVerr.`

Bildschirm: "Indirekte Leist.verrechnung Ist ausführen: Einstieg"

Testlauf durchführen:

Eingabe bzw. Auswahl:

Periode von: ***1***

Periode bis: ***1***

Geschäftsjahr: ***1998***

Markieren Sie (falls noch nicht geschehen) unter *Ablaufsteuerung*:

Testlauf

(=Indir.Leistungsverr ohne Datenfortschreibung)

Detaillisten

Auswahl:

Zyklus: ***Z1-IST***

(=Zyklus Indir.LV IST:AV)

Klicken Sie auf

(= Ausführen)

Testlauf wird durchgeführt

Klicken Sie auf

[Sender]

Anzeige	Eingabe/Auswahl

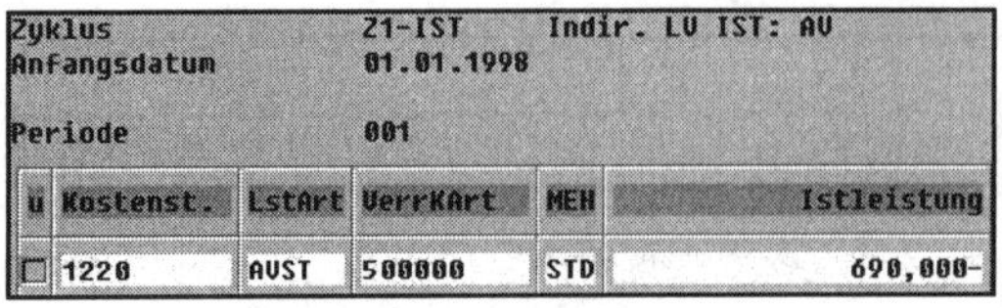

Zyklus Z1-IST Indir. LV IST: AV
Anfangsdatum 01.01.1998

Periode 001

u	Kostenst.	LstArt	VerrKArt	MEH	Istleistung
☐	1220	AVST	500000	STD	690,000-

Markieren Sie die Senderzeile

Klicken Sie auf

[Empfänger]

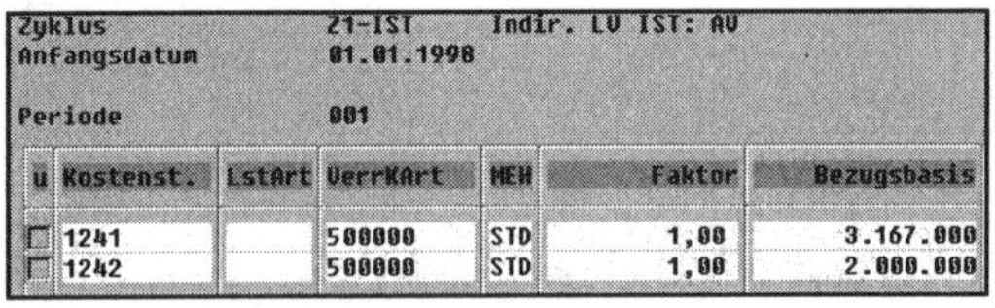

Zyklus Z1-IST Indir. LV IST: AV
Anfangsdatum 01.01.1998

Periode 001

u	Kostenst.	LstArt	VerrKArt	MEH	Faktor	Bezugsbasis
☐	1241		500000	STD	1,00	3.167.000
☐	1242		500000	STD	1,00	2.000.000

Vergleichen Sie Ihre Ergebnisse mit denen oben in der linken Spalte. Evtl. aufgetretene Fehler sollten jetzt - **vor Ausführung des Echtlaufs** - korrigiert werden.

Indirekte Leistungsverrechnung Ist (Echtlauf) durchführen:

Führen Sie nun die Indirekte Leistungsverrechnung Ist nach dem **Zyklus Z1-IST** für die Periode **1.1998** (**Echtlauf** mit Verbuchung) durch.

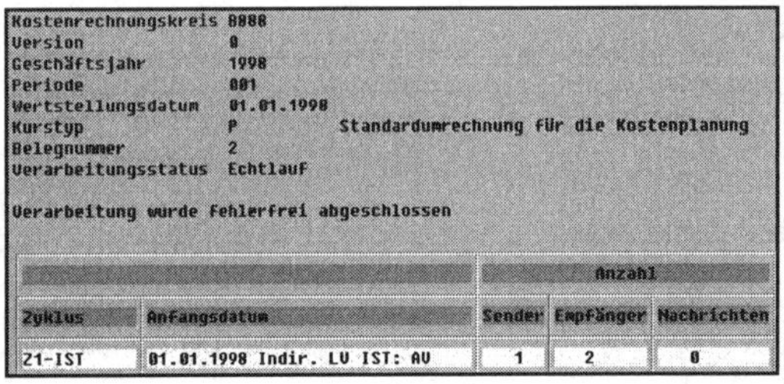

Kostenrechnungskreis 0000
Version 0
Geschäftsjahr 1998
Periode 001
Wertstellungsdatum 01.01.1998
Kurstyp P Standardumrechnung für die Kostenplanung
Belegnummer 2
Verarbeitungsstatus Echtlauf

Verarbeitung wurde fehlerfrei abgeschlossen

		Anzahl		
Zyklus	Anfangsdatum	Sender	Empfänger	Nachrichten
Z1-IST	01.01.1998 Indir. LV IST: AV	1	2	0

Beenden Sie die Transaktion und kehren Sie zurück zum SAP-Eingangsmenü.

SAP-Eingangsmenü

Modul 11: Customizing für das Infosystem der Kostenrechnung

Was ist zu tun ?

Berichtsbaum (SAP-Standard) mit Standard-Bericht 1SIS (BAB)

RKS1-0 Kostenstellenrechnung
- ***RKS1-01 Plan/Ist-Vergleiche***
- ***RKS1-02 Ist/Ist-Vergleiche***
- ***RKS1-03 Soll/Ist-Vergleiche***
  - ***RKS1-031 Kostenst.:Ist-/Soll/Abweichung***
    - ***Kostenstellen:Ist-/Soll-Abweichung1SIS***

Ansehen in M11.1

Kostenartengruppe – Berichtszeilen

Kostenartengruppe BAB-nnn → Zeilen Bericht 1SIS

BAB-nnn
- ***PRIM-nnn Primäre Kosten***
  - ***GEHAKO-nnn Gehaltskosten***
    - *430000 Gehälter*
    - *439000 verr. PNK-Gehalt*
  - ***LOKO-nnn Lohnkosten***
    - *420000 Fertigungslohn*
    - *421000 Gemeinkostenlohn*
    - *429000 verr. PNK-Lohn*

430000 Gehälter
439000 verr. PNK-Gehalt
Gehaltskosten
420000 Fertigungslohn
421000 Gemeinkostenlohn
429000 verr. PNK-Lohn
Lohnkosten
...
Primäre Kosten
...

Zuordnen in M11.2

Bild 3.3/15 (Modul 11): Überblick Modul 11

Nachdem die Isterfassung abgeschlossen ist, sollen jetzt Auswertungen vorgenommen werden. Es gilt als Vorteil des SAP-Systems, daß eine Vielzahl von Auswertungsmöglichkeiten vorbedacht und vorgefertigt ist. Aus einer Vielzahl von Auswertungsmöglichkeiten ist die geeignete Variante herauszufinden und auszuwählen.

Die CO-Standardberichte sind in einem Berichtsbaum strukturiert. Dieser ist modifizierbar und könnte durch eigene Berichte erweitert werden, soll hier im Testbeispiel aber lediglich gezeigt werden.

Für das Testbeispiel wird ein bestimmter Bericht namens 1SIS ausgewählt, der die gewünschte Struktur eines Kostenstellen-Soll-Ist-Vergleichs am ehesten trifft.

Für diesen Standardbericht wird durch die Zuordnung der Kostenartenhierarchie BAB-nnn (nnn PC- bzw. Gruppennummer) eine eigene Zeilenstruktur definiert.

Anzeige	Eingabe/Auswahl

Modul 11: Customizing für das Infosystem der Kostenrechnung

Zur Auswertung gebuchter Daten bietet das SAP-System sowohl ein interaktives als auch ein periodisches Infosystem im Modul CO.

***Interaktives Infosystem*:**
Gebuchte Daten können zur zeitnahen Verfolgung und Analyse direkt am Bildschirm ausgewertet werden.
Sämtliche Geschäftsvorgänge können sowohl einzeln als auch verdichtet, z.B. nach Kostenstelle/Kostenart analysiert werden.
Hierfür steht im Modul CO ein von SAP ausgelieferter Standardberichtsvorrat an *Einzelpostenberichten* und *Berichten, die mit dem Report Writer definiert wurden*, zur Verfügung.

***Periodisches Infosystem*:**
Berichte können zu vordefinierten Zeitpunkten innerhalb von Hintergrundjobs (im Batch) gestartet werden. (Dies soll jedoch nicht Thema des Testbeispiels sein.).

M11.1 Standard-Berichtsbaum und zu verwendenden Standard-Bericht ansehen

Mit dem SAP-System werden eine Reihe von vorgefertigten Berichten im SAP-Testmandanten 000 ausgeliefert. Die gewünschten Berichte können dann vom Kunden in den jeweiligen Produktivmandanten importiert, hier generiert und in den Berichtsvorrat aufgenommen werden .

Darüber hinaus gibt es die Möglichkeit, mit Hilfe der Werkzeuge *Report Painter* und *Report Writer* eigene individuelle Berichte zu erstellen.

Für die Auswahl der Berichte steht der *Berichtsbaum* zur Verfügung, eine frei definierbare Struktur zur zentralen Sammlung und hierarchischen Gliederung von Berichten unterschiedlicher Typen innerhalb einer Anwendung.

Anzeige	Eingabe/Auswahl
	Da für die Durchführung des Testbeispiels der Mandant 000 kopiert wurde, sind die SAP-Standardberichte bereits vorhanden. Für die Auswertungen im Testbeispiel (unter M12.3) soll ein (Kostenstellen-) Standard-Bericht verwendet werden, in dem ein BAB abgebildet ist. In diesem soll lediglich die Zeilenstruktur durch eine eigene Kostenartenhierarchie definiert werden.

<table>
<tr><th>Anzeige</th><th>Eingabe/Auswahl</th></tr>
<tr><td>SAP-Eingangsmenü</td><td>Wechseln Sie zum Customizing-Menü und wählen Sie hier den SAP Refer.-IMG.</td></tr>
<tr><td>Customizing-Menü mit Hierarchiestruktur des SAP-Referenz-Leitfadens</td><td>Wählen Sie in der Hierarchiestruktur:
Controlling -
Gemeinkosten-Controlling -
Kostenstellenrechnung -
Informationssystem</td></tr>
<tr><td>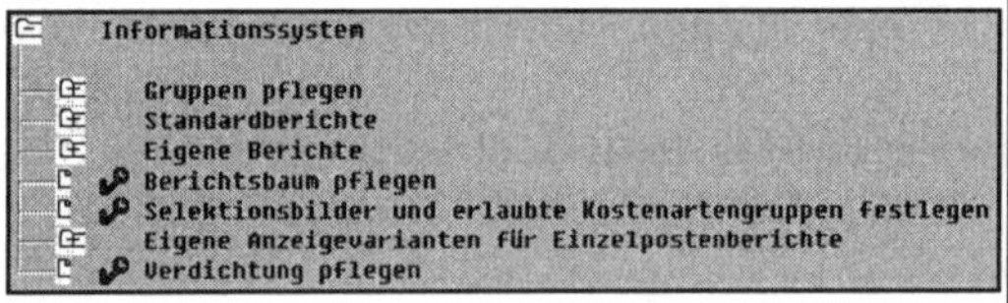
</td><td>Klicken Sie auf die Ikone vor
Berichtsbaum pflegen</td></tr>
<tr><td>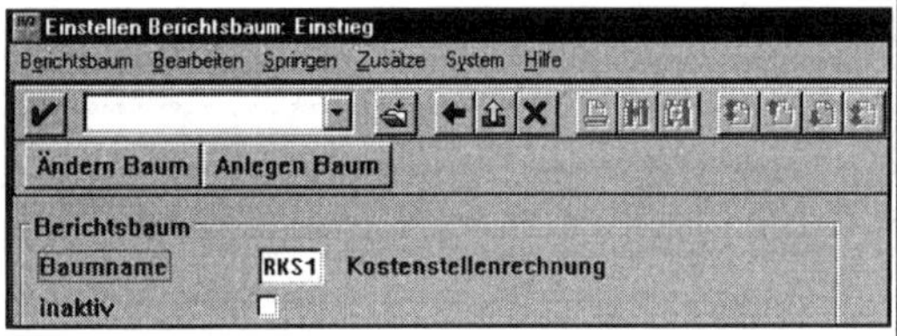
</td><td>Klicken Sie auf
[Ändern Baum]</td></tr>
<tr><td>Bildschirm "Ändern Berichtsbaum"</td><td>Wechseln Sie sind in den (Nur-)Anzeige-Modus.</td></tr>
<tr><td>Bildschirm "Anzeigen Berichtsbaum"</td><td>Der SAP-Standardberichtsbaum RKS1 wird angezeigt. Dieser enthält alle im Auslieferungs-system vorhandenen Berichte der Kostenstel-len-rechnung.

Klicken Sie auf vor
RKS1-03 Soll/Ist-Vergleiche</td></tr>
<tr><td>Berichtsbaum RKS1 mit Unterebenen des Knotens "RKS1-03":
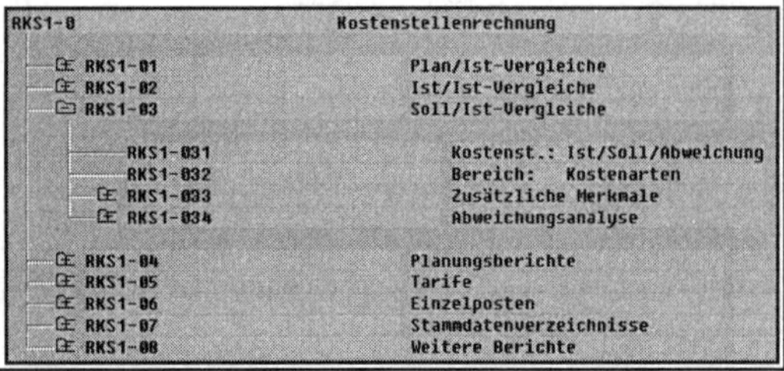
</td><td></td></tr>
</table>

Anzeige	Eingabe/Auswahl
	Doppelklicken Sie auf das Blatt: **RKS1-031 Kostenst.:Ist-/Soll-Abweichung**
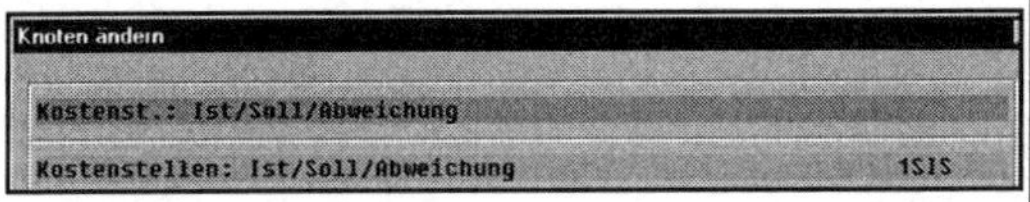	
	Dem Knoten (Blatt) **RKS1-031** ist (als einziger) der Bericht **1SIS Kostenstellen: Ist/Soll/ Abweichung** zugeordnet. Dieser soll später zur Analyse der Testbeispiel-Ergebnisse verwendet werden
	Doppelklicken Sie auf den Bericht, Zeile **Kostenstellen:Ist-/Soll-Abweichung 1SIS**
Bildschirm "Kostenstellen: Ist/Soll/Abweichung: Selektion"	Sie sehen den Anforderungsbildschirm für den ausgewählten Standard-Bericht "1SIS".
	Wählen Sie im aktuellen Menü: **Zusätze - Dokumentation**
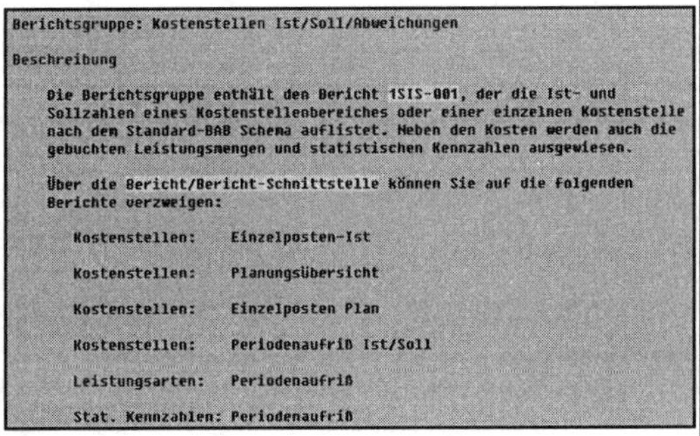	
	Beschreibung des ausgewählten Berichtes kann nachgelesen werden.
	Klicken Sie **zweimal** auf  (= Zurück)
Dialogfeld "Knoten ändern"	
Bildschirm "Ändern Berichtsbaum".	

Anzeige	Eingabe/Auswahl
	Klicken Sie **zweimal** auf  (= Zurück)
	Klicken Sie auf **[Nein]**
Hierarchiestruktur des SAP-Referenz-Leitfadens	

Anzeige	Eingabe/Auswahl

M11.2 Standard-Bericht eigene Kostenartengruppe zuordnen

Den Standardberichten können eigene Kostenartengruppen zugeordnet werden, die den Zeilenaufbau der Berichte definieren.
Diese Kostenartengruppen werden dann beim Aufruf des Berichtes zur Selektion angeboten.

	Klicken Sie auf die Ikone vor **Selektionsbilder und erlaubte Kostenartengruppen festlegen**
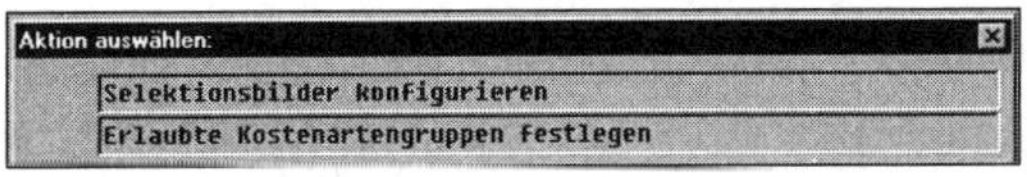	Doppelklicken Sie auf Aktion **`Erlaubte Kostenartengruppen festlegen`**
Bildschirm "Sicht "Auswahl KstArtGr" ändern: Übersicht"	Klicken Sie auf **[Neue Einträge]**
Bildschirm "Neue Einträge: Übersicht Hinzugefügte"	Eingabe bzw. Auswahl: *Gruppe:* ***BAB-****nnn* , *nnn* = Nummer des PCs Sichern Sie die Eingabe. Klicken Sie auf (= Symbol Beenden)
Dialogfeld "Aktion auswählen"	Schließen Sie das Dialogfeld. Beenden Sie das Customizing und kehren Sie zurück zum SAP-Eingangsmenü.
SAP-Eingangsmenü	

Modul 12: Auswertungen

Was ist zu tun ?

Einzelpostenberichte Kostenstellen

- Belegselektion und -anzeige
- Sortierung und Verdichtung

Aufrufen in M12.1

Einzelpostenberichte Innenaufträge

- Abweichungsermittlung: verrechnete und effektiv angefallene Personalnebenkosten

Aufrufen in M12.2

Report-Writer-Berichte Stellenrechnung (BAB)

- Navigation in **1SIS**: SAP-Standard-Bericht mit eigener Zeilenstruktur
- Modifikation des Berichts-Layouts
- Grafik zum Bericht
- Excel-Schnittstelle

Aufrufen in M12.3

Bild 3.3/16 (Modul 12): Überblick Modul 12

In diesem Punkt können Einzelpostenberichte aufgerufen werden und der schon ausgewählte Standardbericht 1SIS modifiziert, graphisch angezeigt und in die Tabellenkalkulation Excel exportiert werden.

Anzeige	Eingabe/Auswahl

Modul 12: Auswertungen

M12.1 Einzelpostenberichte: Stellenrechnung

Im *CO-Einzelpostenbericht* können Einzelbewegungen im Ist nach verschiedenen vom Anwender vorgegebenen Kriterien analysiert werden. (Einzelposten im Plan dagegen nur mit Report-Writer-Berichten.)
Der Einzelpostenbericht hat die Funktion eines Istkostennachweises auf Grundlage von Buchungsbelegen.

Im Testbeispiel wurden bereits während der periodischen Verrechnungen Einzelpostenberichte angezeigt (vgl. M10.2.1).
Hier sollen nun für die Produktionskostenstellen einige Analysemöglichkeiten exemplarisch vorgestellt werden.

Einzelpostenbericht aufrufen:

Wählen Sie im SAP-Eingangsmenü:

`Infosysteme - Rechnungswesen - Gemeinkosten`

Menü Gemeinkosten-Controlling Informationssystem

Wählen Sie im aktuellen Menü:

`Kostenstellen - Einzelposten - Ist`

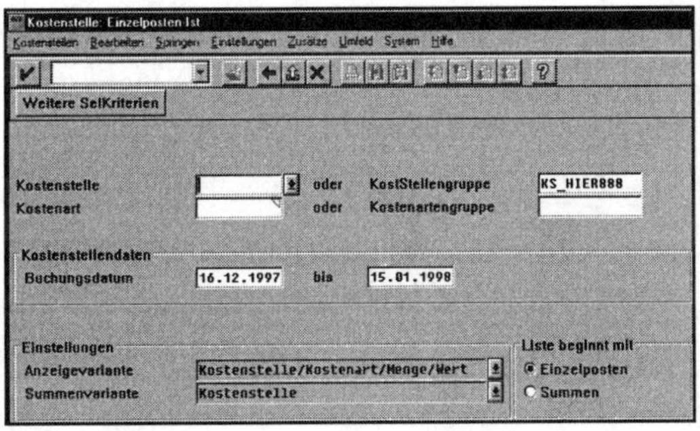

Anzeige	Eingabe/Auswahl

Der Listaufbau der Einzelpostenberichte wird mit Hilfe von *Anzeigevarianten* (bestimmen den Zeilenaufbau) und *Summenvarianten* (bestimmen die Kriterien der Summenbildung in einer Liste) definiert. Mit dem R/3-System werden eine Reihe von Standard-Varianten ausgeliefert, die kopiert und verändert oder durch benutzerdefinierte Varianten ergänzt werden können.

Hier werden für das Layout der Berichte ausschließlich Standard-Varianten verwendet.

***Anmerkung*:**
Der Aufruf der Einzelpostenberichte kann alternativ auch aus der Anwendung (hier: Kostenstellenrechnung) heraus über den Menüpunk ***Infosystem*** *erfolgen.*

Eingabe bzw. Auswahl:

KostStellengruppe: ***PROD**nnn*

(= Produktions-Kostenstelle)

Kostenartengruppe: ***BAB-**nnn*

(= Alle Kostenarten.)

Buchungsdatum von: ***1.1.98***

bis: ***31.1.98***

Anzeigenvariante:
Kostenstelle/Kostenart/Menge/Wert

(= SAP-Standardvariante)

Summenvariante: ***Kostenstelle***

(= SAP-Standardvariante)

Liste beginnt mit
Einzelposten

⏎

Kostenstellengruppe PROD888 Grundliste
Produktion

Kostenst.	Kostenart	Istverb.Beleg	GME	Ist (KWähr)	KWähr
1242	429000	0,000		22.568,00	DEM
1242	439000	0,000		1.500,00	DEM
1242	415000	0,000		6.840,00	DEM
1242	500000	267,080	STD	15.346,31	DEM
1242	520000	64,000	STD	4.841,13	DEM

...

Anzeige	Eingabe/Auswahl
	In der Grundliste sind alle im Anforderungsbild selektierten Datensätze aufgelistet. **<u>Originalbeleg anzeigen</u>**:

Die Anwendungen CO und FI erzeugen jeweils gesonderte Belege. Bei der Übernahme von Primärbuchungen aus der Fibu werden im CO entsprechende Belege mit eigener Belegnummer erzeugt. Weitere CO-Belege entstehen durch CO-interne Vorgänge wie ILV, Umlage, Abgrenzung.

In der Grundliste sehen Sie die Einzelposten, d. h. die Belege der Kostenrechnung.

Doppelklicken Sie (als Beispiel) auf den Betrag
5.400,00
(Kostenstelle 1241, Kostenart 476900)

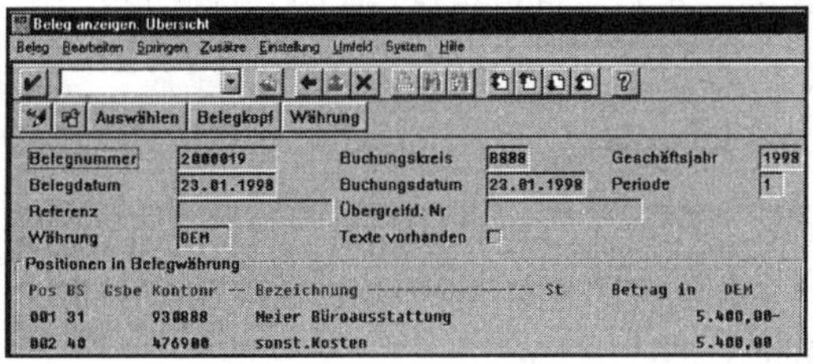

Einzelposten ist durch einen Buchungsvorgang in der Finanzbuchhaltung entstanden. Es wird in den Originalbeleg verzweigt.

Klicken Sie auf

 (= Symbol Zurück)

Bildschirm "Kostenstelle: Einzelposten-Ist"

Doppelklicken Sie auf den Betrag
905,22
(Kostenstelle 1241, Kostenart 510000)

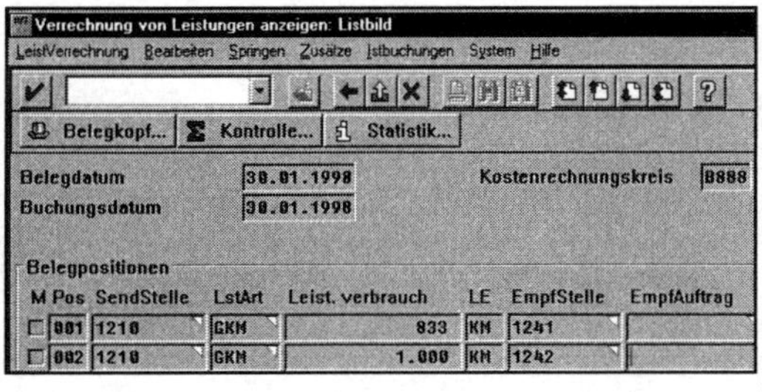

Anzeige	Eingabe/Auswahl
	Einzelposten ist durch Leistungsverrechnung entstanden (CO-interner Vorgang), zugehörige Buchung wird angezeigt. Doppelklicken Sie in auf **833** (= 1. Zeile des Belegs)
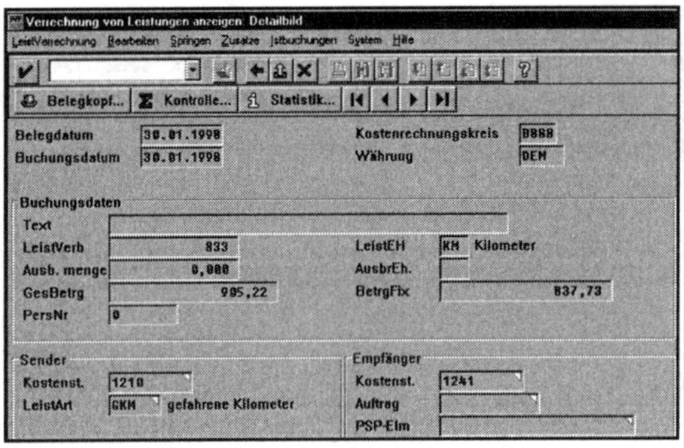	Es wird zum Detailbild der entsprechenden Position verzweigt. Klicken Sie auf  (= Symbol Beenden)
Bildschirm "Kostenstelle: Einzelposten-Ist"	**Belege selektieren:** Stellen Sie den Cursor auf die Überschriftenzeile (**außerhalb** der Einzelpostenliste). Klicken Sie (in der **unteren** Symbolleiste **links**) auf  (= Suchen..)
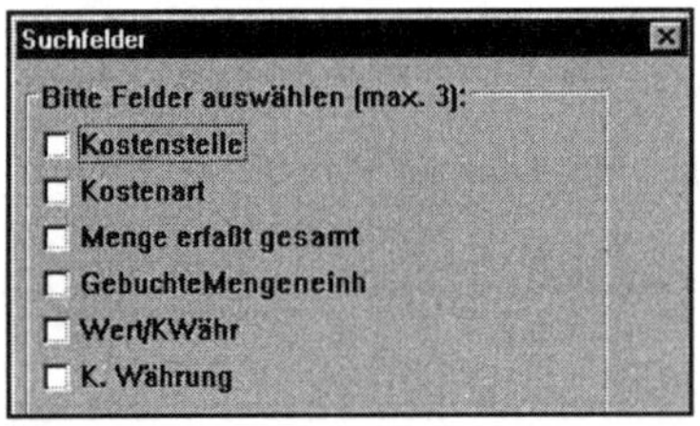	Markieren Sie die als Suchfeld: `Kostenart` 
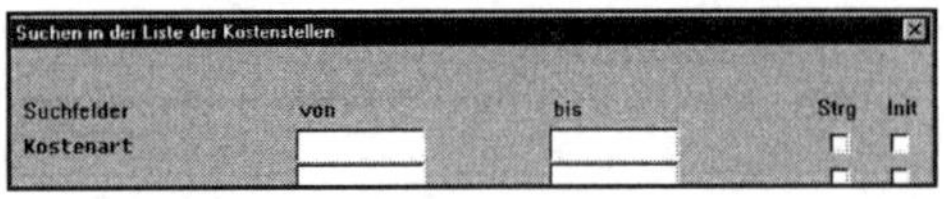	

Anzeige	Eingabe/Auswahl

Eingabe bzw. Auswahl:

Kostenart von: ***510000***
bis: ***530000***

(= ILV-Kostenarten)

Kostenst.	Kostenart	Istverb.Beleg	GME	Ist (KWähr)	KWähr
1242	520000	64,000	STD	4.841,13	DEM
1242	530000	95,000	STD	5.781,14	DEM
1242	510000	1.000,000	KM	1.086,70	DEM
1241	520000	35,000	STD	2.647,49	DEM
1241	530000	175,000	STD	10.649,47	DEM
1241	510000	833,000	KM	905,22	DEM

Posten sortieren:

Klicken Sie auf

(= Sortieren)

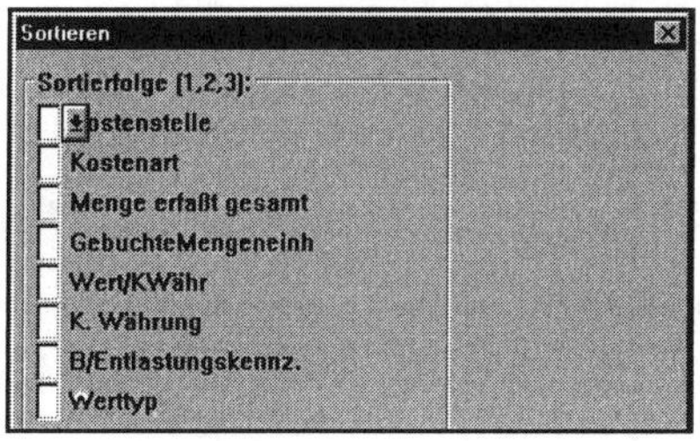

Eingabe bzw. Auswahl:

vor Kostenart: ***1***

(= 1.Sortierkriterium)

vor Menge erfaßt gesamt: ***2***

(= 2.Sortierkriterium)

Markieren Sie:

absteigend

Kostenst.	Kostenart	Istverb.Beleg	GME	Ist (KWähr)	KWähr
1241	530000	175,000	STD	10.649,47	DEM
1242	530000	95,000	STD	5.781,14	DEM
1242	520000	64,000	STD	4.841,13	DEM
1241	520000	35,000	STD	2.647,49	DEM
1242	510000	1.000,000	KM	1.086,70	DEM
1241	510000	833,000	KM	905,22	DEM

Posten summieren:

Klicken Sie auf

(= Summieren...)

Anzeige	Eingabe/Auswahl

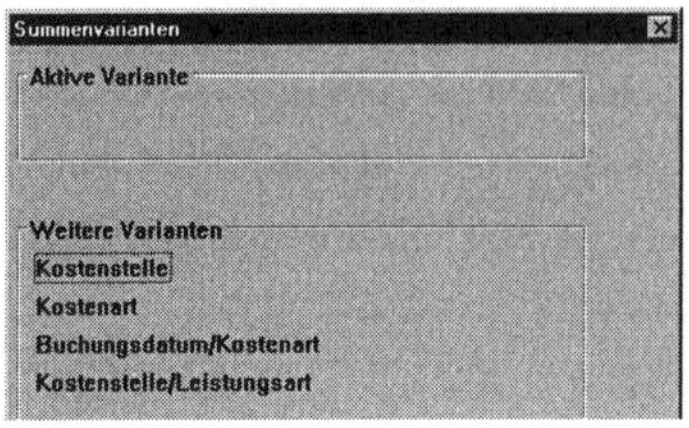

Markieren Sie:

Kostenart

↵

Kostenart		Kokrs-Währung	Betrag	Anzahl
530000	ILU Reparatur	DEM	16.430,61	2
520000	ILU Wartung	DEM	7.488,62	2
510000	ILU Fuhrpark	DEM	1.991,92	2
		DEM	25.911,15	6

Pro Kostenart wird eine Summe gebildet; die Anzahl der Posten, aus denen sich die Einzelsummen zusammensetzen wird angezeigt.

Liststufen anzeigen und auswählen:

Wählen Sie im aktuellen Menü:

Springen -
Übersicht Liststufen

Stufe	Vorgang	Feld	Von-Wert	Bis-Wert
00	Grundliste			
01	Suchen	Kostenart	510000	530000
02	Summieren			

Werden durch das Ausführen bestimmter Funktionen, hier z.B. Suchen und Summieren, neue Listen erzeugt, so protokolliert das System diese Schritte mit.

Doppelklicken Sie auf

Grundliste

Bildschirm "Kostenstelle: Einzelposten-Ist"

Sie sind zur Grundliste (Liststufe 0) zurückgekehrt.

Stammsatz anzeigen:

Stellen Sie den Cursor auf (z.B.) Kostenart

417000

Anzeige	Eingabe/Auswahl
Bildschirm "Kostenarten anzeigen: Grundbild"	Klicken Sie auf **[Stammsatz]**
	Es wird zum Stammsatz der Kostenart verzweigt.
Menü Gemeinkosten-Controlling Informationssystem	Klicken Sie **zweimal** auf (= Symbol Beenden)
SAP-Eingangsmenü	Kehren Sie zurück zum SAP-Eingangsmenü.

M12.2 Einzelpostenberichte: Innenaufträge

Anzeige	Eingabe/Auswahl
	Es sollen im folgenden die Abweichungen zwischen den effektiv angefallenen und den verrechneten Personalnebenkosten auf den dafür angelegten Aufträgen ermittelt werden. Für die erforderliche Selektion der Daten in den Einzelpostenberichten sind dazu zunächst noch zwei Kostenartengruppen anzulegen.
	Kostenartengruppen anlegen:
Menü Kosten-/Erlösartenrechnung	Auswahl aus Menüleiste: `Rechnungswesen - Controlling - Kostenarten`
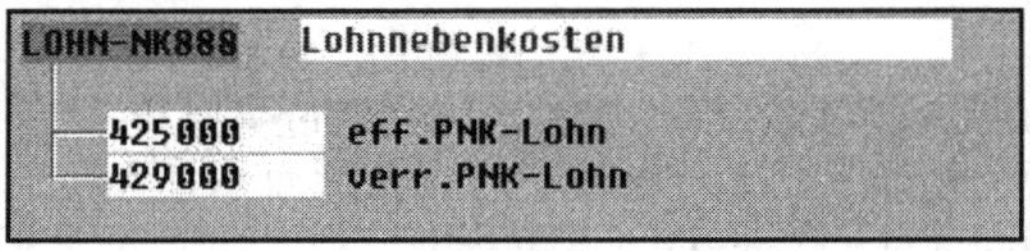	Fassen Sie die **Kostenarten 425000 eff. PNK-Lohn** und **429000 verr. PNK-Lohn** zur Kostenartengruppe **LOHN-NK*nnn* Lohnnebenkosten**, *nnn*=Nummer Ihres PCs zusammen. *Tip: Gehen Sie analog zu M5.3.2 vor.*
	Fassen Sie die **Kostenarten 435000 eff. PNK-Gehalt** und **439000 verr. PNK-Gehalt** zur Kostenartengruppe **GEH-NK*nnn* Gehaltsnebenkosten**, *nnn*=Nummer Ihres PCs zusammen.

Anzeige	Eingabe/Auswahl

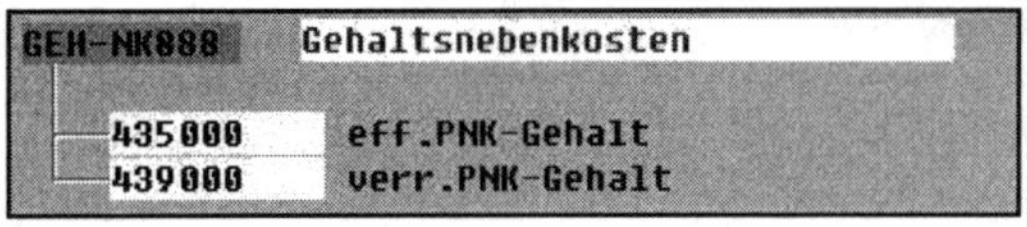

Wechslen Sie wieder zum Menü Gemeinkosten-Controlling Informationssystem.

Abweichungen ermitteln:

Menü Gemeinkosten-Controlling Informationssystem

Wählen Sie im aktuellen Menü:

`Aufträge - Einzelposten - Ist`

Bildschirm "Auftrag: Einzelposten Ist"

Eingabe bzw. Auswahl:

Auftrag: ***9Annn0000001***

(= Abgrenzungsauftrag PNK-Lohn)

Kostenartengruppe: ***LOHN-NK****nnn*

(= verr. u. eff. angefallen Lohnnebenkosten)

Buchungsdatum von: ***1.1.98***

bis: ***31.1.98***

Anzeigenvariante: ***Auftrag/Kostenart/Menge/Wert***

Summenvariante: ***Kostenart***

Liste beginnt mit **`Summen`**

⏎

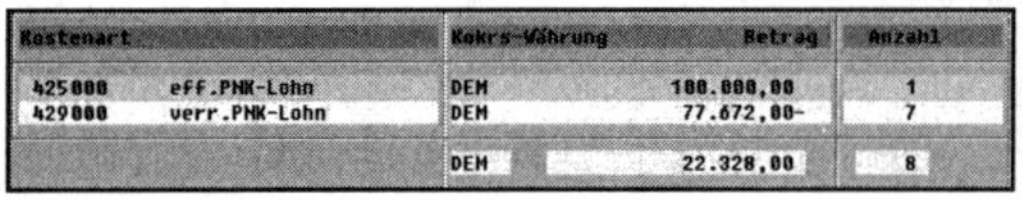

Kostenart		Kokrs-Währung	Betrag	Anzahl
425000	eff.PNK-Lohn	DEM	100.000,00	1
429000	verr.PNK-Lohn	DEM	77.672,00-	7
		DEM	22.328,00	8

Aus der Summenliste des Auftrags können Sie die Abweichung (22.328,--) zwischen den verrechneten und den effektiv in der Periode 1 angefallenen Personalnebenkosten Lohn entnehmen.

Sehen Sie sich die zugehörigen Einzelposten und die Originalbelege der Fibu und der Kostenrechnung an.

Anzeige	Eingabe/Auswahl
	Ermitteln Sie die Abweichung zwischen verrechneten und effektiven **Personalnebenkosten Gehalt** im Januar. Beenden Sie anschließend die Transaktion.
Menü Gemeinkosten-Controlling Informationssystem	

M12.3 Report-Writer-Berichte: Stellenrechnung (BAB)

Mit einem Report-Writer-Bericht können alle im Rahmen der Planung und Istverrechnung gebuchten Mengen und Werte verdichtet, in Form eines Matrix-Berichtes ausgewertet werden.

	Im Testbeispiel soll als Beispiel ein Stellenbericht (Standardbericht "1SIS" s.o.) aufgerufen werden, in dem ein Bertriebsabrechnungsbogen abgebildet ist. Die Summierung innerhalb des Berichtes erfolgt pro Kostenart(en)/-gruppe.

M12.3.1 Report-Writer-Bericht aufrufen und im Bericht navigieren

	Bericht aufrufen: Wählen Sie im aktuellen Menü: `Kostenstellen - Berichtsauswahl`
Bildschirm "Anwendungsbaum Berichtsauswahl Stellenrechnung"	Der Standard-Berichtsbaum für die Kostenstellenrechnung (vgl. M11.1) wird zur Auswahl angezeigt.
	Klicken Sie auf ⊞ vor `Soll/Ist-Vergleiche`
Berichtsbaum Kostenstellenrechnung mit Unterebenen des Knotens "Soll/Ist-Vergleiche":	

Anzeige	Eingabe/Auswahl

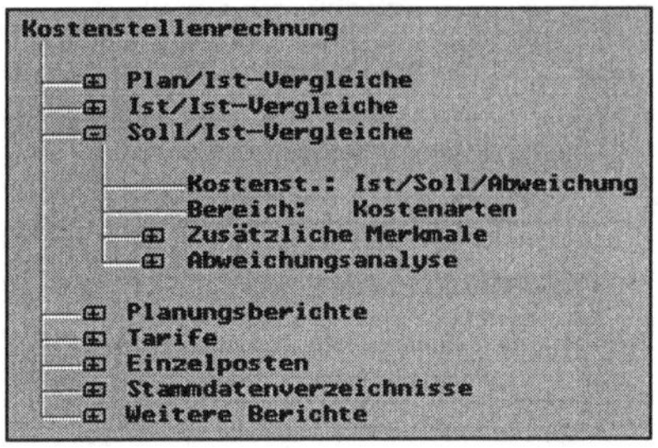

Doppelklicken Sie auf das Blatt:
`Kostenst.:Ist-/Soll-Abweichung`

Selektionsbildschirm für den Aufruf des Berichtes:

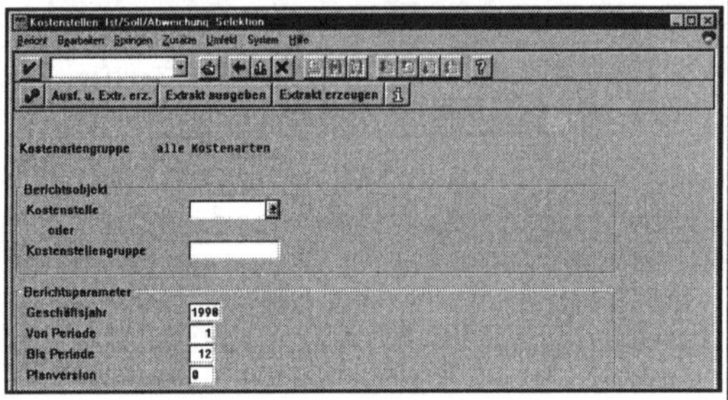

Wählen Sie im aktuellen Menü:
`Zusätze -`
`Auswahl Kostenarten -`
`Kostenartengruppe...`

Dialogfeld "Kostenartengruppen"

Doppelklicken Sie im Dialogfeld auf
`BAB-``nnn`
(= **Ihre** Kostenartengruppe)

"Ihre" Kostenartengruppe erscheint im Bildschirm hinter Kostenartengruppe.

Damit haben Sie festgelegt, daß für den Zeilenaufbau des Berichts die von Ihnen definierte Kostenartengruppe BAB-nnn als Grundlage dienen soll.

Eingabe bzw. Auswahl:

Kostenstelle: **1230**
(= Instandhaltung)

Geschäftsjahr: **1998**

Anzeige	Eingabe/Auswahl

Von Periode: **1**

Bis Periode: **1**

Planversion: **0**

Klicken Sie auf

 (= Ausführen)

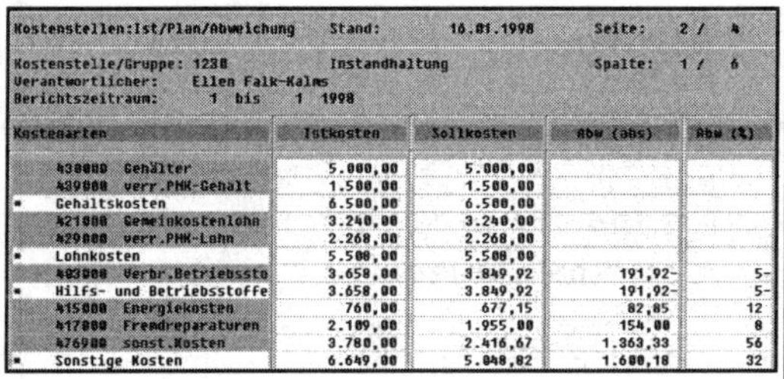

Kostenstellen:Ist/Plan/Abweichung Stand: 16.01.1998 Seite: 2 / 4

Kostenstelle/Gruppe: 1230 Instandhaltung Spalte: 1 / 6
Verantwortlicher: Ellen Falk-Kalms
Berichtszeitraum: 1 bis 1 1998

Kostenarten	Istkosten	Sollkosten	Abw (abs)	Abw (%)
430000 Gehälter	5.000,00	5.000,00		
439000 verr.PMK-Gehalt	1.500,00	1.500,00		
* Gehaltskosten	6.500,00	6.500,00		
421000 Gemeinkostenlohn	3.240,00	3.240,00		
429000 verr.PMK-Lohn	2.268,00	2.268,00		
* Lohnkosten	5.500,00	5.500,00		
403000 Verbr.Betriebssto	3.658,00	3.849,92	191,92-	5-
* Hilfs- und Betriebsstoffe	3.658,00	3.849,92	191,92-	5-
415000 Energiekosten	760,00	677,15	82,85	12
417000 Fremdreparaturen	2.109,00	1.955,00	154,00	8
476900 sonst.Kosten	3.780,00	2.416,67	1.363,33	56
* Sonstige Kosten	6.649,00	5.048,82	1.600,18	32

•••

Der Zeilenaufbau entspricht der Kostenarten-hierarchie BAB-*nnn*.

Vergleichen Sie Ihren Bericht mit dem Beispiel-Ausdruck in der Anlage.

Navigieren:

Klicken Sie auf

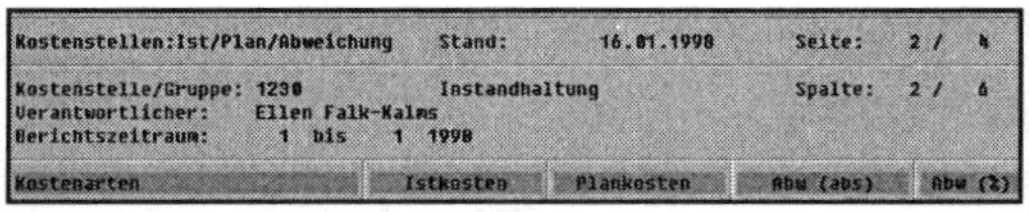

Kostenstellen:Ist/Plan/Abweichung Stand: 16.01.1998 Seite: 2 / 4

Kostenstelle/Gruppe: 1230 Instandhaltung Spalte: 2 / 6
Verantwortlicher: Ellen Falk-Kalms
Berichtszeitraum: 1 bis 1 1998

Kostenarten	Istkosten	Plankosten	Abw (abs)	Abw (%)

Sie gelangen zu Spalte 2 des Berichtes: Ist-/Plankostenvergleich (vgl. Anhang: SAP-Ausdrucke).

Klicken Sie auf

Seite 2 , Spalte 1

Klicken Sie auf

Seite 3, Spalte 1

Kehren Sie zurück zu Seite 2, Spalte 1 des Berichtes

Anzeige	Eingabe/Auswahl
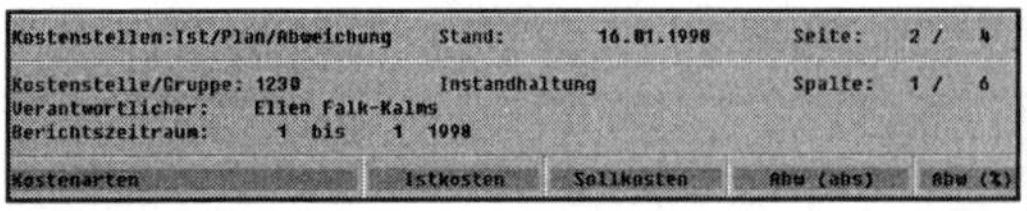	

M12.3.2 Layout modifizieren

Wertdarstellung und Spaltenbreite ändern:

Wählen Sie im aktuellen Menü:

`Einstellungen - Layout - Darstellung...`

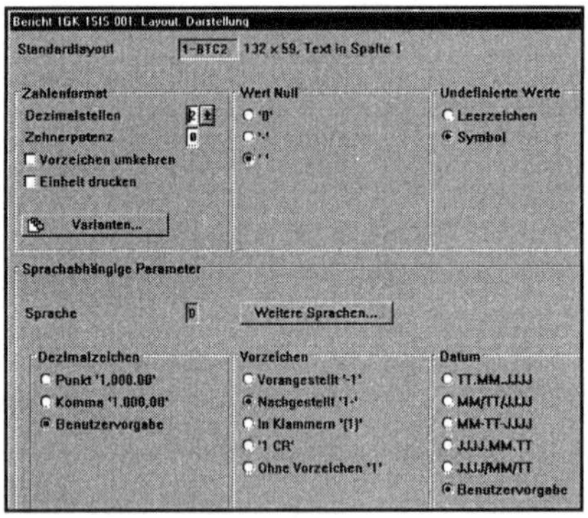

Eingabe bzw. Auswahl:

Dezimalstellen: **0**

Vorzeichen: **`Vorangestellt '-1'`**

↵

Wählen Sie im aktuellen Menü:

`Einstellungen - Layout - Spaltensummen`

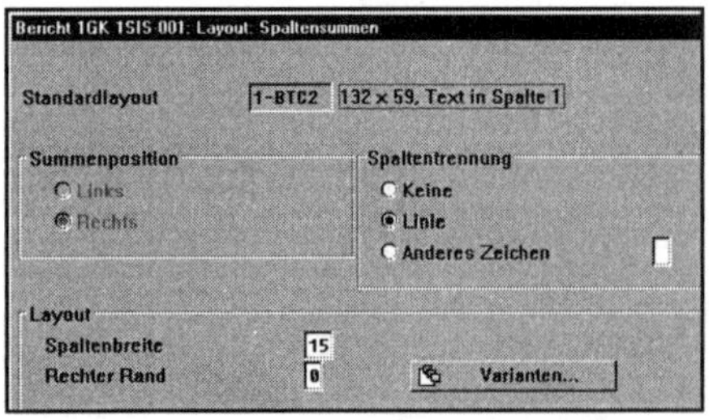

Anzeige	Eingabe/Auswahl

Eingabe bzw. Auswahl:

Spaltenbreite: **12**

↵

Kostenarten	Istkosten	Sollkosten	Abw (abs)	Abw (%)
430000 Gehälter	5.000	5.000		
439000 verr.PMK-Gehalt	1.500	1.500		
* Gehaltskosten	6.500	6.500		
421000 Gemeinkostenlohn	3.240	3.240		
429000 verr.PMK-Lohn	2.268	2.268		
* Lohnkosten	5.508	5.508		
403000 Verbr.Betriebssto	3.658	3.850	-192	-5
* Hilfs- und Betriebsstoffe	3.658	3.850	-192	-5
415000 Energiekosten	760	677	83	12
417000 Fremdreparaturen	2.109	1.955	154	8
476900 sonst.Kosten	3.780	2.417	1.363	56

•••

Summierungsstufen aus- und einblenden:

Wählen Sie im aktuellen Menü:

`Sicht - Summierungsstufe...`

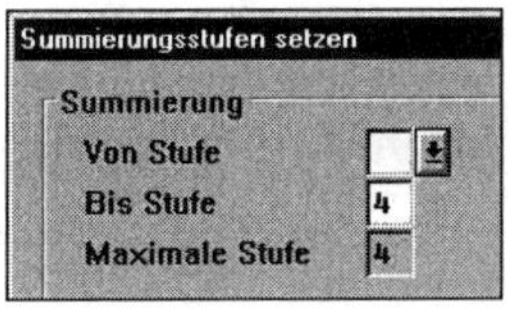

Eingabe:

Von Stufe: ***3***

↵

Kostenarten	Istkosten	Sollkosten	Abw (abs)	Abw (%)
*** Belastung	24.334	22.815	1.518	7
*** Entlastung	-23.919	-23.919		
**** Über-/Unterdeckung	414	-1.104	1.518	-138

Summierungsstufen 0 bis 2 sind ausgeblendet.

Wählen Sie im aktuellen Menü:

`Sicht - Summierungsstufe...`

Dialogfeld "Summierungsstufen setzen"

Eingabe:

Von Stufe: ***1***

↵

Kostenarten	Istkosten	Sollkosten	Abw (abs)	Abw (%)
* Gehaltskosten	6.500	6.500		
* Lohnkosten	5.508	5.508		
* Hilfs- und Betriebsstoffe	3.658	3.850	-192	-5
* Sonstige Kosten	6.649	5.049	1.600	32
* Kalk. Kosten	570	550	20	4
** Primäre Kosten	22.885	21.457	1.428	7
* Leistungsaufnahme	1.449	1.358	90	7
** Sekundäre Kosten	1.449	1.358	90	7
*** Belastung	24.334	22.815	1.518	7
* Leistungsaufnahme	-23.919	-23.919		
** Sekundäre Kosten	-23.919	-23.919		
*** Entlastung	-23.919	-23.919		

<table>
<tr><th>Anzeige</th><th>Eingabe/Auswahl</th></tr>
<tr><td></td><td>Jetzt werden nur noch die Kostenarten (Summierungsstufe 0) ausgeblendet.</td></tr>
<tr><td colspan="2">M12.3.3 Grafik anzeigen</td></tr>
<tr><td></td><td><u>Grafik aufrufen:</u>

Stellen Sie den Cursor auf
<code>6.500</code>
(= Gehaltskosten Istkosten)</td></tr>
<tr><td>6.500 ist markiert.</td><td>Klicken Sie auf
 (= Block markieren)

Stellen Sie Cursor auf
<code>550</code>
(= Kalk. Kosten Sollkosten)</td></tr>
<tr><td>Block (primäre Kosten Ist und Soll) ist markiert.</td><td>Klicken Sie auf
 (= Block markieren)</td></tr>
<tr><td>Neues Fenster: "SAP Präsentationsgrafik" erscheint</td><td>Klicken Sie auf
 (= Grafik)</td></tr>
<tr><td>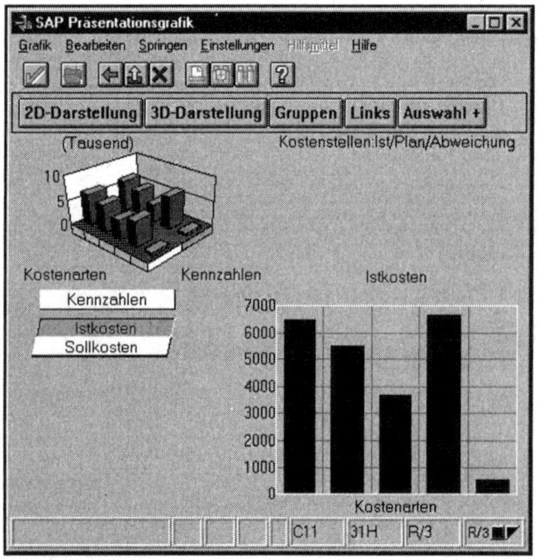
</td><td>Vergrößern Sie das Grafik-Fenster</td></tr>
</table>

Anzeige	Eingabe/Auswahl
	Klicken Sie auf **[3D Darstellung]**
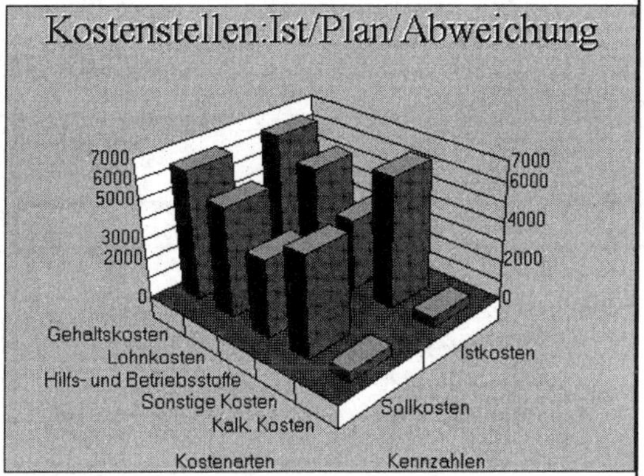	
	Grundeinstellungen abwandeln:
	Wählen Sie im aktuellen Menü: **Einstellungen - Grundeinstellungen...**
Dialogfeld "Grundeinstellungen"	Markieren Sie: **Kleine Schrift** 
Beschriftung wird verkleinert	Wählen Sie im aktuellen Menü: **Einstellungen - 3D Einstellungen...**
Dialogfeld "3D Einstellungen"	Markieren Sie: **Darstellung spiegeln** 
Spiegelung erfolgt	Zeilen und Spalten werden vertauscht.
	Klicken Sie auf  (= Symbol Beenden)
Grafikfenster wird geschlossen.	

Anzeige	Eingabe/Auswahl
Blockmarkierung wird wieder aufgehoben.	Wählen Sie im aktuellen Menü: **`Bearbeiten -`** **`Block entmarkieren`**
Kostenarten erscheinen wieder.	Blenden Sie nun wieder sämtliche Summierungsstufen (0 bis 4) ein.

M12.3.4 Bericht nach Excel exportieren

Anzeige	Eingabe/Auswahl
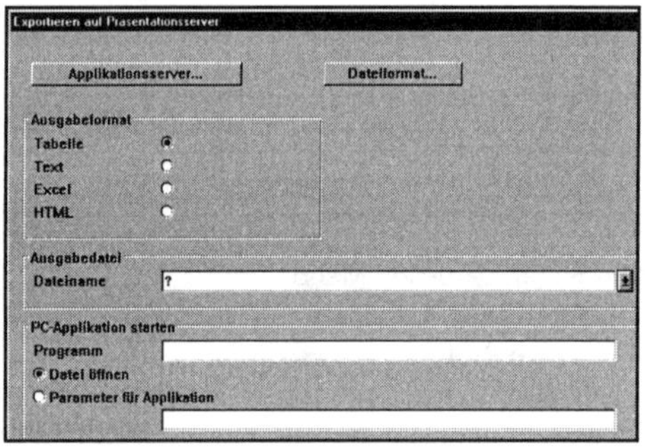 	Wählen Sie im aktuellen Menü: **`Bericht -`** **`Exportieren...`**
	Markieren Sie unter *Ausgabeformat:* **`Excel`**
	Eingabe bzw. Auswahl: *Dateiname:* ***C:\TEMP\Sapber*** (= Dateiname u. Pfad der PC-Datei, kann durch beliebigen Pfad- und Dateinamen ersetzt werden) *Programm:* ***C:\Programme\Microsoft Office\Office\EXCEL*** (= Pfad des Programmes Excel; muß evtl. - je nach Installation - durch den aktuellen Programmpfad von Excel ersetzt werden)
	Markieren Sie **`Datei öffnen`** ↵
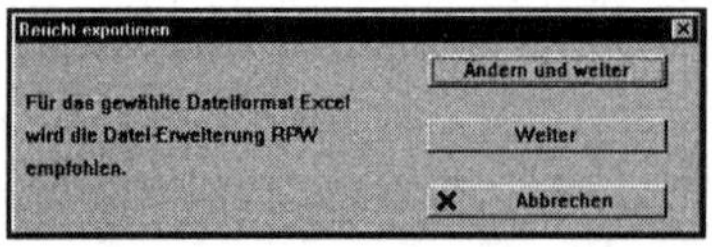 	Klicken Sie auf **[Ändern und weiter]**

Anzeige	Eingabe/Auswahl
	Bericht wird exportiert!
	Excel wird gestartet und Datei C:\TEMP\Sapber.RPW (= exportierter SAP-Bericht) geöffnet.
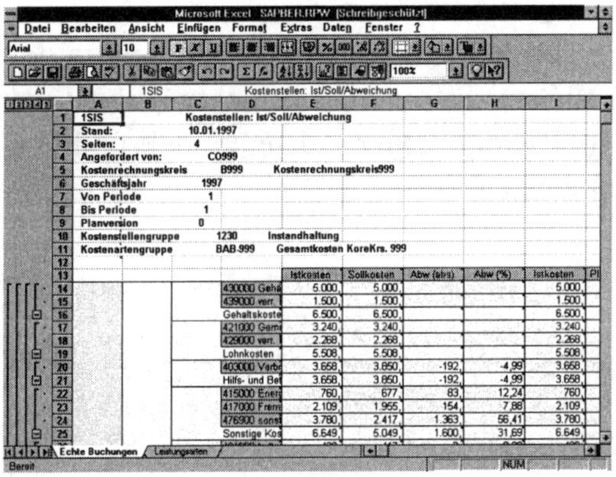	
	Schreibgeschützte Datei könnte jetzt zur evtl. späteren Weiterverarbeitung im Excel-Format (Dateityp: Microsoft Excel-Arbeitsmappe) unter dem Dateinamen SAPBER.XLS gespeichert werden.
	Beenden Sie Excel.
Bildschirm "Kostenstellen: Ist/Soll/Abweichung: Ergebnis"	Klicken Sie auf  (= Symbol Beenden)
Bildschirm "Kostenstellen: Ist/Soll/Abweichung: Selektion"	
	Bericht für restliche Kostenstellen aufrufen:
	Rufen Sie nun noch den Kostenstellen-Bericht **1SIS** für die restlichen Kostenstellen auf und vergleichen Sie Ihre Ergebnisse mit den Tabellen in der Aufgabenstellung (s. Anhang: Fallstudie als Tabellenkalkulations-Vorlage).
SAP-Eingangsmenü	Beenden Sie anschließend die Transaktion und kehren Sie zurück zum SAP-Eingangsmenü.

3.4 Schnittstelle für Eigenprogrammierung

Modul 13: Unternehmensdatenmodell und ABAP/4 Dictionary

Anhand eines kleinen Ausschnitts des Controlling-Datenmodells - in dem einige der im Testbeispiel tangierten betriebswirtschaftlichen Informationsobjekte abgebildet sind – werden Verbindungen zwischen dem SAP-Unternehmensdatenmodell und den Datenstrukturen der unterliegenden Datenbank gezeigt.

Das SAP-Unternehmensdatenmodell (SAP-UDM)

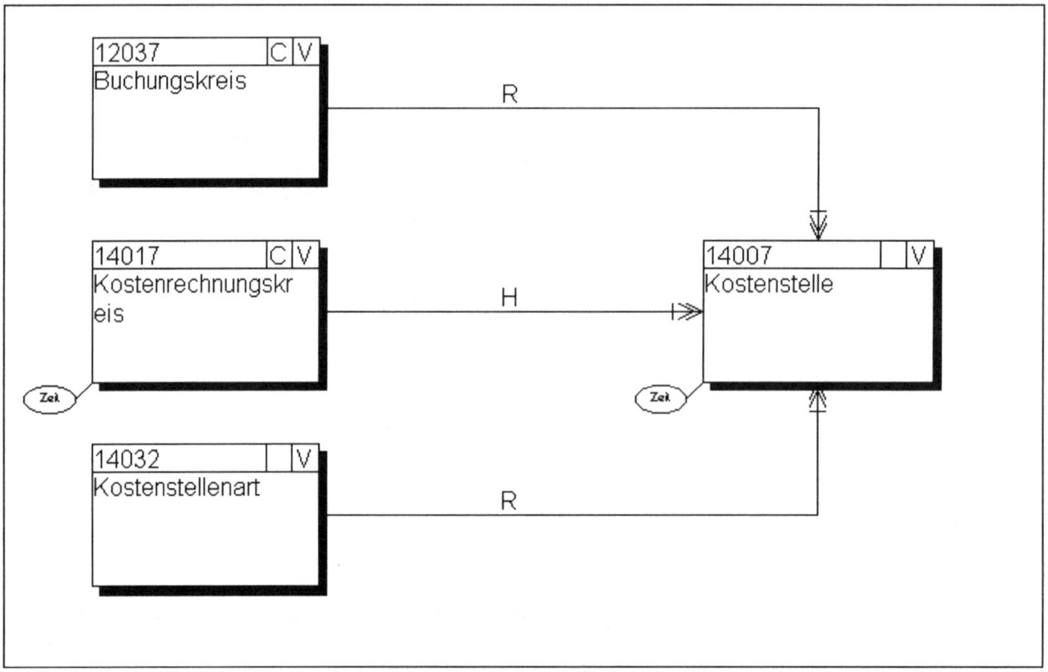

Bild 3.4/1(Modul 13): Ausschnitt aus dem Teilmodell Gemeinkosten-Controlling des SAP-Unternehmensdatenmodells

Das **SAP-Unternehmensdatenmodell** stellt die im R/3-System enthaltenen Informationsobjekte (Entitätstypen) und deren Beziehungen zueinander (Relationen) aus betriebswirtschaftlicher Sicht sowohl textuell als auch grafisch dar.

Die grafische Darstellung hat die Form eines Strukturierten Entity-Relationship-Modells (SAP-SERM):

Entitätstypen werden in der Grafik durch Rechtecke dargestellt. Ihre Anordnung ist durch den Abhängigkeitsgrad vorgegeben ('Strukturiertes' ERM): sind zwei Entitätstypen über eine Beziehung miteinander verbunden, so steht der Start-Entitätstyp (referenzierter Entitätstyp) immer links vom Ziel-Entitätstyp (abhängiger Entitätstyp). Im obigen Ausschnitt stehen die Entitätstypen *Kostenstellart*, *Buchuchungskreis*, *Kostenrechnungskreis* z. B. links von der *Kostenstelle* als abhängiger Entitätstyp.

Das *V* im oberen rechten Feld des Rechtecks zeigt an, daß dem Entitätstyp im Dictionary (s.u.) ein Datenbank-View zugeordnet ist, d. h. er wird auf eine oder auf mehrere Data Dictionary-Tabellen mit Hilfe eines Views abgebildet (siehe auch Bild 3.4/4). Weitere mögliche Arten der Dictionary-Zuordnung: *T* : genau eine Tabelle zugeordnet, *Blank* : keine Tabelle/kein View zugeordnet.

Das Feld links daneben enthält das sogenannte Customizing-Kennzeichen: *C* : Entitätstyp wird nur im Customizing verwendet, *A* : Entitätstyp wird allgemein verwendet, *Blank* : Entitätstyp wird nicht im Customizing verwendet.

Das Zeit-Symbol (im Ausschnitt den Entitätstypen *Kostenrechnungskreis* und *Kostenstelle* zugeordnet) symbolisiert die Zeitabhängigkeit von Entitätstypen. So ist zum Beispiel beim Anlegen einer Kostenstelle (=Ausprägung des Entitätstypen *Kostenstelle*) ein Gültigkeitszeitraum (vgl. M5.2.2) anzugeben.

Beziehungen zwischen den Entitätstypen sind gerichtet (vom unabhängigen zum abhängigen Entitätstypen) und erscheinen in der Grafik als Pfeilsymbole. Die Buchstaben an den Pfeillinien geben die Art der Beziehung wieder (*H* : hierarchisch, *A* : aggregierend, *R* : referentiell, *X* : extern), der Darstellung der Pfeilspitzen ist die rechte Seite der Kardinalität der Beziehung zu entnehmen

(——> : 1, ——+> : c (0 oder 1), ——>> : n (1 oder n), ——+>> : cn (0, 1 oder n)).

Beispiel:

Zwischen den Entitätstypen *Kostenrechnungskreis* und *Kostenstelle* besteht eine hierarchische 1:cn-Beziehung: ein *Kostenrechnungskreis* kann sich in mehrere Kostenstellen gliedern; eine *Kostenstelle* gehört zu genau einem *Kostenrechnungskreis*.

Architektur des SAP-UDM

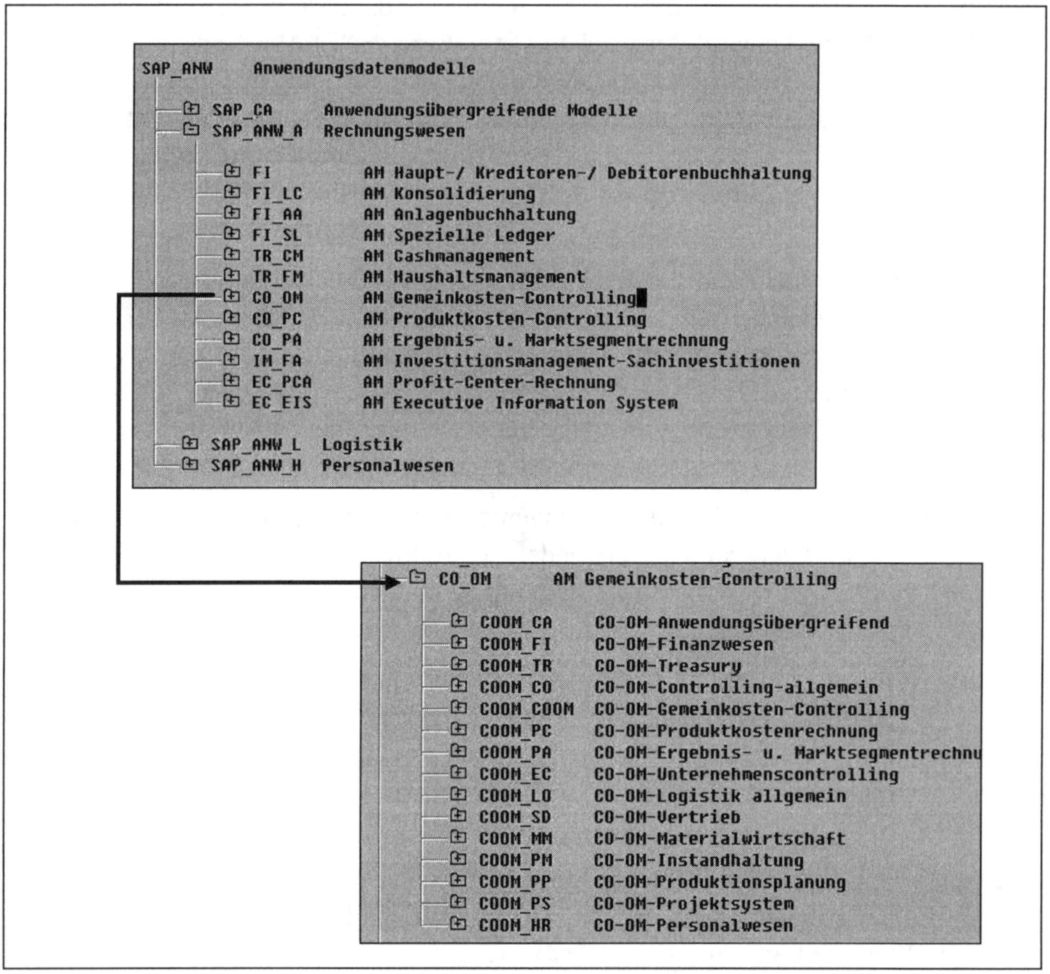

Bild 3.4/2(Modul 13): Hierarchie und Bereichsstruktur der Anwendungsdatenmodelle; Beispiel: Datenmodell Gemeinkosten-Controlling

Das SAP-Unternehmensdatenmodell ist in Teilmodelle für die einzelnen R/3-Anwendungsmodule untergliedert. Ein **Anwendungsdatenmodell (AM)** repräsentiert die Daten eines abgeschlossenen betriebswirtschaftlichen Sachverhalts, z. B. AM FI: *Haupt-/ Kreditoren-/ Debitorenbuchhaltung*, AM CO_OM: *Gemeinkosten-Controlling.*

Damit ist natürlich nicht gemeint, daß jeder Anwendungsbereich "seine eigenen" Daten hat; im Gegenteil: alle Anwendungsbereiche greifen auf dieselben Daten zurück. Ein Anwendungsdatenmodell repräsentiert für einen Anwendungsbereich *die*

Daten, die von diesem Bereich benötigt werden. Dies ist eine Untermenge (Projektion) aus dem Gesamtdatenmodell.

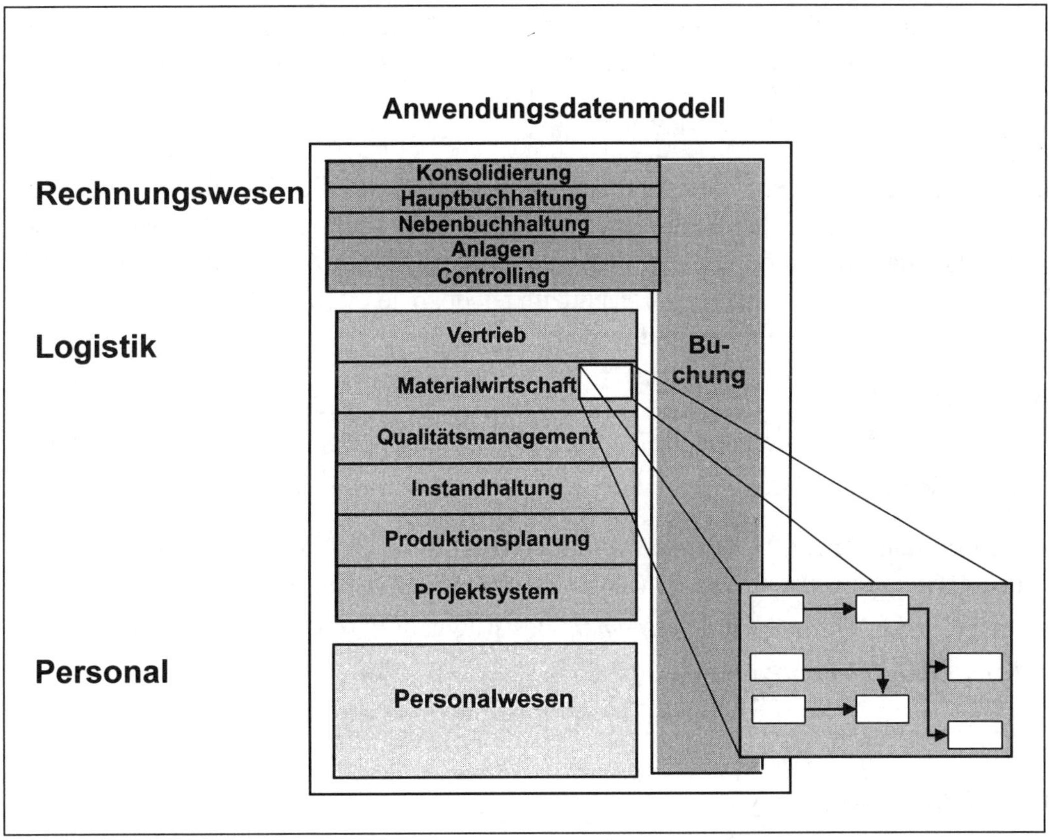

Bild 3.4/3(Modul 13): Architektur der Anwendungsdatenmodelle

Alle Anwendungsdatenmodelle sind wiederum nach einer einheitlichen Grundstruktur (Gesamtarchitektur) in abgegrenzte betriebswirtschaftliche Teilbereiche der drei großen R/3-Einsatzbereiche **Rechnungswesen**, **Logistik** und **Personal** untergliedert. Diese Bereiche fassen Entitätstypen (betriebliche Informationsobjekte) und deren Beziehungen zueinander zusammen und können hierarchisch in weitere Bereiche untergliedert sein. Die grafische Anordnung der Bereiche ist in allen Anwendungsdatenmodellen gleich: aufbauend auf dem Personalwesen folgen die Sachgebiete der internen Produktion, danach Materialwirtschaft und Vertrieb und schließlich die Komponenten des Rechnungswesens von der Kostenrechnung über die Finanzbuchhaltung bis hin zur Konsolidierung. Die Buchung (= Zuordnung der aus den Geschäftsvorfällen hergeleiteten Werten zu Konten) stellt die Schnittstelle zwischen Rechnungswesen, Logistik und Personal dar.

Die Zuordnung von Entitätstypen zu einem Bereich ist datenmodellübergreifend eindeutig, ein Entitätstyp ist immer dem gleichen Bereich zugeordnet. Jedoch hängt die Anzahl der Entitätstypen in einem Bereich von der Nutzung des Bereiches durch die jeweilige Anwendung ab. So enthält beispielsweise der Bereich Material in der Anwendung Finanzwesen weniger Entitätstypen als in der Anwendung Materialwirtschaft.

Diese Bereichsarchitektur der Anwendungsdatenmodelle, die eine anwendungsübergreifende Integration des SAP-Unternehmensdatenmodells gewährleisten soll, bewirkt also, daß Teilmodelle und Entitätstypen in mehreren Anwendungsdatenmodellen verwendet werden können, die Nutzung jedoch je nach Anwendung mit unterschiedlichem Schwerpunkt erfolgt.

Beispiele:

- Die Anwendungsdatenmodelle *FI Haupt-/Kreditoren-/Debitorenbuchhaltung* und *CO_OM Gemeinkosten-Controlling* enthalten beide das Teilmodell *Vertrieb.*
- Den Entitätstyp *12001 Kontenplan* findet man sowohl im Teilmodell *Finanzwesen* des Anwendungsdatenmodells *CO_OM Gemeinkosten-Controlling* als auch im Teilmodell *Finanzwesen allgemein* des Anwendungsdatenmodells *FI Haupt-/ Kreditoren-/Debitorenbuchhaltung.*

Das ABAP/4-Dictionary

Das **ABAP/4 Dictionary** beschreibt als integriertes, aktives Data Dictionary das logische Datenmodell und dessen Abbildung in Strukturen der unterliegenden Datenbank.

Es dient zur Erfassung und Verwaltung der Eigenschaften sämtlicher Daten (Metadaten) des unterliegenden Datenbanksystems; dazu zählen Datendefinitionen (Typ, Länge, Format, etc.), Tabellenstrukturen und -beziehungen ebenso wie Zugriffsrechte auf Tabellen und Integritätsbedingungen.

Integriert bedeutet die vollstängige Einbettung in die R/3-Entwicklungsumgebung (Development-Workbench): die im ABAP/4 Dictionary zentral gespeicherten Informationen stehen jederzeit für die Anwendungsentwicklung zur Verfügung. Im ABAP/4-Editor können z. B. Tabellenstrukturen aus dem ABAP/4-Dictionary direkt angezeigt werden (siehe Modul 14). Die Eigenschaft **aktiv** besagt, daß sich Änderungen im ABAP/4-Dictionary sofort auf alle betroffenen Programme auswirken.

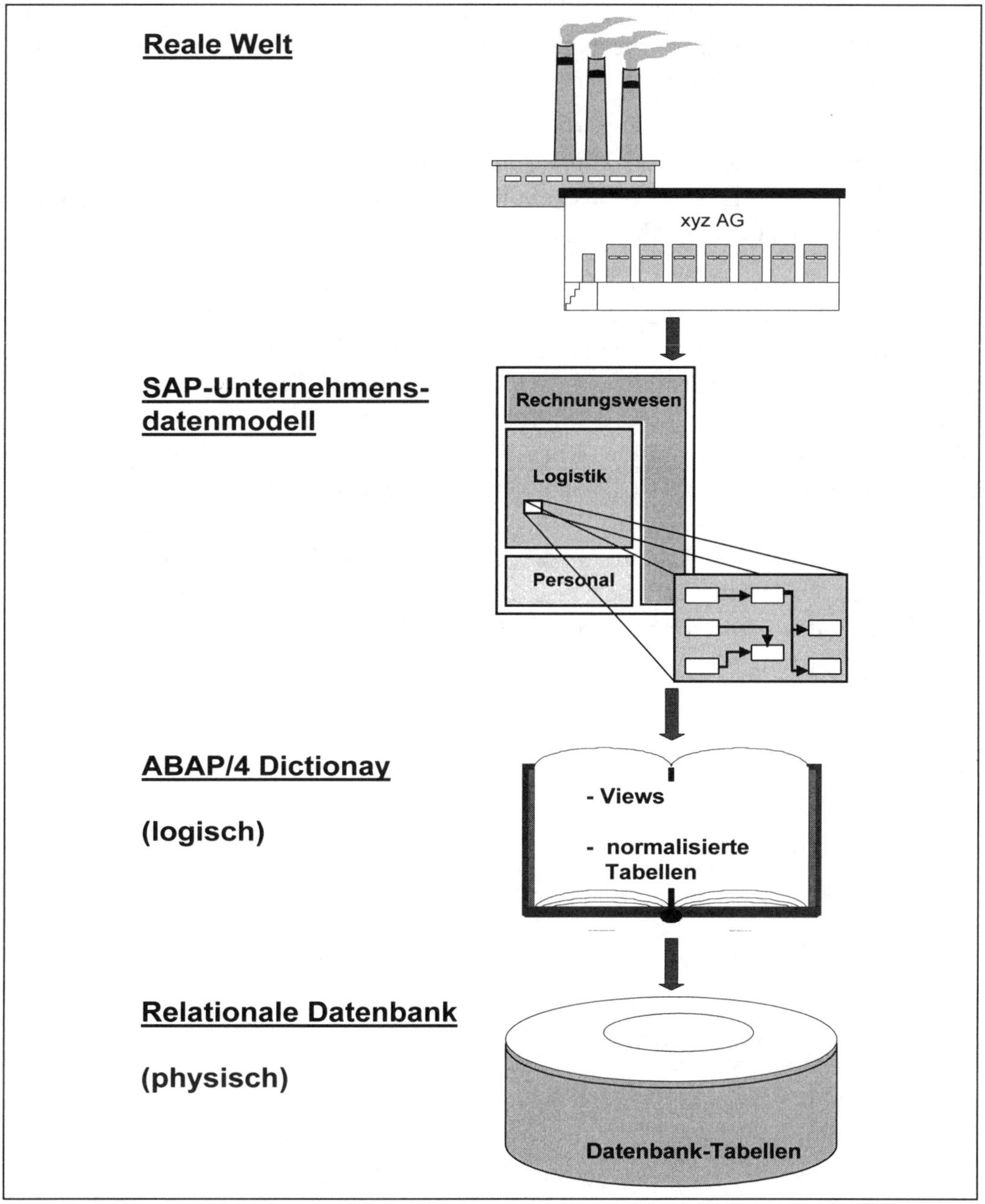

Bild 3.4/4(Modul 13): ABAP/4 Dictionary als Verbindung zwischen SAP-UDM realisierten Datenstrukturen

Die Verbindung zwischen den Entitätstypen des SAP-Unternehmensdatenmodells (betriebswirtschaftliche **Objekte der realen Welt**) und den Tabellen des ABAP/4 Dictionary (**normalisierte Tabellen**) erfolgt durch die Zuordnung von **Views**. Dabei können Entitätstypen auf mehreren Tabellen basieren oder es können auch mehrere Entitätstypen in einer Tabelle zusammengefaßt sein. Die Felder der Tabellen entsprechen den Attributen der Entitätstypen.

Über die entsprechenden Views können die Ausprägungen von Entitätstypen angezeigt werden (siehe M13.2), es ist also ein Durchgriff vom Unternehmensdatenmodell bis auf Tabelleninhalte möglich.

Die R/3-Anwendungsentwicklung basiert auf einem relationalem Datenmodell. Für den ABAP/4-Programmierer stellen sich alle Tabellen der R/3-Datenmodelle im ABAP/4 Dictionary als **normalisiert** dar (**logische Ebene**). Diese Tabellenstrukturen stimmen jedoch nicht immer mit den Strukturen der Tabellen im unterliegenden Datenbanksystem überein (**physische Ebene**). Sie sind also logischer Natur und unabhängig von den spezifischen Gegebenheiten der möglichen Datenbanksysteme (z. B. ORACLE, INFORMIX, DB2 von IBM, ADABAS), wie etwa Beschränkungen hinsichtlich der Anzahl von Tabellen und der Felder in den Tabellen. Die datenbankunabhängigen Tabellendefinitionen des ABAP/4 Dictionary werden automatisch in Definitionen des jeweiligen unterliegenden Relationalen Datenbanksystems (RDBMS) transformiert.

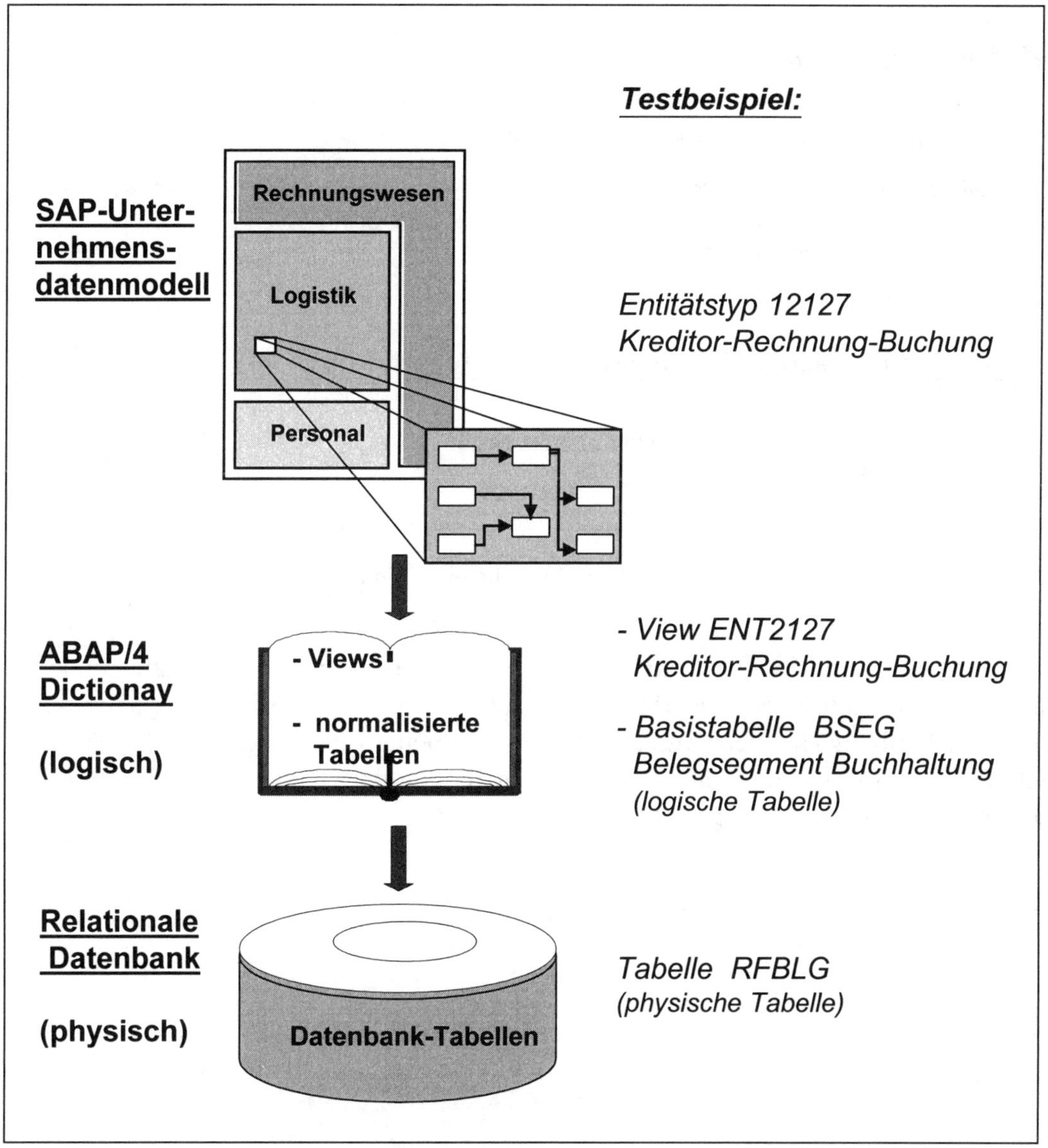

Bild 3.4/5(Modul 13): Durchgriff vom Datenmodell auf Tabellen im Testbeispiel

Im Testbeispiel wird auf logischer Ebene die Tabelle BSEG (Belegsegmente Buchhaltung) gefunden, die die Buchungszeilen enthält.

Auf physischer Ebene befindet sich der Inhalt von BSEG in der Tabelle RFBLG (die neben BSEG noch die Inhalte anderer logischer Tabellen enthält).

Was ist zu tun ?

SAP-Unternehmensdatenmodell und ABAP/4 Dictionary

- Navigation mit dem Data Modeler
- Entitäts- und Beziehungstypen des Datenmodells Controlling
- Datenmodell-Ausschnitte im Grafik-Editor

Navigieren in M13.1

Verbindung zwischen Datenmodell und Datenstrukturen im ABAP/4 Dictionary

- Entitätstyp – Dictionary-View – Datenbanktabelle
- Durchgriff auf Daten des Testbeispiels

Ansehen in M13.2

Bild 3.4/6 (Modul 13): Überblick Modul 13

Mit Hilfe des Data Modelers, einem Werkzeug zur Erstellung eigener Datenmodelle und zur Navigation im SAP-UDM, werden zunächst grafische Darstellung und textuelle Beschreibung kleiner Ausschnitte des Gemeinkosten-Datenmodells gezeigt. Schließlich wird die Möglichkeit des Durchgriffs von der Datenmodellgrafik auf die Daten des Testbeispiels vorgestellt.

Anzeige	Eingabe/Auswahl

Modul 13: Unternehmensdatenmodell und ABAP/4 Dictionary

Im *Unternehmensdatenmodell* (SAP-UDM) werden die vom R/3-System bearbeiteten betriebs-wirtschaftlichen Informationsobjekte (Entitäten) und deren Beziehungen (Relationen) zueinander dargestellt. Es ist in Teilmodelle für die einzelnen R/3-Anwendungen untergliedert.

Das *ABAP/4 Dictionary* ist das in die Entwicklungsumgebung des R/3-Systems eingebettete Data Dictionary. Es beschreibt - u.a. - die logische Struktur dieser betriebswirtschaftlichen Objekte und deren Abbildungen in Strukturen der unterliegenden relationalen Datenbank (logische Ebene in SAP).

***ABAP/4* (= Advanced Business Application) ist eine von SAP-Entwicklern entworfene Programmiersprache der 4. Generation, die in das R/3-System für die Durchführung von Eigenentwicklungen integriert ist (s. auch unter Modul 14).**

Es sollen nun Möglichkeiten aufgezeigt werden, die Objekte und Daten aus dem Testbeispiel im SAP-UDM bzw. in den Datenbanktabellen wiederzufinden und sich die zugehörigen Datenstrukturen anzusehen:

- Die betriebswirtschaftlichen Informationsobjekte (Entitäten) werden im **Datenmodell** identifiziert (Beisp.: Kostenstelle, Kreditor-Rechnung).
- Den betriebswirtschaftlichen Infoobjekten sind bei SAP Views zugeordnet. Die in der Datenbank realisierten (physischen) Basistabellen dieser Views werden ermittelt. Die Strukturen der Datenbanktabellen weden durch Ausgabe der an technischen Gesichtspunkten orientierten Tabellendefinitionen aus dem **ABAP/4 Dictionary** transparent gemacht, die Ausprägungen der Attribute (aktuellen Werte, hier: Daten des Testbeispiels) ausgemacht.

Später wird dann noch (unter Modul 14) in der Programmiersprache **ABAP/4** ein Report erstellt, der die Möglichkeit des Zugriffs auf Datenbank-tabellen durch Eigenprogrammierung und damit der Erstellung individueller Datenauswertungen zeigt.

Anzeige	Eingabe/Auswahl

M13.1 Mit dem Data Modeler im SAP-Unternehmensdatenmodell navigieren

Der *Data Modeler* ist sowohl ein in R/3 integriertes Werkzeug, das sowohl zur Erstellung eigener Datenmodelle als auch zur Navigation im SAP-Unternehmendatenmodell dient.

Anzeige	Eingabe/Auswahl
	Entitätstypen und Definitionen des Datenmodells "Controlling" anzeigen:
SAP-Eingangsmenü	Wählen Sie im SAP-Eingangsmenü: **`Werkzeuge -`** **`ABAP/4-Workbench`**
Menü ABAP/4 Development Workbench	Sie sind in die **Entwicklungsumgebung** des R/3-Systems gelangt.
	Wählen Sie im Menü ABAP/4 Development Workbench: **`Entwicklung -`** **`Data Modeler`**
Bildschirm "Data Modeler: Einstieg"	Klicken Sie auf **[SAP Anwendungen]**
Hierarchie-Struktur der SAP-Anwendungsdatenmodelle: 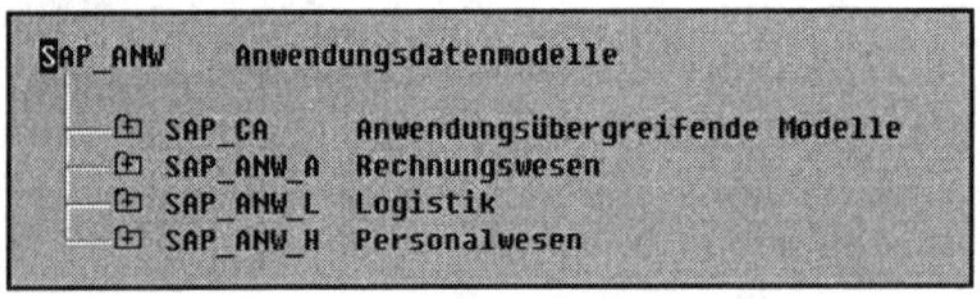 	
	Wählen Sie in der Hierarchie: **SAP_ANW_A Rechnungswesen -** **CO_OM AM Gemeinkostencontrolling -** **COOM_COOM CO-OM Gemeinkosten-Controlling –** **COOM-10157 Kostenstelle**

Anzeige	Eingabe/Auswahl
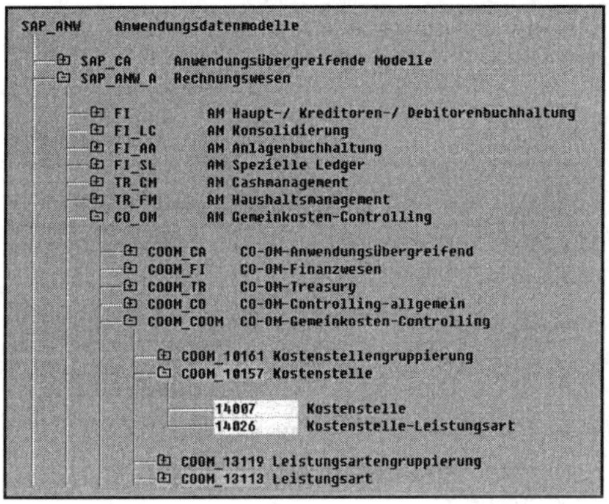	Auf der untersten Ebene der Hierarchie ist unter dem Knoten COOM-10157 Kostenstelle der **Entitätstyp 14007 Kostenstelle** angehängt.
	Doppelklicken Sie auf Entitätstyp **`14007 Kostenstelle`**
Bildschirm "Entitätstyp anzeigen: Definition":	Definition des Entitätstyps "14007 Kostenstelle" ist nachzulesen.
	Ausschnitt aus SAP-Datenmodell mit Grafikeditor erstellen:

Die Anwendungsdatenmodelle werden grafisch in Form eines erweiterten strukturierten Entity-Relationship-Modells (*SAP-SERM*) dargestellt. Der Aufbau der Anwendungsmodelle orientiert sich an der Gesamtbereichsarchitektur.
Die grafische Darstellung beinhaltet Entitätstypen, Beziehungstypen und Spezialisierungen. Die Anordnung der Entitätstypen gibt den Grad der Existenzabhängigkeit wieder: Je abhängiger ein Entitätstyp von anderen ist, um so weiter wird er rechts positionier.

	Klicken Sie auf  (= Grafik)
Neues Programmfenster: "Data Modeler: Grafik (Anzeigemodus)"	Grafikeditor wird gestartet.

Anzeige	Eingabe/Auswahl
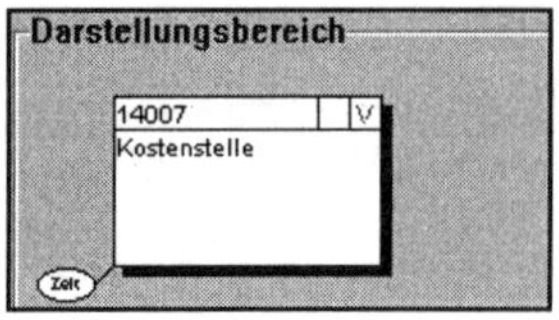	Grafische Darstellung des Entitätstyps "14007 Kostenstelle" erscheint.
	Markieren Sie durch Anklicken Entitätstyp: **14007**
	Wählen Sie im Menü des Grafikfensters: **Hilfsmittel -** **Holen -** **Vorgänger**
Bildschirm "Umfeld holen: Entitätstypen auswählen" Alle Entitätstypen sind markiert.	Alle **Vorgänger**, das sind alle Entitätstypen mit eingehenden (links stehenden) Beziehungen, des Entitätstyps 14007 sind zur Selektion aufgelistet.
	Markieren Sie die Entitätstypen: **14017 Kostenrechnungskreis** **17461 Kostenstellenverantwortlicher** **12037 Buchungskreis** **14032 Kostenstellenart** (Heben Sie durch Anklicken die Markierungen aller anderen Entitätstypen auf.)
	Klicken Sie auf **[Übernehmen]**
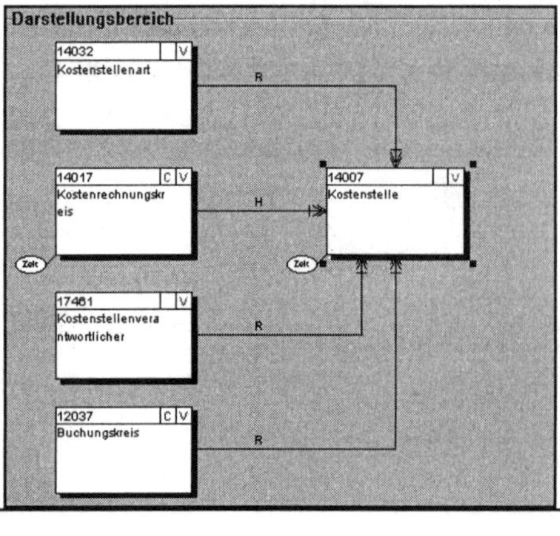	

Anzeige	Eingabe/Auswahl
	In die Grafik wurden nur die im Testbeispiel verwendeten Objekte (Entitätstypen) übernommen.

Beschriftung der Entitätstypen:
- *C* : Objekt, das im Customizing gepflegt wird
- *V* und A: dem Objekt ist ein Datenbank-View zugeordnet

Beschriftung der Beziehungstypen:
- *R* : referentielle Beziehung
- *H* : hierarchische Beziehung

Das "*Zeitei*" (an Kostenrechnungskreis und Kostenstelle) symbolisiert die Zeitabhängigkeit von Entitätstypen.

Anzeige	Eingabe/Auswahl
	Markieren Sie durch Anklicken Entitätstyp: **`12037 Buchungskreis`**
Entitätstyp Buchungskreis ist markiert.	Wählen Sie im Menü des Grafikfensters: **`Hilfmittel - Holen - Nachfolger`**
Bildschirm "Umfeld holen: Entitätstypen auswählen"	Liste aller **Nachfolger** des Entitätstyps 12037 Buchungskreis, das sind alle (weiter rechts stehenden) Entitätstypen, die vom Buchungskreis abhängig sind. Markieren Sie Enitätstypen: **`12005 Buchungskreis-Sachkonto`** **`12010 Buchungskreis-Kreditorkonto`** **`12212 Kreditor-Rechnung`** Klicken Sie auf **[Übernehmen]** Erweitern Sie nun den Datenmodell-Ausschnitt noch um den Nachfolger **12127 Kreditor-Rechnung-Buchung** des Entitätstyps **12212 Kreditor-Rechnung.**

Anzeige	Eingabe/Auswahl

Ausschnitt aus dem Darstellungsbereich:

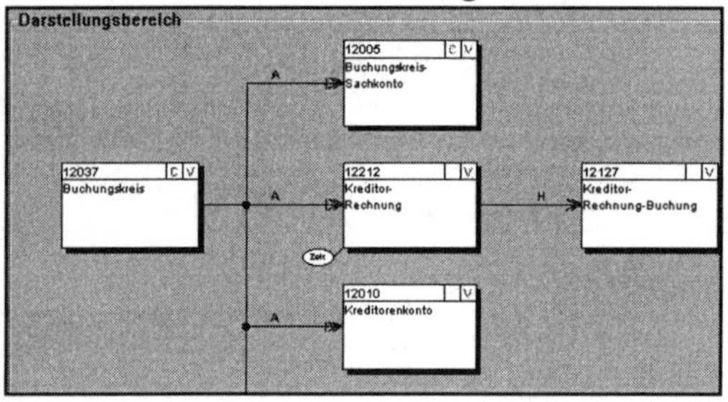

M13.2 Verbindung zwischen Datenmodell und realisierten Datenbank-strukturen des ABAP/4 Dictionary

Das *ABAP/4 Dictionary* (Repository) stellt eine zentrale Quelle von Informationen über die Daten des Unternehmens (Meta-Daten) sowie über alle übrigen Entwicklungsobjekte wie ABAP/4-Programme, Bildschirmbeschreibungen, Dokumente, etc. dar.
Die Verbindung zwischen den Entitätstypen des Datenmodells und den Tabellen des ABAP/4 Dictionary werden durch Datenbank-Views beschrieben. Die Felder der Tabellen entsprechen dabei den Attributen der Entitätstypen.
Entitätstypen können sowohl auf mehrere Datenbanktabellen verteilt, als auch mehrere Entitätstypen in einer Tabelle zusammengefaßt sein.

Von der grafischen Darstellung aus kann in die textuelle Beschreibung gewechselt werden, da die Grafik aus den aktuellen Daten im ABAP/4 Dictionary aufgebaut wird. Es besteht eine Verbindung zum R/3 Repository bis auf Ausprägungsebene.

Textuelle Beschreibungen zu den einzelnen Modellierungskonstrukten nachlesen:

Doppelklicken Sie auf das Beziehungstyp-Symbol (den Pfeil) zwischen den Entitäten **12212** und **12127**:

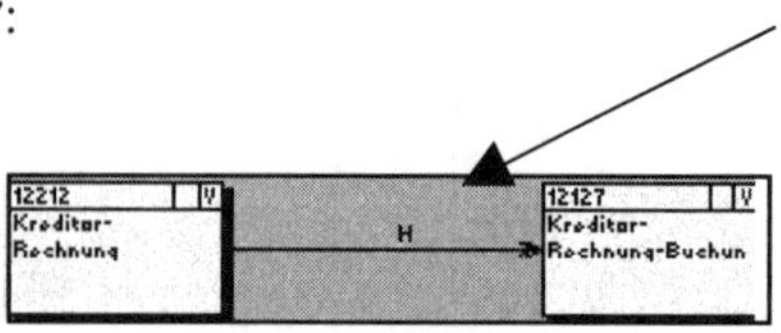

Anzeige	Eingabe/Auswahl
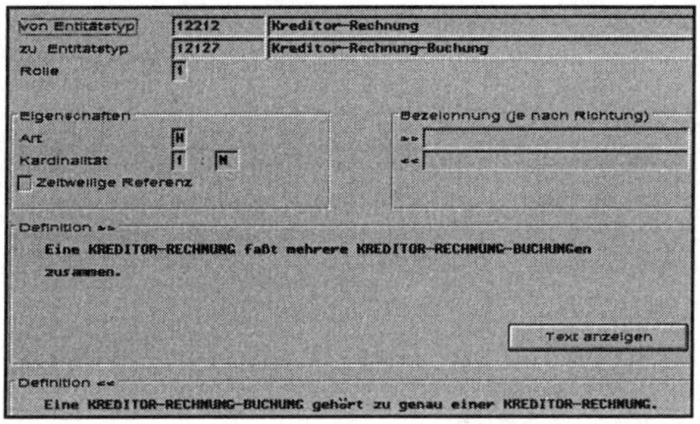	Definition der Beziehung ist nachzulesen.
Bildschirm "Data Modeler: Grafik"	Klicken Sie auf  (= Symbol Zurück)
	Markieren Sie Entitätstyp: **`12127 Kreditor-Rechnung-Buchung`**
Bildschirm "Hypertext anzeigen" für Objekt Kreditor-Rechnung-Buchung	Klicken Sie auf **[Hypertext]**
	Der Hypertext-Bildschirm enthält die Definition des Entitätstyps "12127 Kreditor-Rechnung-Buchung" mit Verweisen (Hyper-Links) zu verwandten Objekten.
Bildschirm "Data Modeler: Grafik"	Klicken Sie auf  (= Symbol Zurück)
	Attribute eines Entitätstypen ansehen :
	Markieren Sie Entitätstyp: **`12127 Kreditor-Rechnung-Buchung`**
Bildschirm "Attribute anzeigen" für Objekt Kreditor-Rechnung-Buchung:	Klicken Sie auf **[Attribute]**

Anzeige	Eingabe/Auswahl

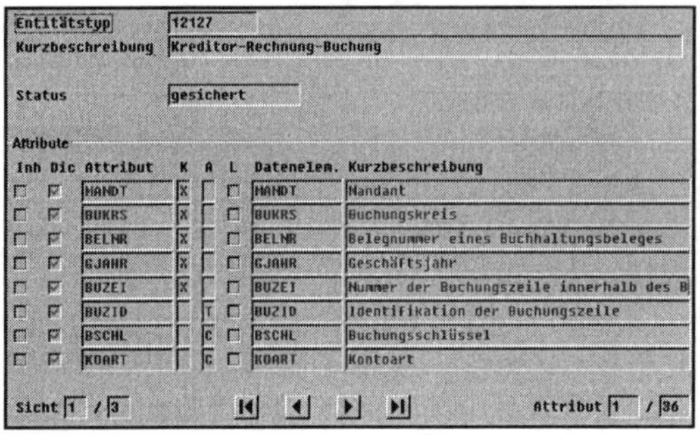

Sie sehen die Attribute (Anzahl = **36** !) des logischen Objektes (Entitätstypen). Kreditor-Rechnung-Buchung mit Kurzbeschreibungen.

Klicken Sie auf

(= Symbol Zurück)

Bildschirm "Data Modeler: Grafik"

Die zum Entitätstyp realisierten Tabellenstrukturen ansehen :

Markieren Sie Entitätstyp:
`12127 Kreditor-Rechnung-Buchung`

Klicken Sie auf
[Dictionary]

Bildschirm "Tabellen-/Viewzuordnungen anzeigen":

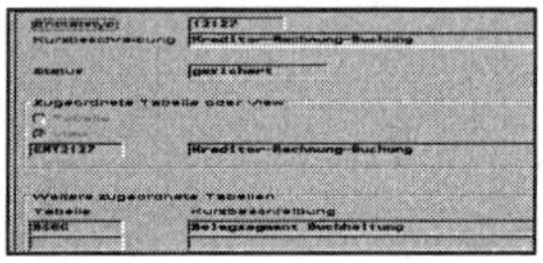

Aus den Data Dictionary-Informationen des Bildschirms geht hervor, daß der **Entitätsview ENT2127** nur aus einer Datenbanktabelle (=**Basistabelle**) abgeleitet wird, diese trägt den Namen **BSEG**.

Stellen Sie den Cursor auf View
`ENT2127`

Klicken Sie auf
[Tabelle/View]

Anzeige	Eingabe/Auswahl

Bildschirm "Dictionary: View ENT2127 anzeigen"

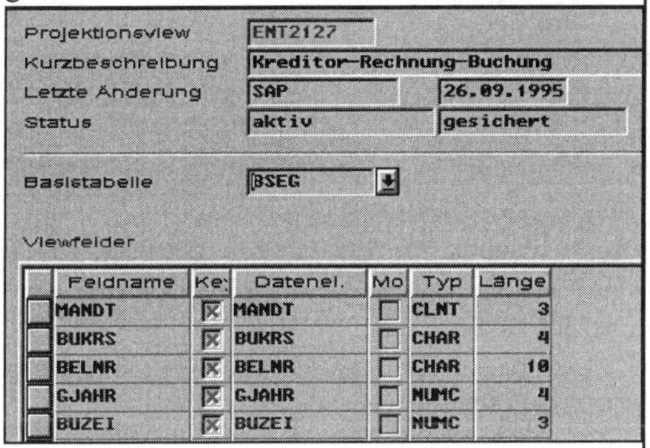

Dem Bildschirm ist die Struktur des zugeordneten Views (Basistabelle, Felder und techn. Feldbeschreibungen) zu entnehmen.
Der View umfaßt **36** Felder, die den Attributen entsprechen (s.o.).

Klicken Sie auf

(= Symbol Zurück)

Bildschirm "Tabellen-/Viewzuordnungen anzeigen"

Stellen Sie den Cursor auf Tabelle
BSEG

Klicken Sie auf
[Tabelle/View]

Bildschirm "Dictionary: Tabelle/Struktur: Felder anzeigen":

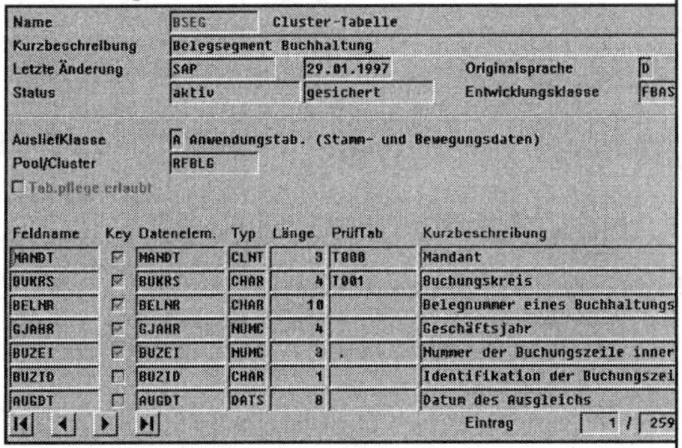

Anzeige	Eingabe/Auswahl
	Die Struktur der Tabelle **BSEG** (=Basistabelle des Entitätsviews) wird aus dem ABAP/4-Dictionary angezeigt. Die Tabelle umfaßt **259** (!) Felder. In der Spalte **Key** sind Primärschlüssel-felder markiert, unter **PrüfTab** werden zugehörige Prüftabellen aufgeführt. Dem Bildschirm ist weiter zu entnehmen, daß es sich bei der Tabelle BSEG um eine Cluster-Tabelle handelt, der Name des zugehörigen Tabellenclusters (der physischen Datenbanktabelle) ist **RFBLG**.
	Klicken Sie **zweimal** auf  (= Symbol Zurück)
	Durchgriff auf die Daten (Werte, Merkmalsausprägungen, Instanzen):
	Markieren Sie durch Anklicken Entitätstyp: **12127 Kreditor-Rechnung-Buchung**
	Klicken Sie auf **[Data Browser]**
Bildschirm "Data Browser: Tabelle ENT2127: Selektionsbild"	
	Es können Selektionsbedingungen zur Anzeige von Merkmalsausprägungen des Entitätstyps im aktuellen Mandanten eingegeben werden.
	Selektion (Zeilenauswahl): Eingabe bzw. Auswahl: *BUKRS*: ***Bnnn** , nnn* = Nummer des PCs (= Ihr Buchungskreis) *GJAHR*: ***1998***
	Projektion (Spaltenauswahl): Wählen Sie im aktuellen Menü: **Einstellungen -** **Listaufbereitung -** **Feldauswahl**

Anzeige	Eingabe/Auswahl

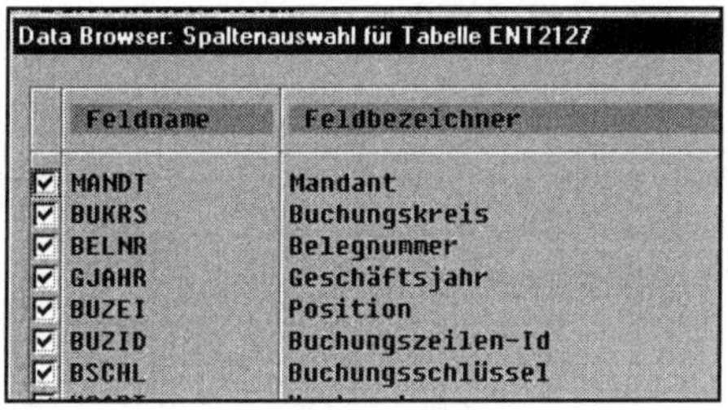

Klicken Sie zunächst auf:

 (= Alle Mark. löschen)

Markieren Sie die Felder:
MANDT Mandant
BUKRS Buchungskreis
BELNR Belegnummer
GJAHR Geschäftsjahr
BUZEI Position
BSCHL Buchungsschlüssel
KOART Kontoart
SHKZG Soll/Haben-Kennz.
DMBTR Betrag Hauswährung

Klicken Sie auf

 (= Ausführen)

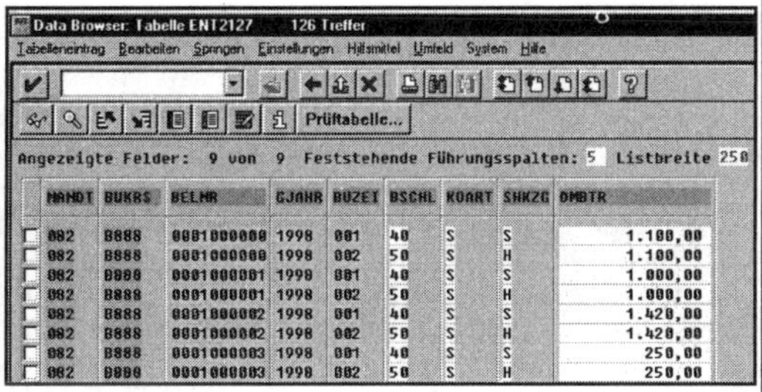

MANDT	BUKRS	BELNR	GJAHR	BUZEI	BSCHL	KOART	SHKZG	DMBTR
002	8888	0001000000	1998	001	40	S	S	1.100,00
002	8888	0001000000	1998	002	50	S	H	1.100,00
002	8888	0001000001	1998	001	40	S	S	1.000,00
002	8888	0001000001	1998	002	50	S	H	1.000,00
002	8888	0001000002	1998	001	40	S	S	1.420,00
002	8888	0001000002	1998	002	50	S	H	1.420,00
002	8888	0001000003	1998	001	40	S	S	250,00
002	8888	0001000003	1998	002	50	S	H	250,00

Ausprägungen der Attribute des Datenbank-Views (d.h. die aktuellen Daten, Werte, Instanzen) werden nach den selektierten Kriterien ausgegeben; Sie sehen die von Ihnen gebuchten Belege (vgl. auch Tabellen 10.1 und 10.2 im Anhang: Eingabetabellen).

Klicken Sie **zweimal** auf

 (= Symbol Zurück)

Bildschirm "Data Modeler: Grafik"

Anzeige	Eingabe/Auswahl
	Wählen Sie im Menü des Grafikfensters: **Grafik - Beenden**
	Grafikprogramm wird beendet.
Bildschirm "Entitätstyp anzeigen: Definition"	
	Kehren Sie zurück zum Menü ABAP/4 Development Workbench
Menü ABAP/4 Development Workbench	

Modul 14: Datenzugriff mit OPEN-SQL im ABAP/4-Report

Abschließend soll nun noch kurz die Möglichkeit des Zugriffs auf Datenbanktabellen durch Eigenprogrammierung im SAP R/3-System gezeigt werden. Dazu wird ein Programm (ein ganz einfacher Report (s.u.)) in der SAP-eigenen Programmiersprache ABAP/4 erstellt, das einen eingebetteten SQL-Befehl für den Datenbankzugriff enthält.

ABAP/4

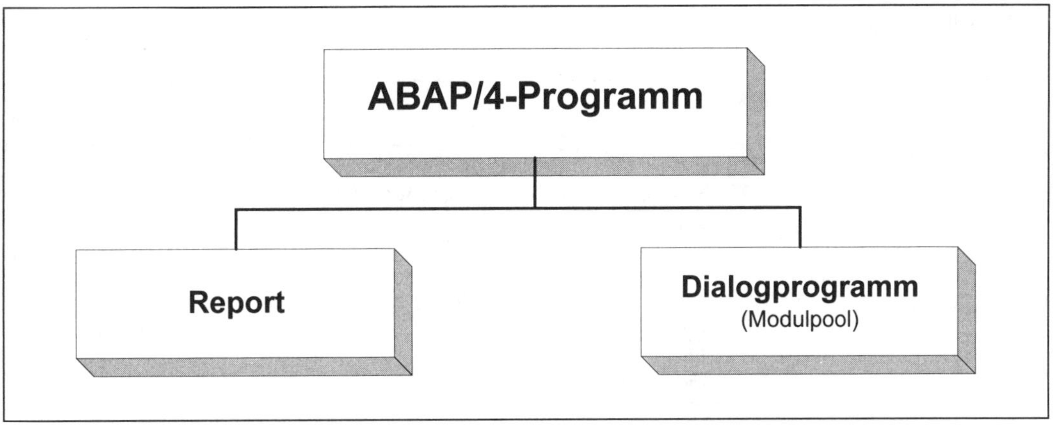

Bild 3.4/7(Modul 14): Prinzipielle Arten von ABAP/4-Anwendungsprogrammen

ABAP/4 steht für "4GL Advanced Business Application Programming" und ist die SAP-eigene Programmiersprache der vierten Generation, die zunächst für interne Verwendung von der Fa. SAP AG entwickelt wurde und in der sämtliche betriebswirtschaftlichen Anwendungen des R/3-Systems programmiert sind. Innerhalb der integrierten Entwicklungsumgebung ABAP/4 Development Workbench steht ABAP/4 auch für kundenspezifische Neuentwicklungen, Erweiterungen und Modifikationen der R/3-Anwendungen zur Verfügung.

ABAP/4-Programme (umgangssprachlich auch "ABAPs" genannt) werden interpretativ abgearbeitet. Beim ersten Aufruf erfolgt die Generierung eines Zwischencodes, der vom R/3-Laufzeitsystem interpretiert wird und bei Änderung von verwendeten externen Daten unter Kontrolle des ABAP/4 Dictionaries automatisch nachgeneriert wird, ohne daß eine Änderung des Programms notwendig ist.

Grundsätzlich kann man ABAP/4-Anwendungsprogramme in **Reports** und **Dialogprogramme** unterteilen.

- **Reports** greifen lesend auf die Datenbank zu und erzeugen Listen zur Ergebnisausgabe. Einfache Reports können durch die Programmierung entsprechender Verarbeitungsblöcke zu **interaktiven Reports** erweitert werden, bei denen die Bildschirmausgabe der Listen vom Anwender im Dialog beeinflußt werden kann.
- **Dialogprogramme** dienen dem Ausführen von Transaktionen und damit im wesentlichen dem ändernden Zugriff auf die Datenbank. Dialogprogramme gliedern sich in Dialogmodule (daher die Bezeichnung **Modulpools**), deren Aufrufe von einer Bildschirmablauflogik gesteuert werden.

Datenbankzugriffe

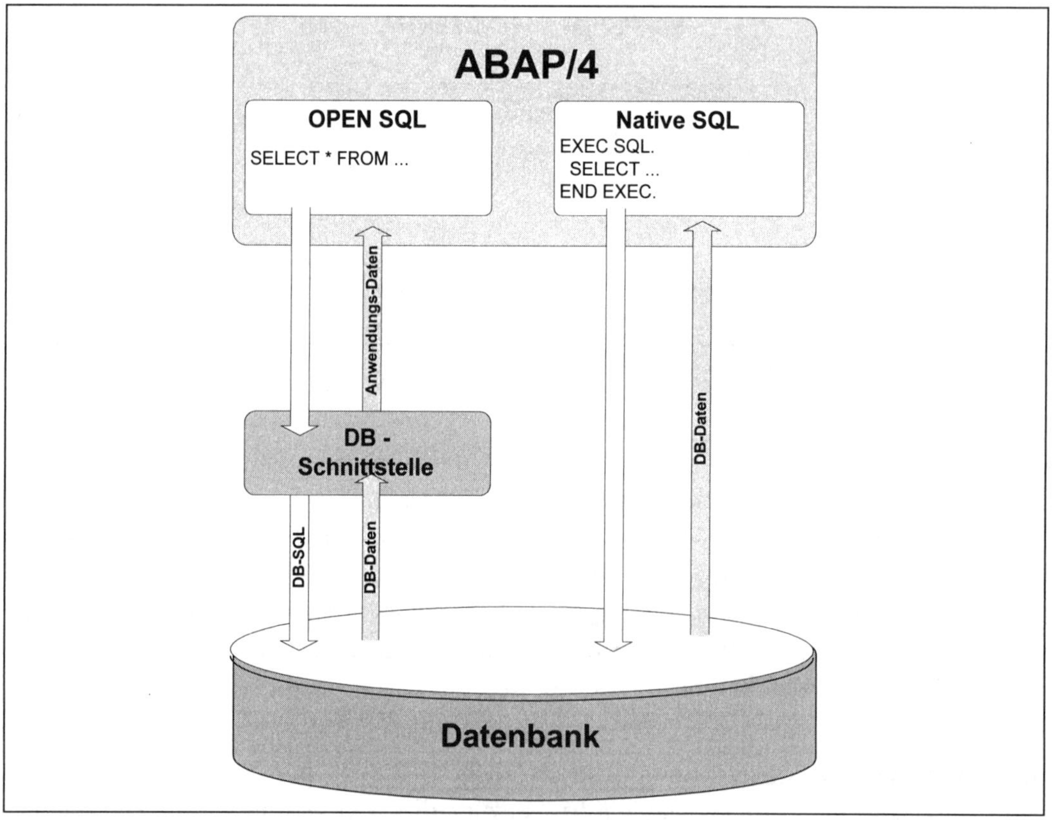

Bild 3.4/8(Modul 14): Unterschied zwischen Open SQL und Native SQL

Für den Zugriff auf die Daten der unterliegenden Datenbank verwendet das R/3-System ausschließlich Befehle der 'Structured Query Language' (SQL), der Sprache für Datendefinition, -abfrage und –manipulation in relationalen Datenbanksystemen. Die SQL-Befehle werden in ABAP/4 eingebettet.

Die ABAP/4-Entwicklungsumgebung stellt zwei SQL-Level zur Verfügung:

- **OPEN SQL** (SAP-SQL)

  ist in ABAP/4 integriert und enthält eine Untermenge der Standard-SQL-Anweisungen sowie SAP-spezifische Spracherweiterungen. Es bietet unabhängig von den unterschiedlichen SQL- Dialekten der unterstützen Datenbanksysteme lesende und verändernde Zugriffe auf die logischen Tabellen des ABAP/4-Dictionaries. Eine Datenbankschnittstelle übersetzt die OPEN SQL-Kommandos in datenbankspezifische SQL-Anweisungen, die von der installierten Datenbank abhängen.
- **Native SQL** (datenbankspezifisches SQL)

  greift direkt auf die Datenbank zu. Native SQL-Anweisungen werden uninterpretiert weitergeleitet und können nicht auf Pool- oder Clustertabellen zugreifen. Native SQL ist im Gegensatz zu OPEN SQL nicht uneingeschränkt portabel zwischen verschiedenen Datenbanken.

Was ist zu tun ?

ABAP/4-Report

- ABAP/4-Editor und -Syntax
- Datenzugriff mittels OPEN SQL
- Ausgabe der Testbeispiel-Daten im selbsterstellten Report

} *Erstellen und ausführen in M14*

Bild 3.4/9 (Modul 14): Überblick Modul 14

Es wird der ABAP/4-Report mit dem Namen ZPROGnnn, nnn = PC- bzw. Gruppennummer programmiert, in dem diesmal die Daten des Testbeispiels aus der Tabelle BSEG (vgl. Modul 13) durch eine OPEN SQL-Anweisung selektiert und in Listenform ausgegeben werden.

Anzeige	Eingabe/Auswahl
Modul 14: Datenzugriff mit Open-SQL im ABAP/4-Report	
	Im folgenden wird nun noch ein (ganz einfacher) ABAP/4-Report erstellt, der die Möglichkeit des Zugriffs auf Datenbanktabellen durch Eigenprogrammierung mittels eines **SQL**-Befehls zeigt. Der Report soll die Sachkontenbuchungen eines bestimmten Buchungskreises und Geschäftsjahres mit den jeweils belasteten Kostenstellen bzw. Aufträgen mit einer OPEN-SQL SELECT-Anweisung selektieren und anschließend in Listenform ausgeben. Alle hierzu benötigten Daten sind in der Tabelle BSEG (s. Modul 13) vorhanden.
	ABAP/4-Entwicklungssystem aktivieren und Report-Attribute festlegen:
Menü ABAP/4 Development Workbench	Sie befinden sich in der ABAP/4Development Workbench, der grafischen Entwicklungsumgebung der SAP.
	Klicken Sie auf **[ABAP/4 Editor]**
Bildschirm "ABAP/4 Editor: Einstieg"	Eingabe bzw. Auswahl: Programm: ***zprog****nnn* , *nnn* = Nummer des PCs (= Name des zu erstellenden Programms)
	Anmerkung: *Nach den SAP-Namens-konventionen bedeutet ein **Z** als erster Buchstabe eines Programmnamens, daß es sich um ein Kundenprogramm handelt. Daher bitte stets für selbst erstellte Programme einen Namen wählen, der mit Z beginnt!*
	Teilobjekt: **Quelltext**

<table>
<tr><th>Anzeige</th><th>Eingabe/Auswahl</th></tr>
<tr><td></td><td>Klicken Sie auf
[Anlegen]</td></tr>
<tr><td colspan="2">**Bevor ein Benutzer ein ABAP/4-Programm anlegen kann, muß er - zusätzlich zu den entsprechenden Benutzerberechtigungen - bei der Fa. SAP als Entwickler registriert sein. Die erforderliche Registrierung führt der Systemadministrator im R/3 Online Service System (dem SAP Online-System für Service und Support) durch und erhält für jeden registrierten Benutzer eine 20-stellige (!) Nummer als Zugangsschlüssel.**</td></tr>
<tr><td>Falls bisher für Ihre Benutzerkennung der Zugangsschlüssel noch nicht eingegeben wurde, erscheint:
Dialogfeld "Hinzufügen Entwickler"</td><td>Eingabe (nur falls Dialogfeld "Hinzufügen Entwickler" erscheint):
Zugangsschlüssel: *Ihr SAP-Registrierungsschlüssel*
↵
Sie haben sich damit als berechtigter SAP-Entwickler identifiziert!</td></tr>
<tr><td>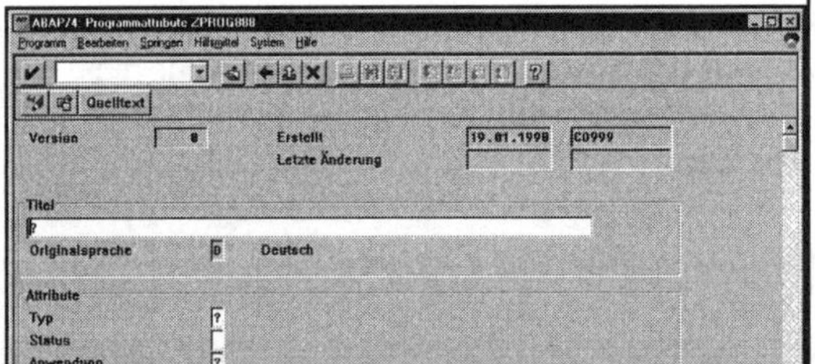
</td><td>Im Bildschirm "ABAP/4: Programmattribute ..." müssen zunächst die Attribute des zu erstellenden Reports festgelegt werden.
Eingabe:
Titel: ***Sachkontenbuchungen 1998, Buchungskreis B*nnn ,**
nnn = Nummer des PCs
Typ: **1**
(= Onlineprogramm)</td></tr>
</table>

Anzeige	Eingabe/Auswahl
	Anwendung: **K** (= Kostenrechnung) Sichern Sie die Eingaben.
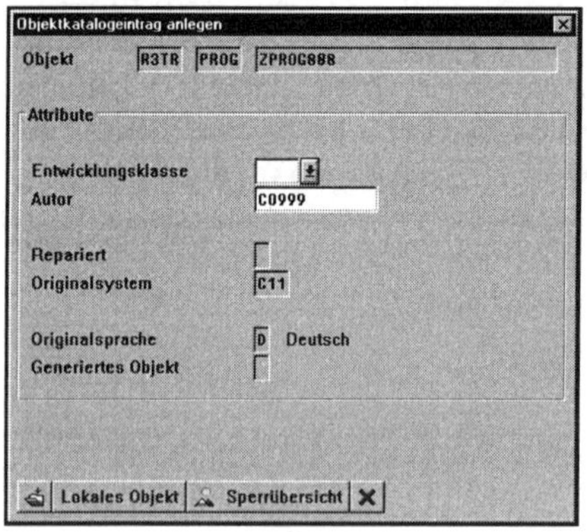	Klicken Sie auf **[Lokales Objekt]** Ihr Programm wird als **lokales Entwicklungs-umgebungsobjekt** definiert, d.h. es wird damit ausgeschlossen vom integrierten SAP-Korrektur- und Transportsystem für die Verwaltung der Softwareentwicklung und für den Transport von Software zwischen SAP-Systemen. Attribute werden gesichert.
ABAP/4-Editor: 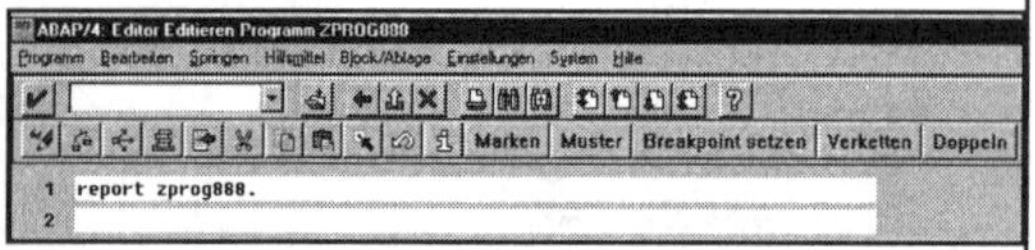	**<u>Report-Coding mit dem ABAP/4-Editor erfassen:</u>** Klicken Sie auf **[Quelltext]** ABAP/4-Editor wird gestartet.

Anzeige	Eingabe/Auswahl

Mit dem ABAP/4-Editor können Quellprogramme erfaßt und bearbeitet werden.

Neben den standardmäßigen SAP-Hilfefunktionen erhält man im SAP-Editor zusätzliche Hilfe zur Programmiersprache ABAP/4.

Außerdem bietet der Editor Sonderfunktionen für die Programmentwicklung, z.B.:
- **systemweite Navigation und Anzeige von Entwicklungsobjekte (z.B. Tabellendefinitionen)**
- **Prüfen der syntaktischen Korrektheit**
- **Starten von ABAP/4-Reports**
- **etc.**

Stellen Sie den Cursor in die zweite Zeile (nächste leere Zeile) und drücken Sie die

F1 -Taste (=Hilfe)

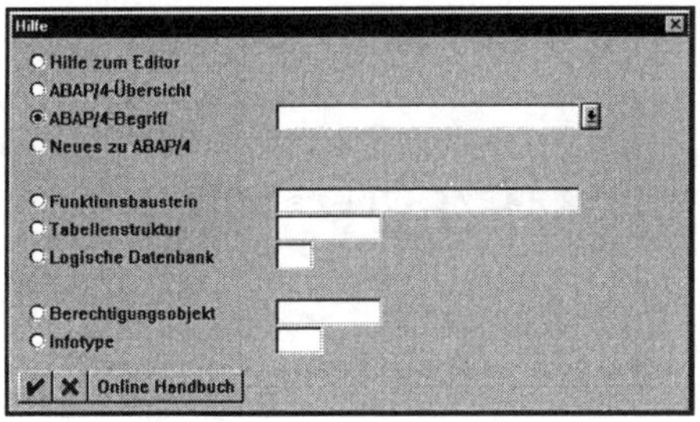

Markieren Sie
Tabellenstruktur

Eingabe:

Tabellenstruktur: ***bseg***
↵

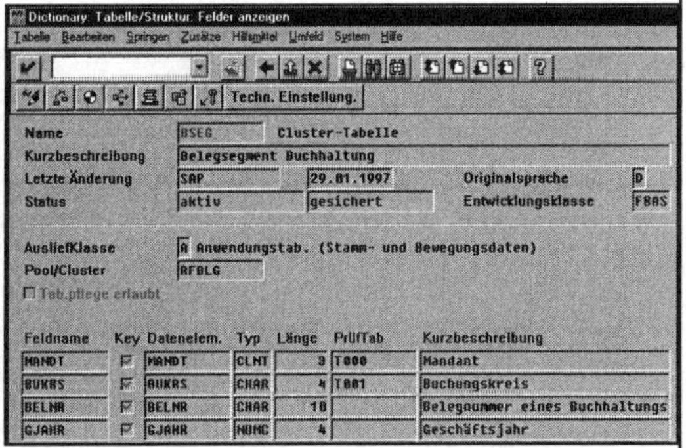

Anzeige	Eingabe/Auswahl
	Sie erhalten aus dem ABAP/4 Dictionary die Struktur der Tabelle BSEG (vgl. Modul 13).
	Suchen Sie die (weiter unten im Report verwendeten) Feldnamen für Geschäftsjahr, Kostenrechnungskreis, Buchungskreis, Kostenstelle, Auftragsnummer, Hauptbuchkonto, Belegnummer, Soll/Haben-Kennzeichen, Betrag in Hauswährung. Sehen Sie sich die Primärschlüsselfelder (Key = x) an.
Bildschirm "ABAP/4: Editor ...."	Klicken Sie auf [⇦] (= Symbol Zurück)
Dialogfeld "Hilfe"	Drücken Sie erneut die F1 -Taste (=Hilfe)
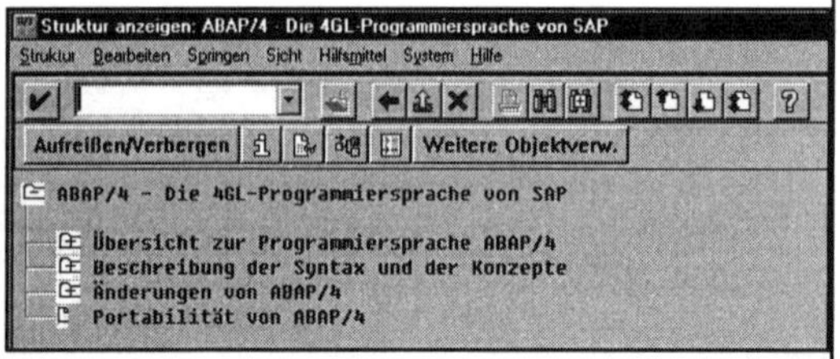	Markieren Sie **ABAP/4-Übersicht** [↵]
	Wählen Sie im Hierarchiebaum ABAP/4 **Übersicht zur Programmiersprache ABAP/4** Doppelklicken Sie auf **Alphabetische Übersicht zu ABAP/4**
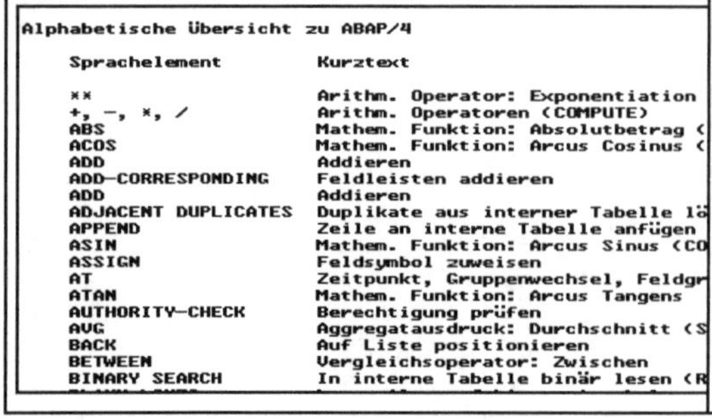	

Alphabetische Übersicht zu ABAP/4

Sprachelement	Kurztext
**	Arithm. Operator: Exponentiation
+, -, *, /	Arithm. Operatoren (COMPUTE)
ABS	Mathem. Funktion: Absolutbetrag (
ACOS	Mathem. Funktion: Arcus Cosinus (
ADD	Addieren
ADD-CORRESPONDING	Feldleisten addieren
ADD	Addieren
ADJACENT DUPLICATES	Duplikate aus interner Tabelle lö
APPEND	Zeile an interne Tabelle anfügen
ASIN	Mathem. Funktion: Arcus Sinus (CO
ASSIGN	Feldsymbol zuweisen
AT	Zeitpunkt, Gruppenwechsel, Feldgr
ATAN	Mathem. Funktion: Arcus Tangens
AUTHORITY-CHECK	Berechtigung prüfen
AVG	Aggregatausdruck: Durchschnitt (S
BACK	Auf Liste positionieren
BETWEEN	Vergleichsoperator: Zwischen
BINARY SEARCH	In interne Tabelle binär lesen (R

Anzeige	Eingabe/Auswahl
Bildschirm "ABAP/4: Editor ...."	Sie erhalten eine alphabetische Liste der ABAP/4-Schlüsselwörter als Hypertext mit Verweisen (Links) auf die zugehörige ausführliche Syntaxbeschreibung. Klicken Sie zweimal auf  (= Symbol Zurück) Bevor Sie nun (den sehr einfachen) Quelltext des Reports erfassen, zunächst kurz einige wichtige Syntaxregeln:

ABAP/4-Syntax:

- **Ein *ABAP/4-Programm* besteht aus einzelnen Sätzen (Anweisungen); jeder Satz muß mit einem Punkt abgeschlossen werden.**
- **Das erste Wort innerhalb eines Satzes ist das *Schlüsselwort*.**
- ***Wörter* werden durch mindestens ein Leerzeichen getrennt.**
- ***Sätze* dürfen eingerückt werden und sich über mehrere Zeilen erstrecken.**
- ***Kommentare* können durch einen Stern (*) in Spalte 1 (gesamte Zeile) oder durch Anführungszeichen in einer beliebigen Spalte (dahinterliegender Zeilenrest) gekennzeichnet werden.**
- **Ein ABAP/4-Programm muß mit einer *PROGRAM-* oder *REPORT-Anweisung* beginnen.**

	Geben Sie nun den nachfolgenden Quelltext in den Eingabebereich ein *(Anmerkungen zur Eingabe:* - *ABAP/4-Schlüsselwörter, Tabellen- und Feldnamen können in Klein- oder Großbuchstaben eingegeben werden,* - *anstelle von B999 geben Sie bitte den Namen Ihres Buchungskreises ein,* - *am Ende jeder Zeile drücken Sie die ⏎ -Taste!):*

Anzeige	Eingabe/Auswahl

```
report zprog999.
* Tabellendeklaration:
tables: bseg.
* Überschriften:
write: /'Buchungskrs.',
            'Kostenst.',
            'Auftrags-Nr.',
            'Konto-Nr.',
            'Beleg-Nr.',
            'S/H',
        70 'Betrag'.
* Datenselektion und Ausgabe:
select * from bseg
    where     gjahr = 1997
          and  kokrs = 'B999'
    order by primary key.
  write: / bseg-bukrs,
              bseg-kostl under 'Kostenst.',
              bseg-aufnr under 'Auftrags-Nr.',
              bseg-hkont under 'Konto-Nr.',
              bseg-belnr under 'Beleg-Nr.',
              bseg-shkzg under 'S/H',
          65  bseg-dmbtr.
endselect.
```

Erläuterungen zu den Anweisungen im Quelltext:

- **Mit der <u>REPORT-Anweisung</u> (hier mit Reportname ZPROGnnn) wird der Report dem System bekannt gemacht.**
- **Mit der <u>TABLES-Anweisung</u> wird die Struktur einer Datenbanktabelle (hier BSEG) dem ABAP/4-Programm bekannt gemacht. Die Felder können im Programm über den Tabellennamen gefolgt von dem Feldnamen (mit Bindestrich) angesprochen werden.**
- **Die <u>WRITE-Anweisung</u> gibt den Inhalt von Datenfeldern und Konstanten (in Hochkommata) typgerecht aus. Ein Schrägstrich (/) vor einem Ausgabewert erzeugt einen Zeilenvorschub, eine Zahl bestimmt die Anfangsspalte der Ausgabe. Mit der Option UNDER ... kann ein Wert spaltengerecht zu einem zuvor ausgegebenen Wert angezeigt werden.**
- **Mit der <u>SELECT-Anweisung</u>, die zum Sprachumfang von OPEN-SQL (s.o.) gehört, können Werte entsprechend der hinter WHERE angegebenen Bedingungen aus einer Datenbanktabelle selektiert werden.**
  Hier ist die Schleifenanweisung, eine von drei SELECT-Versionen, programmiert: Jede ABAP/4-Anweisung innerhalb des mit SELECT und ENDSELECT erzeugten Schleifenblocks (hier nur WRITE) wird für jeden gelesenen Datensatz ausgeführt.

Anzeige	Eingabe/Auswahl

	Report auf syntaktische Richtigkeit prüfen und sichern:
	
	Wählen Sie im aktuellen Menü:
	`Programm -`
	`Prüfen -`
	`Aktuelles Programm`

	Der von Ihnen eingegebene Quelltext wird auf syntaktische Richtigkeit geprüft. Etwaige Fehler werden angezeigt.
Meldung in der Statuszeile: "Es wurden keine Syntaxfehler gefunden".	Korrigieren Sie, falls vorhanden, Ihre Syntaxfehler und führen Sie erneut den Syntaxcheck durch.
Meldung in der Statuszeile: "Programm ZPROGnnn wurde gesichert."	Sichern Sie Ihren Quelltext.
	Ihr ABAP/4-Programm wird in der Programm-Bibliothek des ABAP/4-Dictionary festgeschrieben.

	Report starten:
	
	Wählen Sie im aktuellen Menü:
	`Programm -`
	`Ausführen`

Ergebnisliste:

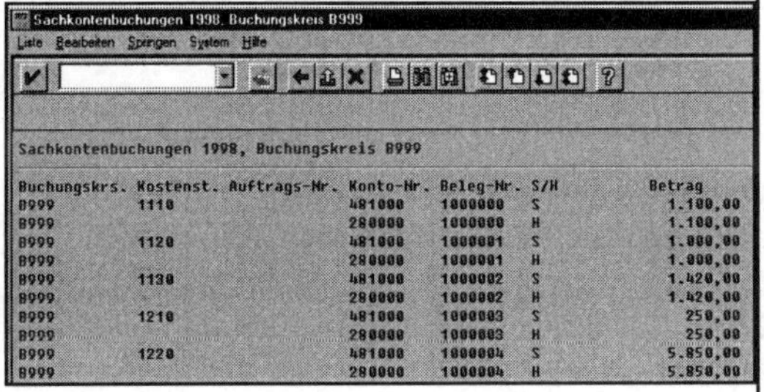

Über die Schaltfläche [Drucken] könnte die Ergebnisliste nun ausgedruckt werden.

<table>
<tr><th>Anzeige</th><th>Eingabe/Auswahl</th></tr>
<tr><td></td><td>Anmerkung:
Ihr Report kann jetzt auch außerhalb der Entwicklungsumgebung aus jedem beliegen Menü heraus über die Menüauswahl
<code>System - Dienste - Reporting</code>
gestartet werden!</td></tr>
<tr><td></td><td>Ausgabeliste auf lokale Datei übertragen:

Wählen Sie im aktuellen Menü:
<code>Liste -</code>
<code>Sichern/Senden -</code>
<code>Datei...</code></td></tr>
<tr><td>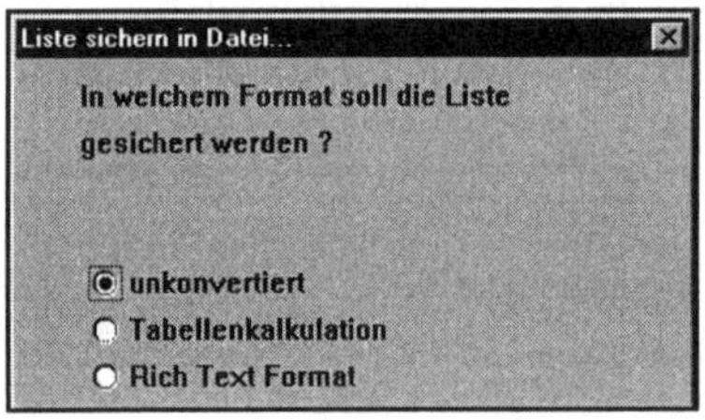
</td><td>Markieren Sie
<code>Tabellenkalkulation</code>
↵</td></tr>
<tr><td>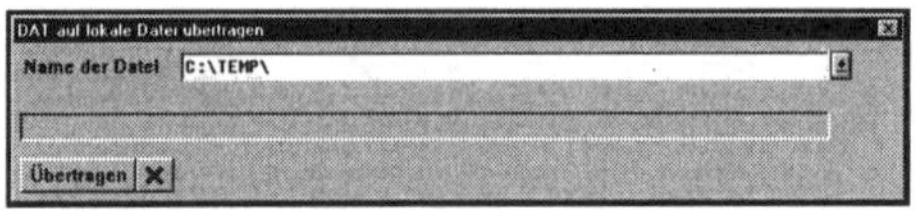
</td><td>Eingabe bzw. Auswahl:
Name der Datei: C:\TEMP\ABAPLIST.DAT
(= Pfadname der Datei auf Ihrem lokalen PC)

Klicken Sie auf
[Übertragen]</td></tr>
<tr><td>Meldung in der Statuszeile: "5382 Bytes übertragen."</td><td>Die Ausgebeliste Ihres ABAP/4-Reports wurde in eine lokale Datei auf Ihrem PC übertragen und könnte nun mit einer PC-Anwendung (z.B. Excel) aufbereitet und/oder weiterverarbeitet werden.</td></tr>
</table>

4. Anhänge

4. Anhänge

4.1 Anhang: Hinweise für den Systemadministrator

Das Testbeispiel wurde bereits mehrfach im Rahmen eines Kostenrechnungs-Seminars durchgeführt. Zuletzt in einem **R/3-System des Release-Standes 3.1 H** in einer **Kopie des SAP-Auslieferungsmandanten 000**. Die Teilnehmer benutzten dabei Client-PCs unter **Windows 95** auf denen der **SAP-GUI , Version 3.1H** als Präsentationsschnittstelle zum SAP R/3-System installiert ist.

In der Mandantenkopie (im Beispiel Mandant 081) wurden die folgenden, für das Testbeispiel notwendigen Einstellungen vorgenommen:

1) Mandantenpflege:

- Auswahl im **Menü Systemadministration**:
  `Verwaltung - Mandantenverwaltung - Mandantenpflege`
  (Transaktion SCC4)
- Einstellungen:

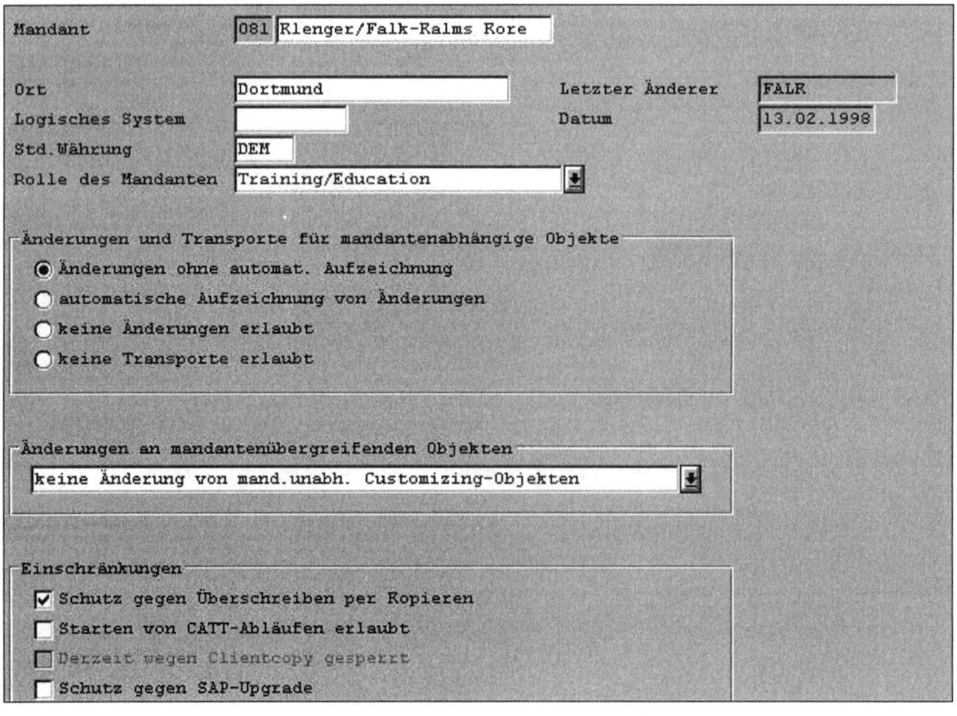

2) Einrichtung von Benutzerstammsätzen:

- Auswahl im **Menü Systemadministration**:

  `Benutzerpflege - Benutzer`

  (Transaktion SCC4)

- Anlegen eines eigenen **Benutzerstammsatzes CO*nnn*** (nnn ist dabei durch drei Ziffern zu ersetzen) mit dem **Initialkennwort sapkost** für jeden Teilnehmer-PC.

  Anmerkung: "***nnn***" entsprach in den bereits durchgeführten Seminaren immer den dreistelligen Nummern der Teilnehmer-PCs. Diese PC-Nummern dienen im Testbeispiel auch zur Identifikation betriebswirtschaftlicher Objekte der einzelnen Teilnehmer bzw. Teilnehmergruppen (Beispiel aus dem Tastenteil: "Eingabe in Feld Buchungskreis: B*nnn*, *nnn* = Nummer des PCs"). Es wird daher empfohlen, falls noch nicht vorhanden, die Teilnehmer-PCs für die Dauer des Seminars mit einer entsprechenden Numerierung zu versehen.

- Zuordnung der nachfolgenden **SAP-Standard-Berechtigungsprofile** zu allen angelegten Benutzerstammsätzen:

Berechtigungsprofile

1 / 4

SAP_NEW	X	Berecht. für neue Ber.objekte in bereits vorh. Funktionen
S_A.DEVELOP		Entwickler
S_A.SHOW		Basis: Nur Anzeigeberechtigungen
Z_ANWEND	X	Berechtigungen für alle Anwendungen (außer: Basis)

3) Einrichtung einer Kreditorenkontengruppe (zu Modul 2, Tastenteil M2.2):

- Pfad in der Hierarchiestruktur **des SAP Referenz-IMG:**

  Finanzwesen –
  Debitoren- und Kreditorenbuchhaltung –
  Kreditorenkonten –
  Stammdaten –
  Anlegen der Kreditorenstammdaten vorbereiten

- **`Kontengruppe mit Bildaufbau definieren (Kreditoren)`**

  (Transaktion SCC4)

- Neuer Eintrag:

Gruppe	Bedeutung
KRKO	Kreditoren für Fallst. Kore

- Pflege Feldstatusgruppen:

Allgemeine Daten:	*Name 1*	→ Mußeingabe
	Anrede	→ Mußeingabe
	Suchbegriff	→ Mußeingabe
Buchungskreisdaten:	*Abstimmkonto*	→ Mußeingabe

Für alle restlichen Felder wurde Feldstatus 'Kanneingabe' beibehalten.

- **Nummernkreise den für Kreditorenkonten anlegen**
  (Transaktion XKN1)

  Eingefügtes Intervall:

Nr	Von Nummer	Bis Nummer	Nummernstand	Ext
03	0000900000	0000999999	0	☑

- **Nummernkreise den Kontengruppen f. Kreditoren zuordnen**
  (Transaktion OBAS)

  Zuordnung:

Gruppe	Bedeutung	Nummernkreis
KRKO	Kreditoren für Fallst. Kore	03

4) Definition eines Zuschlagsschemas für die Abgrenzung (zu Modul 6, Tastenteil M6.1.1):

- Pfad in der Hierarchiestruktur **des SAP Referenz-IMG:**

Controlling –
Gemeinkostencontrolling –
Kostenstellenrechnung –
Planung –
Verrechnungen –
Abgrenzung -
Zuschlagsverfahren

- **Zuschlagsschema pflegen**
  (Transaktion KSAZ)

° Menüauswahl:

Umfeld - Basen

Basis - Basis anlegen...

Eingabe Berechnungsbasen(Schlüssel u. Bezeichnung):

Basis	Bezeichnung
K-B1	Fertigungslohn
K-B2	Gemeinkostenlohn
K-B3	Gehalt

° Menüauswahl:

Umfeld - Zuschlagssätze

Zuschlag - Zuschlag anlegen...

Eingabe Zuschlagsschlüssel, Bezeichnung u. Abhängigkeit:

Zuschlag		Abhängigkeit
K-Z1	PNK-Lohn	Kostenrechnungskreis
K-Z2	PNK-Gehalt	Kostenrechnungskreis

° Menüauswahl:

Umfeld - Entlastungen

Entlastung - Entlastung anlegen...

Eingabe Entlastung (Schlüssel u. Bezeichnung):

Entl.	Bezeichnung
E40	PNK-Lohn
E44	PNK-Gehalt

° Menüauswahl:

Zuschlagsschema - Schema anlegen

Eingabe Zuschlagsschema (Schlüssel und Bezeichnung):

Zuschlagsschema	KORE
Bezeichnung	Schema f. Fallstudie SAP-Kore

Eingabe Zuschlagsschema (Struktur):

Zeilen

Zeile	Basis	Zuschlag	Bezeichnung	Von	Bis	Entlastung
110	K-B1		Fertigungslohn			
120	K-B2		Gemeinkostenlohn			
190			Ber.Basis PNK-Lohn	110	120	
200		K-Z1	PNK-Lohn	190	190	E40
310	K-B3		Gehalt			
400		K-Z2	PNK-Gehalt	310	310	E44

5) Zuordnung von CO-Vorgängen zu Vorgangsgruppen (zu Modul 6, Tastenteil M6.2):

- Pfad in der Hierarchiestruktur **des SAP Referenz-IMG:**

  Controlling –
  Controlling allgemein –
  Organisation

- **Nummernkreise für CO-Belege pflegen**
  (Transaktion KANK)

  ° Eingabe:
  KostRechKreis....... 0001 (=SAP-Standard-Kostenrechnungskreis)

  ° Menüauswahl:
  Gruppe - Pflegen

  ° Zuordnung der Vorgänge
  RKPL Indirekte Leist.verrechn.Plan
  bzw.
  RKIL Indirekte Leist.verrechn.Ist
  zu den Vorgangsgruppen
  Planung
  bzw.
  Leistungsverrechnung

Anmerkung: Nur notwendig, falls die Vorgänge noch unter "nicht zugeordnet" stehen.

6) Planerprofile kopieren und modifizieren (zu Modul 7, Tastenteil M7.1):

- Pfad in der Hierarchiestruktur **des SAP Referenz-IMG:**

  Controlling –
  Gemeinkostencontrolling –
  Kostenstellenrechnung –
  Planung –
  Manuelle Planung

- **Eigene Planerprofile anlegen**
  (Transaktion KP34)

  ° Kopieren der SAP-Planerprofile
  SAP101 CO-OM: Primärkosten/Leistungsarten/Stat.Kennzahlen
  bzw.
  SAP102 CO-OM: LstAufnahmen/Leistungsarten/Stat.Kennzahlen
  nach
  KORE101 Primärkosten/Leistungsarten/Stat.Kennzahlen
  bzw.
  KORE102 LstAufnahmen/Leistungsarten/Stat.Kennzahlen
  mit allen abhängigen Einträgen.

  ° Änderung der Verteilungsschlüssel Währung und Mengen in den **beiden** kopierten Planerprofilen:

  °° Planerprofil markieren

  °° -->Einstellungen CO allgemein

  °° Eingabe:

WäVS	MeVS
1	1

(= gleichmäßige Verteilung)

für **alle** Planungsgebiete

7) Variante für offene Buchungsperioden anlegen (zu Modul 8, Tastenteil M8.4):

- Pfad in der Hierarchiestruktur **des SAP Referenz-IMG:**

  Finanzwesen –
  Grundeinstellungen Finanzwesen –
  Beleg –
  Buchungsperioden

- `Varianten für offen Buchungsperioden definieren`
  (Transaktion OBBO)

  ° Neuer Eintrag:

Variante	Bezeichnung
KORE	Variante f. Fallstudie KORE

- `Buchungsperioden öffnen und schließen`
  (Transaktion OB52)

  ° Neuer Eintrag:

Var.	K	Von Konto	Bis Konto	Von Per. 1	Jahr	Bis Per. 1	Jahr
KORE	+			1	1998	12	1999

8) Benutzerregistrierung im SAP-OSS (zu Modul 14, Tastenteil M14):

- Anmeldung an das OSS über Menüauswahl:
  `System - Dienste - SAP Service`
  (Transaktion OSS1)

- Registrierung der unter 2) angelegten Benutzer als **Entwickler** über die entsprechende Schaltfläche des OSS-Bildschirms.

4.2 Anhang: Testbeispiel als Tabellenkalkulations-Vorlage

PLAN		HILFSKOSTENSTELLEN													
		1210 **Fuhrpark** Bezugsgröße: gef. Kilometer (GKM)			1220 **Arbeitsvorbereitung** Bezugsgröße: Arb.vorb.std. (AVST)			1230 **Instandhaltung** Bezugsgrößen: Wartungsstd. (WART), Reparaturstd. (REP)							
									leistungs*ab*hängig (WART)			leistungs*ab*hängig (REP)			
Kontonr.	Bezeichnung	Fix	Var	Gesamt	Fix	Var	Gesamt	Fix	*Fix*	*Var*	*Gesamt*	*Fix*	*Var*	*Gesamt*	Gesamt
420000	*Löhne*	*0*	*0*	*0*	*0*	*0*	*0*	*0*							*0*
421000	GK-Lohn	38.880	0	38.880	97.200	0	97.200	38.880							38.880
429000	verr.PNK-Lohn *	27.216	0	27.216	68.040	0	68.040	27.216							27.216
430000	Gehälter	0	0	0	108.000	0	108.000	60.000							60.000
439000	verr.PNK-Geh. **	0	0	0	32.400	0	32.400	18.000							18.000
481000	kalk. Abschr.	70.000	0	70.000	3.000	0	3.000	5.000							5.000
483000	kalk. Zinsen	14.000	0	14.000	1.200	0	1.200	1.600							1.600
403000	*Betriebsstoffe*	*48.386*	*5.376*	*53.762*	*54.000*	*6.000*	*60.000*	*0*	*13.296*	*1.733*	*15.029*	*28.092*	*2.866*	*30.958*	*45.987*
415000	*Energiekosten*	*9.768*	*14.652*	*24.420*	*11.832*	*17.748*	*29.580*	*0*	*1.002*	*1.588*	*2.590*	*2.154*	*3.146*	*5.300*	*7.890*
417000	Fremdreparat.	12.000	0	12.000	0	0	0	23.460							23.460
476900	sonst. Kosten	28.354	0	28.354	45.478	0	45.478	29.000							29.000
	Primärkosten	248.604	20.028	268.632	421.150	23.748	444.898	203.156	14.298	3.321	17.619	30.246	6.012	36.258	257.033
gefahrene km					13.600		GKM			15.000		GKM			
510000	ILV Fuhrp.	-248.604	-20.028	**-268.632**	14.779	0	14.779	16.300							16.300
Wartungsstunden															
520000	ILV Inst.Wart								-87.450	-3.321	-90.771				**-90.771**
Reparaturstunden															
530000	ILV Inst.Rep.											-176.550	-6.012	-182.562	**-182.562**
Verr.basis indir. ILV Arbeitsvorb.															
500000	Ind. ILV AV				-435.929	-23.748	**-459.677**								
	Leistungsverr.	-248.604	-20.028	-268.632	-421.150	-23.748	-444.898	16.300	-87.450	-3.321	-90.771	-176.550	-6.012	-182.562	-257.033
	Gesamt			0			0								0

							219.456	73.152 (1/3)	→	73.152	146.304 (2/3)	→	146.304	
Plankosten [DM]	248.604	20.028	268.632	435.929	23.748	459.677		87.450	3.321	90.771	176.550	6.012	182.562	273.333
Planleistung	247.200		GKM	8.000		AVST		1.200		WART	3.000		REP	
Planverrechnungssatz	1,01 DM/GKM	0,08 DM/GKM	1,09 DM/GKM	54,49 DM/AVST	2,97 DM/AVST	57,46 DM/AVST		72,88 DM/WART	2,77 DM/WART	75,64 DM/WART	58,85 DM/REP	2,00 DM/REP	60,85 DM/REP	

Bild 4.2/1(1): Testbeispiel: PLAN Gesamtjahr (alle Kostenstellen)

PLAN		HAUPTKOSTENSTELLEN																	
		1241 **Anlage A** Bezugsgröße: Fertigungsstd A (FST)			1242 **Anlage B** Bezugsgröße: Fertigungsstd B (FST)			1130 **Materialwirtschaft** Bezugsgröße: Mat.wirtsch.std (MST)			1120 **Verwaltung**			1110 **Vertrieb**			Gesamt		
Kontonr.	Bezeichnung	Fix	Var	Gesamt	Fix	Var	Gesamt	Fix	Var	Gesamt	Fix	Var	Gesamt	Fix	Var	Gesamt	Fix	Var	Gesamt
420000	*Löhne*	*0*	*555.750*	*555.750*	*0*	*349.160*	*349.160*	*0*	*0*	*0*	*0*	*0*	*0*	*0*	*0*	*0*	*0*	*904.910*	*904.910*
421000	*GK-Lohn*	*19.440*	*0*	*19.440*	*38.880*	*0*	*38.880*	*58.320*	*0*	*58.320*	*0*	*0*	*0*	*0*	*0*	*0*	*291.600*	*0*	*291.600*
429000	*verr.PNK-Lohn* *	*13.608*	*389.025*	*402.633*	*27.216*	*244.412*	*271.628*	*40.824*	*0*	*40.824*	*0*	*0*	*0*	*0*	*0*	*0*	*204.120*	*633.437*	*837.557*
430000	*Gehälter*	*60.000*	*0*	*60.000*	*60.000*	*0*	*60.000*	*156.000*	*0*	*156.000*	*672.000*	*0*	*672.000*	*576.000*	*0*	*576.000*	*1.692.000*	*0*	*1.692.000*
439000	*verr.PNK-Geh.* **	*18.000*	*0*	*18.000*	*18.000*	*0*	*18.000*	*46.800*	*0*	*46.800*	*201.600*	*0*	*201.600*	*172.800*	*0*	*172.800*	*507.600*	*0*	*507.600*
481000	*kalk. Abschr.*	*72.000*	*0*	*72.000*	*108.768*	*0*	*108.768*	*17.000*	*0*	*17.000*	*12.000*	*0*	*12.000*	*13.200*	*0*	*13.200*	*300.968*	*0*	*300.968*
483000	*kalk. Zinsen*	*28.800*	*0*	*28.800*	*43.507*	*0*	*43.507*	*6.800*	*0*	*6.800*	*4.800*	*0*	*4.800*	*5.280*	*0*	*5.280*	*105.987*	*0*	*105.987*
403000	*Betriebsstoffe*	*144.000*	*16.000*	*160.000*	*132.102*	*14.678*	*146.780*	*42.300*	*4.700*	*47.000*	*66.251*	*0*	*66.251*	*0*	*0*	*0*	*528.427*	*51.353*	*579.780*
415000	*Energiekosten*	*16.128*	*24.192*	*40.320*	*33.936*	*50.904*	*84.840*	*3.264*	*4.896*	*8.160*	*22.800*	*0*	*22.800*	*18.000*	*0*	*18.000*	*118.884*	*117.126*	*236.010*
417000	Fremdreparat.	8.900	0	8.900	7.980	0	7.980	7.800	0	7.800	13.900	0	13.900	8.476	0	8.476	82.516	0	82.516
476900	sonst. Kosten	103.466	0	103.466	9.358	0	9.358	7.599	0	7.599	29.992	0	29.992	5.623	0	5.623	258.870	0	258.870
	Primärkosten	484.342	984.967	1.469.309	479.747	659.154	1.138.901	386.707	9.596	396.303	1.023.343	0	1.023.343	799.379	0	799.379	4.090.972	1.706.826	5.797.798
gefahrene km			11.200	GKM		11.400	GKM		30.000	GKM		20.000	GKM		146.000	GKM		247.200	GKM
510000	ILV Fuhrp.	12.171	0	12.171	12.388	0	12.388	32.601	0	32.601	21.734	0	21.734	158.658	0	158.658	20.028	-20.028	0
Wartungsstdunden			500	WART		700	WART											1.200	WART
520000	ILV Inst.Wart	37.821	0	37.821	52.950	0	52.950										3.321	-3.321	0
Reparaturstunden			1.700	REP		1.300	REP											3.000	REP
530000	ILV Inst.Rep.	103.452	0	103.452	79.110	0	79.110										6.012	-6.012	0
Verr.basis indir. ILV Arbeitsvo			36.700	FST		24.600	FST											61.300	FST
500000	Ind. ILV AV	275.206	0	275.206	184.471	0	184.471										23.748	-23.748	0
	Leistungsverr.	428.651	0	428.651	328.919	0	328.919	32.601	0	32.601	21.734	0	21.734	158.658	0	158.658	53.109	-53.109	0
	Gesamt			1.897.960			1.467.820			428.904			1.045.077			958.037			5.797.798

Plankosten [DM]	912.993	984.967	1.897.960	808.666	659.154	1.467.820	419.308	9.596	428.904
Planleistung		36.700	FST		24.600	FST		7.000	MST
Planverrechnungssatz	24,88 DM/FST	26,84 DM/FST	51,72 DM/FST	32,87 DM/FST	26,79 DM/FST	59,67 DM/FST	59,90 DM/MST	1,37 DM/MST	61,27 DM/MST

Planabgrenzung:

* Zuschlagssatz : **70** %, Basiskostenarten: **420000, 421000**

** Zuschlagssatz : **30** %, Basiskostenart: **430000**

Bild 4.2/1(2): Testbeispiel: PLAN Gesamtjahr (alle Kostenstellen)

IST Jan.		HILFSKOSTENSTELLEN													
		1210 **Fuhrpark** Bezugsgröße: gef. Kilometer (GKM)			1220 **Arbeitsvorbereitung** Bezugsgröße: Arb.vorb.std. (AVST)			1230 **Instandhaltung** Bezugsgrößen: Wartungsstd. (WART), Reparaturstd. (REP)							
									leistungs***ab*** hängig (WART)			leistungs***ab*** hängig (REP)			
Kontonr.	Bezeichnung	Fix	Var	Gesamt	Fix	Var	Gesamt	Fix	*Fix*	*Var*	*Gesamt*	*Fix*	*Var*	*Gesamt*	Gesamt
420000	*Löhne*	*0*	*0*	*0*	*0*	*0*	*0*	*0*							0
421000	GK-Lohn	3.240	0	3.240	8.100	0	8.100	3.240							3.240
429000	verr.PNK-Lohn *	2.268	0	2.268	5.670	0	5.670	2.268							2.268
430000	Gehälter	0	0	0	9.000	0	9.000	5.000							5.000
439000	verr.PNK-Geh. **	0	0	0	2.700	0	2.700	1.500							1.500
481000	kalk. Abschr.	5.850	0	5.850	250	0	250	420							420
483000	kalk. Zinsen	1.120	0	1.120	100	0	100	150							150
403000	*Betriebsstoffe*	*4.032*	*480*	*4.512*	*4.500*	*647*	*5.147*	*0*	*1.108*	*81*	*1.189*	*2.341*	*128*	*2.469*	*3.658*
415000	*Energiekosten*	*814*	*1.086*	*1.900*	*986*	*1.294*	*2.280*	*0*	*84*	*158*	*241*	*180*	*340*	*520*	*761*
417000	Fremdreparat.	1.500	0	1.500	0	0	0	2.109							2.109
476900	sonst. Kosten	4.140	0	4.140	3.420	0	3.420	3.780							3.780
	Primärkosten	22.964	1.566	24.530	34.726	1.941	36.667	18.467	1.192	238	1.430	2.521	469	2.989	22.886
gefahrene km					1.000		GKM			1.333		GKM			
510000	ILV Fuhrp.	-20.867	-1.681	**-22.548**	1.087	0	1.087	1.449							1.449
Wartungsstunden															
520000	ILV Inst.Wart								-7.215	-274	-7.489				**-7.489**
Reparaturstunden															
530000	ILV Inst.Rep.											-15.890	-541	-16.431	**-16.431**
Verr.basis indir. ILV Arbeitsvorb.															
500000	Ind. ILV AV				-37.599	-2.048	**-39.647**								
	Leistungsverr.	-20.867	-1.681	-22.548	-36.512	-2.048	-38.560	1.449	-7.215	-274	-7.489	-15.890	-541	-16.431	-22.471
	Gesamt			1.982			-1.893								415

							19.916	6.639 (1/3)	→	6.639	13.277 (2/3)	→	13.277
Istkosten [DM]	22.964	1.566	24.530	35.813	1.941	37.754		7.830	238	8.068	15.798	469	16.266	24.335
Istleistung	20.749		GKM	690		AVST		99		WART	270		REP	
Plan **verrechnungssatz**	1,01 DM/GKM	0,08 DM/GKM	1,09 DM/GKM	54,49 DM/AVST	2,97 DM/AVST	57,46 DM/AVST		72,88 DM/WART	2,77 DM/WART	75,64 DM/WART	58,85 DM/REP	2,00 DM/REP	60,85 DM/REP	

Bild 4.2/2(1): Testbeispiel: IST Januar (alle Kostenstellen)

IST Jan.		HAUPTKOSTENSTELLEN																	
		1241 **Anlage A** Bezugsgröße: Fertigungsstd A (FST)			1242 **Anlage B** Bezugsgröße: Fertigungsstd B (FST)			1130 **Materialwirtschaft** Bezugsgröße: Mat.wirtsch.std (MST)			1120 **Verwaltung**			1110 **Vertrieb**			Gesamt		
Kontonr.	Bezeichnung	Fix	Var	Gesamt	Fix	Var	Gesamt	Fix	Var	Gesamt	Fix	Var	Gesamt	Fix	Var	Gesamt	Fix	Var	Gesamt
420000	*Löhne*	*0*	*46.320*	*46.320*	*0*	*29.000*	*29.000*	*0*	*0*	*0*	*0*	*0*	*0*	*0*	*0*	*0*	*0*	*75.320*	*75.320*
421000	GK-Lohn	1.620	0	1.620	3.240	0	3.240	4.860	0	4.860	11.340	0	11.340	0	0	0	35.640	0	35.640
429000	verr.PNK-Lohn *	1.134	32.424	33.558	2.268	20.300	22.568	3.402	0	3.402	7.938	0	7.938	0	0	0	24.948	52.724	77.672
430000	Gehälter	5.000	0	5.000	5.000	0	5.000	13.000	0	13.000	56.000	0	56.000	48.000	0	48.000	141.000	0	141.000
439000	verr.PNK-Geh.**	1.500	0	1.500	1.500	0	1.500	3.900	0	3.900	16.800	0	16.800	14.400	0	14.400	42.300	0	42.300
481000	kalk. Abschr.	6.000	0	6.000	9.064	0	9.064	1.420	0	1.420	1.000	0	1.000	1.100	0	1.100	25.104	0	25.104
483000	kalk. Zinsen	2.400	0	2.400	3.625	0	3.625	570	0	570	400	0	400	440	0	440	8.805	0	8.805
403000	*Betriebsstoffe*	*12.000*	*1.323*	*13.323*	*11.009*	*1.335*	*12.343*	*3.525*	*307*	*3.832*	*0*	*0*	*0*	*0*	*0*	*0*	*38.515*	*4.300*	*42.815*
415000	*Energiekosten*	*1.344*	*2.076*	*3.420*	*2.828*	*4.012*	*6.840*	*272*	*678*	*950*	*2.417*	*0*	*2.417*	*1.140*	*0*	*1.140*	*10.064*	*9.644*	*19.708*
417000	Fremdreparat.	1.100	0	1.100	900	0	900	900	0	900	1.600	0	1.600	1.000	0	1.000	9.109	0	9.109
476900	sonst. Kosten	5.400	0	5.400	2.880	0	2.880	771	0	771	2.761	0	2.761	382	0	382	23.534	0	23.534
	Primärkosten	37.498	82.143	119.641	42.314	54.647	96.960	32.620	985	33.605	100.256	0	100.256	66.462	0	66.462	359.019	141.988	501.007
gefahrene km			833	GKM		1.000	GKM		2.333	GKM		1.750	GKM		12.500	GKM		20.749	GKM
510000	ILV Fuhrp.	905	0	905	1.087	0	1.087	2.535	0	2.535	1.902	0	1.902	13.584	0	13.584	1.681	-1.681	0
Wartungsstunden			35	WART		64	WART											99	WART
520000	ILV Inst.Wart	2.647	0	2.647	4.841	0	4.841										274	-274	0
Reparaturstunden			175	REP		95	REP											270	REP
530000	ILV Inst.Rep.	10.649	0	10.649	5.781	0	5.781										541	-541	0
Verr.basis indir. ILV Arbeitsvorb.			3.167	FST		2.000	FST											5.167	FST
500000	Ind. ILV AV	24.301	0	24.301	15.346	0	15.346										2.048	-2.048	0
	Leistungsverr.	38.503	0	38.503	27.055	0	27.055	2.535	0	2.535	1.902	0	1.902	13.584	0	13.584			0
	Gesamt			158.144			124.015			36.140			102.158			80.046			501.007

Istkosten [DM]	76.001	82.143	158.144	69.369	54.647	124.015	35.155	985	36.140
Istleistung		3.167	FST		2.000	FST		550	MST
***Plan* verrechnungssatz**	24,88 DM/FST	26,84 DM/FST	51,72 DM/FST	32,87 DM/FST	26,79 DM/FST	59,67 DM/FST	59,90 DM/MST	1,37 DM/MST	61,27 DM/MST

Istabgrenzung:

* Zuschlagssatz : **70** %, Basiskostenarten: **420000, 421000**

** Zuschlagssatz : **30** %, Basiskostenart: **430000**

Bild 4.2/2(2): Testbeispiel: IST Januar (alle Kostenstellen)

SOLL Jan.		HILFSKOSTENSTELLEN												
		1210 **Fuhrpark** Bezugsgröße: gef. Kilometer (GKM)			1220 **Arbeitsvorbereitung** Bezugsgröße: Arb.vorb.std. (AVST)			1230 **Instandhaltung** Bezugsgrößen: Wartungsstd. (WART), Reparaturstd. (REP)						
									leistungs***ab***hängig (WART)			leistungs***ab***hängig (REP)		
Kontonr.	Bezeichnung	Fix	Var	Gesamt	Fix	Var	Gesamt	Fix	*Fix*	*Var*	*Gesamt*	*Fix*	*Var*	*Gesamt*	Gesamt
420000	*Löhne*	*0*	*0*	*0*	*0*	*0*	*0*	*0*							*0*
421000	GK-Lohn	3.240	0	3.240	8.100	0	8.100	3.240							3.240
429000	verr.PNK-Lohn *	2.268	0	2.268	5.670	0	5.670	2.268							2.268
430000	Gehälter	0	0	0	9.000	0	9.000	5.000							5.000
439000	verr.PNK-Geh. **	0	0	0	2.700	0	2.700	1.500							1.500
481000	kalk. Abschr.	5.833	0	5.833	250	0	250	417							417
483000	kalk. Zinsen	1.167	0	1.167	100	0	100	133							133
403000	*Betriebsstoffe*	*4.032*	*451*	*4.483*	*4.500*	*518*	*5.018*	*0*	*1.108*	*143*	*1.251*	*2.341*	*258*	*2.599*	*3.850*
415000	*Energiekosten*	*814*	*1.230*	*2.044*	*986*	*1.531*	*2.517*	*0*	*84*	*131*	*215*	*180*	*283*	*463*	*677*
417000	Fremdreparat.	1.000	0	1.000	0	0	0	1.955							1.955
476900	sonst. Kosten	2.363	0	2.363	3.790	0	3.790	2.417							2.417
	Primärkosten	20.717	1.681	22.398	35.096	2.048	37.144	16.930	1.192	274	1.465	2.521	541	3.062	21.457
gefahrene km					1.000		GKM			1.333		GKM			
510000	ILV Fuhrp.	-20.867	-1.681	**-22.548**	1.232	0	1.232	1.358							1.358
Wartungsstunden															
520000	ILV Inst.Wart								-7.215	-274	-7.489				**-7.489**
Reparaturstunden															
530000	ILV Inst.Rep.											-15.890	-541	-16.431	**-16.431**
Verr.basis indir. ILV Arbeitsvorb.															
500000	Ind. ILV AV				-37.599	-2.048	**-39.647**								
	Leistungsverr.	-20.867	-1.681	-22.548	-36.367	-2.048	-38.416	1.358	-7.215	-274	-7.489	-15.890	-541	-16.431	-22.561
	Gesamt			-150			-1.271								-1.104

							18.288	6.096 (1/3)	→	6.096	12.192 (2/3)	→	12.192	
Sollkosten [DM]	20.717	1.681	22.398	36.327	2.048	38.376		7.288	274	7.561	14.713	541	15.254	22.815
Istleistung	20.749		GKM	690		AVST		99		WART	270		REP	
***Plan* verrechnungssatz**	1,01 DM/GKM	0,08 DM/GKM	1,09 DM/GKM	54,49 DM/AVST	2,97 DM/AVST	57,46 DM/AVST		72,88 DM/WART	2,77 DM/WART	75,64 DM/WART	58,85 DM/REP	2,00 DM/REP	60,85 DM/REP	

Bild 4.2/3(1): Testbeispiel: SOLL Januar (alle Kostenstellen)

SOLL Jan.		HAUPTKOSTENSTELLEN																	
		1241 **Anlage A** Bezugsgröße: Fertigungsstd A (FST)			1242 **Anlage B** Bezugsgröße: Fertigungsstd B (FST)			1130 **Materialwirtschaft** Bezugsgröße: Mat.wirtsch.std (MST)			1120 **Verwaltung**			1110 **Vertrieb**			Gesamt		
Kontonr.	Bezeichnung	Fix	Var	Gesamt	Fix	Var	Gesamt	Fix	Var	Gesamt	Fix	Var	Gesamt	Fix	Var	Gesamt	Fix	Var	Gesamt
420000	*Löhne*	*0*	*47.958*	*47.958*	*0*	*28.387*	*28.387*	*0*	*0*	*0*	*0*	*0*	*0*	*0*	*0*	*0*	*0*	*76.345*	*76.345*
421000	GK-Lohn	1.620	0	1.620	3.240	0	3.240	4.860	0	4.860	0	0	0	0	0	0	24.300	0	24.300
429000	verr.PNK-Lohn	1.134	33.571	34.705	2.268	19.871	22.139	3.402	0	3.402	0	0	0	0	0	0	17.010	53.442	70.452
430000	Gehälter	5.000	0	5.000	5.000	0	5.000	13.000	0	13.000	56.000	0	56.000	48.000	0	48.000	141.000	0	141.000
439000	verr.PNK-Geh.	1.500	0	1.500	1.500	0	1.500	3.900	0	3.900	16.800	0	16.800	14.400	0	14.400	42.300	0	42.300
481000	kalk. Abschr.	6.000	0	6.000	9.064	0	9.064	1.417	0	1.417	1.000	0	1.000	1.100	0	1.100	25.081	0	25.081
483000	kalk. Zinsen	2.400	0	2.400	3.626	0	3.626	567	0	567	400	0	400	440	0	440	8.832	0	8.832
403000	*Betriebsstoffe*	*12.000*	*1.381*	*13.381*	*11.009*	*1.193*	*12.202*	*3.525*	*369*	*3.894*	*5.521*	*0*	*5.521*	*0*	*0*	*0*	*44.036*	*4.313*	*48.349*
415000	*Energiekosten*	*1.344*	*2.088*	*3.432*	*2.828*	*4.139*	*6.967*	*272*	*385*	*657*	*1.900*	*0*	*1.900*	*1.500*	*0*	*1.500*	*9.907*	*9.786*	*19.693*
417000	Fremdreparat.	742	0	742	665	0	665	650	0	650	1.158	0	1.158	706	0	706	6.876	0	6.876
476900	sonst. Kosten	8.622	0	8.622	780	0	780	633	0	633	2.499	0	2.499	469	0	469	21.573	0	21.573
	Primärkosten	40.362	84.997	125.359	39.979	53.590	93.569	32.226	754	32.980	85.279	0	85.279	66.615	0	66.615	340.914	143.885	484.799
gefahrene km			833	GKM		1.000	GKM		2.333	GKM		1.750	GKM		12.500	GKM		20.749	GKM
510000	ILV Fuhrp.	1.014	0	1.014	1.032	0	1.032	2.717	0	2.717	1.811	0	1.811	13.222	0	13.222	1.519	-1.681	-162
Wartungsstunden			35	WART		64	WART											99	WART
520000	ILV Inst.Wart	3.152	0	3.152	4.412	0	4.412										350	-274	76
Reparaturstunden			175	REP		95	REP											270	REP
530000	ILV Inst.Rep.	8.621	0	8.621	6.593	0	6.593										-676	-541	-1.217
Verr.basis indir. ILV Arbeitsvorb			3.167	FST		2.000	FST											5.167	FST
500000	Ind. ILV AV	22.934	0	22.934	15.373	0	15.373										708	-2.048	-1.341
	Leistungsverr.	35.721	0	35.721	27.410	0	27.410	2.717	0	2.717	1.811	0	1.811	13.222	0	13.222	1.900	-4.544	-2.644
	Gesamt			161.080			120.979			35.696			87.090			79.836			482.155

Sollkosten [DM]	76.083	84.997	161.080	67.389	53.590	120.979	34.942	754	35.696
Istleistung		3.167	FST		2.000	FST		550	MST
***Plan* verrechnungssatz**	24,88 DM/FST	26,84 DM/FST	51,72 DM/FST	32,87 DM/FST	26,79 DM/FST	59,67 DM/FST	59,90 DM/MST	1,37 DM/MST	61,27 DM/MST

Bild 4.2/3(2): Testbeispiel: SOLL Januar (alle Kostenstellen)

PLAN/SOLL/IST		HILFSKOSTENSTELLE 1210 **Fuhrpark** Bezugsgröße: gef. Kilometer (GKM)										
Januar		PLAN			SOLL			IST			IST-Plan Abw.	IST-Plan Abw.
Kontonr.	Bezeichnung	Fix	Var	Gesamt	Fix	Var	Gesamt	Fix	Var	Gesamt	(abs.)	(%)
420000	*Löhne*	*0*	*0*	*0*	*0*	*0*	*0*	*0*	*0*	*0*	*0*	*0,00*
421000	GK-Lohn	3.240	0	3.240	3.240	0	3.240	3.240	0	3.240	0	0,00
429000	verr.PNK-Lohn *	2.268	0	2.268	2.268	0	2.268	2.268	0	2.268	0	0,00
430000	Gehälter	0	0	0	0	0	0	0	0	0	0	0,00
439000	verr.PNK-Geh.**	0	0	0	0	0	0	0	0	0	0	0,00
481000	kalk. Abschr.	5.833	0	5.833	5.833	0	5.833	5.850	0	5.850	17	0,29
483000	kalk. Zinsen	1.167	0	1.167	1.167	0	1.167	1.120	0	1.120	-47	-4,00
403000	*Betriebsstoffe*	*4.032*	*448*	*4.480*	*4.032*	*451*	*4.483*	*4.032*	*480*	*4.512*	*32*	*0,71*
415000	*Energiekosten*	*814*	*1.221*	*2.035*	*814*	*1.230*	*2.044*	*814*	*1.086*	*1.900*	*-135*	*-6,63*
417000	Fremdreparat.	1.000	0	1.000	1.000	0	1.000	1.500	0	1.500	500	50,00
476900	sonst. Kosten	2.363	0	2.363	2.363	0	2.363	4.140	0	4.140	1.777	75,21
	Primärkosten	20.717	1.669	22.386	20.717	1.681	22.398	22.964	1.566	24.530	2.144	9,58
gefahrene km												
510000	ILV Fuhrp.	-20.717	-1.669	**-22.386**	-20.867	-1.681	**-22.548**	-20.867	-1.681	**-22.548**		
Wartungsstdunden												
520000	ILV Inst.Wart											
Reparaturstunden												
530000	ILV Inst.Rep.											
Verr.basis indir. ILV Arbeitsvorb.												
500000	Ind. ILV AV											
	Leistungsverr.	-20.717	-1.669	-22.386	-20.867	-1.681	-22.548	-20.867	-1.681	-22.548		
	Gesamt			0			-150			1.982		
Soll-Ist Abweichung										-2.132		

Plan- / Soll- / Ist-kosten [DM]	20.717	1.669	22.386	20.717	1.681	22.398	22.964	1.566	24.530
Plan- / Ist-leistung	20.600		GKM				20.749		GKM
Planverrechnungssatz	1,01 DM/GKM	0,08 DM/GKM	1,09 DM/GKM						

Planabbrenzung = Istabgrenzung :

* Zuschlagss. : 70 %, Basiskostenarten:420000, 421000

** Zuschlagss. :30 %, Basiskostenart: 430000

Bild 4.2/4: Testbeispiel: Januar Fuhrpark

PLAN/SOLL/IST Januar		HILFSKOSTENSTELLE 1220 Arbeitsvorbereitung (Bezugsgröße: Arb.vorb.std. (AVST))										
		PLAN			SOLL			IST			IST-Plan Abw.	IST-Plan Abw.
Kontonr.	Bezeichnung	Fix	Var	Gesamt	Fix	Var	Gesamt	Fix	Var	Gesamt	(abs.)	(%)
420000	*Löhne*	*0*	*0*	*0*	*0*	*0*	*0*	*0*	*0*	*0*	*0*	*0,00*
421000	GK-Lohn	8.100	0	8.100	8.100	0	8.100	8.100	0	8.100	0	0,00
429000	verr.PNK-Lohn *	5.670	0	5.670	5.670	0	5.670	5.670	0	5.670	0	0,00
430000	Gehälter	9.000	0	9.000	9.000	0	9.000	9.000	0	9.000	0	0,00
439000	verr.PNK-Geh.**	2.700	0	2.700	2.700	0	2.700	2.700	0	2.700	0	0,00
481000	kalk. Abschr.	250	0	250	250	0	250	250	0	250	0	0,00
483000	kalk. Zinsen	100	0	100	100	0	100	100	0	100	0	0,00
403000	*Betriebsstoffe*	*4.500*	*500*	*5.000*	*4.500*	*518*	*5.018*	*4.500*	*647*	*5.147*	*147*	*2,94*
415000	*Energiekosten*	*986*	*1.479*	*2.465*	*986*	*1.531*	*2.517*	*986*	*1.294*	*2.280*	*-185*	*-7,51*
417000	Fremdreparat.	0	0	0	0	0	0	0	0	0	0	0,00
476900	sonst. Kosten	3.790	0	3.790	3.790	0	3.790	3.420	0	3.420	-370	-9,76
	Primärkosten	35.096	1.979	37.075	35.096	2.048	37.144	34.726	1.941	36.667	-408	-1,10
gefahrene km					1.000		GKM	1.000		GKM		
510000	ILV Fuhrp.	1.232	0	1.232	1.232	0	1.232	1.087	0	1.087		
Wartungsstdunden												
520000	ILV Inst.Wart											
Reparaturstunden												
530000	ILV Inst.Rep.											
Verr.basis indir. ILV Arbeitsvorb.												
500000	Ind. ILV AV	-36.327	-1.979	**-38.306**	-37.599	-2.048	**-39.647**	-37.599	-2.048	**-39.647**		
	Leistungsverr.	-35.096	-1.979	-37.075	-36.367	-2.048	-38.416	-36.512	-2.048	-38.560		
	Gesamt			0			-1.271			-1.893		
Soll-Ist Abweichung										622		

Plan-/Soll-/Ist-kosten [DM]	36.327	1.979	38.306	36.327	2.048	38.376	35.813	1.941	37.754
Plan- / Ist-leistung	667		AVST				690		AVST
Planverrechnungssatz	54,49 DM/AVST	2,97 DM/AVST	57,46 DM/AVST						

Planabbrenzung = Istabgrenzung :

* Zuschlagss. : 70 %, Basiskostenarten:420000, 421000

** Zuschlagss. :30 %, Basiskostenart: 430000

Bild 4.2/5: Testbeispiel: Januar Arbeitsvorbereitung

PLAN/SOLL/IST		HILFSKOSTENSTELLE: 1230 Instandhaltung (Bezugsgrößen: Wartungsstd. (WART), Reparaturstd. (REP))										
Januar		PLAN			SOLL			IST			IST-Plan Abw.	IST-Plan Abw.
Kontonr.	Bezeichnung	Fix	Var	Gesamt	Fix	Var	Gesamt	Fix	Var	Gesamt	(abs.)	(%)
420000	*Löhne*	*0*	*0*	*0*	*0*	*0*	*0*	*0*	*0*	*0*	*0*	*0,00*
421000	GK-Lohn	3.240	0	3.240	3.240	0	3.240	3.240	0	3.240	0	0,00
429000	verr.PNK-Lohn *	2.268	0	2.268	2.268	0	2.268	2.268	0	2.268	0	0,00
430000	Gehälter	5.000	0	5.000	5.000	0	5.000	5.000	0	5.000	0	0,00
439000	verr.PNK-Geh.**	1.500	0	1.500	1.500	0	1.500	1.500	0	1.500	0	0,00
481000	kalk. Abschr.	417	0	417	417	0	417	420	0	420	3	0,80
483000	kalk. Zinsen	133	0	133	133	0	133	150	0	150	17	12,50
403000	*Betriebsstoffe*	*3.449*	*383*	*3.832*	*3.449*	*401*	*3.850*	*3.449*	*209*	*3.658*	*-174*	*-4,55*
415000	*Energiekosten*	*263*	*395*	*658*	*263*	*414*	*677*	*263*	*498*	*761*	*104*	*15,74*
417000	Fremdreparat.	1.955	0	1.955	1.955	0	1.955	2.109	0	2.109	154	7,88
476900	sonst. Kosten	2.417	0	2.417	2.417	0	2.417	3.780	0	3.780	1.363	56,41
	Primärkosten	20.642	778	21.419	20.642	815	21.457	22.179	707	22.886	1.467	6,85
gefahrene km		15.000	GKM		1.333	GKM		1.333	GKM			
510000	ILV Fuhrp.	1.358	0	1.358	1.358	0	1.358	1.449	0	1.449		
Wartungsstunden												
520000	ILV Inst.Wart	-7.288	-277	**-7.564**	-7.215	-274	**-7.489**	-7.215	-274	**-7.489**		
Reparaturstunden												
530000	ILV Inst.Rep.	-14.713	-501	**-15.214**	-15.890	-541	**-16.431**	-15.890	-541	**-16.431**		
Verr.basis indir. ILV Arbeitsvorb.												
500000	Ind. ILV AV											
	Leistungsverr.	-20.642	-778	-21.419	-21.746	-815	-22.561	-21.656	-815	-22.471		
	Gesamt			0			-1.104			415		
Soll-Ist Abweichung										-1.519		

	PLAN Fix	PLAN Var	PLAN Gesamt	SOLL Fix	SOLL Var	SOLL Gesamt	IST Fix	IST Var	IST Gesamt
Plan- / Soll- / Ist-kosten [DM]	22.000	778	22.778	22.000	815	22.815	23.628	707	24.335
Plan- / Ist-leistung	100 250		WART REP				99 270		WART REP
Planverrechnungssätze	72,88 DM/WART 58,85 DM/REP	2,77 DM/WART 2,00 DM/REP	75,64 DM/WART 60,85 DM/REP						

Planabbrenzung = Istabgrenzung :

* Zuschlagss. : 70 %, Basiskostenarten:420000, 421000

** Zuschlagss. :30 %, Basiskostenart: 430000

Bild 4.2/6: Testbeispiel: Januar Instandhaltung

PLAN/SOLL/IST		1241 **Anlage A** Bezugsgröße: Fertigungsstd A (FST)										
Januar		PLAN			SOLL			IST			IST-Plan Abw.	IST-Plan Abw.
Kontonr.	Bezeichnung	Fix	Var	Gesamt	Fix	Var	Gesamt	Fix	Var	Gesamt	(abs.)	(%)
420000	*Löhne*	*0*	*46.313*	*46.313*	*0*	*47.958*	*47.958*	*0*	*46.320*	*46.320*	*8*	*0,02*
421000	GK-Lohn	1.620	0	1.620	1.620	0	1.620	1.620	0	1.620	0	0,00
429000	verr.PNK-Lohn *	1.134	32.419	33.553	1.134	33.571	34.705	1.134	32.424	33.558	5	0,02
430000	Gehälter	5.000	0	5.000	5.000	0	5.000	5.000	0	5.000	0	0,00
439000	verr.PNK-Geh.**	1.500	0	1.500	1.500	0	1.500	1.500	0	1.500	0	0,00
481000	kalk. Abschr.	6.000	0	6.000	6.000	0	6.000	6.000	0	6.000	0	0,00
483000	kalk. Zinsen	2.400	0	2.400	2.400	0	2.400	2.400	0	2.400	0	0,00
403000	*Betriebsstoffe*	*12.000*	*1.333*	*13.333*	*12.000*	*1.381*	*13.381*	*12.000*	*1.323*	*13.323*	*-10*	*-0,08*
415000	*Energiekosten*	*1.344*	*2.016*	*3.360*	*1.344*	*2.088*	*3.432*	*1.344*	*2.076*	*3.420*	*60*	*1,79*
417000	Fremdreparat.	742	0	742	742	0	742	1.100	0	1.100	358	48,31
476900	sonst. Kosten	8.622	0	8.622	8.622	0	8.622	5.400	0	5.400	-3.222	-37,37
	Primärkosten	40.362	82.081	122.442	40.362	84.997	125.359	37.498	82.143	119.641	-2.801	-2,29
gefahrene km		933		GKM	833		GKM	833		GKM		
510000	ILV Fuhrp.	1.014	0	1.014	1.014	0	1.014	905	0	905		
Wartungsstdunden		42		WART	35		WART	35		WART		
520000	ILV Inst.Wart	3.152	0	3.152	3.152	0	3.152	2.647	0	2.647		
Reparaturstunden		142		REP	175		REP	175		REP		
530000	ILV Inst.Rep.	8.621	0	8.621	8.621	0	8.621	10.649	0	10.649		
Verr.basis indir. ILV Arbeitsvorb.		3.058		FST	3.167		FST	3.167		FST		
500000	Ind. ILV AV	22.934	0	22.934	22.934	0	22.934	24.301	0	24.301		
	Leistungsverr.	35.721	0	35.721	35.721	0	35.721	38.503	0	38.503		
	Gesamt			158.163			161.080			158.144		
Soll-Ist Abweichung										2.936		

Plan- / Soll- / Ist-kosten [DM]	76.083	82.081	158.163	76.083	84.997	161.080	76.001	82.143	158.144
Plan- / Ist-leistung	3.058		FST				3.167		FST
Planverrechnungssatz	24,88 DM/FST	26,84 DM/FST	51,72 DM/FST						

Planabbrenzung = Istabgrenzung :

* Zuschlagss. : 70 %, Basiskostenarten:420000, 421000

** Zuschlagss. :30 %, Basiskostenart: 430000

Bild 4.2/7: Testbeispiel: Januar Anlage A

PLAN/SOLL/IST		HAUPTKOSTENSTELLE 1242 **Anlage B** Bezugsgröße: Fertigungsstd B (FST)										
Januar		PLAN			SOLL			IST			IST-Plan Abw.	IST-Plan Abw.
Kontonr.	Bezeichnung	Fix	Var	Gesamt	Fix	Var	Gesamt	Fix	Var	Gesamt	(abs.)	(%)
420000	*Löhne*	*0*	*29.097*	*29.097*	*0*	*28.387*	*28.387*	*0*	*29.000*	*29.000*	-97	-0,33
421000	GK-Lohn	3.240	0	3.240	3.240	0	3.240	3.240	0	3.240	0	0,00
429000	verr.PNK-Lohn *	2.268	20.368	22.636	2.268	19.871	22.139	2.268	20.300	22.568	-68	-0,30
430000	Gehälter	5.000	0	5.000	5.000	0	5.000	5.000	0	5.000	0	0,00
439000	verr.PNK-Geh.**	1.500	0	1.500	1.500	0	1.500	1.500	0	1.500	0	0,00
481000	kalk. Abschr.	9.064	0	9.064	9.064	0	9.064	9.064	0	9.064	0	0,00
483000	kalk. Zinsen	3.626	0	3.626	3.626	0	3.626	3.625	0	3.625	-1	-0,02
403000	*Betriebsstoffe*	*11.009*	*1.223*	*12.232*	*11.009*	*1.193*	*12.202*	*11.009*	*1.335*	*12.343*	*111*	*0,91*
415000	*Energiekosten*	*2.828*	*4.242*	*7.070*	*2.828*	*4.139*	*6.967*	*2.828*	*4.012*	*6.840*	*-230*	*-3,25*
417000	Fremdreparat.	665	0	665	665	0	665	900	0	900	235	35,34
476900	sonst. Kosten	780	0	780	780	0	780	2.880	0	2.880	2.100	269,31
	Primärkosten	39.979	54.930	94.908	39.979	53.590	93.569	42.314	54.647	96.960	2.052	2,16
gefahrene km		950		GKM	1.000		GKM	1.000		GKM		
510000	ILV Fuhrp.	1.032	0	1.032	1.032	0	1.032	1.087	0	1.087		
Wartungsstdunden		58		WART	64		WART	64		WART		
520000	ILV Inst.Wart	4.412	0	4.412	4.412	0	4.412	4.841	0	4.841		
Reparaturstunden		108		REP	95		REP	95		REP		
530000	ILV Inst.Rep.	6.593	0	6.593	6.593	0	6.593	5.781	0	5.781		
Verr.basis indir. ILV Arbeitsvorb.		2.050		FST	2.000		FST	2.000		FST		
500000	Ind. ILV AV	15.373	0	15.373	15.373	0	15.373	15.346	0	15.346		
	Leistungsverr.	27.410	0	27.410	27.410	0	27.410	27.055	0	27.055		
	Gesamt			122.318			120.979			124.015		
Soll-Ist Abweichung										-3.037		

Planabbrenzung = Istabgrenzung :

* Zuschlagss. : 70 %, Basiskostenarten:420000, 421000

** Zuschlagss. :30 %, Basiskostenart: 430000

Plan- / Soll- / Ist-kosten [DM]	67.389	54.930	122.318	67.389	53.590	120.979	69.369	54.647	124.015
Plan- / Ist-leistung	2.050		FST				2.000		FST
Planverrechnungssatz	32,87 DM/FST	26,79 DM/FST	59,67 DM/FST						

Bild 4.2/8: Testbeispiel: Januar Anlage B

PLAN/SOLL/IST		HAUPTKOSTENSTELLE										
		1130 **Materialwirtschaft** Bezugsgröße: Mat.wirtsch.std (MST)										
Januar		PLAN			SOLL			IST			IST-Plan Abw.	IST-Plan Abw.
Kontonr.	Bezeichnung	Fix	Var	Gesamt	Fix	Var	Gesamt	Fix	Var	Gesamt	(abs.)	(%)
420000	*Löhne*	*0*	*0*	*0*	*0*	*0*	*0*	*0*	*0*	*0*	*0*	*0,00*
421000	GK-Lohn	4.860	0	4.860	4.860	0	4.860	4.860	0	4.860	0	0,00
429000	verr.PNK-Lohn *	3.402	0	3.402	3.402	0	3.402	3.402	0	3.402	0	0,00
430000	Gehälter	13.000	0	13.000	13.000	0	13.000	13.000	0	13.000	0	0,00
439000	verr.PNK-Geh.**	3.900	0	3.900	3.900	0	3.900	3.900	0	3.900	0	0,00
481000	kalk. Abschr.	1.417	0	1.417	1.417	0	1.417	1.420	0	1.420	3	0,24
483000	kalk. Zinsen	567	0	567	567	0	567	570	0	570	3	0,59
403000	*Betriebsstoffe*	*3.525*	*392*	*3.917*	*3.525*	*369*	*3.894*	*3.525*	*307*	*3.832*	*-85*	*-2,16*
415000	*Energiekosten*	*272*	*408*	*680*	*272*	*385*	*657*	*272*	*678*	*950*	*270*	*39,71*
417000	Fremdreparat.	650	0	650	650	0	650	900	0	900	250	38,46
476900	sonst. Kosten	633	0	633	633	0	633	771	0	771	138	21,75
	Primärkosten	32.226	800	33.025	32.226	754	32.980	32.620	985	33.605	580	1,76
gefahrene km		2.500	GKM		2.333		GKM	2.333		GKM		
510000	ILV Fuhrp.	2.717	0	2.717	2.717	0	2.717	2.535	0	2.535		
Wartungsstdunden												
520000	ILV Inst.Wart											
Reparaturstunden												
530000	ILV Inst.Rep.											
Verr.basis indir. ILV Arbeitsvorb.												
500000	Ind. ILV AV											
	Leistungsverr.	2.717	0	2.717	2.717	0	2.717	2.535	0	2.535		
	Gesamt			35.742			35.696			36.140		
Soll-Ist Abweichung										-444		

Planabbrenzung = Istabgrenzung :

* Zuschlagss. : 70 %, Basiskostenarten:420000, 421000

** Zuschlagss. :30 %, Basiskostenart: 430000

Plan- / Soll- / Ist-kosten [DM]	34.942	800	35.742	34.942	754	35.696	35.155	985	36.140
Plan- / Ist-leistung	583		MST				550		MST
Planverrechnungssatz	59,90 DM/MST	1,37 DM/MST	61,27 DM/MST						

Bild 4.2/9: Testbeispiel: Januar Materialwirtschaft

PLAN/SOLL/IST Januar		HAUPTKOSTENSTELLE 1120 Verwaltung										
		PLAN			SOLL			IST			IST-Plan Abw.	IST-Plan Abw.
Kontonr.	Bezeichnung	Fix	Var	Gesamt	Fix	Var	Gesamt	Fix	Var	Gesamt	(abs.)	(%)
420000	*Löhne*	*0*	*0*	*0*	*0*	*0*	*0*	*0*	*0*	*0*	*0*	*0,00*
421000	GK-Lohn	0	0	0	0	0	0	11.340	0	11.340	11.340	100,00
429000	verr.PNK-Lohn *	0	0	0	0	0	0	7.938	0	7.938	7.938	100,00
430000	Gehälter	56.000	0	56.000	56.000	0	56.000	56.000	0	56.000	0	0,00
439000	verr.PNK-Geh.**	16.800	0	16.800	16.800	0	16.800	16.800	0	16.800	0	0,00
481000	kalk. Abschr.	1.000	0	1.000	1.000	0	1.000	1.000	0	1.000	0	0,00
483000	kalk. Zinsen	400	0	400	400	0	400	400	0	400	0	0,00
403000	*Betriebsstoffe*	*5.521*	*0*	*5.521*	*5.521*	*0*	*5.521*	*0*	*0*	*0*	*-5.521*	*-100,00*
415000	*Energiekosten*	*1.900*	*0*	*1.900*	*1.900*	*0*	*1.900*	*2.417*	*0*	*2.417*	*517*	*27,21*
417000	Fremdreparat.	1.158	0	1.158	1.158	0	1.158	1.600	0	1.600	442	38,13
476900	sonst. Kosten	2.499	0	2.499	2.499	0	2.499	2.761	0	2.761	262	10,47
	Primärkosten	85.279	0	85.279	85.279	0	85.279	100.256	0	100.256	14.977	17,56
gefahrene km		1.667		GKM	1.750		GKM	1.750		GKM		
510000	ILV Fuhrp.	1.811	0	1.811	1.811	0	1.811	1.902	0	1.902		
Wartungsstdunden												
520000	ILV Inst.Wart											
Reparaturstunden												
530000	ILV Inst.Rep.											
Verr.basis indir. ILV Arbeitsvorb.												
500000	Ind. ILV AV											
	Leistungsverr.	1.811	0	1.811	1.811	0	1.811	1.902	0	1.902		
	Gesamt			87.090			87.090			102.158		
Soll-Ist Abweichung										-15.068		

Planabbrenzung = Istabgrenzung :

* Zuschlagss. : 70 %, Basiskostenarten:420000, 421000

** Zuschlagss. :30 %, Basiskostenart: 430000

Bild 4.2/10: Testbeispiel: Januar Verwaltung

PLAN/SOLL/IST Januar		HAUPTKOSTENSTELLE 1110 **Vertrieb**										
		PLAN			SOLL			IST			IST-Plan Abw.	IST-Plan Abw.
Kontonr.	Bezeichnung	Fix	Var	Gesamt	Fix	Var	Gesamt	Fix	Var	Gesamt	(abs.)	(%)
420000	*Löhne*	*0*	*0*	*0*	*0*	*0*	*0*	*0*	*0*	*0*	*0*	*0,00*
421000	GK-Lohn	0	0	0	0	0	0	0	0	0	0	0,00
429000	verr.PNK-Lohn *	0	0	0	0	0	0	0	0	0	0	0,00
430000	Gehälter	48.000	0	48.000	48.000	0	48.000	48.000	0	48.000	0	0,00
439000	verr.PNK-Geh.**	14.400	0	14.400	14.400	0	14.400	14.400	0	14.400	0	0,00
481000	kalk. Abschr.	1.100	0	1.100	1.100	0	1.100	1.100	0	1.100	0	0,00
483000	kalk. Zinsen	440	0	440	440	0	440	440	0	440	0	0,00
403000	*Betriebsstoffe*	*0*	*0*	*0*	*0*	*0*	*0*	*0*	*0*	*0*	*0*	*0,00*
415000	*Energiekosten*	*1.500*	*0*	*1.500*	*1.500*	*0*	*1.500*	*1.140*	*0*	*1.140*	*-360*	*-24,00*
417000	Fremdreparat.	706	0	706	706	0	706	1.000	0	1.000	294	41,58
476900	sonst. Kosten	469	0	469	469	0	469	382	0	382	-87	-18,48
	Primärkosten	66.615	0	66.615	66.615	0	66.615	66.462	0	66.462	-153	-0,23
gefahrene km		12.167		GKM	12.500		GKM	12.500		GKM		
510000	ILV Fuhrp.	13.222	0	13.222	13.222	0	13.222	13.584	0	13.584		
Wartungsstdunden												
520000	ILV Inst.Wart											
Reparaturstunden												
530000	ILV Inst.Rep.											
Verr.basis indir. ILV Arbeitsvorb.												
500000	Ind. ILV AV											
	Leistungsverr.	13.222	0	13.222	13.222	0	13.222	13.584	0	13.584		
	Gesamt			79.836			79.836			80.046		
Soll-Ist Abweichung										-209		

Planabbrenzung = Istabgrenzung :

* Zuschlagss. : 70 %, Basiskostenarten:420000, 421000

** Zuschlagss. :30 %, Basiskostenart: 430000

Bild 4.2/11: Testbeispiel: Januar Vertrieb

Januar		alle Kostenstellen PLAN/SOLL/IST										
		PLAN			SOLL			IST			IST-Plan Abw.	IST-Plan Abw.
Kontonr.	Bezeichnung	Fix	Var	Gesamt	Fix	Var	Gesamt	Fix	Var	Gesamt	(abs.)	(%)
420000	*Löhne*	*0*	*75.409*	*75.409*	*0*	*76.345*	*76.345*	*0*	*75.320*	*75.320*	*-89*	*-0,12*
421000	GK-Lohn	24.300	0	24.300	24.300	0	24.300	35.640	0	35.640	11.340	46,67
429000	verr.PNK-Lohn *	17.010	52.786	69.796	17.010	53.442	70.452	24.948	52.724	77.672	7.876	11,28
430000	Gehälter	141.000	0	141.000	141.000	0	141.000	141.000	0	141.000	0	0,00
439000	verr.PNK-Geh.**	42.300	0	42.300	42.300	0	42.300	42.300	0	42.300	0	0,00
481000	kalk. Abschr.	25.081	0	25.081	25.081	0	25.081	25.104	0	25.104	23	0,09
483000	kalk. Zinsen	8.832	0	8.832	8.832	0	8.832	8.805	0	8.805	-27	-0,31
403000	*Betriebsstoffe*	*44.036*	*4.279*	*48.315*	*44.036*	*4.313*	*48.349*	*38.515*	*4.300*	*42.815*	*-5.500*	*-11,38*
415000	*Energiekosten*	*9.907*	*9.761*	*19.668*	*9.907*	*9.786*	*19.693*	*10.064*	*9.644*	*19.708*	*41*	*0,21*
417000	Fremdreparat.	6.876	0	6.876	6.876	0	6.876	9.109	0	9.109	2.233	32,47
476900	sonst. Kosten	21.573	0	21.573	21.573	0	21.573	23.534	0	23.534	1.962	9,09
	Primärkosten	340.914	142.236	483.150	340.914	143.885	484.799	359.019	141.988	501.007	17.857	3,70
gefahrene km		20.600	GKM					20.749	GKM			
510000	ILV Fuhrp.	1.669	-1669	0	1.519	-1681	-162	1.681	-1681	0		
Wartungsstdunden		100	WART					99	WART			
520000	ILV Inst.Wart	277	-277	0	350	-274	76	274	-274			
Reparaturstunden		250	REP					270	REP			
530000	ILV Inst.Rep.	501	-501	0	-676	-541	-1217	541	-541	0		
Verr.basis indir. ILV Arbeitsvorb.		667	AVST					690	AVST			
500000	Ind. ILV AV	1.979	-1979	0	708	-2048	-1341	2.048	-2048	0		
	Leistungsverr.	4.426	-4426	0	1.900	-4544	-2644	4.544	-4544	0		
	Gesamt			483.150			482.155			501.007		
Soll-Ist Abweichung												

Planabbrenzung =
Istabgrenzung :

* Zuschlagss. : 70 %, Basiskostenarten:420000, 421000

** Zuschlagss. :30 %, Basiskostenart: 430000

Bild 4.2/12: Testbeispiel: Januar alle Kostenstellen

4.3 Anhang: Eingabetabellen

Tabelle 1: Sachkontenstammsätze

Konto-nummer	Kurztext	Bestands-konto	Erfolgs-konten-typ	Konten-Gruppe	Währung	Salden nur in Haus-währung	Abstimm-konto für Kontoart	Einzel-posten-anz.	Sortier schlüssel	Feldstatus-gruppe
120000	Bank	E		ALLG	DEM	E		E	001	G005
160000	Verbindlichkeiten	E		ALLG	DEM		K	E	001	G067
900000	Ergebnis-Vortrag	E		ALLG	DEM	E		E	001	G008
280000	verr.kalk.Kosten		x	ALLG	DEM			E	001	G001
403000	Verbr.Betriebsstoffe		x	ALLG	DEM			E	008	G003
415000	Energiekosten		x	ALLG	DEM			E	008	G004
417000	Fremdreparaturen		x	ALLG	DEM			E	008	G004
420000	Fertigungslohn		x	ALLG	DEM			E	008	G004
421000	Gemeinkostenlohn		x	ALLG	DEM			E	008	G004
425000	eff. PNK-Lohn		x	ALLG	DEM			E	008	G004
429000	verr. PNK-Lohn		x	ALLG	DEM			E	008	G004
430000	Gehälter		x	ALLG	DEM			E	008	G004
435000	eff. PNK-Gehalt		x	ALLG	DEM			E	008	G004
439000	verr. PNK-Gehalt		x	ALLG	DEM			E	008	G004
476900	sonst.Kosten		x	ALLG	DEM			E	008	G004
481000	kalk.Afa		x	ALLG	DEM			E	008	G004
483000	kalk.Zinsen		x	ALLG	DEM			E	008	G004

Bild 4.3/1: Tabelle 1: Sachkontenstammsätze

Tabelle 2: Kreditorenstammsätze

Kreditor (*)	Konten-gruppe	Anrede	Name	Such-begriff (*)	Abstimm-konto
900nnn	KRKO	Firma	Müller Baumarkt	Mül	160000
910nnn	KRKO	Firma	R W E	RWE	160000
920nnn	KRKO	Firma	Esso	Ess	160000
930nnn	KRKO	Firma	Meier Büroausstattung	Mei	160000

(*) : nnn = Nummer Ihres PCs

Bild 4.3/2: Tabelle 2: Kreditorenstammsätze

Tabelle 3: Primäre Kostenarten

Kosten-art	Gültig ab	Gültig bis		Kosten-artentyp
403000	01.01.98	31.12.99	Verbr.Betriebsstoffe	01
415000	01.01.98	31.12.99	Energiekosten	01
417000	01.01.98	31.12.99	Fremdreparaturen	01
420000	01.01.98	31.12.99	Fertigungslohn	01
421000	01.01.98	31.12.99	Gemeinkostenlohn	01
425000	01.01.98	31.12.99	eff. PNK-Lohn	01
429000	01.01.98	31.12.99	verr. PNK-Lohn	03
430000	01.01.98	31.12.99	Gehälter	01
435000	01.01.98	31.12.99	eff.PNK-Gehalt	01
439000	01.01.98	31.12.99	verr. PNK-Gehalt	03
476900	01.01.98	31.12.99	sonst.Kosten	01
481000	01.01.98	31.12.99	kalk.Afa	01
483000	01.01.98	31.12.99	kalk.Zinsen	01

Bild 4.3/3: Tabelle 3: Primäre Kostenarten

Tabelle 4: Sekundäre Kostenarten

Kosten-art	Gültig ab	Gültig bis	Bezeichnung	Kosten-artentyp
500000	01.01.98	31.12.99	Indir. LV AV	43
510000	01.01.98	31.12.99	ILV Fuhrpark	43
520000	01.01.98	31.12.99	ILV Wartung	43
530000	01.01.98	31.12.99	ILV Reparatur	43

Bild 4.3/4: Tabelle 4: Sekundäre Kostenarten

Tabelle 5: Leistungsarten

Leistungs art	Gültig ab	Gültig bis	Bezeichnung	Leistungs-einh.	Kosten-stellen-Arten	Verrech-nung möglich	Leistungs-artentyp	Kosten-art
GKM	1.1.98	31.12.99	gefahrene Kilometer	KM	H	●	1	510000
WART	1.1.98	31.12.99	Wartungsstunden	STD	H	●	1	520000
REP	1.1.98	31.12.99	Reparaturstunden	STD	H	●	1	530000
AVST	1.1.98	31.12.99	Arb.Vorb.-stunden	STD	H	●	3	500000
MST	1.1.98	31.12.99	Mat.Wirt.-stunden	STD	M		4	
FST	1.1.98	31.12.99	Fertigungsstunden	STD	F		4	

Bild 4.3/5: Tabelle 5: Leistungsarten

Tabelle 6: Planleistung										
Version	von Periode	bis Periode	Geschäfts-jahr	Kostenstelle		Leistungsart	Eingabe formular-basiert	Plan-leistung	VS	ÄZiff
0	1	12	1998	1220	Arbeitsvorb.	AVST	●	8.000	1	1
0	1	12	1998	1230	Instandhalt.	REP	●	3.000	1	2
						WART		1.200	1	1
0	1	12	1998	1210	Fuhrpark	GKM	●	247.200	1	1
0	1	12	1998	1241	Anlage A	FST	●	36.700	1	1
0	1	12	1998	1242	Anlage B	FST	●	24.600	1	1
0	1	12	1998	1130	Materialwirt.	MST	●	7.000	1	1

Bild 4.3/6: Tabelle 6: Planleistung

Tabelle 7: Leistungsunabhängige Primärkostenplanung																
Kostenart	1110 Vertrieb		1120 Verwaltung		1130 Material-wirtschaft		1210 Fuhr-park		1220 Arbeits-vorbereitung		1230 Instand-haltung		1241 Anlage A		1242 Anlage B	
	Kosten fix	VS	Kosten fix	VS	Kosten fix	VS	Kosten fix	VS	Kosten fix	VS	Kosten fix	VS	Kosten fix	VS	Kosten fix	VS
430000 Gehälter	576.000	1	672.000	1	156.000	1		1	108.000	1	60.000	1	60.000	1	60.000	1
420000 Fertigungslohn		1		1		1		1		1		1		1		1
421000 Gemeinkostenlohn		1		1	58.320	1	38.880	1	97.200	1	38.880	1	19.440	1	38.880	1
403000 Verbr.Betriebsstoffe		1	66.251	1		1		1		1		1		1		1
415000 Energiekosten	18.000	1	22.800	1		1		1		1		1		1		1
417000 Fremdreparaturen	8.476	1	13.900	1	7.800	1	12.000	1		1	23.460	1	8.900	1	7.980	1
476900 sonst.Kosten	5.623	1	29.992	1	7.599	1	28.354	1	45.478	1	29.000	1	103.466	1	9.358	1
481000 kalk.Afa	13.200	1	12.000	1	17.000	1	70.000	1	3.000	1	5.000	1	72.000	1	108.768	1
483000 kalk.Zinsen	5.280	1	4.800	1	6.800	1	14.000	1	1.200	1	1.600	1	28.800	1	43.507	1
Summen:	626.579		821.743		253.519		163.234		254.878		157.940		292.606		268.493	

Bild 4.3/7: Tabelle 7: Leistungsunabhängige Primärkostenplanung

Tabelle 8: Leistungsabhängige Primärkostenplanung

Kostenstelle	1130 Material-wirtschaft		1210 Fuhrpark		1220 Arbeits-vorbereitung		1230 Instandhaltung				1241 Anlage A		1242 Anlage B	
Leistungsart	MST		GKM		AVST		REP		WART		FST		FST	
Kostenart	Kosten fix	Kosten variabel	Kosten fix	Kosten variabel	Kosten fix	Kosten variabel	Kosten fix	Kosten variabel	Kosten fix	Kosten variabel	Kosten fix	Kosten variabel	Kosten fix	Kosten variabel
430000 Gehälter														
420000 Fertigungslohn												555.750		349.160
421000 Gemeinkostenlohn														
403000 Verbr.Betriebsstoffe	42.300	4.700	48.386	5.376	54.000	6.000	28.092	2.866	13.296	1.733	144.000	16.000	132.102	14.678
415000 Energiekosten	3.264	4.896	9.768	14.652	11.832	17.748	2.154	3.146	1.002	1.588	16.128	24.192	33.936	50.905
417000 Fremdreparaturen														
476900 sonst.Kosten														
481000 kalk.Afa														
483000 kalk.Zinsen														
Summen:	45.564	9.596	58.154	20.028	65.832	23.748	30.246	6.012	14.298	3.321	160.128	595.942	166.038	414.743

VS **jeweils = 1 (für Kosten fix und Kosten variabel)**

Bild 4.3/8: Tabelle 8: Leistungsabhängige Primärkostenplanung

Tabelle 9: Leistungsaufnahme-Planung

Senderkostenstelle		Senderleistungsart	Verbrauch fix / Kostenstelle: 1110 Vertrieb	1120 Verwaltung	1130 Materialwirtschaft	1210 Fuhrpark	1220 Arbeitsvorbereitung	1230 Instandhaltung	1241 Anlage A	1242 Anlage B
1210	Fuhrpark	GKM	146.000	20.000	30.000	-	13.600	15.000	11.200	11.400
1230	Instandhalt.	REP	-	-	-	-	-	-	1.700	1.300
		WART	-	-	-	-	-	-	500	700

VS jeweils = 1

Bild 4.3/9: Tabelle 9: Leistungsaufnahme-Planung

Tabelle 10.1: Istbuchungen : Kreditorenrechnungen Per. 1/98									
Beleg-datum	Buchungs-datum	Währung	Haben			Soll			Kosten-stelle
			BS	Konto (*)	Betrag	BS	Konto	Betrag	
2.1.98	2.1.98	DEM	31	900nnn	3.832	40	403000	3.832	1130
4.1.98	4.1.98	DEM	31	900nnn	5.147	40	403000	5.147	1220
8.1.98	8.1.98	DEM	31	900nnn	4.512	40	403000	4.512	1210
11.1.98	11.1.98	DEM	31	900nnn	3.658	40	403000	3.658	1230
23.1.98	23.1.98	DEM	31	900nnn	13.323	40	403000	13.323	1241
26.1.98	26.1.98	DEM	31	900nnn	12.342	40	403000	12.342	1242
2.1.98	2.1.98	DEM	31	920nnn	1.000	40	417000	1.000	1110
5.1.98	5.1.98	DEM	31	920nnn	1.600	40	417000	1.600	1120
5.1.98	5.1.98	DEM	31	920nnn	900	40	417000	900	1130
8.1.98	8.1.98	DEM	31	920nnn	1.500	40	417000	1.500	1210
11.1.98	11.1.98	DEM	31	920nnn	2.109	40	417000	2.109	1230
23.1.98	23.1.98	DEM	31	920nnn	1.100	40	417000	1.100	1241
26.1.98	26.1.98	DEM	31	920nnn	900	40	417000	900	1242
3.1.98	3.1.98	DEM	31	930nnn	382	40	476900	382	1110
5.1.98	5.1.98	DEM	31	930nnn	2.761	40	476900	2.761	1120
5.1.98	5.1.98	DEM	31	930nnn	771	40	476900	771	1130
8.1.98	8.1.98	DEM	31	930nnn	3.420	40	476900	3.420	1220
9.1.98	9.1.98	DEM	31	930nnn	4.140	40	476900	4.140	1210
11.1.98	11.1.98	DEM	31	930nnn	3.780	40	476900	3.780	1230
23.1.98	23.1.98	DEM	31	930nnn	5.400	40	476900	5.400	1241
30.1.98	30.1.98	DEM	31	930nnn	2.880	40	476900	2.880	1242
2.1.98	2.1.98	DEM	31	910nnn	1.140	40	415000	1.140	1110
4.1.98	4.1.98	DEM	31	910nnn	2.417	40	415000	2.417	1120
8.1.98	8.1.98	DEM	31	910nnn	950	40	415000	950	1130
11.1.98	11.1.98	DEM	31	910nnn	2.280	40	415000	2.280	1220
12.1.98	12.1.98	DEM	31	910nnn	1.900	40	415000	1.900	1210
16.1.98	16.1.98	DEM	31	910nnn	760	40	415000	760	1230
30.1.98	30.1.98	DEM	31	910nnn	3.420	40	415000	3.420	1241
31.1.98	31.1.98	DEM	31	910nnn	6.840	40	415000	6.840	1242

(*) : nnn =
Nummer
Ihres PCs

Bild 4.3/10: Tabelle 10.1: Istbuchungen: Kreditorenrechnungen

Tabelle 10.2: Istbuchungen : Sachkontobuchungen Periode 1/98

Beleg-datum	Buchungs-datum	Währung	BS	Konto	Betrag	Kosten-stelle	Auftrag (*)	BS	Konto	Betrag	Valuta-datum
3.1.98	3.1.98	DEM	40	481000	1.100	1110		50	280000	1.100	
4.1.98	4.1.98	DEM	40	481000	1.000	1120		50	280000	1.000	
5.1.98	5.1.98	DEM	40	481000	1.420	1130		50	280000	1.420	
8.1.98	8.1.98	DEM	40	481000	250	1220		50	280000	250	
10.1.98	10.1.98	DEM	40	481000	5.850	1210		50	280000	5.850	
11.1.98	11.1.98	DEM	40	481000	420	1230		50	280000	420	
20.1.98	20.1.98	DEM	40	481000	6.000	1241		50	280000	6.000	
26.1.98	26.1.98	DEM	40	481000	9.064	1242		50	280000	9.064	
2.1.98	2.1.98	DEM	40	420000	46.320	1241		50	120000	46.320	02.01.98
8.1.98	8.1.98	DEM	40	420000	29.000	1242		50	120000	29.000	08.01.98
2.1.98	2.1.98	DEM	40	421000	11.340	1120		50	120000	11.340	02.01.98
4.1.98	4.1.98	DEM	40	421000	4.860	1130		50	120000	4.860	04.01.98
8.1.98	8.1.98	DEM	40	421000	8.100	1220		50	120000	8.100	08.01.98
11.1.98	11.1.98	DEM	40	421000	3.240	1210		50	120000	3.240	11.01.98
23.1.98	23.1.98	DEM	40	421000	3.240	1230		50	120000	3.240	23.01.98
24.1.98	24.1.98	DEM	40	421000	1.620	1241		50	120000	1.620	24.01.98
26.1.98	26.1.98	DEM	40	421000	3.240	1242		50	120000	3.240	26.01.98
3.1.98	3.1.98	DEM	40	430000	48.000	1110		50	120000	48.000	03.01.98
4.1.98	4.1.98	DEM	40	430000	56.000	1120		50	120000	56.000	04.01.98
8.1.98	8.1.98	DEM	40	430000	13.000	1130		50	120000	13.000	08.01.98
11.1.98	11.1.98	DEM	40	430000	9.000	1220		50	120000	9.000	11.01.98
16.1.98	16.1.98	DEM	40	430000	5.000	1230		50	120000	5.000	16.01.98
24.1.98	24.1.98	DEM	40	430000	5.000	1241		50	120000	5.000	24.01.98
30.1.98	30.1.98	DEM	40	430000	5.000	1242		50	120000	5.000	30.01.98
2.1.98	2.1.98	DEM	40	483000	440	1110		50	280000	440	
4.1.98	4.1.98	DEM	40	483000	400	1120		50	280000	400	
5.1.98	5.1.98	DEM	40	483000	570	1130		50	280000	570	
9.1.98	9.1.98	DEM	40	483000	100	1220		50	280000	100	
10.1.98	10.1.98	DEM	40	483000	1.120	1210		50	280000	1.120	
12.1.98	12.1.98	DEM	40	483000	150	1230		50	280000	150	
18.1.98	18.1.98	DEM	40	483000	2.400	1241		50	280000	2.400	
27.1.98	27.1.98	DEM	40	483000	3.625	1242		50	280000	3.625	
31.1.98	31.1.98	DEM	40	425000	100.000		9Annn0000001	50	120000	100.000	31.01.98
31.1.98	31.1.98	DEM	40	435000	70.000		9Annn0000002	50	120000	70.000	31.01.98

(*) : nnn = Nummer Ihres PCs

Bild 4.3/11: Tabelle 10.2: Istbuchungen: Sachkontenbuchungen

Tabelle 11: Leistungsverrechnung Ist						Periode 1/98		
	Beleg-datum	Buchungs-datum	SendStelle		LstArt		EmpfStelle	
1. Beleg	30.1.98	30.1.98	1210	Fuhrpark	GKM	1.000	1220	Arbvorb.
	30.1.98	30.1.98	1210	Fuhrpark	GKM	1.333	1230	Instandh.
2. Beleg	30.1.98	30.1.98	1210	Fuhrpark	GKM	833	1241	Anlage A
	30.1.98	30.1.98	1210	Fuhrpark	GKM	1.000	1242	Anlage B
3. Beleg	30.1.98	30.1.98	1210	Fuhrpark	GKM	2.333	1130	Materialw.
	30.1.98	30.1.98	1210	Fuhrpark	GKM	1.750	1120	Verwaltung
4. Beleg	30.1.98	30.1.98	1210	Fuhrpark	GKM	12.500	1110	Vertrieb
5. Beleg	30.1.98	30.1.98	1230	Instandhalt.	REP	175	1241	Anlage A
	30.1.98	30.1.98	1230	Instandhalt.	REP	95	1242	Anlage B
6. Beleg	30.1.98	30.1.98	1230	Instandhalt.	WART	35	1241	Anlage A
	30.1.98	30.1.98	1230	Instandhalt.	WART	64	1242	Anlage B

Bild 4.3/12: Tabelle 11: Leistungsverrechnung Ist

Tabelle 12: Leistungserfassung Ist Periode 1/98

	Beleg-datum	Buchungs-datum	KostStelle		LstArt	Leistungs-menge
1. Beleg	30.1.98	30.1.98	**1241**	Anlage A	**FST**	**3.167**
	30.1.98	30.1.98	**1242**	Anlage B	**FST**	**2.000**
2. Beleg	30.1.98	30.1.98	**1220**	Arbeitsvorbereitung	**AVST**	**690**
3. Beleg	30.1.98	30.1.98	**1130**	Materialwirtschaft	**MST**	**550**

Bild 4.3/13: Tabelle 12: Leistungserfassung Ist

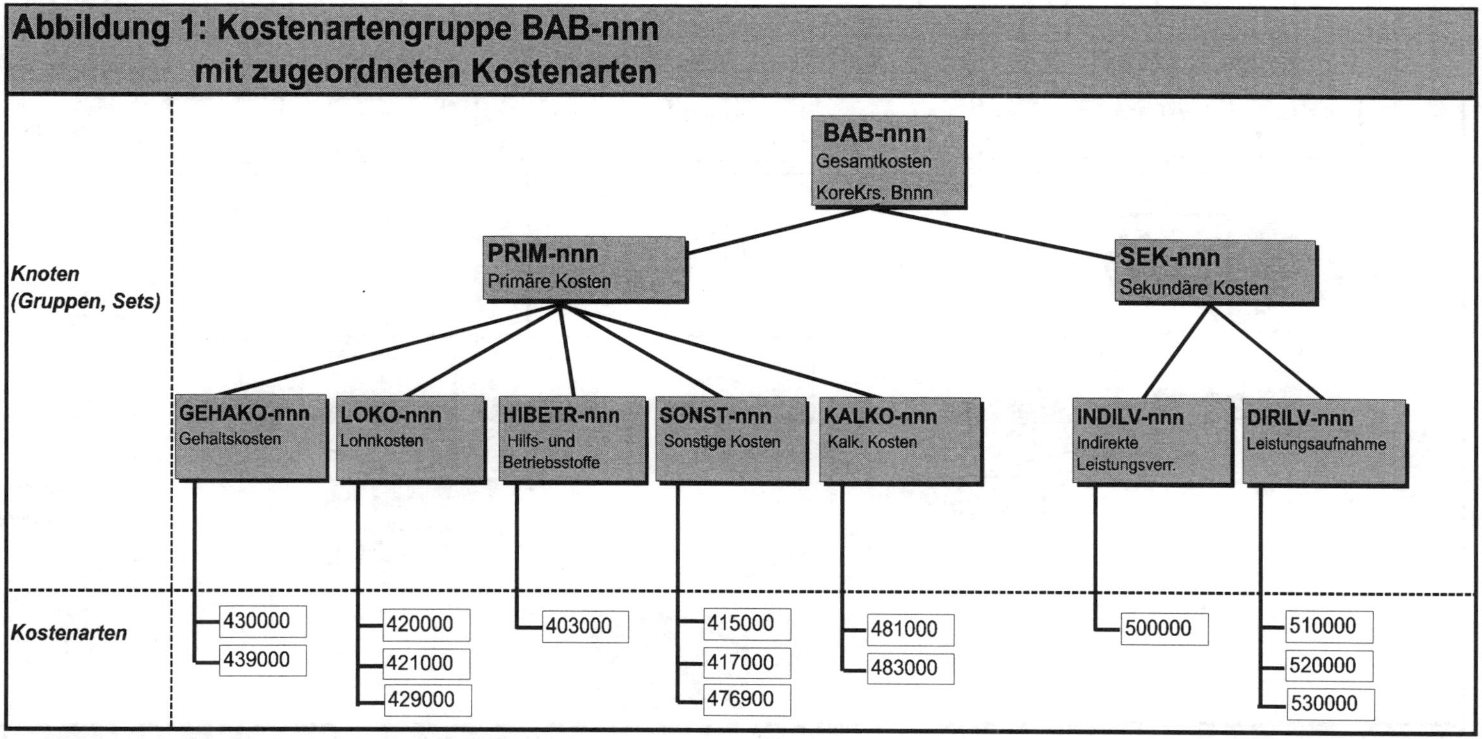

Bild 4.3/14: Abbildung1: Kostenartengruppe BAB-nnn mit zugeordneten Kostenarten

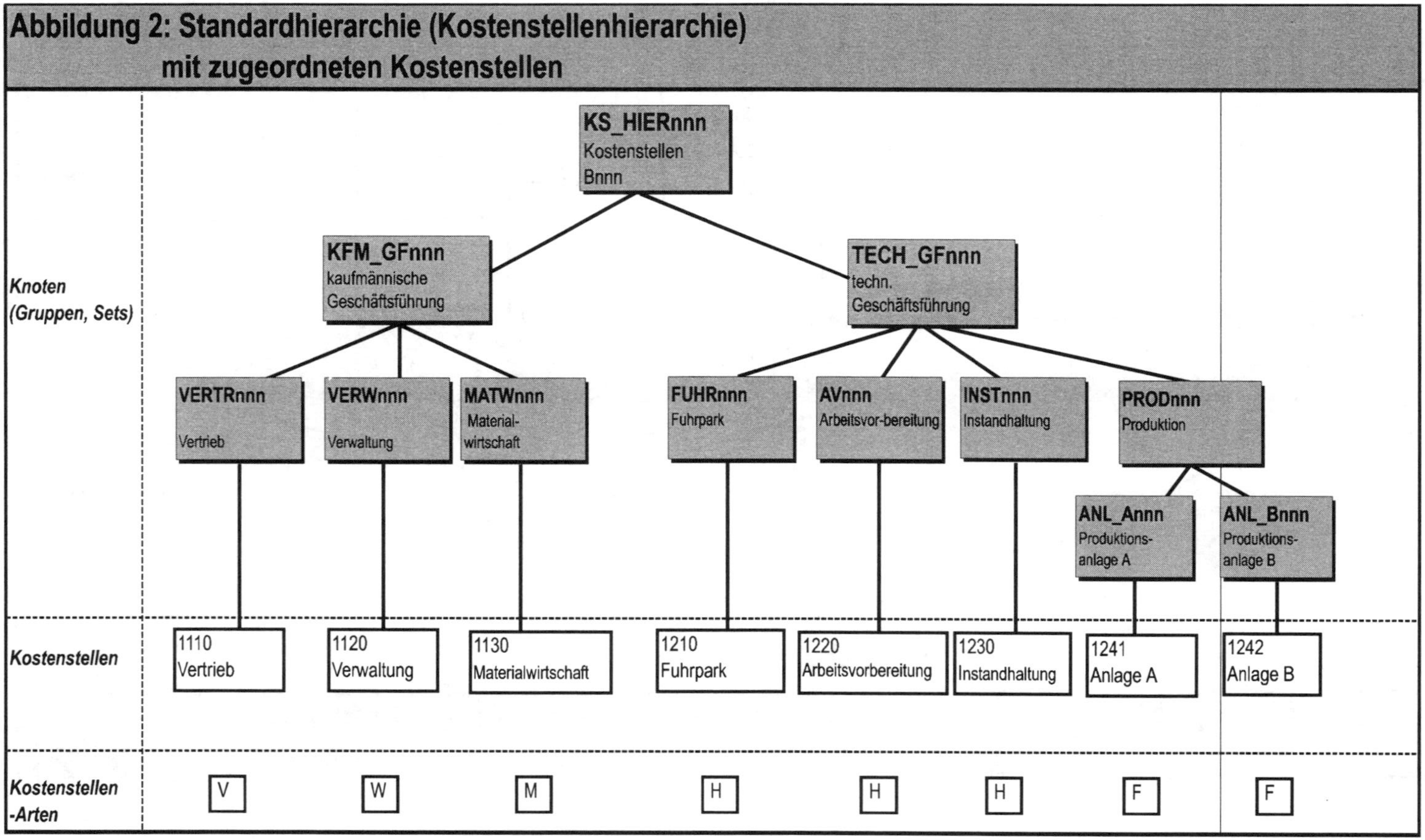

Bild 4.3/15: Abbildung2: Standardhierarchie (Kostenstellenhierarchie) mit zugeordneten Kostenstellen

4.4 Anhang: Ausdruck SAP-Bericht

1SIS-001	Kostenstellen:Ist/Plan/Abweichung	
Stand:	21.01.1998	
Seiten:	3	
Angefordert von:	CO888	
Kostenrechnungskreis	B888	Kostenrechnungskreis 888
Geschäftsjahr	1998	
Von Periode	1	
Bis Periode	1	
Planversion	0	
Kostenstelle/Gruppe	1230	Instandhaltung
Kostenartengruppe	BAB-888	Gesamtkosten KoreKrs. B888

Bild 4.4/1(1): SAP-Bericht „1SIS-001 Kostenstellen: Ist/Plan/Abweichung“

Kostenstellen:Ist/Plan/Abweichung	**Stand:** 21.01.1998		**Seite:** 2 / 3	
Kostenstelle/Gruppe: 1230 Instandhaltung			**Spalte:** 1 / 6	
Verantwortlicher: Ellen Falk-Kalms				
Berichtszeitraum: 1 **bis** 1 1998				
Kostenarten	Istkosten	Sollkosten	Abw (abs)	Abw (%)
430000 Gehälter	5.000,00	5.000,00		
439000 verr.PNK-Gehalt	1.500,00	1.500,00		
* **Gehaltskosten**	**6.500,00**	**6.500,00**		
421000 Gemeinkostenlohn	3.240,00	3.240,00		
429000 verr.PNK-Lohn	2.268,00	2.268,00		
* **Lohnkosten**	**5.508,00**	**5.508,00**		
403000 Verbr.Betriebssto	3.658,00	3.849,92	191,92-	5-
* **Hilfs- und Betriebsstoffe**	**3.658,00**	**3.849,92**	**191,92-**	**5-**
415000 Energiekosten	760,00	677,15	82,85	12
417000 Fremdreparaturen	2.109,00	1.955,00	154,00	8
476900 sonst.Kosten	3.780,00	2.416,67	1.363,33	56
* **Sonstige Kosten**	**6.649,00**	**5.048,82**	**1.600,18**	**32**
481000 kalk.Afa	420,00	416,67	3,33	1
483000 kalk.Zinsen	150,00	133,33	16,67	13
* **Kalk. Kosten**	**570,00**	**550,00**	**20,00**	**4**
** **Primäre Kosten**	**22.885,00**	**21.456,74**	**1.428,26**	**7**
510000 ILV Fuhrpark	1.448,57	1.358,38	90,19	7
* **Leistungsaufnahme**	**1.448,57**	**1.358,38**	**90,19**	**7**
** **Sekundäre Kosten**	**1.448,57**	**1.358,38**	**90,19**	**7**
*** **Belastung**	**24.333,57**	**22.815,12**	**1.518,45**	**7**
520000 ILV Wartung	7.488,62-	7.488,62-		
530000 ILV Reparatur	16.430,61-	16.430,61-		
* **Leistungsaufnahme**	**23.919,23-**	**23.919,23-**		
** **Sekundäre Kosten**	**23.919,23-**	**23.919,23-**		
*** **Entlastung**	**23.919,23-**	**23.919,23-**		
**** **Über-/Unterdeckung**	**414,34**	**1.104,11-**	**1.518,45**	**138-**

Bild 4.4/1(2): SAP-Bericht „1SIS-001 Kostenstellen: Ist/Plan/Abweichung“

Kostenstellen:Ist/Plan/Abweichung	**Stand:**	21.01.1998	**Seite:**	2 / 3
Kostenstelle/Gruppe: 1230	Instandhaltung		**Spalte:**	2 / 6
Verantwortlicher: Ellen Falk-Kalms				
Berichtszeitraum: 1 **bis** 1 1998				

Kostenarten	Istkosten	Plankosten	Abw (abs)	Abw (%)
430000 Gehälter	5.000,00	5.000,00		
439000 verr.PNK-Gehalt	1.500,00	1.500,00		
* **Gehaltskosten**	**6.500,00**	**6.500,00**		
421000 Gemeinkostenlohn	3.240,00	3.240,00		
429000 verr.PNK-Lohn	2.268,00	2.268,00		
* **Lohnkosten**	**5.508,00**	**5.508,00**		
403000 Verbr.Betriebssto	3.658,00	3.832,25	174,25-	5-
* **Hilfs- und Betriebsstoffe**	**3.658,00**	**3.832,25**	**174,25-**	**5-**
415000 Energiekosten	760,00	657,50	102,50	16
417000 Fremdreparaturen	2.109,00	1.955,00	154,00	8
476900 sonst.Kosten	3.780,00	2.416,67	1.363,33	56
* **Sonstige Kosten**	**6.649,00**	**5.029,17**	**1.619,83**	**32**
481000 kalk.Afa	420,00	416,67	3,33	1
483000 kalk.Zinsen	150,00	133,33	16,67	13
* **Kalk. Kosten**	**570,00**	**550,00**	**20,00**	**4**
** **Primäre Kosten**	**22.885,00**	**21.419,42**	**1.465,58**	**7**
510000 ILV Fuhrpark	1.448,57	1.358,38	90,19	7
* **Leistungsaufnahme**	**1.448,57**	**1.358,38**	**90,19**	**7**
** **Sekundäre Kosten**	**1.448,57**	**1.358,38**	**90,19**	**7**
*** **Belastung**	**24.333,57**	**22.777,80**	**1.555,77**	**7**
520000 ILV Wartung	7.488,62-	7.564,26-	75,64	1-
530000 ILV Reparatur	16.430,61-	15.213,53-	1.217,08-	8
* **Leistungsaufnahme**	**23.919,23-**	**22.777,79-**	**1.141,44-**	**5**
** **Sekundäre Kosten**	**23.919,23-**	**22.777,79-**	**1.141,44-**	**5**
*** **Entlastung**	**23.919,23-**	**22.777,79-**	**1.141,44-**	**5**
**** **Über-/Unterdeckung**	**414,34**	**0,01**	**414,33**	**4.143.300**

Bild 4.4/1(3): SAP-Bericht „1SIS-001 Kostenstellen: Ist/Plan/Abweichung“

Kostenstellen:Ist/Plan/Abweichung	**Stand:**	21.01.1998	**Seite:**	2 / 3
Kostenstelle/Gruppe: 1230	Instandhaltung		**Spalte:**	3 / 6
Verantwortlicher: Ellen Falk-Kalms				
Berichtszeitraum: 1 **bis** 1 1998				

Kostenarten	Ist ges.	Ist fix	Ist var.	Fix in %
430000 Gehälter	5.000,00		5.000,00	
439000 verr.PNK-Gehalt	1.500,00		1.500,00	
* **Gehaltskosten**	**6.500,00**		**6.500,00**	
421000 Gemeinkostenlohn	3.240,00		3.240,00	
429000 verr.PNK-Lohn	2.268,00		2.268,00	
* **Lohnkosten**	**5.508,00**		**5.508,00**	
403000 Verbr.Betriebssto	3.658,00		3.658,00	
* **Hilfs- und Betriebsstoffe**	**3.658,00**		**3.658,00**	
415000 Energiekosten	760,00		760,00	
417000 Fremdreparaturen	2.109,00		2.109,00	
476900 sonst.Kosten	3.780,00		3.780,00	
* **Sonstige Kosten**	**6.649,00**		**6.649,00**	
481000 kalk.Afa	420,00		420,00	
483000 kalk.Zinsen	150,00		150,00	
* **Kalk. Kosten**	**570,00**		**570,00**	
** **Primäre Kosten**	**22.885,00**		**22.885,00**	
510000 ILV Fuhrpark	1.448,57	1.340,57	108,00	93
* **Leistungsaufnahme**	**1.448,57**	**1.340,57**	**108,00**	**93**
** **Sekundäre Kosten**	**1.448,57**	**1.340,57**	**108,00**	**93**
*** **Belastung**	**24.333,57**	**1.340,57**	**22.993,00**	**6**
520000 ILV Wartung	7.488,62-	7.214,64-	273,98-	96
530000 ILV Reparatur	16.430,61-	15.889,53-	541,08-	97
* **Leistungsaufnahme**	**23.919,23-**	**23.104,17-**	**815,06-**	**97**
** **Sekundäre Kosten**	**23.919,23-**	**23.104,17-**	**815,06-**	**97**
*** **Entlastung**	**23.919,23-**	**23.104,17-**	**815,06-**	**97**
**** **Über-/Unterdeckung**	**414,34**	**21.763,60-**	**22.177,94**	**5.253-**

Bild 4.4/1(4): SAP-Bericht „1SIS-001 Kostenstellen: Ist/Plan/Abweichung“

Kostenstellen:Ist/Plan/Abweichung **Stand:** 21.01.1998 **Seite:** 2 / 3

Kostenstelle/Gruppe: 1230 Instandhaltung **Spalte:** 4 / 6
Verantwortlicher: Ellen Falk-Kalms
Berichtszeitraum: 1 **bis** 1 1998

Kostenarten	Soll ges.	Soll fix	Soll var.	Fix in %
430000 **Gehälter**	5.000,00	5.000,00		100
439000 **verr.PNK-Gehalt**	1.500,00	1.500,00		100
* **Gehaltskosten**	**6.500,00**	**6.500,00**		**100**
421000 **Gemeinkostenlohn**	3.240,00	3.240,00		100
429000 **verr.PNK-Lohn**	2.268,00	2.268,00		100
* **Lohnkosten**	**5.508,00**	**5.508,00**		**100**
403000 **Verbr.Betriebssto**	3.849,92	3.449,00	400,92	90
* **Hilfs- und Betriebsstoffe**	**3.849,92**	**3.449,00**	**400,92**	**90**
415000 **Energiekosten**	677,15	263,00	414,15	39
417000 **Fremdreparaturen**	1.955,00	1.955,00		100
476900 **sonst.Kosten**	2.416,67	2.416,67		100
* **Sonstige Kosten**	**5.048,82**	**4.634,67**	**414,15**	**92**
481000 **kalk.Afa**	416,67	416,67		100
483000 **kalk.Zinsen**	133,33	133,33		100
* **Kalk. Kosten**	**550,00**	**550,00**		**100**
** **Primäre Kosten**	**21.456,74**	**20.641,67**	**815,07**	**96**
510000 **ILV Fuhrpark**	1.358,38	1.358,38		100
* **Leistungsaufnahme**	**1.358,38**	**1.358,38**		**100**
** **Sekundäre Kosten**	**1.358,38**	**1.358,38**		**100**
*** **Belastung**	**22.815,12**	**22.000,05**	**815,07**	**96**
520000 **ILV Wartung**	7.488,62-	7.214,63-	273,99-	96
530000 **ILV Reparatur**	16.430,61-	15.889,53-	541,08-	97
* **Leistungsaufnahme**	**23.919,23-**	**23.104,16-**	**815,07-**	**97**
** **Sekundäre Kosten**	**23.919,23-**	**23.104,16-**	**815,07-**	**97**
*** **Entlastung**	**23.919,23-**	**23.104,16-**	**815,07-**	**97**
**** **Über-/Unterdeckung**	**1.104,11-**	**1.104,11-**		**100**

Bild 4.4/1(5): SAP-Bericht „1SIS-001 Kostenstellen: Ist/Plan/Abweichung“

Kostenstellen:Ist/Plan/Abweichung	**Stand:** 21.01.1998		**Seite:**	2 / 3
Kostenstelle/Gruppe: 1230	Instandhaltung		**Spalte:**	5 / 6
Verantwortlicher: Ellen Falk-Kalms				
Berichtszeitraum: 1 **bis** 1 1998				

Kostenarten	Plan ges.	Plan fix	Plan var.	Fix in %
430000 **Gehälter**	5.000,00	5.000,00		100
439000 **verr.PNK-Gehalt**	1.500,00	1.500,00		100
* **Gehaltskosten**	**6.500,00**	**6.500,00**		**100**
421000 **Gemeinkostenlohn**	3.240,00	3.240,00		100
429000 **verr.PNK-Lohn**	2.268,00	2.268,00		100
* **Lohnkosten**	**5.508,00**	**5.508,00**		**100**
403000 **Verbr.Betriebssto**	3.832,25	3.449,00	383,25	90
* **Hilfs- und Betriebsstoffe**	**3.832,25**	**3.449,00**	**383,25**	**90**
415000 **Energiekosten**	657,50	263,00	394,50	40
417000 **Fremdreparaturen**	1.955,00	1.955,00		100
476900 **sonst.Kosten**	2.416,67	2.416,67		100
* **Sonstige Kosten**	**5.029,17**	**4.634,67**	**394,50**	**92**
481000 **kalk.Afa**	416,67	416,67		100
483000 **kalk.Zinsen**	133,33	133,33		100
* **Kalk. Kosten**	**550,00**	**550,00**		**100**
** **Primäre Kosten**	**21.419,42**	**20.641,67**	**777,75**	**96**
510000 **ILV Fuhrpark**	1.358,38	1.358,38		100
* **Leistungsaufnahme**	**1.358,38**	**1.358,38**		**100**
** **Sekundäre Kosten**	**1.358,38**	**1.358,38**		**100**
*** **Belastung**	**22.777,80**	**22.000,05**	**777,75**	**97**
520000 **ILV Wartung**	7.564,26-	7.287,51-	276,75-	96
530000 **ILV Reparatur**	15.213,53-	14.712,53-	501,00-	97
* **Leistungsaufnahme**	**22.777,79-**	**22.000,04-**	**777,75-**	**97**
** **Sekundäre Kosten**	**22.777,79-**	**22.000,04-**	**777,75-**	**97**
*** **Entlastung**	**22.777,79-**	**22.000,04-**	**777,75-**	**97**
**** **Über-/Unterdeckung**	**0,01**	**0,01**		**100**

Bild 4.4/1(6): SAP-Bericht „1SIS-001 Kostenstellen: Ist/Plan/Abweichung“

Kostenstellen:Ist/Plan/Abweichung	Stand:	21.01.1998	Seite:	2 / 3
Kostenstelle/Gruppe: 1230	Instandhaltung		Spalte:	6 / 6
Verantwortlicher: Ellen Falk-Kalms				
Berichtszeitraum: 1 bis 1 1998				

Kostenarten	Istmenge	Planmenge	Abw (abs)	Abw (%)
430000 Gehälter				
439000 verr.PNK-Gehalt				
* Gehaltskosten				
421000 Gemeinkostenlohn				
429000 verr.PNK-Lohn				
* Lohnkosten				
403000 Verbr.Betriebssto				
* Hilfs- und Betriebsstoffe				
415000 Energiekosten				
417000 Fremdreparaturen				
476900 sonst.Kosten				
* Sonstige Kosten				
481000 kalk.Afa				
483000 kalk.Zinsen				
* Kalk. Kosten				
** Primäre Kosten				
510000 ILV Fuhrpark	1.333 KM	1.250 KM	83 KM	7
* Leistungsaufnahme	1.333 KM	1.250 KM	83 KM	7
** Sekundäre Kosten	1.333 KM	1.250 KM	83 KM	7
*** Belastung	1.333 KM	1.250 KM	83 KM	7
520000 ILV Wartung	99,0- STD	100,0- STD	1,0 STD	1-
530000 ILV Reparatur	270,0- STD	250,0- STD	20,0- STD	8
* Leistungsaufnahme	369,0- STD	350,0- STD	19,0- STD	5
** Sekundäre Kosten	369,0- STD	350,0- STD	19,0- STD	5
*** Entlastung	369,0- STD	350,0- STD	19,0- STD	5
**** Über-/Unterdeckung	X	X	X	X

Bild 4.4/1(7): SAP-Bericht „1SIS-001 Kostenstellen: Ist/Plan/Abweichung“

Kostenstellen:Ist/Plan/Abweichung	**Stand:**	21.01.1998	**Seite:**	3 / 3		
Kostenstelle/Gruppe: 1230	Instandhaltung		**Spalte:**	1 / 6		
Verantwortlicher: Ellen Falk-Kalms						
Berichtszeitraum: 1 **bis** 1 1998						

Leistungsarten		Istlstg	Planlstg	Abw (abs)	Abw (abs)
REP	**Reparaturstunden**	270,0 STD	250,0 STD	20,0 STD	8
WART	**Wartungsstunden**	99,0 STD	100,0 STD	1,0- STD	1-

Bild 4.4/1(8): SAP-Bericht „1SIS-001 Kostenstellen: Ist/Plan/Abweichung“

4.5 Anhang: Glossar von SAP-Begriffen, soweit für das Testbeispiel erforderlich

SAP-Begriff	Übersetzung/Erläuterung
Abgrenzung	Periodengerechte Zurechnung. Verfahren: z. B. die prozentuale Verrechnung von Personalnebenkosten in der Kostenrechnung, während in der Finanzbuchhaltung der effektive Anfall gebucht wird. Abgrenzung könnte buchhalterisch in der Finanzbuchhaltung erfolgen durch antizipative und transitorische Posten. Dies geschieht dort aber meist nur auf Jahresbasis, innerjährlich wird in der Kostenrechnung abgegrenzt.
Buchungskreis	Unter der Nummer des Buchungskreises werden alle zugehörigen Buchungen erfaßt. Selbständig bilanzierende Einheit. Kleinste organisatorische Einheit, für die eine in sich abgeschlossene Buchhaltung abgebildet werden kann, erstellt einen Jahresabschluß. Ist dem Mandaten untergeordnet.
customizing	Anpassung der SAP-Software an das Kundenproblem durch Auswahl aus vorgedachten Lösungsalternativen.
Einführungsleitfaden	Integriertes Werkzeug, das alle Funktionen und Dokumentation für die Einrichtung (das Customizing) des SAP R/3-Systems beinhaltet.
Empfängerregeln	Siehe innerbetriebliche Verrechnungen.
Feldgruppe	Eine Gruppe von Feldern im Erfassungsbildschirm. Die Eingabefelder im Bildschirm werden zu Gruppen zusammengefaßt, um die lange Liste übersichtlicher zu machen. Beispiel: Feldgruppe Kontosteuerung im Standardbildschirm für Sachkontenstammsätze (erfaßt Währung, Kursdifferenzenschlüssel, Steuerkategorie, Abstimmkonto für Kontoart).

	Feldgruppen dienen der Gliederung, sind Zwischenüberschriften
Feldstatus	Kennzeichen, ob ein Feld im Erfassungsbildschirm ein- oder ausgeblendet wird oder ein Kann- oder ein Mußfeld ist.
Feldstatusgruppe (irreführend)	SAP-Fehlbezeichnung für Angabe/Identifizierung des Bildschirms für die Buchung von Geschäftsvorfällen/Belegerfassung. Man unterscheide den Stammdatenbildschirm (Bildschirm zur Erfassung von Stammdaten) und den Buchungsbildschirm (Bildschirm zur Erfassung von Buchungen). Die Nummer des Buchungsbildschirms (z. B. G003 für Materialverbrauchskonten) wird im Stammdatenbildschirm (Sachkonto) angegeben.
Feldstatusvariante	Zusammenfassung von Feldstatusgruppen, d. h. von Bildschirmen für die Belegerfassung.
Geschäftsjahresvariante	Einteilung des Geschäftsjahres für Abrechnungszwecke. Beispiel: 12 Perioden + Zusatzperiode für Abschlußbuchungen.
IMG (Implementation Guide)	= Einführungsleitfaden, siehe dort.
indirekte Leistungsverrechnung	Siehe innerbetriebliche Verrechnungen.
Innenaufträge	Dienen allgemein der Planung, Sammlung und Abrechnung von Kosten innerbetrieblicher Maßnahmen. Im Testbeispiel dienen sie lediglich als Kontierungsobjekt, um Differenzen zwischen Finanzbuchhaltung (effektiv) und Kostenrechnung (verrechnet) aufzufangen und auszuweisen.

innerbetriebliche Verrechnungen/ sekundär

Direkte Leistungsverrechnung
erfolgt vorgangsbezogen.

SAP reserviert diesen Begriff für das Ist und meint damit die sofortige Verbuchung von Einzelvorgängen. Geplant werden die direkten Leistungsverrechnungen in der Leistungsaufnahmeplanung.

Beispiel: Fuhrpark leistet für Empfänger (einzelne Fahrten).

Indirekte Leistungsverrechnung

erfolgt periodenbezogen, d. h. am Periodenende nach Regeln/Schlüsseln.

Bei der indirekten Leistungsverrechnung sind **Sender- und Empfängerregeln** zu definieren. Diese legen u. a. die Sender- und Empfängerkostenstellen sowie das Rechenverfahren fest.

Gleichartige Sender- und Empfängerregeln können zu **Segmenten** zusammengefaßt werden, genauer: Sender- und Empfängerregeln mit einheitlicher Wert- bzw. Mengenermittlung auf der Senderseite und gleicher Bezugsgrößenermittlung auf der Empfängerseite werden zu einem Segment zusammengefaßt.

Segmente können zu **Zyklen** zusammengefaßt werden, die der zeitlich getrennten Verrechnung dienen. Zwischen verschiedenen Zyklen dürfen keine wechselseitigen Leistungsbeziehungen bestehen.

Bei **Umlage** erfolgt die Verrechnung von Kosten (Werte) nach Regeln/Schlüsseln (kommt im Testbeispiel nicht vor).

Kontengruppe

Steuert

1. Bildschirmlayout für die Erfassung der Kontenstammsätze und
2. Nummernkreise für die Kontonummern.

Kontenplan

Unter der Nummer des Kontenplans werden alle zugehörigen Konten erfaßt.

Die Nummer des Kontenplans ist (auf Mandantenebene) in

einem Kontenplanverzeichnis eingetragen.

Der Kontenplan im betriebswirtschaftlichen Sinn (nicht als Nummer sondern als Gesamtheit von Konten) entsteht, wenn unter der Kontenplannummer die Stammsätze der Konten angelegt werden.

Dies geschieht auf Kontenplan- und teilweise auf Buchungskreisebene.

Erstreckt sich über Finanzbuchhaltung und Kostenrechnung.

Kontenplanverzeichnis

Auf Mandantenebene wird ein Verzeichnis aller Kontenpläne geführt, d. h. der Kontenplannummern (Schlüssel), der Bezeichnung der Kontenpläne, der Sprache und der Länge der Sachkontennummern.

Die Konten selber werden im Kontenplan erfaßt.

Kostenrechnungskreis

Unter der Nummer des Kostenrechnungskreises wird eine in sich geschlossene Kostenrechnung durchgeführt.

Kann mehrere Buchungskreise umfassen und ist dann dem Buchungskreis übergeordnet.

Leistungsart

= Bezugsgröße

Mißt die "Leistung" einer Kostenstelle (Beispiel km, Stunden usw.) und dient
1) zur Abwandlung der variablen Kosten (im Verhältnis Istbezugsgröße zu Planbezugsgröße), um zu Sollkosten zu gelangen
2) zur Durchführung der innerbetrieblichen Leistungsverrechnung
3) als Grundlage für die Kostenträgerkalkulation.

Mandant

Oberster Abrechnungsbegriff im SAP-System, (logisches) System, in dem alle betriebswirtschaftlichen Anwendungen integriert mit derselben Datenbasis arbeiten.

Der Mandantennummer werden die anderen Begriffe wie Buchungskreis usw. untergeordnet.

Festlegungen auf Mandantenebene gelten für alle untergeordneten SAP-Organisationseinheiten, insbesondere Buchungskreise.

Auf Mandantenebene wird z. B. festgelegt: ein Teil des Kreditorenstammsatzes (der Rest ist auf Buchungskreis

	und Einkaufsorganisation verteilt), das Kontenplanverzeichnis.
Organisations-einheiten/ Organisations-objekte/ Organisations-struktur	Keine Einheiten im Sinne des Organisationsplans/Organigramms, sondern DV-technische Abrechnungsbegriffe. Beispiele: Mandant, siehe dort Kontenplan, siehe dort Kostenrechnungskreis, siehe dort Buchungskreis, siehe dort Gesellschaft Geschäftsbereich Profit Center.
periodenbezogen	Siehe vorgangsbezogen/periodenbezogen.
primäre/sekundäre Kostenarten	**primäre Kostenarten:** Ursprüngliche Kostenarten wie Material, Personal, Energie, Abschreibung, Zinsen, Abgaben (auch Buchhaltungskostenarten genannt). **sekundäre Kostenarten:** Zusammenfassung von primären Kostenarten unter Kostenstellenaspekt (Kostenstellenkosten) insbesondere die ILV (innerbetriebliche Leistungsverrechnung) erfolgt mit sekundären Kosten. Beispiel: der Fuhrpark verrechnet seine Leistungen an den Empfänger mit Anzahl km mal km-Satz; im km-Satz der Kostenstelle Fuhrpark sind alle primären Kostenarten enthalten. Auch die Kalkulation verwendet sekundäre Kosten, jedenfalls in den Gemeinkostenzeilen, die per Zuschlag oder Stundensatz verrechnet werden.
Segment	Siehe innerbetriebliche Verrechnungen.
sekundäre Kostenart	Siehe primäre/sekundäre Kostenarten.
Senderregeln	Siehe innerbetriebliche Verrechnungen.

Tarif (Plantarif; Isttarif)	Verrechnungssatz (Planverrechnungssatz, Standard; Istverrechnungssatz).
Umlage	Siehe innerbetriebliche Verrechnungen
Verteilung	Periodenbezogene Verrechnung von Kosten, bei der die primären Kostenarten erhalten bleiben (wohingegen bei Umlagen umgeschlüsselt wird und die primären Kostenarten nicht mehr erkennbar sind) (kommt im Testbeispiel nicht vor). Beispiel: Heizölkosten werden am Periodenende nach Quadratmetern beheizter Fläche von der Energiekostenstelle auf die Produktions- und Verwaltungskostenstellen verteilt.
vorgangsbezogen/ periodenbezogen	**vorgangsbezogen:** Für einzelne Geschäftsvorfälle werden Belege geschrieben und unmittelbar verrechnet. Beispiel: Instandhaltung schreibt pro ausgeführte Reparatur einen Beleg. **periodenbezogen:** Für eine Gesamtperiode berechnete Werte (nach Regeln).
Zyklus	Siehe innerbetriebliche Verrechnungen.

Abbildungsverzeichnis

Literaturverzeichnis

Buck-Emden, Rüdiger / Galimow, Jürgen:
Die Client/Server-Technologie des Systems R/3
Addison-Wesley Verlag, 2. Aufl., 1995

CDI (Hrsg.):
SAP R/3 Basissystem
Markt & Technik Verlag, 1996

Hummel, Siegfried / Männel, Wolfgang:
Kostenrechnung
Gabler Verlag, 3. Aufl., 1983

Klenger, Franz:
DV für Controller
Oldenbourg Verlag, 1995

Klenger, Franz:
Operatives Controlling
Oldenbourg Verlag, 4. Aufl., 1997

Lüers, Sandra / Schulze, Susanne:
Implementierung der Kundenerfolgs-/Artikelergebnisrechnung (Kostenträgerrechnung) im SAP R/3-System
Diplomarbeit, Fachbereich Wirtschaft, FH Dortmund, 1998

Mennenöh, Hartwig:
DV-Arbeitsplatz für Controller
Unveröffentlichtes Arbeitspapier, Arbeitskreis Controlling, Fachbereich Wirtschaft, FH Dortmund, 1992

SAP AG:
BC - ABAP/4 Dictionary
Handbuch bzw. R/3 Online-Bibliothek Rel. 3.1, 1997

SAP AG:
BC - Einführung in das R/3-System
Handbuch bzw. R/3 Online-Bibliothek Rel. 3.1, 1997

SAP AG:
CA - Customizing Handbuch
Handbuch bzw. R/3 Online-Bibliothek Rel. 3.1, 1997

SAP AG:
CO - Allgemeine Systemverwaltung Gemeinkosten
Handbuch bzw. R/3 Online-Bibliothek Rel. 3.1, 1997

SAP AG:
CO - Gemeinkostencontrolling
Handbuch bzw. R/3 Online-Bibliothek Rel. 3.1, 1997

SAP AG:
CO - Istkostenerfassung und -verrechnung
Handbuch bzw. R/3 Online-Bibliothek Rel. 3.1, 1997

SAP AG:
CO - Kostenstellenplanung
Handbuch bzw. R/3 Online-Bibliothek Rel. 3.1, 1997

SAP AG:
CO - Systemverwaltung Kostenstellenrechnung
Handbuch bzw. R/3 Online-Bibliothek Rel. 3.1, 1997

SAP AG:
CO020 - Kostenstellenrechnung
Schulungsunterlage, 1993

SAP AG:
Das Datenmodell des Finanzwesens
Workshop FI300 SAP-Informationsmodell
Schulungsunterlage, 1995

SAP AG:
FI - Hauptbuchhaltung
Handbuch bzw. R/3 Online-Bibliothek Rel. 3.1, 1997

SAP AG:
FI - Konfiguration und Organisation
Handbuch bzw. R/3 Online-Bibliothek Rel. 3.1, 1997

SAP AG:
FI015 - Dialogfunktionen
Schulungsunterlage, 1994

Wenzel, Paul (Hrsg.):
SAP R/3-Anwendungen in der Praxis
Vieweg Verlag, 1997

Will, Liane / Hienger, Christiane / Straßenburg, Frank / Himmer, Rocco:
Administration des SAP-Systems R/3
Addison-Wesley Verlag, 2. Aufl., 1997

Stichwortverzeichnis